皮书系列为
"十二五""十三五""十四五"时期国家重点出版物出版专项规划项目

BLUE BOOK

智库成果出版与传播平台

中国关心下一代蓝皮书
BLUE BOOK OF THE CARE OF THE NEXT GENERATION

# 中国关心下一代研究报告
（2024）

ANNUAL REPORT ON THE CARE OF THE NEXT GENERATION IN CHINA (2024)

总顾问／顾秀莲
主　编／陈江旗
副主编／赵联飞　蔡　艳

社会科学文献出版社
SOCIAL SCIENCES ACADEMIC PRESS (CHINA)

图书在版编目(CIP)数据

中国关心下一代研究报告.2024／陈江旗主编；赵联飞，蔡艳副主编.--北京：社会科学文献出版社，2024.10.--（中国关心下一代蓝皮书）.--ISBN 978-7-5228-4311-7

Ⅰ.G775

中国国家版本馆CIP数据核字第2024GC4891号

中国关心下一代蓝皮书
中国关心下一代研究报告（2024）

主　　编／陈江旗
副 主 编／赵联飞　蔡　艳

出 版 人／冀祥德
责任编辑／吴　敏
责任印制／王京美

出　　版／社会科学文献出版社·皮书分社（010）59367127
　　　　　地址：北京市北三环中路甲29号院华龙大厦　邮编：100029
　　　　　网址：www.ssap.com.cn
发　　行／社会科学文献出版社（010）59367028
印　　装／天津千鹤文化传播有限公司

规　　格／开本：787mm×1092mm　1/16
　　　　　印张：27.5　字数：413千字
版　　次／2024年10月第1版　2024年10月第1次印刷
书　　号／ISBN 978-7-5228-4311-7
定　　价／158.00元

读者服务电话：4008918866

▲ 版权所有 翻印必究

# 编 委 会

总 顾 问　顾秀莲
编委会主任　张玉台
委　　员　（姓氏笔画顺序排列）

| 马维驹 | 王正福 | 王维山 | 王葆光 | 平措旦增 |
| 叶连松 | 白　玛 | 邢元敏 | 朱　萍 | 任茂东 |
| 刘立军 | 刘晓连 | 刘峰岩 | 刘雅芝 | 刘群英 |
| 许　俊 | 苏晓云 | 杨泰波 | 李卫红 | 李云鹏 |
| 李学军 | 李政文 | 吴德刚 | 何事忠 | 张少康 |
| 张玉台 | 张吉斌 | 张百如 | 张苏军 | 张连珍 |
| 张　俊 | 陈江旗 | 林木声 | 周吉平 | 周　萌 |
| 郑小明 | 赵国红 | 赵素萍 | 赵联飞 | 胡振民 |
| 徐宏俊 | 高新亭 | 郭晓华 | 黄超雄 | 龚　怡 |
| 梁　伟 | 蒋巨峰 | 鲁　勇 | 蔡　艳 | 黎兴平 |

主　　编　陈江旗
副 主 编　赵联飞　蔡　艳

# 主要编撰者简介

**张玉台** 中国关心下一代工作委员会常务副主任兼秘书长。1968年毕业于北京航空学院（现北京航空航天大学）自动控制系。1983年任国家科委办公厅副主任，1985年任国务院科技领导小组办公室副主任。1988年在中国科学院工作，历任副秘书长兼学部联合办公室主任，兼中国科学报社社长、总编。1995年1月在中国科协工作，任党组书记、书记处书记、副主席、书记处第一书记及国家科委党组成员。2004年10月任国务院发展研究中心党组书记、副主任，2007年6月任国务院发展研究中心主任、党组书记，2010年7月起任国务院发展研究中心主任、党组成员。2011年4月起担任十一届全国政协教科文卫体委员会副主任。2013年3月至2018年3月任十二届全国政协常委，教科文卫体委员会主任、分党组书记。中国共产党十五大、十六大、十七大代表，中共十六届、十七届中央委员，九届全国人大常委会委员、宪法和法律委员会委员。主要研究领域为宏观经济、经济体制改革、科技创新。主持或参与"'十一五'规划基本思路和2020年远景目标研究""中小企业发展的新环境新问题新对策研究""应对气候变化：全球温室气体减排公平合理可持续解决方案与我国应对战略研究""国家知识产权战略目标和发展阶段研究"等重要课题及重大项目。

**陈江旗** 国家督学，中国关心下一代工作委员会办公室主任。上海交通大学哲学硕士，中共中央党校法学博士。历任国务院机关事务管理局机关党委宣传部副部长、部长，党委副书记，人事司副司长，宾馆管理中心党委书记。长期从事马克思主义理论、思想政治工作以及思想道德建设的研究。先后在《党建》《科学社会主义》《理论前沿》等刊物发表文章数十篇。编著及合著有《社会主义道德建设论》《当代新马克思主义思潮》《宣传思想工作宏观管理导论》《当前党政干部关注的深层次思想理论问题》《党政干部道德教育读本》等。

# 序

2024年是中华人民共和国成立75周年，是实现"十四五"规划目标任务的关键一年。各级关工委全面贯彻落实党的二十大和二十届二中、三中全会精神，以习近平新时代中国特色社会主义思想为指导，深入贯彻落实习近平总书记关于关心下一代工作的重要指示批示，深入贯彻落实中办、国办《关于加强新时代关心下一代工作委员会工作的意见》，坚持立德树人根本任务，坚持为党育人为国育才，坚持发挥"五老"的优势作用，实现关工委工作高质量发展。

思想是行动的先导，理论是实践的指南。党的十八大以来，习近平总书记多次对做好关心下一代工作作出重要指示批示，强调做好关心下一代工作关系中华民族伟大复兴。以习近平同志为核心的党中央始终坚持把关心下一代工作放在抓好后继有人这个根本大计的重要位置，党对关心下一代工作的领导全面加强，关工委工作方向更加明确，"五老"队伍忠诚敬业、关爱后代、务实创新、无私奉献的信心底气更足，各项工作呈现前所未有的发展态势。关心下一代工作取得新发展，根本在于习近平总书记领航掌舵，在于习近平新时代中国特色社会主义思想科学指引。

新时代新征程，各级关工委和广大"五老"在深入贯彻落实习近平总书记关于关心下一代工作的重要指示批示和中办、国办《关于加强新时代关心下一代工作委员会工作的意见》的实践中大胆探索，通过改革创新推动关心下一代事业发展。特别是聚焦用习近平新时代中国特色社会主义思想铸魂育人这个首要任务，在坚持用党的创新理论武装青少年、引领青少年的

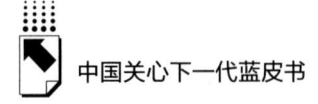

同时，建立健全以党的创新理论武装为根本的关工委干部培训制度，加强老同志的思想武装，努力将关工委建设成为老有所为的重要舞台、老有所学的重要课堂、老同志服务党和国家事业发展的重要阵地。这些生动实践为推进关心下一代理论研究奠定了坚实的基础。要深入学习中国式现代化理论，深刻融入中国式现代化实践，在实践探索中破解青少年成长成才中的重点、难点问题，总结推广行之有效的经验做法，探索新时代新征程关心下一代工作的内在规律，努力把理论研究成果转化为解决实际问题的政策和机制，以理论创新引领实践创新。

"中国关心下一代蓝皮书"广泛凝聚关工委系统和专家学者的智慧，是总结研究关心下一代工作的重要平台。课题组会同17个省区市关工委共同开展调查研究，覆盖面从上年度的24.6万人增加到35.7万人。专家学者们精心设计问卷、研究分析调查数据，最终形成专题研究报告。北京市教育系统关工委承担了专题报告撰写和社会调查任务，发动37所普通高校、职业院校和民办高校参加，参与答卷的师生达万余名。陕西省等11个单位关工委提供了精彩案例分享。大家付出了心血，在此一并表示感谢。

关心下一代工作是一项长期的重大战略任务，使命光荣，责任重大，要凝聚更多力量共同来做。希望这部蓝皮书的出版对大家开展工作有所裨益。

是为序。

顾秀莲

2024年6月

# 摘 要

本书是"中国关心下一代蓝皮书"的第四部,将2023年以来的中国关心下一代工作作为研究对象,对中国关心下一代工作进行全景式扫描,重点研究分析了各级关工委以习近平新时代中国特色社会主义思想为指导,深入贯彻落实党的二十大精神,围绕落实立德树人根本任务所开展的工作,总结了有关经验,并对下一步的发展规划进行了研讨。

全书共分为五个部分。总报告从青少年思想政治引领、发挥党史立德树人重要作用、青少年法治宣传教育和权益保护、青少年关爱服务体系、家校社协同育人机制、关心下一代组织体系发展等方面总结了2023年有关部门及各级关工委的工作实践,并从进一步提高青少年思想政治教育的针对性有效性、实现青少年党史学习教育常态化长效化、增强青少年法治宣传教育和矫治帮教实效性、提高面向青少年的基本公共服务水平、健全家校社协同育人机制、完善老同志参加关心下一代工作机制等方面深入分析了新形势下关心下一代工作面临的挑战。专题篇从加强青少年中华优秀传统文化教育、青少年犯罪预防与被害调查、信息化社会家庭数字教育与青少年成长、青少年心理健康调查、全国老年志愿服务发展状况分析、加强新时代"五老"队伍建设等方面对中国关心下一代事业的发展进行了深入调查研究,分析了当前各领域出现的新情况、新问题和新举措。调查篇反映了地方关工委和有关研究人员对中国共产党关心下一代工作在江西的早期探索实践、"五老"关爱下一代工程、构建乡村儿童高质量服务体系、中小学心理健康教育工作现状、发展中等职业教育加强未成年人保护、新时代高校关工委工作创新等工

作进展与成效。案例篇收录了中国关工委和地方关工委的工作案例，反映了关工委在推动全国关工委"青少年党史学习月"活动、"五老"工作室建设、中国关心下一代教育基地项目、健全学校家庭社会协同育人机制、工作品牌建设等领域的经验做法。此外，附录呈现了2023年各省区市和新疆生产建设兵团以及中央和国家机关有关部委（集团公司）关工委的工作概况。

2024年，要以党的创新理论为引领，推动关心下一代工作高质量发展；创新党史学习教育方式，发挥党史立德树人的重要作用；深入学习贯彻习近平法治思想，提升青少年法治宣传教育和权益维护水平；强化精准关爱，推动农村留守儿童、困境儿童和流动儿童关爱保护提质增效；落实《家庭教育促进法》，推动完善家校社协同育人机制；发挥理论研究支撑作用，推动关心下一代工作和关工委建设高质量发展等。

**关键词：** 中国式现代化　高质量发展　关心下一代　立德树人　家校社共育

# 目 录

## Ⅰ 总报告

**B.1** 中国式现代化赋予新的时代使命
————2023~2024年关心下一代工作的现状、挑战与展望
………………………《中国关心下一代研究报告》课题组 / 001

## Ⅱ 专题篇

**B.2** 让中华优秀传统文化滋育青少年健康成长
————关于加强青少年中华优秀传统文化教育的研究报告
…………北京市教育系统关心下一代工作委员会调研组 / 030

**B.3** 中国青少年犯罪预防与被害调查研究报告（2024）
………………………………………… 姚建龙 柳 箫 陈 捷 / 057

**B.4** 信息化社会家庭数字教育与青少年成长……… 高文珺 张 扬 / 099

**B.5** 青少年心理健康调查报告
………… 雷 雳 丁慧敏 房 馨 廖俊东 高 婷 王思源 / 121

**B.6** 全国老年志愿服务发展状况分析…… 王绍忠 刘增瑞 李 霞 / 159

B.7 关于加强新时代"五老"队伍建设的探索与思考
　　……………………………………………… 陈江旗　张　羽 / 177

## Ⅲ 调查篇

B.8 中国共产党关心下一代工作在江西的早期探索实践
　　…… 江西省关心下一代工作委员会、江西省社会科学院课题组 / 189

B.9 精心做好"深化"文章　全面推进"五老"关爱下一代工程
　　提标提质提效……………………………… 杨泰波　黄孝亮 / 206

B.10 中国乡村儿童发展报告（2023）
　　——构建乡村儿童高质量关爱服务体系
　　………………………… 王振耀　刘文奎　张　柳　秦　伟 / 218

B.11 中小学心理健康教育工作现状的调研报告
　　——以长春市中小学心理健康教育教师为对象
　　………………………………………………… 长春市关工委 / 250

B.12 发展中等职业教育加强未成年人保护的调研报告
　　——以广东省茂名市为例
　　………………………… 广东省关心下一代工作委员会调研组 / 257

B.13 新时代陕西省高校关工委工作创新研究 …………… 郑　璐 / 271

## Ⅳ 案例篇

B.14 传承红色基因，赓续红色血脉
　　——全国关工委"青少年党史学习月"活动调研报告
　　………………… 周兆海　张敏杰　宋慧敏　付一诺　陈静静 / 287

B.15 关于山东省"五老"工作室建设情况调研报告
　　…………………………………… 吕德义　公　强　曹晶晶 / 312

B.16 中国关心下一代教育基地项目调研报告
............................ 中国关心下一代教育基地项目课题组 / 320
B.17 关于推动"健全学校家庭社会协同育人机制"的调研报告
............................................ 宋建军　萧斌臣 / 337
B.18 新时代关工委工作品牌建设的福建探索 …… 刘群英　马照南 / 352

# 附　录

2023年各省区市关工委工作概况 ………………………………… / 368

# 总报告

## B.1 中国式现代化赋予新的时代使命

——2023~2024年关心下一代工作的现状、挑战与展望

《中国关心下一代研究报告》课题组*

**摘　要：** 2023年，关心下一代工作在服务大局上彰显新作为，在体制机制建设上实现新突破，在做强教育品牌上迈上新台阶，在打牢工作基础上取得新进展。新时代新征程，青少年思想政治教育面临新形势新任务。2024年，要按照中国式现代化的本质要求，探索发挥"五老"优势作用的新途径新方法，坚持立德树人根本任务，坚持为党育人为国育才，推动关工委工作高质量发展。

**关键词：** 中国式现代化　关心下一代　家校社共育

---

\* 执笔人：蔡艳，中国关工委办公室副主任；吴婷，中国关工委办公室秘书处副处长、二级调研员；刘宗顺，中国关工委办公室一级主任科员。

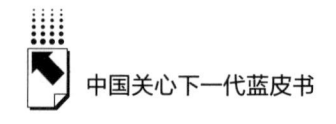

2023年是全面贯彻党的二十大精神的开局之年，是落实国民经济和社会发展第十四个五年规划承上启下的关键之年。党的十八大以来，党中央坚持把教育作为国之大计、党之大计，作出加快教育现代化、建设教育强国的重大决策，强调在新的起点上继续推动文化繁荣、建设文化强国、建设中华民族现代文明，是我们在新时代新的文化使命。党的二十大报告明确了新时代新征程党的使命任务。建设教育强国和文化强国，是全面建成社会主义现代化强国的战略先导，是以中国式现代化全面推进中华民族伟大复兴的基础工程，其目的是确保党的事业和社会主义现代化强国建设后继有人。做好关心下一代工作，要牢牢把握培养担当民族复兴大任的时代新人这个建设教育强国和文化强国的核心课题，找准在强国建设中的新定位新任务，自觉增强服务强国建设、民族复兴的历史主动。

2024年，中国关心下一代工作委员会（以下简称"中国关工委"）组织开展了第三次全国关心下一代社会调查，分学段设立了五类十二种样本，对35.7万名学生、教师、家长、青年职工和老年人进行了调查。本报告基于社会调查数据和2023年全国关工委系统调查研究成果，总结2023年关心下一代工作主要成效，分析面临的机遇与挑战，阐述关心下一代工作高质量发展的构想，展望2024年关心下一代工作方向和趋势。

## 一 2023年关心下一代工作主要成效

2023年，党对关心下一代工作的领导全面加强，未成年人权益保障制度体系更加健全，未成年人发展环境持续优化，关心下一代工作与经济社会发展同步推进。

### （一）坚持用习近平新时代中国特色社会主义思想铸魂育人，青少年思想政治引领坚强有力

2023年，在深入学习贯彻党的二十大精神的新形势下，党中央部署开展学习贯彻习近平新时代中国特色社会主义思想主题教育，全国宣传思想文

化工作会议正式提出和系统阐述习近平文化思想，明确了用习近平文化思想铸魂育人的新使命新任务，习近平总书记对加强青少年工作作出一系列重要指示，为加强青少年思想政治引领指明了方向。5月，习近平总书记在中共中央政治局第五次集体学习时强调，建设教育强国的目的，就是培养一代又一代德智体美劳全面发展的社会主义建设者和接班人，培养一代又一代在社会主义现代化建设中可堪大用、能担重任的栋梁之才，确保党的事业和社会主义现代化强国建设后继有人。6月，习近平总书记在北京育英学校考察时发表重要讲话，强调新时代中国儿童应该是有志向、有梦想，爱学习、爱劳动，懂感恩、懂友善，敢创新、敢奋斗，德智体美劳全面发展的好儿童。9月，在第七次全国妇女儿童工作会议在京召开前夕，习近平总书记对妇女儿童工作作出重要指示，要求坚持儿童优先发展，深入实施儿童发展纲要，提升儿童综合素质，保障儿童合法权益，努力让关爱儿童在全社会蔚然成风。各部门认真学习习近平新时代中国特色社会主义思想，深刻领会习近平总书记对青少年的亲切关怀和重要指示精神，思想政治引领取得新成效。

**1. 党的创新理论宣讲扎实深入开展**

2023年，坚持不懈用习近平新时代中国特色社会主义思想凝心铸魂，改进提升理论学习质效，深化体系化、学理化研究阐释，创新理论宣传宣讲，充分展现党的创新理论直抵人心的力量。中国关工委先后印发通知，结合全国关工委系统开展学习贯彻习近平新时代中国特色社会主义思想主题教育、学习贯彻习近平总书记在北京育英学校考察时重要讲话精神、学习贯彻习近平总书记在纪念毛泽东同志诞辰130周年座谈会上重要讲话精神，对加强党的创新理论宣讲进行部署。同时，各级各系统关工委分别举办培训班，重点就如何讲好习近平新时代中国特色社会主义思想，特别是习近平法治思想、习近平文化思想以及习近平总书记关于家庭家教家风的新思想新观点新论断组织学习培训。中国关工委还召开全国民族自治州关心下一代工作座谈会，对铸牢中华民族共同体意识宣传教育活动进行部署。在学思践悟的基础上，广泛开展"老少共学二十大 携手奋进新征程""学习宣传二十大，争做新时代好少年""我来宣讲二十大 党的光辉照我心"等主题宣讲活动，通过宣讲团、报告团、讲师团以及"首都大讲堂""信仰讲堂""英雄讲堂""老劳模宣讲"等"五老"宣讲平台，组织"五老"和英雄人物、大国工匠、创业先锋、时代楷模走进思政课堂，深入基层和网络空间，讲好党的创新理论。广大"五老"活跃在宣讲舞台上，很多关工委主要领导同志和领导班子成员带头开展宣传宣讲，当好党的创新理论的积极宣讲者，有的被中宣部评为"基层理论宣讲先进个人"。

**2. 大思政课教育与社会教育有机融合**

教育部会同中央宣传部、中央网络安全和信息化委员会办公室、科学技术部、工业和信息化部、生态环境部、国家卫生健康委、国家文物局、国家乡村振兴局、中国关工委等部门共同实施《全面推进"大思政课"建设的工作方案》，更多社会力量和资源被调动起来，建设"大课堂"、搭建"大平台"、建好"大师资"，使"大思政课"建设格局得到新的拓展。中央精神文明建设办公室联合教育部、共青团中央、全国妇联、中国关工委在湖南长沙举办2023年全国"新时代好少年"先进事迹发布仪式，向社会推出50名优秀少年的先进事迹，突出传承红色基因、弘扬中华文化、探索科学奥秘、践行生态理念、热心公益活动、促进民族团结等，把新时代青少年的道德要求具体化。中国关工委持续开展"老少同声颂党恩、携手奋进新征程"青少年主题教育实践活动，发动全国132万名"五老"参加，举办活动33.5万场次，受教育青少年7585万人次。教育部关工委开展"新时代好少年"主题教育读书活动，120余万名中小学生线上上传作品，举办线下活动19万场次，近5000万名青少年参与并受益。《唱支山歌给党听》陕西省青少年"全家总动员"主题展演活动，用家庭成员同台表演的精彩文艺节目，生动诠释习近平总书记关于注重家庭家教家风的重要指示精神，全网点击总量超过10亿人次。海南省"五老"还通过"琼剧""调声"等乡土特色文艺表演形式宣传习近平法治思想。这些教育活动采用艺术方式特别是老少同台讲述、联袂表演方式讲述党的创新理论，把"两个结合"、在新的起点上继续推动文化繁荣、建设文化强国、建设中华民族现代文明、弘扬中华优秀传统文化等重大创新观点具象化，有效融入青少年学生的社会实践和家庭的生活教育中，充分彰显了社会大课堂的优势和特点。2023年是毛泽东同志亲笔题词"向雷锋同志学习"60周年。辽宁省关工委举办"老少携手学雷锋，同心协力促振兴"学雷锋年活动，全省青少年撰写学习体会800多万篇，助人为乐做好事100多万件。湖南和沈阳、大连等地关工委广泛开展"雷锋家乡学雷锋"等学习活动，引导青少年学习雷锋精神，推动社会主义核心价值观教育融入日常。

3. 面向农村和企业做好思想引领工作

农村和企业是关心下一代工作的传统阵地。在农村，关工委始终坚持扶志、扶技、扶创业的工作思路，深入开展"乡村振兴·关工助力"活动，在培育青年农民创业之星、创建青年农民创业示范基地，以及助力乡村产业发展、助力乡风文明、助力乡村治理的过程中，不断强化对青年农民的思想政治引领。9月，中国关工委在安徽芜湖召开农村关心下一代工作座谈会，立足新时代新征程，对农村青年农民和农村未成年人思想政治教育进行全面部署。在企业，全国企业关心下一代工作座谈会精神落地落实，全国十多万个国有和民营企业关工委在地方关工委指导下，积极发动老同志传思想、传技能、传作风，用党的创新理论武装青年，用红色文化和企业精神陶冶青年，激发青年职工爱岗敬业。仅云南省属企业关工委2023年就开展宣讲63次，受众近4000人次。湖北、云南、甘肃、新疆等地关工委会同省国资委等推动国企关工委建设，上海、深圳、南京、青岛等地关工委推进新业态青年职工工作，黑龙江成立邮政管理局关工委，加强对"快递小哥"的思想引领和关爱服务，引导他们成为基层社会治理中的有生力量。

（二）以社会主义核心价值观为引领，更好发挥党史立德树人的重要作用

党的二十大报告要求，以社会主义核心价值观为引领，发展社会主义先进文化、弘扬革命文化、传承中华优秀传统文化，满足人民日益增长的精神文化需求，巩固全党全国各族人民团结奋斗的共同思想基础，不断提升国家文化软实力和中华文化影响力。

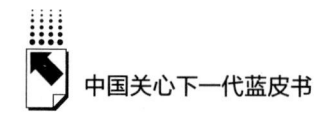

**1. 常态化长效化机制建设不断加强**

党中央要求，推动党史学习教育常态化长效化。2023年10月，十四届全国人大常委会第六次会议表决通过《中华人民共和国爱国主义教育法》，把中国共产党史、新中国史、改革开放史、社会主义发展史、中华民族发展史纳入爱国主义教育主要内容，以法治方式推动和保障新时代爱国主义教育。各地各部门采取有力措施建立健全青少年党史学习教育常态化长效化机制。全国少工委修订印发《少先队辅导员管理办法》，指导各地将"五老"作为校外辅导员构成来源。关工委主动搭台唱戏、借台唱戏、同台唱戏，积极探索以党委、政府为主导，与组织、宣传、教育、党史等部门协调配合的青少年党史学习教育联动机制，各级党委、政府及其相关部门大力支持，领导同志热情支持参与，进一步健全组织"五老"到广大青少年中深入开展爱国主义主题教育、讲好红色故事的工作机制。2023年，中国关工委在延安召开青少年党史教育经验交流会，总结交流经验，要求在新时代新征程提高政治站位、坚持遵循规律、创新教育方式、发挥基地育人作用，开展有深度、有效度、有亮度、有温度的青少年党史学习教育。

**2. 充分发挥红色资源教育作用**

红色资源是我们党优良传统和革命精神的载体和结晶，是开展青少年党史教育的生动教材。2023年，文化和旅游部联合教育部、共青团中央、全国妇联、中国关工委印发《用好红色资源 培育时代新人 红色旅游助推铸魂育人行动计划（2023—2025年）》，要求关工委组织"五老"参加宣讲活动和相关宣传工作，开展面向青少年的特色教育实践活动和红色主题研学实践，组织"五老"参与开展红色研学活动，重走红色路线，为"五老"利用红色资源开展青少年党史学习教育创造了更好的条件。中央军委政治工作部健全老干部个人红色历史档案、干休所荣誉墙（室）和省军区红色资源库，体育总局组织各地引领青少年在激情热烈的体育赛事活动中重温革命历史，全国总工会将党领导的中国工会发展史从线下展馆延伸到线上云端。关工委持续推进编印红色书籍、寻访红色足迹、举办红色文化夏令营等红色实践活动。中国关工委印发《关于公布第六批全国关心下一代党史国史教育基地名单的通知》，确定北京奥运博物馆等80个单位为第六批全国关心下一代党史国史教育基地，全国关心下一代党史国史教育基地总数达到348个。中国关工委更新发布全国关心下一代党史国史教育基地网络地图；福建省关工委编写《老少携手打卡福建"红色地标"》；青海省关工委拍摄《丰碑——走进原子城》专题教育片；陕西省关工委联合省作协联合推出《唱响红色新童谣》；广西壮族自治区关工委依托"金秋银发"宣讲团，在每个红色教育基地都安排"五老"轮值担任宣讲员；江西省关工委在"中国共产党关心下一代工作在江西的早期探索实践"的课题研究形成理论成果的基础上举办主题展览，引导青少年当好红色基因的传承者、宣传者、践行者。

**3. 红色教育品牌活动大量涌现**

品牌是高质量发展的重要象征。在青少年党史教育中，越来越多的活动品牌脱颖而出。第二届全国关工委"青少年党史学习月"活动，以常态化开展青少年党史学习教育为基础，抓住7月既庆祝党的生日又正值学生暑假的时机，汇聚多方资源集中开展青少年党史学习教育，从隆重热烈的活动启动仪式，到老少携手开展宣讲、读书、征文、演讲、展演、夏令营等形式多样的实践教育，再到广泛开展"游基地、颂党恩、跟党走"活动，打造了"主题课堂""宣讲课堂""沉浸课堂""实践课堂"等系列党史学习"课堂"，给青少年的暑期生活增添了红色印记。各地关工委党史学习教育推陈出新，浙江"薪火相传"宣讲团、黑龙江"阳光进校园"宣讲团、湖南党史故事讲解队、宁夏"塞上银龄"宣讲团、上海的"从石库门再出发——学习党史国史，传承红色基因，争做时代新人"主题活动、江苏的"强国复兴、童心圆梦"、广东的"爷爷奶奶课堂"等活动脱颖而出。这些品牌活动充满新时代的气息，有的突出有形象、有声音、有内容、有效果的宣讲新形式；有的突出寻访体验；有的突出以合唱、朗诵、舞蹈等文艺形式讲好红色故事并通过媒体特别是网络新媒体加大传播力度；还有的注重挖掘社区"五老"资源，把党史学习教育融入社区工作和生活。创新助推高质量发展，使社区、农村、企业和网上空间形成青少年学习党史的浓厚氛围。中央党史和文献研究院的《党史和文献工作简讯》宣传推介了工作情况。

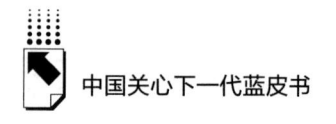

### （三）青少年法治宣传教育和权益保护力度加大，青少年法治素养进一步提升

2023年，为深入贯彻落实《未成年人保护法》《预防未成年人犯罪法》《家庭教育促进法》，各项配套落实文件相继落地，相关部门协调配合，未成年人保护和犯罪预防工作取得了新成效。

**1. 未成年人保护制度更加健全**

在网络时代，没有未成年人网络保护就没有未成年人保护。截至2023年12月，我国网民规模达10.92亿人，互联网普及率达77.5%。互联网在拓展未成年人学习、生活空间的同时，也带来了网上违法和不良信息影响未成年人身心健康、未成年人个人信息被滥采滥用、一些未成年人沉迷网络等问题，亟待通过立法予以解决。对此，国家颁布了《未成年人网络保护条例》，对加强未成年人网络素养培育、网络信息内容规范、未成年人个人信息保护、未成年人网络沉迷防治作出明确规定，还针对有关违法行为明确了相应的法律责任，筑牢未成年人网络保护的法治基础。实行强制报告制度，2023年检察机关通过强制报告制度发现犯罪3793件，占侵害未成年人犯罪总数的7.5%，有效破解"发现难"困境。2023年，全国公安机关清理整治校园周边安全乱点并排查化解涉校、涉生矛盾纠纷，文化和旅游部与公安机关等相关部门建立电竞酒店未成年人保护协同监管机制，检察系统联合相关部门推动侵害未成年人犯罪案件"一站式"办案机制建设，最高检发布《未成年人检察工作白皮书（2022）》，使未成年人保护机制更加健全。关工委认真落实法定职责，积极配合相关部门推动青少年法律法规健全完善和贯彻落实，办理人大代表建议，推动解决疫后青少年心理援助服务等问题，维护青少年合法权益，加大源头参与力度，协同推进涉及青少年社会治理工作。

**2. 青少年法治宣传教育广泛开展**

中国关工委会同中央政法委、司法部、最高法、最高检、团中央、中国法学会等深入实施"关爱明天、普法先行"青少年法治宣传教育活动，27

个省份完成会签工作并印发通知，司法部将其纳入"八五"普法中期评估调研内容，不少地方将其纳入平安建设指标体系。在活动中，各地各部门认真贯彻落实习近平法治思想，聚焦《宪法》《民法典》《未成年人保护法》《预防未成年人犯罪法》，特别是预防校园欺凌、预防电信网络诈骗、校园安全、食品安全等与青少年学生息息相关的法律知识，结合法治文化建设，采用宣讲报告、征文活动、模拟法庭大赛、法治情景剧、禁毒地方剧等普法形式，大力开展送法进校园、进社区活动，不断增强青少年尊法学法守法用法意识。关工委"五老"法治宣讲团充分发挥法治教育流动课堂的作用，法院和检察院系统分别有3.7万名法官和4.3万名检察官担任法治副校长，有效缓解青少年法治教育力量不足问题。据本次社会调查，41.6%的初中生和40.3%的高中生报告其学校每学期开设法治教育课程的次数为3~5次，30.3%的初中生和25.6%的高中生报告其学校每学期开设法治教育课程的次数大于5次。

**3. 不良行为未成年人帮教工作不断加强**

相关部门履行法定职责，加大对未成年人的保护力度，加强对未成年人不良行为的干预、对严重不良行为的矫治、对重新犯罪的预防。关工委积极配合公安、法院、检察院、司法行政部门等部门做好未成年人司法保护、涉及青少年社会治理等工作，很多地方组织"五老"开展法律援助、社会调查、担任涉及未成年人案件的人民陪审员。2023年仅福建莆田就聘请了259名"五老"担任未成年人刑事案件社会调查员。在不良行为青少年帮教工作中，"五老"关爱帮教团队和帮教基地精准发力，有的定期到未管所开展服刑指导、教育规劝以及刑释回归跟踪帮扶，探索监区帮教对策和刑满释放后的帮扶对策；有的联合相关部门每年对监外执行服刑的未成年人进行家访帮教，还有很多地方关工委积极组织"五老"参与社区矫正工作。湖北省孝感市关工委2011年以来组织近千名"五老"志愿者参与社区矫正工作，并总结出了经常开展谈心活动、协同开展走访活动、专题开展教育活动、积极开展社区服务活动、适时开展通话提醒活动、广泛开展爱心帮扶活动等一套工作方法，促进帮教工作不断规范。目前，该市每个基层司法所都有"五老"志愿者参与，每个35岁以下的青少年社区矫正对象都有"五老"

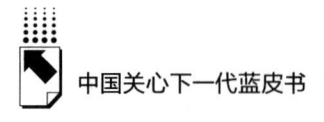

志愿者结对帮教。西安市关工委"魏奶奶春雨关爱团队"26年来累计帮教服刑少年10700人次。

**（四）青少年关爱服务体系更加健全，青少年获得感明显增强**

习近平总书记高度关心和重视学生身心健康，强调要树立健康第一的教育理念。2023年，基本公共服务均等化水平明显提升，多层次社会保障体系更加健全，儿童友好城市建设加快，各方面聚焦精准关爱持续发力，为青少年健康成长营造良好环境。

**1. 身心健康服务全面加强和改进**

有关部门聚焦青少年身心健康发展，从医疗、健康等诸多方面协同发力，共同护航健康成长。4月，教育部等部门联合印发《全面加强和改进新时代学生心理健康工作专项行动计划（2023—2025年）》，为未来三年青少年心理健康工作提供了具体遵循。5月，教育部会同有关部门召开全国学生心理健康工作视频会议，部署进一步做好全国学生心理健康工作，要求探索建立省级统筹、市为中心、县为基地、学校布点的学生心理健康分级管理体系，健全部门协作、社会动员、全民参与的学生心理健康工作机制。民政部举办全国困境儿童保障暨心理健康关爱服务示范培训，国家卫生健康委开展"健康中国行动——2023年儿童孤独症主题宣传活动"，国家疾病预防控制局综合司会同相关部门部署2023年防治碘缺乏病日活动，体育总局持续推进青少年体质健康促进工作，不断增强部门合力。全国妇联会同相关部门开展寒暑假儿童关爱服务活动和庆祝"六一"国际儿童节活动，以丰富多彩的活动促进青少年身心健康发展。各级关工委积极作为，陕西省关工委牵头开展儿童青少年心理健康工作联合调研，形成研究报告为省委、省政府决策提供参考。北京市、天津市关工委联合相关部门举办"家庭总动员"健身嘉年华、少年儿童夏季体育节、京津冀少年儿童"华夏未来杯"足球邀请赛等活动，为青少年搭建健身运动的平台。武汉市关工委制定青少年心理健康促进行动方案，青岛市关工委开设24小时未成年人心理热线，南通市关工委深化"一对一"疏导等心理预防与干预策略。这些措施有力地促进了青少年身心健康发展。2023年,全国新建"五老"工作室1.1万个,累计创建达5.9万个。"五老"工作室发挥贴近基层服务青少年的阵地优势,吸引老同志开展文化传承、法治教育、心理咨询、关爱帮扶等关爱服务,促进青少年身心健康发展。山东潍坊市奎文区陈玉林工作室面向海内外传播风筝文化,视频累计点播量达7万余次。寿光市"五老"婚姻调解工作室面向社会招募老干部和各界志愿者300多名,6年时间帮助7440多个即将破碎的家庭重归于好,劝和率43.2%,让1万多名儿童保有完整的家庭。

**2. 农村儿童服务体系更加健全**

2023年,国家大力优化农村儿童教育体系、卫生服务体系,加强村级公共文化服务网络建设,增进农村儿童福祉。中央一号文件《中共中央 国务院关于做好2023年全面推进乡村振兴重点工作的意见》提出,推进县域内义务教育优质均衡发展,提升农村学校办学水平。中办、国办印发《关于构建优质均衡的基本公共教育服务体系的意见》,明确以推进学校建设标准化为重点,加快缩小区域教育差距。深入挖掘老龄社会潜能,教育部等部门印发《国家银龄教师行动计划》,计划用三年左右的时间,形成基本健全的银龄教师服务各级各类教育的工作体系,使全国银龄教师队伍总量达到12万人左右。教育部关工委持续在北京、浙江、贵州、四川、重庆、云南等地开展"老校长下乡"试点工作,深挖优秀退休教师资源,助力教育高质量发展。中国关工委启动第二期中国关心下一代教育基地项目,2023年新挂牌安徽阜南县王家坝镇中心学校等7所学校,累计挂牌58所基地学校。加大乡村教师培训力度,第十一期"园丁计划"引入北京师范大学师资为23个省区市的1302名农村中小学语文教师提供在线培训,云南省关工委组织第十一批边疆少数民族乡村优秀教师赴京学习培训,以乡村教师培训为抓手推进义务教育优质均衡发展。

农村留守儿童和困境儿童关爱服务体系进一步健全。中央精神文明建设办公室继续实施"圆梦工程——农村未成年人思想道德建设志愿服务行动",发挥乡村学校少年宫等场所的作用,面向农村未成年人开展志愿服务和心理健康培训。民政部等部门联合印发《农村留守儿童和困境儿童关爱服务质量提升三年行动方案》。中国关工委部署开展农村留守儿童关爱保护工作专题调研，云南、湖南、海南、山东、宁夏、河北、江西等省区市关工委深入40多个地市近百个县区的乡镇、村居、学校，指导推进留守儿童服务体系建设。关工委各类教育关爱阵地常态化开展暑期教育实践活动和提供托管服务，助力解决农村留守儿童、流动儿童暑期无人陪伴和活动困难等实际问题，"假日学校""彩虹课堂""小燕乐园""小候鸟"托管服务等深受青年职工欢迎。加强"五老"结对关爱机制建设，全年发动68万名"五老"结对帮助农村留守、流动儿童和困境儿童85万人。重庆涪陵等地关工委积极探索以校地合作模式推进大学生志愿者参加关爱农村儿童活动的教育帮扶工作。四川省宣汉县关工委针对农村寄宿学校周末和假期留守儿童无人照顾看护问题，推动利用农村学校现有的校舍、场地、师资等资源和学生相对集中的优势条件建设留守儿童周末假日寄宿学校，实现对留守儿童全学期、全时段的关爱服务，《光明日报》以"周末假日寄宿学校，守护乡村留守儿童的课外时光"为题予以宣传报道。

**3. 关爱助学公益服务成效显著**

深入贯彻落实以人民为中心的发展思想，着力促进教育公平和社会公平，进一步完善学生资助政策。2023年11月，教育部全国学生资助管理中心发布《2022年中国学生资助发展报告》，2022年全国累计资助学前教育、义务教育、中等职业教育、普通高中教育和普通高等教育学生16144.16万人次，累计资助金额2922.30亿元。全国关工委系统多年来坚持把关爱助学作为重点打造的品牌，发挥各级关心下一代基金会的作用，并携手民营企业家以及福彩中心、腾讯公益平台"99公益日"等社会力量，持续开展金秋助学、爱心助学、圆梦助学等关爱助学活动。特别是在每年8~9月集中为贫困家庭中小学生和大学新生发放助学金，受到社会广泛好评。2023年，全国关工委系统各类助学金共资助青少年520万人，资助金额达25.8亿元。中国关工委启动新一期"清华校友——康世恩专项奖学金"项目。该项目自1995年设立以来已资助450名清华学子。在深入开展助学项目的同时，创新开展"红船领航　浙里关爱""困境儿童'牵手行动'""关爱未来·

助学助困助医""关爱成长微心愿"等公益项目和活动，使关爱服务下一代的实力和能力得到大幅提升。

**（五）家庭教育指导服务体系加快完善，家校社协同育人机制更加健全**

深入实施《家庭教育促进法》，家庭尽责、国家支持、社会协同的育人合力进一步形成，加强家庭教育指导服务，树立正确的家庭教育理念、"依法带娃"在全社会蔚然成风。

**1. 协同共育机制加快建立**

凝聚部门共识。2023年1月，教育部、中央宣传部、中央网信办、中央精神文明建设办公室和中国关工委等部门联合印发《关于健全学校家庭社会协同育人机制的意见》，明确了学校家庭社会在协同育人中的各自职责定位及相互协调机制，对于积极邀请"五老"等到学校开展宣讲教育活动、充分利用关工委资源、有效丰富学校课堂和课后服务内容、更好地满足学生多样化学习需求作出部署。河北、贵州等地相关部门出台配套措施，扎实推进学校家庭社会协同育人。探索学校家庭社会协同育人的新途径，北京市关工委、北京教育系统关工委汇聚各方合力，在学校、社区推进家校社共育咨询室建设，为家长和学生提供精准的家庭教育指导服务，解决家庭教育"最后一公里"难题，该项目被列入市委教育工委、市教委工作要点进行部署。

**2. 支持学校发挥协同育人主导作用**

构建学校家庭社会协同育人新格局，需要学校充分发挥协同育人主导作用。近年来，在教育部门的领导下，地方关工委、教育系统关工委坚持以《全国家庭教育指导大纲》为指导，引入专家和公益力量共同实施家庭教育公益项目，以专业支持赋能学校家长学校建设。中国关工委指导推进以专家课程为核心的"家校社共育"实践区项目，在全国建成40个实践区，覆盖135个县市，服务1.5万所中小学幼儿园和城乡社区，惠及全国3000多万户家庭，每周有数以百万计的家长和教师同时在线参加学习。指导实施以县

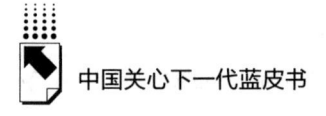

域（市、区）项目实验区建设为主要任务的"全国规范化家长学校实践活动"公益项目，已在广东等14个省区市建成县级实验区200多个，服务1.6万所中小学和幼儿园，惠及近850万户家庭。

**3. 社会家庭教育服务体系健全**

各级关工委聚焦家校社共育，推动主题活动、宣讲课堂、信息平台、服务阵地、理论研究等一体化发展，广泛传播科学教育理念和正确家庭教育方法，有针对性地做好隔代家庭教育以及留守儿童和特殊家庭儿童指导服务，大力营造全社会各方面关心支持协同育人的良好氛围。中国关工委以"孝老敬贤月"活动为重点，深化"'五老'弘扬好家教好家风"主题活动，关怀慰问"五老"49万人次，讲好最美家庭故事，传承好家风好家训。在"学习强国"平台推出第二届"家长学校开学周"线上主题教育，邀请国内家庭教育专家和优秀家长代表授课，累计579万人次参加学习。指导举办第六届中国家长大会，邀请全国家庭教育领域专家学者进行主题演讲，家长代表和"家校社共育"实践区代表进行经验交流。贵州省关工委持续推进家长"尽责优教"讲堂建设，省、市、县三级联动开展家长培训，受益50余万人次。海南省关工委开展"半月一讲"线上家庭教育，全年共播出23期，收看人数达181万多人次。重庆市关工委举办"家校社共育暨家庭教育实践校建设"培训会和家庭教育论坛。湖南省、海南省、安徽省关工委继续抓好家庭教育特别是隔代家庭教育。最高人民检察院、全国妇联、中国关工委联合发布第二批在办理涉未成年人案件中全面开展家庭教育指导工作典型案例，促进家庭教育指导工作走深走实。

## （六）老年志愿服务稳步发展，关心下一代组织体系发展健全

**1. 老年志愿服务体系更加健全**

2021年，中共中央、国务院印发《关于加强新时代老龄工作的意见》，国务院印发《"十四五"国家老龄事业发展和养老服务体系规划》，积极推动老年志愿服务。截至2023年10月，在全国"志愿云"平台实名注册的老年志愿者人数为2528万，占全部注册人数的12%。老年志愿服务逐步从

临时性、一次性、随意性的活动，发展为在社会治安、公益慈善、基层民主监督、移风易俗、民事调解、文教卫生等诸多领域的持续性、经常性项目，老年志愿服务发展领域越来越宽广，产生的社会效益越来越显著。中国关工委牵头开展关心下一代工作，全国老龄委牵头开展"银龄行动"，教育部牵头开展国家银龄教师行动计划，中国科协发挥老科协助力老龄事业发展的重要作用，还有很多社会组织为老同志发挥作用搭建平台，老年志愿服务成为志愿服务的重要组成部分。

**2. 以党建带关建激发创新活力**

各级关工委主动争取党委和政府重视，认真贯彻落实中办、国办《关于加强新时代关心下一代工作委员会工作的意见》，落实全国基层关工委建设工作座谈会部署，健全体制机制，发展组织队伍，强化保障，关工委自身建设水平得到进一步提高。一些地方健全关工委成员单位联席会议制度，通过建立"成员单位为关心下一代工作办实事"机制，充分调动各方积极性，凝聚关爱合力。安徽、广西等8个省区市和教育部关工委召开专题会议，采取"三年行动计划""三年巩固深化年""基层建设奋进年""基层组织建设年""强基层、夯基础、抓基本"等务实举措，进一步激发关工委基层组织的创新活力。云南省关工委制定"十四五"发展规划和2035年远景目标，广东省关工委制定工作规则，天津市关工委推进在各级关工委建立功能型党组织，山西、河南等关工委会同省委组织部等部门推进省直单位关工委建设，长春推行基层关工委组织同离退休党支部"并轨"和领导"一肩挑"的做法。

**3. 关爱大宣传格局更加巩固**

2023年，《人民日报》、新华社、《光明日报》、中央广播电视总台等中央主流媒体对青少年党史学习月活动等重点活动集中宣传报道，讲好关工委和广大"五老"促进青少年成长成才的故事。地方媒体持续加大对关心下一代工作和"五老"典型的宣传力度，全国十多个省级党报刊发专版，很多广播电视台、教育电视台以及新媒体开设专栏或节目，还通过开展关心下一代新闻佳作评选、推出"最美宣讲员"和"最美五老"系列人物故事专题报道等方式，不断提升宣传的热度。同时，关工委媒体从多方面发力，

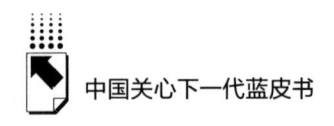

《中国火炬》《关爱明天》《薪火》《秋光》等加强内容建设，中国关工委微信公众号"五老情"等政务新媒体发展壮大。推进大宣传机制建设，福建、国铁集团召开关心下一代工作表彰会议，山东省、四川省关工委联合主流媒体召开宣传工作会议，天津市、新疆生产建设兵团关工委建立新闻发布会机制，吉林省关工委创建"微信群点评"工作品牌，浙江省关工委全面推广数字化应用，推动关心下一代工作线上线下融合发展。

4.服务大局的交流共享机制加快形成

深入贯彻新发展理念，强化关心下一代工作交流共享工作机制建设。服务区域协调发展，重庆市与四川省关工委签订合作框架协议，全国33个城市关工委在银川市参加第31次全国部分城市关心下一代工作座谈会。服务两岸文化交流，中国关工委、福建省关工委以"弘扬中华文化，传送家教诗词"为主题，举办第十五届海峡两岸关爱下一代成长论坛，邀请来自两岸的百余位专家学者、慈善组织代表和部分省市关工委代表与会交流。服务中日韩民间交流，中国关工委组团赴韩国参加中日韩儿童交流活动。这项活动已写入第九次中日韩领导人会议联合宣言，成为三国青少年交流的重要平台。

## 二 2023年关心下一代工作面临的挑战

2023年，我国进入中国式现代化发展的关键时期。世界局势更加复杂严峻，数字技术、数字经济发展速度之快、辐射范围之广、影响程度之深，前所未有，围绕教育、科技、人才的竞争空前激烈。同时，国内社会经济与人口结构经历深刻变化。在新的形势下，关心下一代工作的工作环境、工作对象、工作内容、工作方式发生新的深刻变化。落实培养德智体美劳全面发展的社会主义建设者和接班人的使命任务，关心下一代工作面临诸多挑战。

（一）把握党的创新理论的本质要求，青少年思想政治教育如何进一步提高针对性有效性

习近平新时代中国特色社会主义思想，是前瞻性思考、全局性谋划的理

论，是植根实践、指引发展的理论，是回答问题、解决问题的理论。坚持用党的创新理论铸魂育人，关键要紧跟党的理论创新步伐，教育引导青少年在掌握理论知识的基础上，运用党的创新理论认识国家发展、解决思想问题，真正做到学思用、知信行相统一。2023年，党的创新理论体系化学理化加快推进，全国宣传思想文化工作会议正式提出和系统阐述习近平文化思想，为加强青少年思想政治工作提供了强大思想武器和科学行动指南。经济社会发展主要目标任务圆满完成，高质量发展扎实推进，社会大局保持稳定，全面建设社会主义现代化国家迈出坚实步伐。同时，新经济结构的深层次调整，也带来新的困难和问题。我国经济持续回升向好的基础还不稳固，部分中小企业和个体工商户经营困难。就业总量压力和结构性矛盾并存，大学生就业形势相比上一年度愈加严峻，公共服务仍有不少短板。要运用党的创新理论教育引导青少年，帮助他们增强文化自信，树立正确的思想认知和价值判断，正确认识学习和生活中存在的现实问题，做好学业职业规划，实现思想政治教育与党的创新理论武装同步推进。充分发挥"五老"在全面推进"大思政课"建设中的独特优势，推动思政教育融入社会大课堂，与新时代伟大实践对接，需要不断解放思想，对关心下一代工作的思路和路径做全方位拓展。

（二）发挥党史立德树人作用，青少年党史学习教育如何进一步实现常态化长效化

习近平总书记强调，抓好青少年党史学习教育工作，发挥好党史立德树人的重要作用。2021年中国共产党成立一百周年时在全党开展党史学习教育，2022年中办印发《关于推动党史学习教育常态化长效化的意见》，2023年中央开展学习贯彻习近平新时代中国特色社会主义思想主题教育，全国人民代表大会常务委员会通过爱国主义教育法，2024年中央印发《党史学习教育工作条例》，从党史学习教育工作的主要任务、遵循的原则、党史学习教育的内容、主要方式等方面全面部署党史学习教育，对青少年党史学习教育提出了新要求。特别是，把用好革命遗址遗迹、纪念馆、博物馆等红色资源，发挥

革命英烈、时代楷模示范引领作用等纳入重要内容、提供制度保障。面对新形势，关工委要继承实施传承红色基因工程等重要经验，在党史学习教育常态化长效化中更好地发挥"五老"的优势。深度挖掘红色资源，丰富教育内容。从青少年主要精力放在日常学习的实际出发，促进党史学习教育与青少年需求有效对接，更好调动青少年参与党史学习的主动性和积极性。创新教育方式，提升党史宣讲教育质量，破解宣讲方式单一、形式不够新颖等问题；提升实践教育质量，组织青少年开展游基地等具有仪式感、参与感的实践活动。改进组织领导，加强教育活动的前期宣传和后期总结，提高活动的知晓度、参与度。要积极应对这些挑战，推动关工委青少年党史学习教育迈上新台阶。

### （三）未成年人违法犯罪案件数量呈上升趋势，青少年法治宣传教育和矫治帮教工作如何进一步增强实效性

近年来，未成年人违法犯罪数量总体呈上升趋势。根据最高人民检察院发布的《未成年人检察工作白皮书（2023）》，2023年全国检察机关共批准逮捕未成年犯罪嫌疑人26855人，起诉未成年犯罪嫌疑人38954人，同比分别上升73.7%、40.7%。办理低龄未成年人犯罪人数呈上升趋势。2023年，受理审查起诉14~16周岁的未成年犯罪嫌疑人10063人，同比上升15.5%。这些问题凸显加强监护责任教育引导工作和专门教育制度建设的迫切性。落实《预防未成年人犯罪法》赋予的法定职责，发挥"五老"优势和作用，积极参与专门教育指导委员会并发挥作用，促进专门学校教学、管理等相关工作，关工委面临新挑战。

### （四）面对青少年心理健康、留守流动儿童关爱保护等突出问题，面向青少年的基本公共服务如何进一步提高水平

本次社会调查结果显示，23.14%的青少年可能有轻微抑郁，6.47%的青少年可能有中度抑郁，2.84%的青少年可能有中重度抑郁，1.61%的青少年可能有重度抑郁。2022年国家统计局发布的《中国儿童发展纲要（2021—2030年）》统计监测报告显示，小学和中学配备专职心理健康教育教师的比例分

别只有33.2%和58.6%，远未达到全覆盖的目标。精神卫生专业机构普遍未开设儿童青少年心理门诊和住院部，缺少专业的儿童青少年精神科医生。国家统计局的报告显示，2020年全国农村留守儿童为4177万人，全国流动儿童7109万人，二者总量超过1亿人。流动儿童在大城市平等享有公共服务的门槛偏高，不少流动儿童受教育政策和户籍制度限制，到了一定阶段将返乡留守，他们在家庭监护、教育、医疗、社会融入等诸多方面都面临困难和挑战。城乡儿童发展不平衡不充分问题突出，乡村儿童健康和教育问题尤为突出。促进提高面向儿童的基本公共教育服务等基本公共服务，加强流动儿童、留守儿童关爱保护，改进青少年心理健康工作，对关心下一代工作提出了新挑战。

### （五）面对家庭对家庭教育服务的期待，家校社协同育人机制如何进一步健全

《家庭教育促进法》要求，建立健全家庭学校社会协同育人机制。近年来，相关部门统筹协调社会资源，协同推进覆盖城乡的家庭教育指导服务体系建设，极大地推动了协同育人机制建设，但是家庭教育指导服务能力和水平尚不能满足家长需要。当前面临的主要问题是，如何立足于推动构建家庭学校社会协同育人机制，厘清共育机制的主体职责定位和合作原则、主体间的民主议事和决策机制，形成科学有效的协同模式、资源共享机制、干预补偿机制以及督导评估与激励评价体系，并对信息化资源平台建设、经费、专业人才支持等保障内容予以明确，把分工明确、保障有力的协同育人工作体系建起来，从源头破解部门积极性激发调动不够、过于依赖学校主体、人才队伍力量不足、社会教育作用发挥不够等问题。《家庭教育促进法》赋予关工委为家庭教育提供社会支持的法定职责，要积极应对新的挑战。

### （六）面对志愿服务特别是老年志愿服务的规范化、制度化发展，老同志参加关心下一代工作的机制如何进一步完善

党的二十大强调完善志愿服务制度和工作体系。2024年，中共中央办公厅、国务院办公厅印发《关于健全新时代志愿服务体系的意见》，提出健

全新时代志愿服务体系的指导思想、基本原则和主要目标，明确新时代志愿服务事业高质量发展的工作思路和方法路径，要求健全全面参与的志愿服务动员体系、精准高效的志愿服务供给体系、充满活力的志愿服务队伍组织体系、覆盖广泛的志愿服务阵地体系、特色鲜明的志愿文化体系、坚实有力的志愿服务支持保障体系。与之相比，老年志愿服务发展空间还很大，主要是，老年志愿服务制度针对性不够，保障机制有待进一步健全；老年志愿服务组织建设有待加强，有的内部管理制度不够健全，经费短缺问题突出；老年志愿服务能力不足，相关培训少、规模小，难以适应老年志愿者的身心特点。"五老"志愿服务作为老年志愿服务的有机组成部分，要主动应对这些问题，积极回应新时代新征程对"五老"志愿服务事业提出的新要求。

## 三 2024年关心下一代工作展望

2024年是中华人民共和国成立75周年，是实现"十四五"规划目标任务的关键一年。关心下一代工作要坚持把立德树人作为根本任务，充分发挥"五老"为党育人为国育才的优势和作用，在中国式现代化建设中彰显新作为。

### （一）以党的创新理论为引领，推动关心下一代工作内涵式发展

全国关工委工作会议强调，迈上以中国式现代化全面推进强国建设、民族复兴伟业的新征程，要更好肩负起关心下一代工作的使命任务，迫切需要用习近平新时代中国特色社会主义思想武装头脑、指导实践、推动工作。

一是深入学习贯彻习近平文化思想。中国式现代化是物质文明和精神文明相协调的现代化。必须增强文化自信，以习近平文化思想为指导，以中国特色社会主义取得的举世瞩目成就为内容支撑，以中华优秀传统文化、革命文化和社会主义先进文化为力量根基，守正创新推动关心下一代教育内涵式发展，更好担负起为党育人为国育才的文化使命。要从政治上强化思想认识，深刻把握学习贯彻习近平文化思想对培育时代新人的重要意义，深化宣

传阐释，引导广大"五老"和青少年深刻领悟"两个确立"的决定性意义、坚决做到"两个维护"。要从全局上强化担当作为，发挥关工委组织和"五老"队伍优势，以立德树人为引领，加强未成年人保护，在关心下一代工作中凸显文化自信、历史自信。要从实效上增强文化自信，遵循青少年思想特点和成长规律，充分利用多种传播渠道和传播载体，加强文化育人，丰富文化实践，助力全方位构建落实立德树人根本任务的新格局。充分发挥关工委干部教育培训主阵地的作用，使关工委干部和广大"五老"不断提高用党的创新理论铸魂育人的能力和水平。

二是推动"大思政课"建设和大中小学思想政治教育一体化建设。深入贯彻《全面推进"大思政课"建设的工作方案》，聚焦中国式现代化建设特别是高水平科技自立自强对下一代培养的迫切要求，加强对青少年的中华优秀传统文化教育、现代文明教育、劳动教育、科普教育，引导青少年铸牢中华民族共同体意识，热爱学习、热爱劳动、热爱科学，自觉弘扬劳模精神、科学家精神，培养劳动习惯，提高劳动能力，训练科学思维方法和思维能力，成为强国建设、民族复兴伟业的接班人和未来主力军。要广泛动员社会力量和资源，常态化举办"五老"宣讲、读书演讲、文艺展演、社会实践、主题夏令营等第二课堂，以"大思政课"拓展全面育人新格局。"中华魂"读书活动坚持读书育人宗旨，30年来覆盖青少年达4.97亿人次。2024年，要按照中国关工委部署，以传承弘扬毛泽东崇高精神风范为主题，开展好全国青少年"中华魂"主题教育，充分发挥其在"大思政课"建设中的重要作用。要动员更多"五老"担任思政课教学督导员，参与"思政课程""课程思政"建设，精准助力大中小学思想政治教育一体化建设。

三是加强农村和企业思想政治工作。全面建设社会主义现代化，最艰巨最繁重的任务仍然在农村。2024年是实施关工委助力乡村振兴行动的重要一年。要贯彻中国关工委农村关心下一代工作座谈会精神，抓好农村青年农民和农村未成年人两类服务对象，抓好加强农村青少年思想政治教育、服务和推动乡村人才振兴、协助做好农村未成年人保护工作三项服务任务。抓住思想政治教育这个根本任务，坚持推进城乡关心下一代工作融合发展，集聚广大"五老"支持乡村建设的强大合力,发挥好"五老"在教育引导青少年方面的优势作用,在农村抓好用党的创新理论铸魂育人的根本任务,助力培养有理想、懂技术、会管理、会经营的乡村新型青年人才。高质量发展是全面建设社会主义现代化国家的首要任务,必须坚持和落实"两个毫不动摇",促进各种所有制经济优势互补、共同发展,激发全社会内生动力和创新活力。要充分认识新时代新征程企业关工委工作的重要意义,紧紧依靠党建带关建,以青年职工思想道德建设为重点,按照有利于青年职工成长成才、有利于企业健康发展、有利于老同志优势发挥的原则,巩固和加强企业关工委工作,在引导企业青年职工和年轻一代企业家坚定跟党走的进程中实现新作为。

## (二)创新党史学习教育方式,发挥党史立德树人的重要作用

要深入实施传承红色基因工程,按照党史学习教育和新时代爱国主义教育的部署要求,加强思想引领、文化涵育、教育引导、实践养成,以庆祝新中国成立75周年为主线,深化"老少同声颂党恩、携手奋进新征程"主题教育实践活动,推动青少年党史学习教育常态化长效化。

一是推进青少年党史学习教育体系建设。在积极构建家庭学校社会协同育人新格局下,推进青少年党史学习教育体系建设。中共中央办公厅印发《关于推动党史学习教育常态化长效化的意见》,强调用好学校思政课这个渠道,推动党史更好地进教材、进课堂、进头脑,发挥好党史立德树人的重要作用。《家庭教育促进法》要求,家庭教育以立德树人为根本任务,培育和践行社会主义核心价值观,弘扬中华优秀传统文化、革命文化、社会主义先进文化,促进未成年人健康成长。各级关工委和广大"五老"是推动党史学习教育进校园、进家庭、进城乡社区的重要力量,要发挥优势,积极推动党史学习教育融入家校社共育机制建设。党史学习教育不同于党史知识普及,要遵循教育的规律和特点,在教育管理、师资培训、课程教材、教学科研、经费筹措等方面统筹安排。尽管当前还存在不少困难,但是关工委在多年的实践中积累了丰富的经验。例如,针对长期以来青少年党史学习教育没

有成系统、有标准、针对不同年龄段青少年的宣讲大纲的问题，陕西省关工委于2021年组织编写《陕西省关工委青少年党史教育指南》，做到了"统一大纲、统一内容、统一标准"。浙江省关工委2022年印发《关于推动青少年党史学习教育常态化长效化的工作意见》明确了总体要求、工作任务和工作要求。要重视这些来自实践的经验，加强系统集成，健全制度机制，增强工作合力，明确学习教育的目标、方式和内容，确保青少年党史学习教育有章可循、有据可依。针对大学生和中小学生，以及家庭教育、学校教育、社会教育不同特点和要求，分层次、分领域推进青少年党史学习教育。

二是加强红色资源的深度挖掘。做好红色文化资源的深度挖掘、研究阐释和保护利用工作，有利于提高挖掘研究和保护利用的针对性、系统性和整体性，让广大青少年走进"身边的红色资源"。要提高挖掘利用红色资源的系统性，重视对党在新民主主义革命时期的历史的挖掘，同时要加强对社会主义革命和建设时期、改革开放和社会主义现代化建设新时期、中国特色社会主义新时代历史的挖掘。在关心下一代党史国史教育基地建设中，要更好地利用宝贵的工业遗存，传承好工业文化，更好地发挥新时代伟大成就的教育激励作用，引导青少年在时代大变迁中感悟党的创新理论的实践伟力。加强部门联动有利于增强工作合力，多出精品力作，推动红色资源的高质量挖掘和保护利用。要进一步健全多方联动工作机制，加强"五老"参与红色资源挖掘整理、红色故事宣讲、红色实践教育的联动，推进关心下一代党史国史教育基地建设的联动，加强关工委系统上下联动、关工委与相关部门联动、"五老"与青少年联动，以联动搭平台、聚资源、增活力、出精品。适应教育数字化发展趋势，加强青少年党史学习教育数据库建设。鼓励探索采用数字技术和"实地拍摄+演播室讲述"等受青少年欢迎的创新表现方式，聚焦地方党史上重大事件、关键场景、重要人物，生动讲述在红色土地上发生的波澜壮阔的革命故事，更好地打造关心下一代线上党史学习教育大平台。

三是发挥品牌活动的牵引作用。推进工作品牌建设是深化关心下一代工作的重要方法。在青少年党史教育中，全国关工委"青少年党史学习月"

活动作为连续开展两届的新品牌，以关工委多年开展青少年革命传统教育、党史国史教育为基础，迅速形成以开展红色宣讲、寻访红色足迹、红色展演等为代表的一批优势项目，要把这个优势巩固住、发挥好。要组织开展2024年全国关工委"青少年党史学习月"活动，用新中国成立以来特别是新时代党领导人民取得的伟大成就，用中国特色社会主义制度的优势，激发广大青少年爱党爱国爱社会主义的巨大热情。运用品牌建设思路推进青少年党史学习教育，坚持巩固提升多年来开展关心下一代工作形成的品牌，不断培育和形成关爱教育工作新品牌，培育青少年党史学习教育的新动能。

（三）深入学习贯彻习近平法治思想，提升青少年法治宣传教育和权益维护水平

2020年召开的中央全面依法治国工作会议，确立了习近平法治思想在全面依法治国工作中的指导地位。习近平法治思想是马克思主义法治理论中国化的最新成果，是全面依法治国的根本遵循和行动指南。它明确了法治宣传教育的目标任务，揭示了法治宣传教育与全面推进依法治国的关系，阐明了法治教育要从青少年抓起，为加强青少年法治宣传教育和权益维护指明了方向。

一是加强未成年人网络保护工作。《未成年人网络保护条例》（以下简称《条例》）于2024年1月1日起施行。《条例》要求关工委协助有关部门做好未成年人网络保护工作，维护未成年人合法权益。要认真学习贯彻《条例》，发挥"五老"教育引导和监督作用，促进青少年网络素养提升和防范网络沉迷。加强农村地区，特别是留守儿童集中地区中小学网络常识、网络技能、网络规范、网络安全等方面的教育，帮助农村未成年人善用网络，使其真正助力学习和生活。未成年人用网过度的问题与家庭的管理能力、教育方式密切相关。要加强家庭教育指导服务，凝聚家庭学校社会合力，引导家庭在未成年人上网管理过程中发挥积极作用。同时要探索更多有效的方法，推动利用社会资源解决住校、留守儿童的健康用网问题，推动未成年人用网过度问题的解决。上海市关工委在互联网企业成立关工委组织或

选派老同志担任党建指导员，引导网络产品和服务企业履行未成年人网络保护义务、承担社会责任，值得推广。

二是加强青少年法治宣传教育。实施"八五"普法规划，全面落实"谁执法谁普法""谁管理谁普法""谁服务谁普法"的普法责任制，深入开展青少年法治宣传教育，更好弘扬社会主义法治精神，让法治走到青少年身边，引导青少年尊法学法守法用法。第五届"关爱明天、普法先行"青少年法治宣传教育活动，聚焦青少年对法治宣传教育活动的内容和形式的新需求，科学评估青少年的法治素养和掌握法律知识程度，创新青少年法治宣传教育形式，提高青少年的参与率，使青少年法治宣传教育在加强法治文化建设和引导青少年树立法治观念、提高法治素养、坚定法治自信等方面发挥更大作用。要加强组织领导，强化部门协同，丰富普法形式，加大宣传引导力度，加强包括"五老"在内的社会普法队伍建设。加强法治副校长与法治辅导员同青少年学生的实质性紧密联系。从青少年被害治理的视角，加强实用、可操作的预防知识培训，让青少年"记得住、用得上"，帮助青少年增强预防被害的意识和能力。

三是加强专门学校建设和专门教育。2019年中共中央办公厅和国务院办公厅印发《关于加强专门学校建设和专门教育工作的意见》。2020年全国人大常委会修订《预防未成年人犯罪法》，明确国家加强专门学校建设，县级以上地方人民政府成立专门的教育指导委员会。要依法加快专门学校建设，为罪错未成年人提供有针对性的心理矫治和行为矫治。关工委要履行法定职责，发挥好专门教育指导委员会成员单位的作用，协助配合有关部门，助力专门学校建设和教育质量提升，加强专门教育的宣传普及，促进罪错青少年帮教工作创新发展，推动改变针对低龄未成年人的专门矫治机构力量薄弱的局面，让实施了严重危害社会行为但尚未构成刑事犯罪的未成年人得到应有的矫治教育。发动更多"五老"专业人才参加专门教育，加强培训和指导，更好地配合专门学校建设和专门教育，共同构建未成年人健康成长的良好氛围。

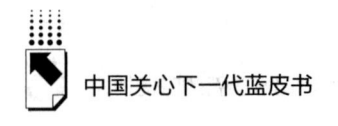

**（四）强化精准关爱，推动农村留守儿童、困境儿童和流动儿童关爱保护提质增效**

在全面贯彻新发展理念，加快构建新发展格局，着力推动高质量发展，全面深化改革开放的新形势下，国家更加注重以发展思维看待补齐青少年发展的民生短板，采取务实措施推动关心下一代事业与经济社会同步发展。

一是加强青少年心理健康服务。教育部等部门联合发布《全面加强和改进新时代学生心理健康工作专项行动计划（2023—2025年）》，坚持学习知识与提高全面素质相统一，明确提出了五育并举促进心理健康主要任务。要把握青少年心理健康服务的任务要求，围绕培养德智体美劳全面发展的社会主义建设者和接班人，聚焦以德育心、以智慧心、以体强心、以美润心、以劳健心，广泛开展主题教育实践活动，将青少年心理健康教育贯穿于关心下一代工作全过程。要办好家长学校或网上家庭教育指导平台，推动社区家庭教育指导服务站点建设，推动"家—校—医—社"多方联动，建立信息共享平台和快速反应机制，对青少年心理健康危机及时干预，支持心理健康研究并推动成果运用。学校层面，要针对学生成长特点，优化心理健康课程。家庭层面，加强亲子沟通，提供情感支持。社会层面，广泛开展文体健康活动，加强青少年心理健康宣传，提高公众意识。积极配合有关方面，加强心理健康知识普及、心理咨询服务、心理健康研究等方面的工作，掌握发展现状，评估现有政策和程序的有效性，为未来的政策改进提供依据。"五老"工作室建设要关注未成年人心理健康教育。

二是推动乡村关爱服务高质量发展。《中华人民共和国国民经济和社会发展第十四个五年规划和2035年远景目标纲要》提出，要坚持儿童优先发展，提升儿童关爱服务水平。当前乡村儿童发展的主要目标，仍然是促进公共服务和公共资源均等化，推进城乡一体化，缩小城乡儿童健康与受教育水平的差距。要推动乡村儿童关爱服务高质量发展，突出乡村儿童需求导向，全面推进儿童福利机构优化提质和创新转型、城乡社区儿童服务设施建设、乡村儿童健康服务与监测、农村地区儿童工作专业能力提升等重点工作，为农村儿童提供高水平的关爱服务。要发挥"五老"在家庭家教家风建设、人民调解、失足青少年帮教和移风易俗中的独特优势，优化农村青少年健康成长的社会环境。协同做好农村留守儿童、流动儿童、事实无人抚养儿童的关爱与服务工作，做好寒暑假期和周末关爱陪伴以及心理健康教育、网络沉迷预防等工作。更好发挥中国关心下一代教育基地、"老校长下乡"等品牌项目的带动作用，推动基本公共服务资源下沉，不断加强薄弱环节，提升基本公共服务能力。

三是发展关心下一代公益慈善服务。关心下一代公益慈善事业是关心下一代工作的重要组成部分。截至2023年，全国有16个省区市关心下一代基金会，市县两级关工委基金会以及专项基金规模有了新的扩充，关心下一代基金会已成为关心下一代慈善事业发展的重要力量。2023年，中国关工委在温州召开关心下一代基金会工作座谈会。要坚持把满足下一代全面发展的需求和期待作为发力点，不断完善制度机制，凝聚壮大爱心力量，积极传播慈善文化，开拓创新公益项目，在增进下一代民生福祉、促进社会公平和谐等方面发挥独特的作用。更好发挥关心下一代基金会的作用，做大做强关爱助学助困品牌，助力下一代健康成长。关心下一代基金会要进一步提高科学运行、自我管理和严格监督的能力，扩大受益群体覆盖面，巩固提升公益品牌，探索数字化发展路径，创新服务方式和内容，不断提高社会公信力。

## （五）落实《家庭教育促进法》，推动完善家校社协同育人机制

建设人人有责、人人尽责、人人享有的家庭学校社会协同育人共同体，这是落实立德树人、铸魂育人任务的内在要求。要深入贯彻落实教育部等部门联合印发的《关于健全学校家庭社会协同育人机制的意见》，加快建立健全学校家庭社会协同育人机制。

一是完善协同育人制度。将协同育人制度纳入政府履行教育职责评价和教育质量评价的重要内容，纳入未成年人思想道德建设和未成年人保护工作的考核体系，明确协同育人机制的内涵、协同模式、合作原则等，以及政府职责和家庭、学校、社会各主体的权利和义务。健全领导体制机制，在地方党委领导下，充分发挥政府的统筹协调作用，加强系统谋划，促进资源共享，

以学校教育为中心，形成教育部门主导、相关部门配合、街道参与、社区服务中心实施的整体推进机制。健全协同育人过程中的监管、多方反馈、督导评估等工作机制。完善经费条件保障机制，强化条件保障。加强理论建设与专业人才培养，推进家庭教育指导专家队伍建设，发展壮大家校社共育师资队伍。将家庭教育指导作为城乡社区公共服务的重要内容，积极构建普惠型家庭教育公共服务体系。支持建设覆盖城乡社区的家庭教育指导服务站点，配备专兼结合的专业指导人员，配合家庭教育指导机构有针对性地做好指导服务。

二是助力学校发挥协同育人的主导作用。在家校社协同育人新格局下，做好家庭教育指导服务成为学校的重要职责，要将学校工作计划纳入家庭教育指导服务内容，将教师考评体系纳入教师家庭教育指导与绩效系统。要围绕加强教师家庭教育指导能力建设，抓住提升家长学校专业化水平这个着力点，深入实施"家校社共育"实践区项目、规范化家长学校实践活动等公益项目，更好地发挥其在提供家庭教育指导方面的优势，推动在更多学校设立家庭教育指导服务站点、家长学校、心理咨询服务站点。加强家校社共育咨询室建设，为解决家庭教育中的急难愁盼问题提供及时有效的支持。强化校社协作，组织"五老"、劳动模范、道德模范、时代楷模、各类精神文明先进代表、德艺双馨的艺术家等到学校开展宣讲教育活动，引入社会力量参与学校家庭教育指导服务，充分发挥学校对社区家庭教育指导服务站点和家长学校建设的积极作用。

三是完善社会家庭教育服务体系。围绕建立覆盖城乡的家庭教育指导服务体系，积极拓展校外教育空间和育人途径，丰富社会家庭教育服务内容。强化特殊家庭教育指导服务，针对留守儿童、流动儿童、困境儿童和涉及未成年人的案件中的家庭教育问题，专门设计课程和提供服务。家庭教育重于耳濡目染。要持续开展"'五老'弘扬好家教好家风""孝老敬贤月"等家庭教育活动，提供家庭教育指导服务，引导家庭成员注重家庭建设，形成良好家风。深入宣传学校家庭社会协同育人的政策举措、实际成效和典型案例，广泛传播科学的教育理念和家庭教育方法，营造全社会各方都关心支持协同育人的良好氛围。

## （六）发挥理论研究支撑作用，推动关心下一代工作和关工委建设高质量发展

高质量发展需要新的理论指导。党的十八大以来，各级关工委认真贯彻落实习近平总书记重要指示批示精神，深入贯彻落实中办、国办《关于加强新时代关心下一代工作的意见》，很多新的经验已经在实践中形成并展示出对关心下一代工作高质量发展的推动、支撑作用，需要从理论上进行总结和概括。2024年中国关工委计划召开理论研讨会，为2025年召开中国关工委成立三十五周年总结表彰会作理论上的准备。要坚持以习近平新时代中国特色社会主义思想为指导，深入贯彻习近平总书记重要指示批示精神，以"六个必须坚持"提供的科学的世界观和方法论为指引，全面汇总近年来新形成的理论成果、实践成果、制度成果，探索新时代做好关心下一代工作的基本规律，针对当前和今后一段时间工作中的重点、难点问题，前瞻性地提出促进关心下一代工作高质量发展的指导意见。

关心下一代工作以热心关心下一代工作的离退休老同志为主体，本质上是党引导动员老同志教育、引导、关爱、保护青少年的志愿服务实践。进入新时代新征程，面对纷繁复杂的国际形势、新一轮科技革命和产业变革、人民群众新期待对关心下一代志愿服务提出的新要求，需要健全包括广泛参与的"五老"动员体系、精准高效的服务供给体系、充满活力的组织体系、覆盖广泛的阵地体系、坚实有力的志愿服务支持保障体系等"五老"志愿服务体系。其中，"五老"动员体系具有基础性的作用，是推进关工委工作高质量发展的重大战略举措。要满足新时代关心下一代工作高质量发展对"五老"人才的迫切需求，加快形成同高质量发展史相适应的动员体系，吸引更多政治素质高、热心公益事业、具有奉献精神的老同志参加关工委工作，特别是把科技、教育、文化、卫生等领域退下来的老同志以及退休法官、检察官、警察等专业人才充实进来，完善"五老"常态化退出和补充机制，动员各类"五老"人才参与关心下一代事业，不断提升关心下一代工作效率。

# 专题篇

## B.2
## 让中华优秀传统文化滋育青少年健康成长
### ——关于加强青少年中华优秀传统文化教育的研究报告

北京市教育系统关心下一代工作委员会调研组[*]

**摘　要：** 中华优秀传统文化是中华民族永续发展的精神命脉，习近平文化思想为中华优秀传统文化的传承和发展提供了根本遵循。青少年是中华优秀传统文化的传承者、弘扬者和践行者，肩负着文化传承与发展的时代使命。加强新时代青少年中华优秀传统文化教育，对帮助青少年坚定理想信念、厚植爱国情怀、增强文化自信，具有极其重要的意义。党的十八大以来，党和国家高度重视并深入推进青少年中华优秀传统文化教育，取得了良好的育人成效。"中国青少年思想政治教育状况调查"针

---

[*] 执笔人：郑文涛，博士，首都师范大学校办主任、研究员，主要研究方向为思想政治教育。课题组成员：张雪、卢思锋、线长久、刘超美、闫彦斌、马维娜、乔永、王博、武林杰、张彦琛、卢静、陈锭、张丙元等。

对中华优秀传统文化在青少年思想政治教育中的融入状况进行了较为深入的考察，分析现状、查找问题并进一步提出针对性举措，为新时代青少年更好地传承和弘扬中华优秀传统文化、培养担当民族复兴大任的时代新人提供政策建议。

**关键词：** 中华优秀传统文化　青少年　思想政治教育

习近平总书记指出，优秀传统文化是一个国家、一个民族传承和发展的根本，如果丢掉了，就割断了精神命脉。中华优秀传统文化是中华民族语言习惯、文化传统、思想观念、情感认同的集中体现，凝聚着中华民族普遍认同和广泛接受的道德规范、思想品格和价值取向，具有极为丰富的思想内涵，是中华民族永续发展的精神命脉。党的十八大以来，以习近平同志为核心的党中央深深扎根广袤中华大地和悠久民族历史，积极汲取中华璀璨文明精华，以宽广的历史视野、深邃的理论思考和生动的社会实践，提出了"两个结合"的科学论断，尤其是以"第二个结合"的提出为标志形成了习近平文化思想，这不仅深化了我们对中华文明发展规律的科学认识，更为我们深刻把握中华优秀传统文化的时代价值和实现中华优秀传统文化的创造性转化、创新性发展提供了根本遵循。习近平总书记强调，深入挖掘中华优秀传统文化蕴含的思想观念、人文精神、道德规范，结合时代要求继承创新，让中华文化展现出永久魅力和时代风采。在强国建设和民族复兴的新征程上，要更好担负起文化传承与发展的时代使命，迫切需要充满朝气的青春力量，需要充分发挥青年人的积极性、主动性、创造性。青少年是祖国的未来、民族的希望，也是中华优秀传统文化无法逾越的传承者、无与伦比的弘扬者和独具风采的践行者，肩负着文化传承、文化创新、文化发展和文明互鉴的时代使命。加强青少年中华优秀传统文化教育，可以引导广大青少年深刻认识中华民族的文化精神和文化胸怀，把传承和发展中华优秀传统文化与建设中华民族现代文明有机统一起来，切实增强文化自信，努力成长为更好

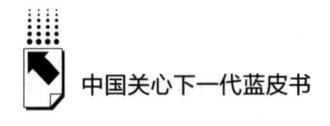

担负起新的文化使命的时代新人，成长为堪当强国建设和民族复兴大任的栋梁之才。因此，加强新时代青少年中华优秀传统文化教育，具有重大的现实意义和深远的历史意义。

为了全面、客观、及时地了解新时代中华优秀传统文化融入青少年思想政治教育的现状，掌握青少年对中华优秀传统文化的认知、认同和践行状况，把握青少年思想政治教育的动态变化情况，更好地遵循青少年成长成才规律和思想教育规律，进一步提升新时代中华优秀传统文化在青少年思想政治教育中的吸引力、感染力和针对性、实效性，中国关工委联合北京市教育系统关工委于2024年在全国范围内开展了"中国青少年思想政治教育状况调查"。本次调查坚持重点采样和随机抽样相结合的原则，根据青少年年龄和教育学段的不同，设置初中、高中和大学三类六种样本，面向青少年和教师进行差异性取样，其中，初中生样本22996个，初中教师样本7511个；高中生样本13370个，高中教师样本2672个；大学生样本45518个，大学教师样本2870个。本报告结合青少年的身份特征和成长成才规律，对当前中华优秀传统文化在青少年思想政治教育中的融入状况进行较为深入地考察，分析现状，查找问题，提出进一步改进的针对性举措，为新时代青少年更好地传承和弘扬中华优秀传统文化、培养担当民族复兴大任的时代新人提供有益建议。

## 一 青少年中华优秀传统文化教育的重要意义

### （一）加强中华优秀传统文化教育，是坚定青少年理想信念的重要支撑

习近平总书记指出，理想指引人生方向，信念决定事业成败。没有理想信念，就会导致精神上"缺钙"。青少年正处在人生的"拔节孕穗期"，是树立远大理想和坚定信仰信念的关键阶段。历史和现实都告诉我们，青少年一代有理想、有担当，国家就有前途，民族就有希望，实现我们的发展目标就有源源不断的强大力量。中华民族伟大复兴是全国各族人民的共同理想，

也是青年一代应该牢固树立的远大理想。中国特色社会主义道路是我们党带领人民历经千辛万苦找到的正确道路，也是广大青年应该牢固树立的人生信念。当代青少年理想信念的形成与中华优秀传统文化息息相关。中华优秀传统文化历经五千多年的文明积淀，其中蕴含的一些精神内涵以及精神价值传承至今，并随着时间的推移、历史的发展在当代释放出更加耀眼夺目的精神光芒，借鉴和吸收传统文化中的精华要素，既可以为青少年的理想信念教育提供滋养资源，也可以为青年学生树立理想信念提供精神支撑，是培育当代青少年学生树立坚定理想信念的精神沃土。此外，中华优秀传统文化以社会群体为本位的价值取向，凸显了国家社会发展和个人理想的有机统一，为指导青少年积极肩负国家责任、凝聚民族精神和践行社会主义核心价值观等发挥着重要作用。因此，要充分汲取中华优秀传统文化资源，与青少年的理想信念教育紧密结合起来，促进青少年更加自觉地将个人理想信念和国家民族的命运相结合，让青春年华在为国家、为人民的奉献中焕发出绚丽光彩。

（二）加强中华优秀传统文化教育，是厚植青少年爱国情怀的重要基础

在中华民族几千年绵延发展的历史长河中，爱国主义始终是激昂的主旋律，是中华民族精神内核的重要内容，是中华民族团结奋斗、自强不息的精神纽带，是中华优秀传统文化的重要体现。中华文明的史册上写满了家国情怀的史诗人物，生动诠释了家国一体的人文情怀。一部中华五千年文明史，书写着不同时代青少年的爱国之举和民族大义，为当代青少年爱国主义教育积淀了深厚的历史文化意蕴。在新时代，弘扬爱国主义精神必须尊重和传承中华民族的历史和文化。对祖国悠久历史、深厚文化的理解，是对青少年进行爱国主义情感培育的重要基础。习近平总书记强调爱国主义精神在青少年成长中的基础地位和导向作用，要教育引导群众特别是青少年更好地认识和认同中华文明，把加强青少年的爱国主义教育摆在更加突出的位置，把爱我中华的种子埋入每个孩子的心灵深处。《新时代

爱国主义教育实施纲要》提出，新时代爱国主义教育要面向全体人民、聚焦青少年。《中华人民共和国爱国主义教育法》指出，爱国主义教育应当坚持传承和发展中华优秀传统文化，弘扬社会主义核心价值观，推进中国特色社会主义文化建设，坚定文化自信，建设中华民族现代文明。因此，中华民族发展史、中华优秀传统文化资源和历史文化遗产等都应该成为青少年爱国主义教育的主要内容，更为关键的是，要深入挖掘中华优秀传统文化的力量，厚植青少年的爱国主义情怀，让爱国主义精神代代相传。中华优秀传统文化中所蕴含的爱国思想，将会唤醒青少年家国情怀文化基因，涵育青少年深厚持久民族情感，激励青少年成长为拥有深厚家国情怀的民族脊梁。

**（三）加强中华优秀传统文化教育，是增强青少年文化自信的重要路径**

习近平总书记强调，坚定文化自信，是事关国运兴衰、事关文化安全、事关民族精神独立性的大问题。新时代以来，在深刻总结马克思主义中国化时代化历史经验、深刻把握中华文明发展规律的基础上，习近平总书记提出了"第二个结合"的重大论断，表明我们党的历史自信、文化自信达到了新高度，表明我们党在传承中华优秀传统文化中推进文化创新的自觉性达到了新高度。在当下信息快速更迭的大数据时代，加之文化多元复杂的现实环境，决定了加强青少年文化自信教育具有更为紧迫的现实意义。坚定青少年文化自信的关键环节之一就是要坚持用中华民族一切优秀文明成果育人，因为中华优秀传统文化蕴含着丰富的哲学思想、人文精神、道德理念，其中讲仁爱、重民本、守诚信、崇正义、尚和合、求大同的思想，有着穿越时空的恒久魅力。习近平总书记指出，对历史文化特别是先人传承下来的价值理念和道德规范，要坚持古为今用、推陈出新，有鉴别地加以对待，有扬弃地予以继承，努力用中华民族创造的一切精神财富来以文化人、以文育人。因此，加强青少年的中华优秀传统文化教育，不断提升青少年文化自信，就要在青少年中传承和弘扬传统文化的思想精华，用喜闻乐见的方式讲好中华优秀传统文化的历史渊源、发展脉络、基本走向，讲好中华文化的独特创造、价值理念、鲜明特色，让文化自信的基因种子深深植入青少年的思维方式、行为方式和生活方式之中，生发成为促进青少年健康成长的强大精神力量。

## 二 青少年中华优秀传统文化教育的现状分析

党的十八大以来，党和国家高度重视加强青少年中华优秀传统文化教育。2017年，中共中央办公厅、国务院办公厅印发了《关于实施中华优秀传统文化传承发展工程的意见》，明确要把中华优秀传统文化贯穿国民教育始终。2019年，中共中央、国务院印发了《新时代爱国主义教育实施纲要》，强调将传承和弘扬中华优秀传统文化作为爱国主义教育的重要内容。教育部统筹规划和推进中华优秀传统文化教育的顶层设计、课程、教材、师资等建设，明确具体任务和政策措施。2014年、2017年和2019年教育部相继印发了《完善中华优秀传统文化教育指导纲要》《中小学德育工作指南》《加强和改进中小学中华优秀传统文化教育工作方案》等系列文件，从目标、原则、内容、方法和保障等各个方面加强对中华优秀传统文化教育体系架构的顶层设计。为了发挥学校课堂主渠道的作用，2021年，教育部连续印发《习近平新时代中国特色社会主义思想进课程教材指南》《中华优秀传统文化进中小学课程教材指南》《革命传统进中小学课程教材指南》等指导性文件，以课堂教学为基础，将中华优秀传统文化内容充分融入教材与课程体系，在教材编写、课标修订和课程开发中全面体现中华优秀传统文化内容，不断推进中华优秀传统文化进教材、进课堂、进头脑。同时，注重打造青少年传统文化教育优质品牌和平台，统筹推进"我的中国梦""开学第一课""少年传承中华传统美德""高雅艺术进校园""中华诵·经典诵读""中小学弘扬和培育民族精神月""礼敬中华优秀传统文化"等一系列大中小学主题教育，分批次建设了3369所中小学中华优秀文化艺术传承学校、106个中华优秀传统文化传承基地、622个全国中小学生研学实践教育基

（营）地、126个农村学校艺术教育实验县等，不断丰富中华优秀传统文化的教育形式，拓宽中华优秀传统文化教育渠道。地方政府和各级各类学校多措并举推进青少年中华优秀传统文化教育落实落地，构建主题突出、特色鲜明的文化育人丰富样态。

中国关工委顾秀莲主任始终强调，关心下一代工作要以培育和践行社会主义核心价值观为主线，以理想信念、思想道德、传统文化、科技素养和法治教育为重点，发挥好各级关工委和广大"五老"的主动性、积极性、创造性，为促进青少年成长成才、培养担当民族复兴大任的时代新人作出新的更大贡献。各级关工委深入挖掘中华优秀传统文化资源，帮助广大青少年扣好人生的"第一粒扣子"、迈好人生的第一个台阶。比如，山东省曲阜市关工委按照"学校点单、关爱团、宣讲团接单、'五老'送单"模式，组织"五老"灵活运用课后服务，长期开展以书法、声律启蒙、"六艺"等为主题的孔子学堂走进校园活动，开展"流动博物馆""经典诵读""传统礼仪"等文化"两创"进社区、乡村和复兴乡村少年宫系列活动，让青少年感受传统文化魅力；陕西省西安市以老少"同读一本书、同过一个节、同做一件事"活动为主要载体，开展"优秀传统文化在我身边"活动，引导全市中小学生学习传承中华优秀传统文化，培育践行社会主义核心价值观；河南省郑州市教育系统关工委成立了关爱工作专家团"传统文化学习"分团，汇聚了一批学识渊博、文史知识丰富的老同志，带领中小学生走进黄帝故里、杜甫故里、嵩阳书院、观星台等文化遗址和博物馆，感受中华文化的博大精深；内蒙古自治区关工委以创建"中华优秀传统文化体验教育实验校（园）、社区"为切入点，在中小学、幼儿园、社区中广泛开展内容丰富、形式多样的继承和发扬中华优秀传统文化的活动；湖北孝感市关工委围绕建设"中华孝文化名城"，组织广大"五老"在青少年学生中开展以"孝"为主题的关心教育活动，在全国打造具有"孝文化"特色的孝感关心下一代品牌工作；广东省佛山市关工委成立青少年中华优秀传统文化教育实践基地，立足极具岭南特色的舞狮、武术、剪纸、刺绣等非遗项目，开发适合青少年特点的非遗课程，将优秀传统文化和创新思维相结合，提升青少年的人文素养和实践能力。

实践表明，中华优秀传统文化教育已经有效融入了学校的日常教学、学生的社会实践和家庭的生活教育中，对青少年健康成长的影响和作用日益显现，取得了良好的育人成效。

### （一）师生高度认同习近平文化思想的引领地位

习近平文化思想立足新时代治国理政实践，探索中国特色社会主义文化建设的规律，明确回答了新时代中国特色社会主义文化建设的根本问题，开辟了中华民族文化繁荣发展的必由之路。习近平文化思想一经提出就在广大教师和青少年中引起强烈反响。调查显示，超过86%的受访师生认为自己比较了解"第二个结合"的重大意义（见表1），不同学段的师生纷纷表示高度认同习近平文化思想并将积极学习领会，认为"习近平文化思想是新时代党领导文化建设实践经验的理论总结，丰富和发展了马克思主义文化理论，实现了新时代文化理论观点上的重大创新和突破"，要深刻认识其对国家发展的重要作用，"文化兴国运兴，文化强民族强"，坚定"四个自信"说到底是要坚定文化自信，文化自信是一个国家、一个民族发展中最基本、最深沉、最持久的力量（见图1），这些思想认识有利于帮助青少年树立坚守中华文化的根本立场。

表1 受访师生对"第二个结合"重大意义的理解情况

单位：%

| 类别 | 非常理解 | 理解 | 比较理解 | 共计 |
| --- | --- | --- | --- | --- |
| 初中生 | 33.3 | 31.7 | 24.8 | 89.8 |
| 高中生 | 38.8 | 32.2 | 23.1 | 94.1 |
| 大学生 | 38.7 | 28.4 | 25.7 | 92.8 |
| 初中教师 | 20.5 | 38.0 | 28.4 | 86.9 |
| 高中教师 | 22.7 | 37.3 | 29.4 | 89.4 |
| 大学教师 | 33.2 | 38.8 | 22.5 | 94.5 |

| | 习近平文化思想是新时代党领导文化建设实践经验的理论总结，丰富和发展了马克思主义文化理论，实现了新时代文化理论观点上的重大创新和突破 | 文化兴国运兴，文化强民族强 | 坚定中国特色社会主义道路自信、理论自信、制度自信、文化自信。说到底是要坚定文化自信。文化自信是更基本、更深沉、更持久的力量 | 对中华文明的突出特性从连续性、创新性、统一性、包容性、和平性五个方面进行了总结和概括 | 对中华优秀传统文化蕴含的宇宙观、天下观、社会观、道德观进行了概括，从观念文明维度诠释了中华优秀传统文化的精髓 |
|---|---|---|---|---|---|
| 初中生 | 87.2 | 72.7 | 78.3 | 67.9 | 69.6 |
| 高中生 | 88.1 | 69.6 | 79.7 | 73.8 | 65.7 |
| 大学生 | 93.3 | 93.3 | 93.3 | 77.3 | 77.4 |
| 初中教师 | 87.2 | 82.0 | 84.1 | 67.9 | 72.8 |
| 高中教师 | 88.1 | 83.5 | 86.9 | 73.7 | 75.5 |
| 大学教师 | 88.5 | 80.1 | 87.2 | 73.8 | 76.9 |

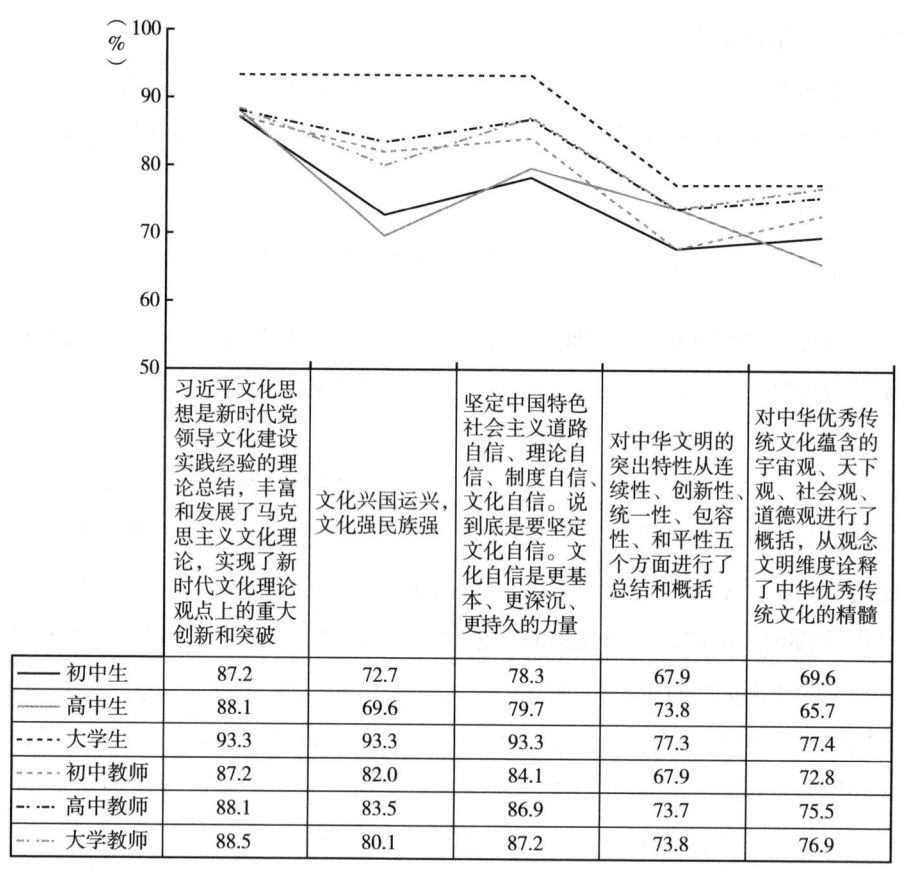

图1 不同学段师生在对习近平文化思想的学习中，印象最深刻的是哪些？

同时，习近平文化思想也为青少年准确理解作为指导思想的马克思主义和具有深厚历史积淀的中华优秀传统文化之间的关系提供了根本遵循。七成左右的受访师生非常认同习近平文化思想对"中华文明的突出特性从连续性、创新性、统一性、包容性、和平性五个方面进行了总结和概括"，"对中华优秀传统文化蕴含的宇宙观、天下观、社会观、道德观进行了概括，从观念文明维度诠释了中华优秀传统文化的精髓"，纷纷表示印象深刻，需要深入学习领会、转化落实。高校教师对此认识尤为深刻，78.6%的受访者认为在高等教育中合理利用中华优秀传统文化具有多方面的价值功能，将有助于坚持党的领导，坚持马克思主义指导地位，坚持为党和人民事业服务，落实立德树人根本任务,传承红色基因,扎根中国大地办大学,走出一条建设中国特色、世界一流大学的新路。

### (二)青少年普遍具有弘扬中华优秀传统文化的强烈意愿

中华优秀传统文化博大精深,凝聚着中华民族自强不息的精神追求和历久弥新的精神财富。习近平总书记指出,中国传统文化博大精深,学习和掌握其中的各种思想精华,对树立正确的世界观、人生观、价值观很有益处。青少年对中华优秀传统文化的现代价值及其所具有的积极教育功能给予了高度评价,普遍认为学习和掌握中华优秀传统文化的各种思想精华,对学生树立正确的世界观、人生观、价值观很有益处(见图2),"天行健,君子以自强不息""天下兴亡,匹夫有责""仁者爱人""与人为善""己所不欲,勿施于人"等传统文化中的思想理念、价值观念,具有鲜明的民族特色和永不褪色的时代价值(见图3)。尤其是大学生对此具有更加深刻的认识,认为中华优秀传统文化是中华民族的"根"和"魂"(91.8%),是中华民族的血脉(84.3%),是中华民族精神的标识(83.4%),是当代中国核心价值观的思想渊源(81.5%),是全人类弥足珍贵的精神瑰宝(77.5%)。

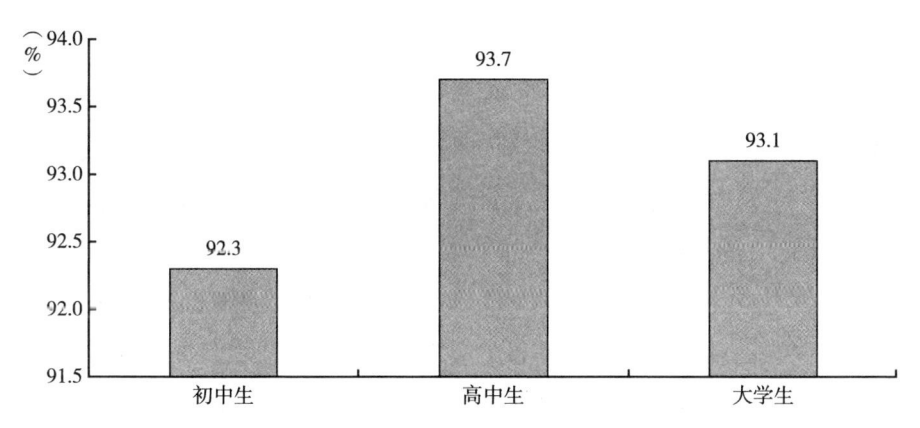

图2 不同学段学生认同"学习和掌握其中的各种思想精华,对学生树立正确的世界观、人生观、价值观很有益处"情况

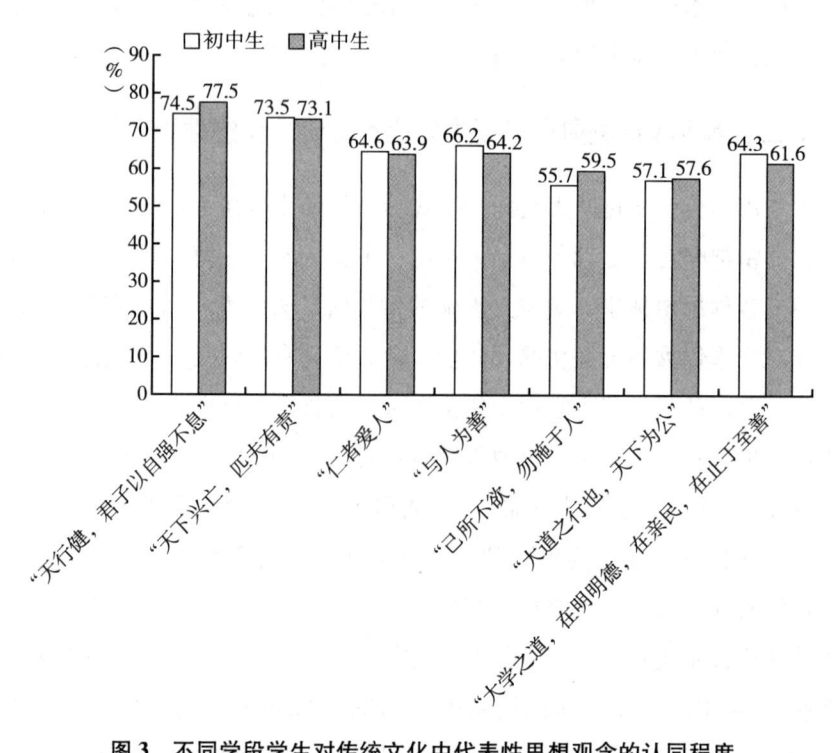

图3 不同学段学生对传统文化中代表性思想观念的认同程度

青少年对中华优秀传统文化有深厚的情感，自觉把中华优秀传统文化资源作为自我教育提升的重要内容，在潜移默化地影响日常言谈举止、树立正确价值观念和养成昂扬向上的精神风貌方面发挥着积极作用。分别有77.2%和83.5%的高中生和初中生每天利用半个小时以上的时间阅读中华优秀传统文化书籍，其中超过两个小时的分别达到18.9%和16.4%，反映出青少年对中华优秀传统文化有浓厚的兴趣（见表2）。此外，中国戏曲作为中华优秀传统文化中比较有代表性的表现形式，也见证着中华优秀传统文化与现代青春力量的双向奔赴，许多青少年是京剧、昆曲、黄梅戏、豫剧、越剧、秦腔、河北梆子、苏州评弹等的忠实"粉丝"（见图4），这一见微知著的例证也体现出了广大青少年对中华优秀传统文化的热爱程度和倾心认同。

表2 初中和高中学生每天阅读中华优秀传统文化书籍的时间情况

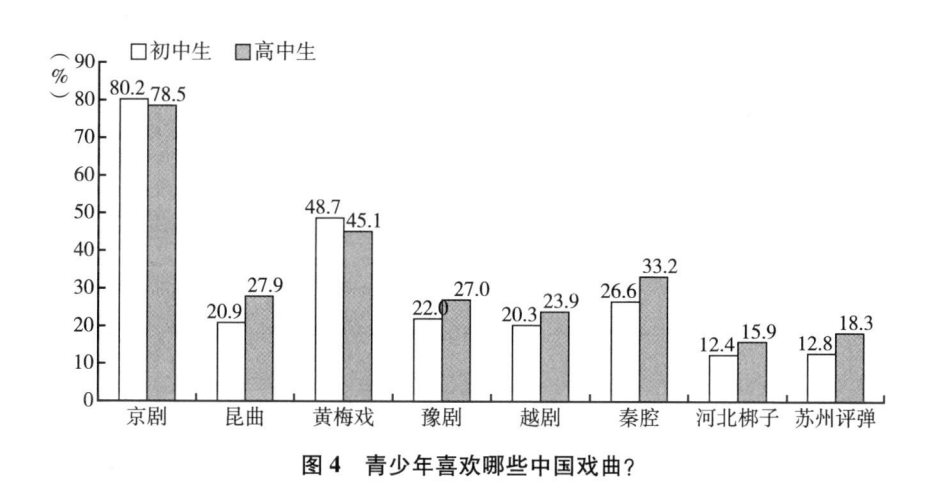

单位：%

| 类别 | 半个多小时 | 一到两小时 | 两小时以上 | 共计 |
| --- | --- | --- | --- | --- |
| 初中生 | 37.9 | 29.2 | 16.4 | 83.5 |
| 高中生 | 34.3 | 24.0 | 18.9 | 77.2 |

图4 青少年喜欢哪些中国戏曲？

## （三）学校教育肩负的主阵地、主渠道功能充分彰显

学校在加强青少年中华优秀传统文化教育中有基础性、先导性作用，不仅承担着传播文化知识的功能，更具有培育学生健康价值观、形成向上精神风貌的重要使命。加强中华优秀传统文化进校园、进课堂、进头脑工作，把中华优秀传统文化全方位融入学校开展的思想道德、文化知识、体育健康、艺术素养、劳动锻炼等各教育环节之中，有助于青少年接受义化熏陶，激发他们文化传承的自觉意识，并且中华传统文化的优秀因子将为孩子们提供精神力量，助力他们成长为德才兼备的国之栋梁。

青少年思想政治课是加强中华优秀传统文化教育的主渠道。调查显示，80.9%的大学生、84.7%的高中生和88.0%的初中生把"道德与法治或思想政治理论课"作为学习中华优秀传统文化的主要途径（见表3）。对此，要加强大学思政课教师的集体备课、中学思想品德课的联备联讲联评联升、各学段教学资源库建设等，为青少年提供精准教育内容供给和优质教学效果保障，进一步提高思想政治课在加强中华优秀传统文化教育中的贡献度。

表3 在学校，通过哪些途径学习中华优秀传统文化？

单位：%

| 学习途径 | 初中生 | 高中生 | 大学生 |
| --- | --- | --- | --- |
| 道德与法治或思想政治理论课 | 88.0 | 84.7 | 80.9 |
| 学校其他课程 | 46.0 | 48.9 | 55.2 |
| 共青团、学生会组织的活动 | 50.7 | 53.3 | 66.3 |
| 学校组织参观有关纪念场馆 | 45.5 | 44.2 | 69.0 |
| 参加"中华魂""新时代好少年读书活动""读懂中国、讲中国故事"等活动 | 42.0 | 40.0 | 63.1 |
| 校园网、互联网 | 28.9 | 35.3 | 66.8 |
| 观看影视剧 | 35.6 | 40.2 | 60.9 |
| 参加节日庆典活动 | 39.3 | 40.7 | — |
| 家风、家训、家教 | — | — | 51.7 |
| 学校关工委和"五老"宣讲活动 | — | — | 45.7 |
| 其他 | 16.8 | 17.6 | 22.4 |

"学校其他课程"也是加强青少年中华优秀传统文化教育的重要途径，55.2%的大学生、48.9%的高中生和46.0%的初中生表示愿意通过"学校其他课程"学习中华优秀传统文化。进一步调查显示，对于"在学校各门课程中，应该怎样开展和渗透中华优秀传统文化教育？"，青少年选出前三位的影响因素分别是"以习近平文化思想为指导""围绕课程目标和联系学生生活实际""注重学生的情感体验和社会实践"（见表4）。因此，学校要把思想政治工作贯穿教育教学全过程，发挥好思政课程与课程思政的协同育人作用，尊重青少年学习、生活和价值观发展需求，充分释放中华优秀传统文化助力青少年成长成才的价值力量。

表4　在学校各门课程中,应该怎样开展和渗透中华优秀传统文化教育?

单位:%

| 课程 | 占比 |
| --- | --- |
| 以习近平文化思想为指导 | 86.1 |
| 围绕课程目标和联系学生生活实际 | 84.2 |
| 注重学生的情感体验和社会实践 | 84.4 |
| 给教师提供理论支持和教学资源 | 76.6 |
| 充分推动课程思政建设,充分利用时政媒体资源,精心设计教学内容,优化教学方法 | 78.8 |

加强中华优秀传统文化类教材体系建设至关重要。根据不同学段青少年具有的认知能力、自主学习能力和知行转化能力,有针对性地研发中华优秀传统文化的系列教材,可以为学生提供丰富的选项,分别有93%和94.5%的受访大学生和高校教师认为需要编写《大学生中华优秀传统文化读本》,帮助大学生深入理解"两个结合"的重大意义,全面掌握中华优秀传统文化精髓要义。因此,加强教材建设旨在讲清楚中华优秀传统文化的历史渊源、发展脉络、基本走向,讲清楚中华优秀传统文化的独特创造、价值理念、鲜明特色。同时,中华优秀传统文化与革命红色文化薪火相传,都是中华民族现代文明的重要组成部分,教材建设中也可以利用红色文化资源,让青少年感受红色文化和优秀传统文化血脉相承的伟大力量,从而进一步增强民族认同感和归属感、厚植爱党爱国爱社会的情感、培育文化自信(见图5)。

高素质教师队伍是加强青少年中华优秀传统义化教育的重要支撑。高质量的中华优秀传统文化教育要求教师既要具备丰富的知识储备,也要掌握娴熟的教学技能。受访教师认为教育过程中面临的普遍困难是"自身对进行中华优秀传统文化教育的重要性认识不够"(大学教师占59.9%、高中教师占54.9%、初中教师占54.9%)、"自身的知识储备不足"(大学教师占69.2%、高中教师占64.2%、初中教师占60.7%)和"无法与本学科内容有效融合"(大学教师占59.1%、高中教师占47.2%、初中教师占45.2%),

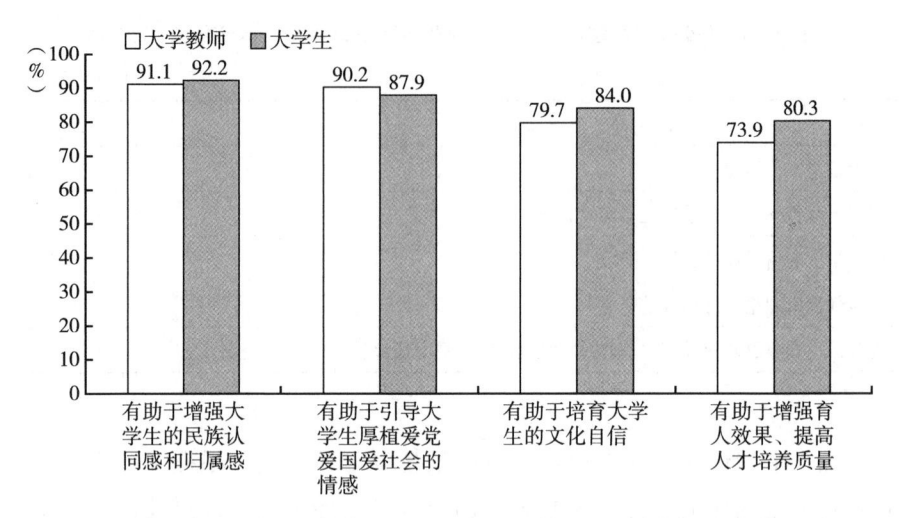

```
   100 ┬ □大学教师  ■大学生
(%)     │   91.1 92.2    90.2 87.9                        80.3
    90  │   ┌──┬──┐    ┌──┬──┐           84.0     73.9 ┌──┐
    80  │   │  │  │    │  │  │     79.7  ┌──┐    ┌──┬──┤
    70  │                          ┌──┬──┤
    ...
```

图5　高校利用红色文化资源，开展红色文化教育，可以发挥怎样的作用？

迫切需要自身不断"认真学习领悟、深入阐发中华优秀传统文化的思想精华和文化精髓"，还需要学校"给教师提供理论支持和教学资源"等方面的帮助（大学教师占73.5%、高中教师占70%、初中教师占64.3%）。教师们普遍认为，在教育原则上要处理好继承和创新的关系，坚持认识与实践相统一、科学性与艺术性相统一、可操作性与可接受性相统一，推动中华优秀传统文化创造性转化和创新性发展。

### （四）以文润心的社会大课堂教育深受青少年喜爱

习近平总书记在文化传承发展座谈会上指出，中华优秀传统文化有很多重要元素，共同塑造出中华文明的突出特性。中华文化元素是镌刻在中华民族血脉中的精神标识。加强青少年中华优秀传统文化教育，要在拓展教育空间、丰富教育资源、挖掘教育载体、构建教育格局的社会大课堂上下功夫，一方面，积极调动和有效整合多方力量，"坚持全党动手、全社会参与，把中华优秀传统文化教育的各项任务分解、落实到农村、企业、社区、机关、学校""政府、学校、家庭、社会要形成合力，用好资源，营造氛围，协同推进""充分发挥关工委和老干部、老战士、老专家、老教师、老模范的作用";另一方面,围绕切实提高教育的实效性,"适当适度利用融媒体资源和方法""重视民族传统节庆活动的教育功能""推动'中华魂''新时代好少年读书活动'等品牌持续深入地开展",为青少年营造多维度、立体化的学习环境(见表5)。

表5 初中和高中教师认为"加强中华优秀传统文化教育,我们还需要做什么?"

单位:%

| 具体做法 | 初中教师 | 高中教师 |
| --- | --- | --- |
| 坚持全党动手、全社会参与,把中华优秀传统文化教育的各项任务分解、落实到农村、企业、社区、机关、学校 | 84.1 | 85.3 |
| 充分发挥关工委和老干部、老战士、老专家、老教师、老模范的作用 | 75.7 | 79.3 |
| 政府、学校、家庭、社会要形成合力,用好资源,营造氛围,协同推进 | 80.9 | 82.9 |
| 适当适度利用融媒体资源和方法 | 66.5 | 71.7 |
| 重视民族传统节庆活动的教育功能 | 66.1 | 70.4 |
| 推动"中华魂""新时代好少年读书活动"等品牌持续深入地开展 | 61.5 | 65.3 |

社会大课堂教育要坚持日常生活浸润方式,创新中华优秀传统文化的表达方式,打造以文润心的成长环境。在新媒体背景下,推动新技术、新创意、新平台融入各类青少年喜闻乐见的文化载体中,扩大内容传播的路径和实效,让优秀传统文化故事更有温度,更能打动青少年,进一步激发他们传承弘扬中华优秀传统文化的主动性。对于"哪些载体能够学习和弘扬中华优秀传统文化?"青少年不约而同地将"国学经典"作为首选,其余还有"书法""围棋、中国象棋""国画""唐诗宋词"等(见图6)。传统气息浓厚的节庆活动,如表达团圆主题的春节、元宵节、中秋节,承载思亲情感的清明节、端午节,表达尊老祝福的重阳节等成为青少年喜闻乐见的重要方式(见表6)。此外,对于"喜欢通过哪些方式学习中华优秀传统文化?"阅读古典文学、吟诵唐诗宋词、参观博物馆等受到青少年欢迎和教师们的推荐(见表7)。

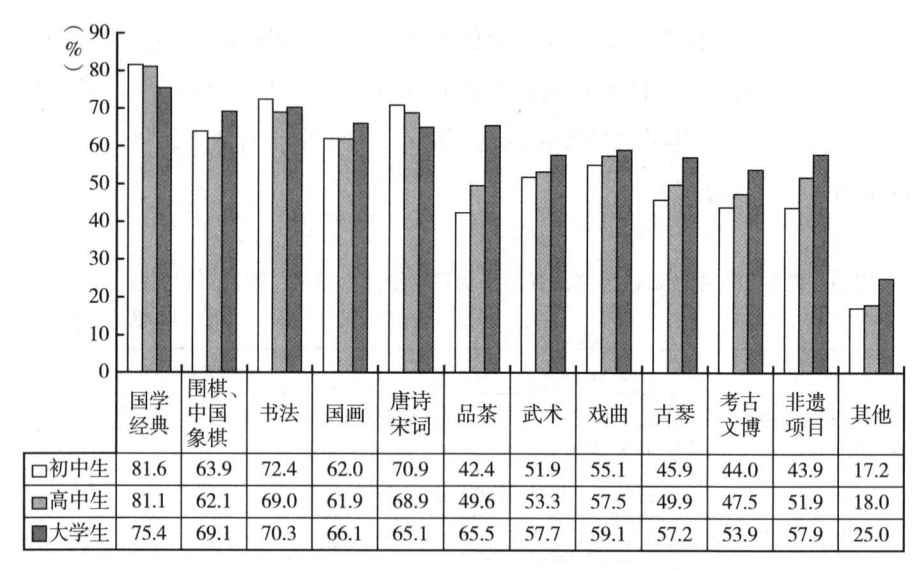

| | 国学经典 | 围棋、中国象棋 | 书法 | 国画 | 唐诗宋词 | 品茶 | 武术 | 戏曲 | 古琴 | 考古文博 | 非遗项目 | 其他 |
|---|---|---|---|---|---|---|---|---|---|---|---|---|
| 初中生 | 81.6 | 63.9 | 72.4 | 62.0 | 70.9 | 42.4 | 51.9 | 55.1 | 45.9 | 44.0 | 43.9 | 17.2 |
| 高中生 | 81.1 | 62.1 | 69.0 | 61.9 | 68.9 | 49.6 | 53.3 | 57.5 | 49.9 | 47.5 | 51.9 | 18.0 |
| 大学生 | 75.4 | 69.1 | 70.3 | 66.1 | 65.1 | 65.5 | 57.7 | 59.1 | 57.2 | 53.9 | 57.9 | 25.0 |

**图6　哪些载体能够学习和弘扬中华优秀传统文化？**

**表6　哪些节日庆典与传承中华优秀传统文化紧密联系？**

单位：%

| 节日庆典 | 初中生 | 高中生 | 大学生 |
|---|---|---|---|
| 春节 | 90.4 | 90.3 | 89.4 |
| 元宵节 | 76.2 | 74.5 | 83.3 |
| 清明节 | 69.2 | 69.0 | 80.0 |
| 五一节 | 41.7 | 43.2 | 57.7 |
| 端午节 | 75.7 | 75.8 | 81.9 |
| 七一建党节 | 48.4 | 46.6 | 59.4 |
| 国庆节 | 62.1 | 59.1 | 64.0 |
| 中秋节 | 69.5 | 68.4 | 76.3 |
| 重阳节 | 61.2 | 63.4 | 71.3 |
| 儿童节 | 24.4 | 23.3 | — |
| 青年节 | 26.0 | 30.0 | — |
| 母亲节 | 26.1 | 28.3 | — |
| 父亲节 | 24.8 | 27.6 | — |
| 元旦 | 43.9 | 45.9 | 62.6 |
| 开学典礼 | 13.3 | 13.9 | 24.8 |
| 毕业典礼 | 12.7 | 13.3 | 25.8 |

表7  喜欢通过哪些方式学习中华优秀传统文化？

单位：%

| 学习方式 | 初中生 | 高中生 | 大学生 |
| --- | --- | --- | --- |
| 阅读古典文学 | 78.0 | 74.6 | 77.7 |
| 吟诵唐诗宋词 | 65.6 | 60.7 | 67.9 |
| 参观博物馆 | 65.0 | 65.4 | 77.1 |
| 学习中国哲学史 | — | — | 64.5 |
| 语文、历史、思政等学校课程 | 70.6 | 63.3 | 58.4 |
| 文旅体验 | 44.6 | 49.2 | 67.3 |
| 观看电影电视节目 | 53.7 | 56.6 | — |
| 其他 | — | — | 3.2 |

榜样群体的示范带动教育是社会大课堂教育中不可忽视的重要支撑力量。其中，"五老"群体的教育作用至关重要，45.7%的大学生希望通过关工委和"五老"的宣讲活动学习中华优秀传统文化，98.5%的高中教师和98.2%的初中教师积极支持组织"五老"和两院院士、大国工匠走进校园讲中国故事，让学生从中读懂中国，感受中华优秀传统文化魅力。此外，家长是青少年的第一任教师，87.1%的高中生和90.1%的初中生表示会经常和长辈们聊聊家风家训，在家庭中通过代际交流传承中华优秀传统文化。

（五）积极践行社会主义核心价值观成为广泛共识

社会主义核心价值观承载着中华民族一直以来的精神追求，是当代中国精神的集中体现，凝结着全社会共同的价值追求，是中国共产党治国理政的核心思想和社会主义先进文化的核心要素。加强青少年中华优秀传统文化教育与引导青少年践行社会主义核心价值观互促互进，教师们认为学生接受中华优秀传统文化教育能够促进"高度认同和积极践行社会主义核心价值观"（大学教师占77.1%、高中教师占74.7%、初中教师占67.5%），青少年也肯定了这一看法,表示通过学习中华优秀传统文化,可以促进自己"高度认同和积极践行社会主义核心价值观"(大学生占78.9%、高中生占67.4%、初中生占66.2%),而且高度认可"积极践行社会主义核心价值观"是"传承和发展中华优秀传统文化"的重要途径(大学生占91.2%、高中生占80.4%、初中生占81.5%)。为此,教师们在教育活动中,要精心设计教学内容,优化教学方法,积极引导青少年辩证看待两者之间的关系,阐明中华优秀传统文化是社会主义核心价值观形成的文化基础,社会主义核心价值观所蕴含的国家、社会、公民的价值和精神追求与中华优秀传统文化的必然联系,创造性地传承中华优秀传统文化是践行社会主义核心价值观的必然选择。同时,80.8%的大学教师、76.5%的高中教师和74.2%的初中教师表示要坚持学为人师,行为世范,模范践行社会主义核心价值观。

表8 我们应该怎样传承和发展中华优秀传统文化?

单位:%

| 途径 | 初中生 | 高中生 | 大学生 |
| --- | --- | --- | --- |
| 积极践行社会主义核心价值观 | 81.5 | 80.4 | 91.2 |
| 树立"天下为公"的大局观念,以集体利益为重,严于律己,遵守公德,服从大局 | 82.9 | 80.4 | 84.6 |
| 增强"天下兴亡,匹夫有责"的使命感,自强不息,努力学习,增强建设中国式现代化的本领 | 80.9 | 79.0 | 82.2 |
| 秉承"穷则独善其身,达则兼济天下"的仁者爱人思想,友善待人,扶危济困 | 70.3 | 68.1 | 77.1 |

中华优秀传统美德不仅是中华优秀传统文化的重要内容,也是社会主义核心价值观的重要方面。因此,继承和弘扬中华优秀传统美德不仅能够加强青少年中华优秀传统文化教育,也能促进青少年积极践行社会主义核心价值观。调查发现,相较于实施"开展中华优秀传统美德理论认知教育"和"在生活中提高道德实践能力"等举措,大部分教师们认为"加强全社会的思想道德建设,营造继承和弘扬中华优秀传统美德的社会氛围,从而激发学生形成积极的道德意愿、道德情感"尤为关键(见表9)。

表9 加强中华优秀传统文化教育,应该怎样继承和弘扬中华优秀传统美德?

单位:%

| 路径 | 初中教师 | 高中教师 |
| --- | --- | --- |
| 加强全社会的思想道德建设,营造继承和弘扬中华优秀传统美德的社会氛围,从而激发学生形成积极的道德意愿、道德情感 | 88.8 | 89.1 |
| 开展中华优秀传统美德理论认知教育,帮助学生形成自觉的道德意识,树立起积极的道德责任 | 87.4 | 88.3 |
| 鼓励学生在生活中提高道德实践能力尤其是自觉践行能力 | 79.5 | 83.4 |
| 引导学生向往过"有德性"的生活,追求成为"有道德"的人 | 73.1 | 76.5 |

## (六)滋育青少年家国情怀和文化自信成为共同愿景

中华优秀传统文化是中华文明的智慧结晶和精华所在,承载着中华民族的民族记忆和民族精神。青少年是国家的希望、民族的未来,身负传承和发展中华优秀传统文化、推动中华民族伟大复兴的历史重任。加强中华优秀传统文化教育,有利于引导青少年了解中华文明的悠久历史,感受中华文化的博大精深,理解中国道路的历史必然,在启迪心智、浸润涵养、陶冶情操中,滋养家国情怀,坚定文化自信。如前所述,师生们普遍对"天下兴亡,匹夫有责""大道之行也,天下为公"所蕴含的向上向善的思想观念和价值追求产生强烈的心灵共鸣,展现出强烈的家国情怀和民族意识。对于"通过学习中华优秀传统文化,你有哪些收获?",列前三位的是"进一步增强爱国主义、集体主义、社会主义观念""进一步树立正确的历史观、民族观、国家观、文化观""不断增强做中国人的志气、骨气、底气"(见表10)。关于"应该怎样传承和发展中华优秀传统文化?",青少年 致表示要树立"天下为公"的大局观念,以集体利益为重,严于律己,遵守公德,服从大局;应崇敬中华民族的仁人志士和英雄模范,增强"天下兴亡,匹夫有责"的使命感,自强不息,努力学习,增强建设中国式现代化的本领;应秉承"穷则独善其身,达则兼济天下"的仁者爱人思想,友善待人,扶危济困。这表明,青少年在国家和社会的期许中,在中华优秀传统文化的滋育下,有着强烈的家国意识和民族情怀,信念坚定、自信自强,努力成长为堪当民族复兴大任的时代新人。

表10 通过学习中华优秀传统文化,你有哪些收获?

单位:%

| 收获 | 初中生 | 高中生 | 大学生 |
| --- | --- | --- | --- |
| 进一步增强爱国主义、集体主义、社会主义观念 | 86.9 | 84.7 | 88.0 |
| 进一步树立正确的历史观、民族观、国家观、文化观 | 80.0 | 77.3 | 84.5 |
| 不断增强做中国人的志气、骨气、底气 | 73.6 | 71.7 | 80.9 |
| 高度认同和积极践行社会主义核心价值观 | 66.2 | 67.4 | 78.9 |
| 逐步树立中国特色社会主义道路自信、理论自信、制度自信、文化自信 | 68.6 | 68.9 | 79.9 |
| 逐步了解了中华优秀传统文化的历史渊源、发展脉络、基本走向 | 65.5 | 64.7 | 76.7 |
| 崇敬中华民族的仁人志士、崇尚英雄模范人物 | 62.8 | 61.4 | 73.4 |
| 阅读和理解了更多的优秀古典文学作品,也提高了道德修养和表达能力 | 64.8 | 61.8 | 72.3 |

同时,我们也看到,青少年中华优秀传统文化教育的开展和实施是一个全面、系统的过程,涉及教育体系、社会资源和政策支持等方方面面,青少年传统文化教育存在一些薄弱环节和工作短板,应引起足够的重视。一是重知识讲授、轻精神内涵阐释的现象还比较普遍。在具体的教学实践中,有些学校以应试教育为导向,只是简单地把传统文化当作需要掌握的知识进行讲解,忽视了对传统文化蕴含的民族精神、道德情操、人文涵养的深入挖掘和宣讲,教育教学的吸引力、感染力有待进一步增强。二是教育内容的系统性、整体性不足。很多地方和学校对传统文化的教育理念认识不到位,对教育内容缺乏系统规划,对教学环节缺乏整体设计。往往是众多课程各自为战,课内课外无法衔接,导致课程门类孤立化、教育内容碎片化、教学设计随意化现象的出现,大大降低了教学效果。三是从事传统文化教育教学的师资力量不足,教师队伍整体素质有待提升。教育教学的感染力不强,教学方法和手段相对单一。课程体系和教材编写还缺少统一的规范指导。四是全社

会关心支持的合力尚待形成。目前，部分地区和学校开展传统文化教育的主体还是教师、场所还局限在校园、手段还主要依赖课本，尚未形成全社会参与、多元化支撑的良好态势。上述存在的问题，需要教育部门、学校、家庭以及全社会共同努力，采取切实措施加以解决，以更好地推动青少年中华优秀传统文化教育的发展。

## 三 让文化自信的种子在更多青少年心中生根发芽

加强中华优秀传统文化教育，对于落实立德树人根本任务、引导青少年增强民族文化自信和价值观自信，具有长远的战略意义和重要的时代价值。我们要坚持以习近平新时代中国特色社会主义思想为指导，充分发挥中国特色社会主义教育的育人优势，根植中华优秀传统文化深厚土壤，以中华优秀传统文化教育增强新时代青年文化自信，努力培养担当民族复兴大任的时代新人。

### （一）提高政治站位，培养富有民族自信心和爱国主义精神的社会主义事业建设者和接班人

一个民族的复兴需要强大的物质力量，也需要强大的精神力量。党的十八大以来，以习近平同志为核心的党中央高度重视文化建设，把文化自信和道路自信、理论自信、制度自信并列为中国特色社会主义"四个自信"，团结带领中国人民实现了第一个百年奋斗目标，开启了实现第二个百年奋斗目标的新征程，以中国式现代化全面推进中华民族伟大复兴。文化自信是更基础、更广泛、更深厚的自信，是一个国家、一个民族发展中更基本、更深沉、更持久的力量。青少年是中国特色社会主义生力军，是实现中华民族伟大复兴的先锋力量，若缺乏文化认同感、没有高度的文化自信，就难以担负起强国建设、民族复兴重任。新时代新征程，我们必须进一步提高政治站位，牢记为党育人、为国育才的初心使命，教育引导广大青少年深入学习习近平文化思想，深刻领悟"两个结合"根本要求，以社会主义核心价值

观为引领，以立德树人为根本，以传承中华优秀传统文化为宗旨，增强对马克思主义的坚定信仰，对社会主义、共产主义的坚定信念，对实现中华民族伟大复兴的坚定信心。要善于从中华文化宝库中萃取精华、汲取力量，深入挖掘中华优秀传统文化价值内涵，不断激发中华优秀传统文化的生机与活力，让传统文化所蕴含的文化价值进一步走进青少年内心，引导青少年在亲近中热爱传统文化，在热爱中弘扬中华文化，在弘扬中健康成长成才，成为深受中华文明滋养、担当民族复兴大任的时代新人。

### （二）遵循育人规律，完善中华优秀传统文化教育的课程教材体系

遵循教书育人规律、学生成长规律、思想政治工作规律，结合不同年龄段青少年的认知特点，将中华优秀传统文化进课程教材的总体要求分解安排到大中小学各学科。构建大中小学一体化中华优秀传统文化教育的课程体系，小学阶段重在培养学生的传统文化情感认同，初中阶段重在打牢学生的传统文化思想基础，高中阶段重在提升学生的传统文化素养能力，大学阶段重在增强学生弘扬中华优秀传统文化的使命担当，实现整体设计、循序渐进、逐步深化，切实提高中华优秀传统文化课程设置的针对性、实效性，引导学生坚定文化自信。

优化中华优秀传统文化课程教材体系。聚焦中华优秀传统文化的核心思想理念、中华人文精神、中华传统美德三大主题，遴选中华优秀传统文化教育内容，系统构建中华优秀传统文化课程和教材体系。在中小学德育、语文、历史、艺术、体育等课程标准修订中，增加中华优秀传统文化内容比重。地理、数学、物理、化学、生物等课程，应结合教学环节渗透中华优秀传统文化相关内容。高校要统一开设中华优秀传统文化必修课，在哲学社会科学及相关学科专业和课程中增加中华优秀传统文化的内容，拓宽中华优秀传统文化选修课覆盖面。同时，也要积极创造条件，鼓励各地各学校充分挖掘和利用本地中华优秀传统文化教育资源，开设专题的地方课程、校本课程。

注重将中华优秀传统文化有效融入思政课程。充分发挥中小学德育课和高校思想政治理论课的重要作用，以爱国主义教育为核心，促进思想政治教

育与中华优秀传统文化教育的紧密结合。按照"循序渐进、螺旋上升"的原则，围绕推进大中小学思政课一体化建设，重点讲清楚中国独特的文化传统、独特的历史命运和独特的基本国情，深入挖掘中华优秀传统文化中蕴含的丰富思想政治教育资源，进一步丰富中小学德育课和高校思想政治理论课的教学内容。同时，要全面推进课程思政建设，把中华优秀传统文化的核心要义、把实现中华民族伟大复兴的责任担当融入各类课程教学之中，使各类课程与思政课同向同行，聚焦发力，形成协同效应，把中华民族优秀文化基因植入青少年学生心田。

另外，教育部门和各级学校要重点围绕中华优秀传统文化教育的主要任务，与时俱进推动课程标准修订和课程开发的研究论证、试点探索和推广评估工作，在教育教学过程中孵化一批品牌活动、打造一批示范"金课"，推出一批中华优秀传统文化精品视频公开课等优质课程资源，组织文化名家、知名专家编写多层次、成系列的中华优秀传统文化普及读物，浸润式地引导青少年学生深刻感悟并自觉内化中华优秀传统文化中的价值内核。

### （三）丰富内容载体，提高中华优秀传统文化教育的亲和力和实效性

中华优秀传统文化博大精深，传统文化教育不能停留在课本，要融入各类青少年喜闻乐见的文化载体中。开展青少年文化自信教育必须牢固树立"供给侧改革"思维，紧密结合新时代青少年的心理特点和成长需求，广泛运用新技术、新创意、新平台，进行创新性表达，深化教育内容，拓展教育平台，不断增强文化自信教育供给端的质量，切实增强中华优秀传统文化教育的吸引力、感染力和针对性、实效性。

运用"互联网+"推动中华优秀传统文化教育入脑入心。适应互联网、大数据、人工智能等新技术不断迭代升级的信息时代发展态势，紧密契合青少年的信息接收特点、认知能力、审美情趣，综合运用各种宣传载体，特别要注重融通多媒体资源、利用好新媒体平台创新传统文化传播方式，用好人工智能、数字博物馆、VR、AR等新技术，创新表达方式，增强传播效果，

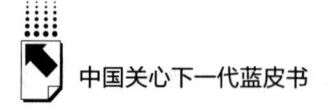

以青少年喜闻乐见的方式去全方位领略中华文化魅力,让优秀传统文化的种子在青少年心中生根发芽。同时,教育、文化等相关部门要切实加强网络资源的建设和共享应用,扩大中华优秀传统文化教育资源的覆盖面。

提高中华优秀传统文化学习的文化实践体验。抓好第二课堂建设,广泛开展社会实践活动,充分发挥收藏在馆所里的文物、陈列在大地上的遗产育人功能,让青少年在亲身体验中了解中华文化变迁,触摸中华文化脉络,感受中华文化魅力。深入开展"爱我中华"主题教育系列活动,充分利用重大历史事件和中华历史名人纪念活动、国家公祭仪式、烈士纪念日等,培育爱国主义精神,增强民族文化自信。有序开展文化节庆活动,将中华文化传承与重大节庆相结合,面向青少年普及节庆礼仪,因地制宜地举办接地气、有生气的节庆活动,营造传承中华优秀传统文化的浓厚氛围。

持续打造内容精、形式活、受欢迎的弘扬中华优秀传统文化的文化精品。近年来,以传统文化为内核的节目和活动热度不断攀升,《平"语"近人——习近平喜欢的典故》《中国诗词大会》《中国书法大会》《中国成语大会》《中国考古大会》《典籍里的中国》《经典咏流传》《穿越时空的古籍》《"字"从遇见你》等这些经典文化节目,在表达方式中融入丰富多彩的文化元素,营造了充满历史感和文化味的氛围,生动展现了中华文化的独特魅力,把广大观众特别是更多青少年一次又一次带入中华优秀传统文化中,育人成效十分明显。今后,要进一步聚焦传承中华优秀传统文化,持续从中华优秀传统文化中提炼题材、获取灵感、汲取养分,把中华优秀传统文化的有益思想、艺术价值与时代特点和要求相结合,在内容、形式上不断加以创新,持续推出底蕴深厚、涵育人心、贴近青少年口味的文艺精品,引导广大青少年用优秀传统文化启迪思想、陶冶情操、温润心灵,为他们坚定文化自信、勇担时代使命提供鲜活文化滋养。

**(四)加强协同保障,增强中华优秀传统文化教育的多元支撑**

提升中华优秀传统文化教育的师资队伍水平。教师是优秀传统文化的守护者和传播者,教师的传统文化素养与施教能力直接关系到广大青少年对中华优秀传统文化的认知及接受情况。要从师资培养的源头抓起，在师范院校系统开设中华优秀传统文化课程，在中小学教师资格考试内容中增加中华优秀传统文化的比重。加强面向全体教师的中华优秀传统文化教育培训，增加中华优秀传统文化培训内容，提高各级各类学校教师开展中华优秀传统文化教育的能力。同时，要在各级各类人才评比中增加传统文化教学和研究人才比重，培养和造就一批中华优秀传统文化教学名师和学科领军人才。

发挥家庭在中华传统文化教育中的重要作用。弘扬中华优秀传统文化，营造浓厚育人氛围，需要家庭、学校、社会协同发力。家庭、学校和社会要发挥各自优势，坚持科学教育观念，增强协同育人共识，培养青少年对传统文化的认知感、亲切感，构建学校家庭社会协同育人新格局。以建设文明家庭、实施科学家教为重点，传承优良家风，传承中华优秀传统家风文化，发扬红色家风文化，向青少年传递家国情怀，强化家国认同。倡导家长通过言传身教，形成爱国守法、遵守公德、珍视亲情、勤俭持家、邻里和睦的良好家风，营造弘扬中华优秀传统文化的家庭教育氛围。鼓励家长与青少年通过体验式和合作式学习，强化对中华文化的认知与实践，营造积极向上的家庭文化氛围，促进家庭文化功能的进一步释放。

加强中华优秀传统文化教育的基地建设和课题研究。立足地域传统文化特色，强化和完善现已建成的中华优秀传统文化传承基地功能，创新基地建设方式和管理模式，持续探索具有区域特色的中华优秀传统文化传承发展体系，让中华优秀传统文化拥有更多的传承载体、传播渠道和习习人群。深入开展中华优秀传统文化教育教学研究，为中华优秀传统文化教育教学提供理论基础和学理支撑。鼓励各地各校组织专门力量，加强中华优秀传统文化研究机构建设，为学校和教师提供专业服务和指导。国家相关部门要增设关于加强青少年中华优秀传统文化教育的研究专项，加强传统文化教育理论类、实践类课题研究，提高青少年中华优秀传统文化教育研究的科学性和系统性。

携手"五老"助力中华优秀传统文化教育。充分发挥"五老"的政治优势、威望优势、经验优势和能力优势，在青少年中持续开展中华优秀传文化教育活动，加强习近平文化思想宣传普及和阐释解读，深入宣传"两个结合"的具体内容及其重要意义，让中华优秀传统文化、革命文化、社会主义先进文化走进青少年、引领青少年，牢固树立正确的世界观、人生观、价值观。发挥"五老"报告团、宣讲团等的作用，组织"五老"深入青少年中，结合历史文化、历史文物和传统节日，广泛开展以优秀传统文化为主要内容的"中华魂"读书活动，讲好中华优秀传统文化故事，把历史典故中蕴含的民族精神和时代价值讲出来。动员"五老"参与群众性精神文明创建活动，组织青少年在课余、假期开展以中华优秀传统文化为主题的社会实践，加强青少年中华优秀传统文化教育，感受中华文化魅力，传承中华传统美德，引导青少年不断坚定理想信念，增强做中国人的志气、骨气、底气，做德智体美劳全面发展的社会主义建设者和接班人。

**参考文献**

《习近平谈治国理政》，外文出版社，2014。
《习近平谈治国理政》第二卷，外文出版社，2017。
《习近平谈治国理政》第三卷，外文出版社，2020。
《习近平谈治国理政》第四卷，外文出版社，2022。
《习近平著作选读》第一卷，人民出版社，2023。
《习近平著作选读》第二卷，人民出版社，2023。
《习近平新时代中国特色社会主义思想专题摘编》，党建读物出版社、中央文献出版社，2023。
《论党的宣传思想工作》，中央文献出版社，2020。

# B.3
# 中国青少年犯罪预防与被害调查研究报告（2024）

姚建龙 柳箫 陈捷*

**摘 要：** 自2020年以来，我国青少年犯罪比重逐年上升，其中未成年人犯罪低龄化、暴力化趋势明显。同时，侵害未成年人犯罪案件总量虽有所下降，但未成年人被害风险依旧值得警惕。本文结合中国关心下一代委员会相关调研数据，分析了近年来引起社会广泛关注的学生欺凌与被害、青少年网络越轨与被害、青年职工违法犯罪与被害等热点议题，同时亦对青少年法治意识与法治宣传教育情况进行了探讨。当前，随着我国青少年犯罪治理和被害防治工作的完善与发展，逐渐在立法保障、制度实践、队伍建设等方面积累了一系列犯罪预防工作经验，同时在针对未成年被害人的司法救助、未成年人检察公益诉讼以及未成年被害人"一站式"调查取证、强制报告制度等少年司法相关制度领域均取得了突出成就。然而，近年来我国未成年人犯罪恶性案件频发，也暴露出我国青少年犯罪预防与被害治理依然存在社会支持体系不完善、专门教育制度的效能有待提升、特殊青少年被害群体的保障有待加强等不足与局限。新时代我国预防青少年犯罪与被害事业任重而道远，未来仍需在青少年相关立法、罪错行为矫治、预防被害能力提升及被害救助等层面持续发力。

**关键词：** 青少年 学生欺凌 网络越轨 犯罪预防 被害防治

---

* 姚建龙，上海社会科学院法学研究所研究员、博士生导师，主要研究方向为青少年犯罪；柳箫，华东政法大学刑事法学院，主要研究方向为青少年犯罪；陈捷，华东政法大学刑事法学院，主要研究方向为青少年犯罪。

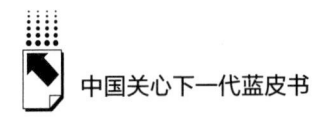

# 一 引言

据我国青少年犯罪统计数据，2020~2022年我国青少年罪犯占刑事罪犯的比重分别为16.1%、16.5%、17.3%，青少年罪犯占比逐年上升。[1] 当前我国青少年犯罪呈现如下特征：第一，未成年人犯罪呈不断上升态势。2020~2022年，检察机关受理审查起诉未成年犯罪嫌疑人数分别为54954人、73998人、78467人，总体呈上升趋势。2022年受理审查逮捕、受理审查起诉人数较2020年分别上升30.2%、42.8%。[2] 2024年3月最高检"加强综合司法保护 守护未成年人健康成长"新闻发布会公布的数据显示，2023年检察机关受理审查起诉未成年人犯罪嫌疑人达9.7万人，[3] 未成年人犯罪形势更加严峻。第二，未成年人犯罪逐渐低龄化、暴力化。2021~2023年，检察机关受理审查起诉14~16周岁的未成年犯罪嫌疑人数分别为8169人、8710人、10063人，未成年人犯罪低龄化趋势明显。同时，未成年人犯罪所涉罪名集中于盗窃罪、聚众斗殴罪、强奸罪、抢劫罪、寻衅滋事罪、诈骗罪等六类犯罪，占比超七成，其中暴力性犯罪是最主要的犯罪类型。[4]

而对于未成年人被害情况，《未成年人检察工作白皮书（2023）》指出，近年来我国侵害未成年人犯罪案件总量有所上升，2021~2023年检察机关批准逮捕侵害未成年人犯罪分别为45827人、39380人、53286人，提起公诉60553人、58410人、67103人。其中，2023年起诉未成年犯罪嫌疑人侵害未成年人16972人，同比上升24.9%，占侵害未成年人犯罪的25.3%。同时，办理侵害未成年人犯罪案件类型相对集中于强奸罪、猥亵儿童等性侵

---

[1] 参见《中国统计年鉴2023》"表24-15 人民法院审理刑事案件罪犯情况"。
[2] 《未成年人检察工作白皮书（2022）》，https://www.spp.gov.cn/spp/xwfbh/wsfbt/202306/t20230601_615967.shtml#2，2024年3月23日访问。
[3] 《最高检举行"加强综合司法保护 守护未成年人健康成长"新闻发布会》，https://www.spp.gov.cn/jqzhsfbh/22xwfbh_sp.shtml，2024年3月23日访问。
[4] 《未成年人检察工作白皮书（2023）》，https://www.spp.gov.cn/spp/xwfbh/wsfbt/202405/t20240531_655854.shtml，2024年10月13日访问。

害未成年人犯罪案件。① 此外，随着技术的发展，互联网已经成为当今青少年群体生活中不可缺少的一部分。中国互联网络信息中心（CNNIC）发布的第 52 次《中国互联网络发展状况统计报告》显示，截至 2023 年 6 月，我国网民规模达 10.79 亿人，其中 10 岁以下网民和 10~19 岁网民占比分别为 3.8% 和 13.9%，青少年网民数量近 2 亿。② 这些青少年网民规模大、年龄小，无法辨别网络信息真假，导致近年来利用网络侵害青少年群体的案件数量不断增长。特别是性侵类案件，借助网络平台出现了大量隔空猥亵、诱导未成年人裸聊、拍摄裸体视频等案件。2023 年最高人民检察院印发《关于加强新时代检察机关网络法治工作的意见》，明确规定持续惩治利用平台隔空猥亵未成年人、搭建运营涉未成年人色情网站、利用即时通信工具传播涉未成年人淫秽物品等犯罪活动。但互联网开放性强、匿名性强、即时性强等特点所带来的侵害未成年人犯罪数量多、隐案率高、证据难以搜集等问题也日益严峻，亟待解决。

马汶·沃尔夫冈曾提出关于犯罪的"百分之六定律"，即预测"如果不能很好地管控那些曾经犯过罪的少年，待他们成年以后，即便他们中的 6% 犯罪，也可能犯下所在社区 50% 以上的重罪，国家和社会将会为之付出更为沉重的代价"。③ 而早在 1979 年，美国犯罪学学者桑伯瑞和辛格经统计认为有 64% 的未成年被害人在成年后会转化为加害人，且未成年被害人恶逆变现象于所有类型的被害人之中最为突出。④ 可见，预防和治理青少年犯罪与被害在社会治理中占据着特殊且举足轻重的地位。基于此，本文通过梳理 2024 年我国青少年犯罪与被害调研基本情况，深入了解和剖析当前我国青少年犯罪与被害的特征，探讨近年来我国预防青少年犯罪与被害工作的成绩

---

① 《未成年人检察工作白皮书（2023）》，https：//www.spp.gov.cn/spp/xwfbh/wsfbt/202405/t20240531_655854.shtml，2024 年 10 月 13 日访问。
② 《中国互联网络发展状况统计报告》，https：//www.cnnic.net.cn，2024 年 3 月 25 日。
③ 张寒玉、张亚力、杨迪：《重罪未成年人重返社会问题研究——以云南司法实务为视角》，《青少年犯罪问题》2018 年第 3 期。
④ 〔德〕汉斯·约阿希姆·施奈德：《国际范围内的被害人》，许章润等译，中国人民公安大学出版社，1992。

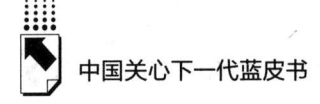

与不足，从而为进一步推动我国青少年犯罪预防工作的完善和发展提出对策建议。

## 二 2024年我国青少年犯罪与被害调研基本情况

近年来，低龄未成年人恶性犯罪案件频发且多次引爆网络舆情。目前我国低龄未成年人（未满十四周岁）恶性犯罪案件数缺乏官方统计数据，但经由媒体网络平台的信息传播与情感传递的低龄未成年人极端个案牵动着社会敏感神经，社会公众一度产生共情效应的同时，舆论对低龄未成年人犯罪相关的认知也存在"刻板印象"和固化趋势。为更好地了解我国青少年犯罪与被害的相关真实情况，2024年中国关心下一代工作委员会（以下简称"中国关工委"）组织实施大型社会调查，调研对象主要覆盖小学生、初中生、高中生与青年职工等青少年群体，共获得130921个样本。其中，小学生样本量为51091人，初中生样本量为23046人，高中生（包括技校、中专、职高学生）样本量为13373人，青年职工样本量为43411人。其中，未成年学生样本主要来自黑龙江、吉林、甘肃、上海、陕西、山西、河南、辽宁、内蒙古、山东、河北、湖北等省份，且以拥有农村户口的学生为主（见表1）。而青年职工样本主要来自甘肃、黑龙江、江苏、内蒙古、河南、吉林、辽宁等省份。

表1 在校学生样本基本情况

单位：人，%

| 属性 | 类别 | 频数 | 有效占比 |
| --- | --- | --- | --- |
| 性别 | 男 | 45781 | 52.4 |
|  | 女 | 41557 | 47.6 |
| 年级 | 小学 | 51091 | 58.4 |
|  | 初中 | 23046 | 26.3 |
|  | 高中(包括技校、中专、职高) | 13373 | 15.3 |

续表

| 属性 | 类别 | | 频数 | 有效占比 |
|---|---|---|---|---|
| 户籍 | 城市户口 | | 29457 | 33.7 |
| | 农村户口 | | 57881 | 66.3 |
| 家庭基本情况 | 家庭生活水平 | 下等水平 | 10130 | 11.6 |
| | | 中下水平 | 18455 | 21.1 |
| | | 中等水平 | 48527 | 55.6 |
| | | 中上水平 | 8297 | 9.5 |
| | | 上等水平 | 1929 | 2.2 |
| | 与父母居住状况 | 和父母共同居住 | 66357 | 76.0 |
| | | 没有和父母住在一起 | 20981 | 24.0 |

根据研究需要，此次针对"青少年犯罪预防与被害"议题的调查主要涉及近年来引起广泛关注的学生欺凌、青少年网络越轨与被害、青年职工违法犯罪与被害等热点议题，同时亦对青少年法治意识与法治宣传教育等情况进行了了解与调查。

## （一）未成年学生犯罪与被害预防基本情况

### 1. 学生欺凌[①]基本情况

2020~2022年，检察机关批准逮捕校园欺凌和暴力犯罪人数分别为583人、581人、271人，提起公诉人数分别为1341人、1062人、684人，呈逐年下降趋势；2022年批捕、起诉人数分别较2020年下降53.52%、48.99%。[②] 2024年，河北省邯郸市"3名初中生杀人埋尸案"、湖南省吉首市"吉首四中一女生在校园遭多人霸凌"、山东省济宁市"12岁男孩被6名学生围殴"等接连多起案件再次引发了公众对于校园欺凌问题的关注。本

---

① 2020年新修订的《中华人民共和国未成年人保护法》明确了"学生欺凌"的概念，其附则中规定，学生欺凌，是指发生在学生之间，一方蓄意或者恶意通过肢体、语言及网络等手段实施欺压、侮辱，造成另一方人身伤害、财产损失或者精神损害的行为。
② 《未成年人检察工作白皮书（2022）》，https://www.spp.gov.cn/spp/xwfbh/wsfbt/202306/t20230601_615967.shtml#2，2024年3月23日访问。

调查借鉴陈世平教授翻译并修订的史密斯（Smith P. K.）欺负行为问卷[1]形成了学生欺凌调查问卷。

（1）学生欺凌总体发生率较低

根据未成年学生的自我报告，4.7%的学生认为自己"欺负过同学"，且欺凌多为单次孤立发生（见表2）。而26.7%的学生认为自己曾"被欺负过"（见表3）。其中，小学阶段被欺凌者占比28.8%，初中阶段被欺凌者占比23.5%，高中阶段被欺凌者占比23.7%。可见，学生欺凌整体上随着学业阶段的升高呈减少趋势。

表2 学生欺凌状况

单位：人，%

| 类别 | | 频率 | 有效百分比 | 累计百分比 |
| --- | --- | --- | --- | --- |
| 欺负过同学 | 仅一两次 | 2056 | 3.0 | 3.0 |
| | 有过几次 | 855 | 1.3 | 4.3 |
| | 约每周几次 | 136 | 0.2 | 4.5 |
| | 约每周多次 | 167 | 0.2 | 4.7 |
| 没有欺负过同学 | | 64963 | 95.3 | 100.0 |

表3 学生被欺凌状况

单位：人，%

| 类别 | 频率 | 有效百分比 | 累计百分比 |
| --- | --- | --- | --- |
| 被欺负过 | 18194 | 26.7 | 26.7 |
| 没有被欺负过 | 49985 | 73.3 | 100.0 |

（2）父母监护缺失更易遭受欺凌，不同学业阶段欺凌原因各异

通过对青少年是否与父母同住以及是否被欺负过进行交叉对比发现，没有和父母住在一起但被欺负过的人数比例为28.9%，和父母同住但被欺负过的人数比例为26.3%。可见，父母监护缺失的青少年更易遭受欺凌。

---

[1] 陈世平：《中小学生欺负行为及其主要影响因素研究》，中国科学院博士学位论文，2000。

表 4  是否与父母同住与是否被欺负交叉表

单位：人

| 类别 | | 我没有被欺负过 | | |
|---|---|---|---|---|
| | | 否 | 是 | 总计 |
| 你目前上学期间是否和父母住一起？ | 没有和父母住一起 | 3090 | 7607 | 10687 |
| | 和父母共同居住 | 15104 | 42378 | 57482 |
| 总计 | | 18194 | 49985 | 68179 |

当问及欺凌者实施欺凌的原因，可以发现，小学生与初中生实施欺凌的原因通常是"由于他/她与我存在竞争、发生过口角矛盾，或不服从甚至对抗我"，而高中生则往往会因为"由于他/她比我成绩优良、更被同学老师喜欢、长得更漂亮帅气等原因"实施欺凌行为（见表5）。

表 5  欺凌者实施欺凌的原因

单位：人，%

| 类别 | 年级 | 频率 | 有效百分比 |
|---|---|---|---|
| 由于他/她的家庭原因或相貌不美、口音奇怪、说话结巴、举止、性格等原因 | 小学 | 646 | 22.2 |
| | 初中 | 459 | 28.3 |
| | 高中 | 235 | 28.9 |
| 由于他/她比我成绩优良、更被同学老师喜欢、长得更漂亮帅气等原因 | 小学 | 480 | 16.5 |
| | 初中 | 288 | 17.7 |
| | 高中 | 359 | 44.2 |
| 由于他/她与我存在竞争、发生过口角矛盾，或不服从甚至对抗我 | 小学 | 1575 | 54.2 |
| | 初中 | 830 | 51.1 |
| | 高中 | 173 | 21.3 |
| 我就是想欺负他/她，没有原因 | 小学 | 565 | 19.4 |
| | 初中 | 320 | 19.7 |
| | 高中 | 160 | 19.7 |

（3）欺凌者多选择单人实施欺凌，欺凌方式以言语欺凌与孤立行为为主

在经媒体曝光的较严重学生欺凌中，通常以多人欺凌一人的形式展现。

调查发现,欺凌者选择"独自一人"实施欺凌行为的人数占比为56.5%,选择"与另外一位同学/朋友"的欺凌者占比为25.3%,而选择"与多个同学/朋友"的欺凌者占比为18.2%(见表6)。

表6 欺凌者人数状况

单位:人,%

| 类别 | 频率 | 有效百分比 | 累计百分比 |
| --- | --- | --- | --- |
| 独自一人 | 3017 | 56.5 | 56.5 |
| 与另外一位同学/朋友 | 1353 | 25.3 | 81.8 |
| 与多个同学/朋友 | 970 | 18.2 | 100.0 |

此外,欺凌者选择欺凌的类型通常可分为言语欺凌、关系欺凌、身体欺凌、财物欺凌、校园网络欺凌。[1] 据调查,欺凌者选择欺凌的方式包括"说他/她的坏话""故意冷落他/她""给他/她起外号""揍他/她""嘲笑(捉弄)他/她""让其他同学都不跟他/她玩""不让他/她参加任何活动和游戏""抢夺、强行索要或毁坏他/她的东西""私下散播他/她的谣言"。申言之,欺凌者选择欺凌的方式以言语欺凌和孤立行为为主(见表7)。

表7 欺凌者选择欺凌的方式

单位:人,%

| 类别 | 年级 | 频率 | 有效百分比 |
| --- | --- | --- | --- |
| 说他/她的坏话 | 小学 | 558 | 19.2 |
|  | 初中 | 399 | 24.6 |
|  | 高中 | 221 | 27.2 |
| 揍他/她 | 小学 | 278 | 9.6 |
|  | 初中 | 142 | 8.8 |
|  | 高中 | 85 | 10.5 |

---

[1] 刘瑾泽:《情境行动理论视角下的校园欺凌犯因性分析》,中国人民公安大学硕士学位论文,2021。

续表

| 类别 | 年级 | 频率 | 有效百分比 |
| --- | --- | --- | --- |
| 给他/她起外号 | 小学 | 445 | 15.3 |
|  | 初中 | 221 | 13.6 |
|  | 高中 | 101 | 12.4 |
| 嘲笑(捉弄)他/她 | 小学 | 247 | 8.5 |
|  | 初中 | 140 | 8.6 |
|  | 高中 | 68 | 8.4 |
| 不让他/她参加任何活动和游戏 | 小学 | 151 | 5.2 |
|  | 初中 | 53 | 3.3 |
|  | 高中 | 30 | 3.7 |
| 抢夺、强行索要或毁坏他/她的东西 | 小学 | 52 | 1.8 |
|  | 初中 | 34 | 2.1 |
|  | 高中 | 22 | 2.7 |
| 私下散播他/她的谣言 | 小学 | 37 | 1.3 |
|  | 初中 | 35 | 2.2 |
|  | 高中 | 22 | 2.7 |
| 让其他同学都不跟他/她玩 | 小学 | 225 | 7.7 |
|  | 初中 | 75 | 4.6 |
|  | 高中 | 39 | 4.8 |
| 故意冷落他/她 | 小学 | 583 | 20.1 |
|  | 初中 | 372 | 22.9 |
|  | 高中 | 165 | 20.3 |

（4）学生欺凌发生地点以操场、教室居多，多发生于课间或放学后

据统计，学生欺凌常发生在教室、操场、学校的走廊或大厅等地点。其中，小学生和初中生欺凌地点多选择在操场，高中生欺凌地点多发生在教室（见表8）。而对于学生欺凌的发生时间，49.2%发生在课间休息时，25.8%发生在放学后，9.3%发生在上学前，8.1%发生在课堂上，7.6%发生在周末或节假日期间（见表9）。

表8 对于欺凌者，实施欺凌的常用地点

单位：人，%

| 类别 | 年级 | 频率 | 有效百分比 |
| --- | --- | --- | --- |
| 学校的走廊或大厅 | 小学 | 3870 | 9.6 |
| | 初中 | 1347 | 7.5 |
| | 高中 | 731 | 7.5 |
| 楼梯间 | 小学 | 2278 | 5.6 |
| | 初中 | 1009 | 5.6 |
| | 高中 | 533 | 5.5 |
| 操场 | 小学 | 5819 | 14.4 |
| | 初中 | 1529 | 8.5 |
| | 高中 | 616 | 6.4 |
| 教室 | 小学 | 4270 | 10.6 |
| | 初中 | 1260 | 7.0 |
| | 高中 | 782 | 8.1 |
| 宿舍 | 小学 | 720 | 1.8 |
| | 初中 | 743 | 4.1 |
| | 高中 | 541 | 5.6 |
| 学校卫生间 | 小学 | 1932 | 4.8 |
| | 初中 | 1280 | 7.1 |
| | 高中 | 656 | 6.8 |
| 学校周边的街巷或娱乐场所内 | 小学 | 575 | 1.4 |
| | 初中 | 364 | 2.0 |
| | 高中 | 212 | 2.2 |
| 学校食堂 | 小学 | 357 | 0.9 |
| | 初中 | 234 | 1.3 |
| | 高中 | 139 | 1.4 |
| 上学或放学路上 | 小学 | 2303 | 5.7 |
| | 初中 | 1002 | 5.6 |
| | 高中 | 410 | 4.2 |

表9 对于被欺凌者，被欺凌的发生时间

单位：人，%

| 类别 | 频率 | 有效百分比 | 累计百分比 |
|---|---|---|---|
| 课堂上 | 2355 | 8.1 | 8.1 |
| 课间休息 | 14254 | 49.2 | 57.3 |
| 上学前 | 2687 | 9.3 | 66.6 |
| 放学后 | 7481 | 25.8 | 92.4 |
| 周末或节假日期间 | 2222 | 7.6 | 100.0 |

（5）欺凌旁观者以保护者与局外者为主

校园欺凌中的旁观者（Bystander）是指目睹校园欺凌事件的人。依据参与方式和作用的不同，旁观者划分为协助者（Assistant）、强化者（Reinforcer）、局外者（Outsider）和保护者（Defender）。协助者通过积极的身体举动为欺凌者提供物理帮助和心理支持，充当欺凌者的助手；强化者不为欺凌者提供物理帮助，仅提供心理支持，如在一旁给欺凌者助威鼓劲等；局外者对正在发生的校园欺凌冷眼旁观，事后也不向学校管理者报告；保护者在校园欺凌中积极制止欺凌者、协助者、强化者，积极保护被欺凌者，积极向学校管理者报告校园欺凌事件。[1] 经调查，存在协助者、强化者、局外者、保护者情况的分别占 0.5%、0.5%、6.1%、92.9%，占比呈依次递增（见表10）。

表10 欺凌旁观者的态度

单位：人，%

| 类别 | 频率 | 有效百分比 | 累计百分比 |
|---|---|---|---|
| 围观看热闹 | 1421 | 2.1 | 2.1 |
| 直接走开，装作没看见 | 2749 | 4.0 | 6.1 |
| 一旁叫好助威 | 356 | 0.5 | 6.6 |

---

[1] 刘瑾泽：《情境行动理论视角下的校园欺凌犯因性分析》，中国人民公安大学硕士学位论文，2021年。

续表

| 类别 | 频率 | 有效百分比 | 累计百分比 |
| --- | --- | --- | --- |
| 协助欺负的人，参与欺负同学 | 365 | 0.5 | 7.1 |
| 制止欺负行为或帮助被欺负的同学 | 9426 | 13.8 | 20.9 |
| 报告老师 | 53885 | 79.1 | 100.0 |

（6）家人是被欺凌者首要倾诉对象，被倾诉者对待欺凌的态度存在年级差异

当被欺凌者遭受欺凌时，11.9%的被欺凌者选择自我承受、不向任何人提起。44.0%的被欺凌者会选择告诉家人，19.4%的被欺凌者选择告诉老师，12.9%的被欺凌者选择告诉同学，11.8%的被欺凌者选择告诉朋友（见表11）。同时，在调研中发现，不同学业阶段的被欺凌者通常选择的倾诉对象也有所差异。小学阶段被欺凌者选择的倾诉对象优先顺序为家人、老师、同学、朋友，较少数被欺凌者会选择自己忍受。初中阶段被欺凌者优先选择家人、老师、朋友作为倾诉对象。而高中阶段被欺凌者则除告诉家人外，更多的是选择自己承担。

表11 被欺凌者通常选择的倾诉对象

单位：人，%

| 类别 | 频率 | 有效百分比 | 累计百分比 |
| --- | --- | --- | --- |
| 家人 | 13118 | 44.0 | 44.0 |
| 老师 | 5789 | 19.4 | 63.4 |
| 同学 | 3844 | 12.9 | 76.3 |
| 朋友 | 3525 | 11.8 | 88.1 |
| 没有对任何人提起 | 3537 | 11.9 | 100.0 |

同时，通过调查可以发现，被倾诉者对待被欺凌者的态度大部分会采取积极帮助、向有关人员反映并给予心理关怀的态度。然而也可以看到，随着年级的升高，被倾诉者对待被欺凌者的遭遇存在明显差异，即年级越高，年

龄越大，被倾诉者会更加倾向认为被欺凌者的经历"不是什么大不了的事情"甚至"指责被欺凌者"（见表12）。

表12 对待被欺凌者的态度

单位：人，%

| 类别 | 年级 | 频率 | 有效百分比 |
| --- | --- | --- | --- |
| 积极地帮助和保护你,向有关人员反映,给予你心理上的关怀 | 小学 | 8856 | 86.2 |
| | 初中 | 2782 | 83.2 |
| | 高中 | 1257 | 75.3 |
| 觉得这不是什么大不了的事,态度冷淡,无所作为 | 小学 | 982 | 9.6 |
| | 初中 | 398 | 11.9 |
| | 高中 | 290 | 17.4 |
| 不仅不帮助你,反而指责你惹了事,将错误归咎于你 | 小学 | 439 | 4.3 |
| | 初中 | 162 | 4.8 |
| | 高中 | 123 | 7.4 |

2. 青少年网络越轨与被害基本情况

2023年12月共青团中央维护青少年权益部、中国互联网络信息中心联合发布的《第5次全国未成年人互联网使用情况调查报告》显示，2022年小学生互联网普及率达到95.1%，其他各学龄段的互联网普及率均超过99%。[①] 中学生群体已经完全融入互联网，他们的学习、生活和娱乐都与互联网息息相关。因此，本次调研针对初中生及高中生（包括技校、中专、职高）网络越轨与被害相关情况展开了进一步调查。

（1）青少年网络越轨情况

"青少年网络越轨"部分的问卷借鉴由学者张婷编制的、被大量以青少年为样本的本土实证研究所证实具有较好的信效度的"大学生网络偏差行为问卷"，[②] 并根据需要，主要针对青少年"网络言论越轨""网络使用越

---

① 参见共青团中央维护青少年权益部、中国互联网络信息中心联合发布的《第5次全国未成年人互联网使用情况调查报告》，2023年12月。
② 张婷：《大学生网络偏差行为与自我中心、社会支持的关系》，赣南师范学院硕士学位论文，2014。

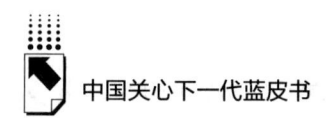

轨""网络色情"三个维度进行了调研。

问卷调查结果显示，认为"比较符合"和"非常符合"无法控制自己上网的冲动、沉迷网络情形的初中生占比为9.8%，高中生占比为9.7%。认为自己"比较符合"和"非常符合"在网上经常与陌生人结交朋友这一情形的初中生比例为7.1%，高中生比例为8.3%。认为自己"比较符合"和"非常符合"会在网上发布攻击性的符号或图片的初中生占比为3.0%，高中生占比为3.7%。认为自己"比较符合"和"非常符合"会在他人QQ空间、微博、朋友圈、短视频等社交媒体上发布留下侮辱性的言语的初中生比例为2.9%，高中生比例为3.6%。认为自己"比较符合"和"非常符合"会在网上散布有关他人（同学）的隐私、谣言、不实信息的初中生比例为2.8%，高中生比例为3.6%。认为自己"比较符合"和"非常符合"会做出"上网浏览暴力图片、文字或视频等"和"在网上观看或下载色情视频、图片"等行为的初中生比例为5.9%，高中生比例为8.2%。认为自己"比较符合"和"非常符合"会在网上发布或转发虚假言论的初中生比例为2.9%，高中生比例为3.7%。认为自己"比较符合"和"非常符合"会经常在网上参与赌博或博彩的初中生比例为2.7%，高中生比例为3.6%。而认为自己"比较符合"和"非常符合"会在网络空间上辱骂、骚扰、恐吓他人的初中生比例为2.9%，高中生比例为3.6%（见表13、表14）。因此从总体上可以看出，高中生实施网络越轨行为的比例高于初中生。

表13 初中生网络越轨情况

单位：%

| 类别 | 非常不符合 | 不太符合 | 有些符合 | 比较符合 | 非常符合 |
| --- | --- | --- | --- | --- | --- |
| 无法控制自己上网的冲动，沉迷网络 | 44.1 | 30.7 | 15.5 | 6.0 | 3.8 |
| 在网上经常与陌生人结交朋友 | 60.3 | 23.3 | 9.3 | 4.0 | 3.1 |
| 在网上发布攻击性的符号或图片 | 78.0 | 15.1 | 3.8 | 1.5 | 1.5 |
| 在他人QQ空间、微博、朋友圈、短视频等社交媒体上发布留下侮辱性的言语 | 80.8 | 13.0 | 3.3 | 1.5 | 1.4 |

续表

| 类别 | 非常不符合 | 不太符合 | 有些符合 | 比较符合 | 非常符合 |
|---|---|---|---|---|---|
| 在网上散布有关他人（同学）的隐私、谣言、不实信息等 | 81.7 | 12.2 | 3.2 | 1.4 | 1.4 |
| 上网浏览暴力图片、文字或视频等 | 81.3 | 12.4 | 3.4 | 1.4 | 1.5 |
| 在网上观看或下载色情视频、图片 | 82.4 | 11.4 | 3.2 | 1.5 | 1.5 |
| 参与过人肉搜索 | 82.9 | 11.1 | 3.1 | 1.5 | 1.4 |
| 在网上发布或转发虚假言论 | 83.0 | 11.1 | 3.0 | 1.5 | 1.4 |
| 经常在网上参与赌博或博彩 | 83.4 | 10.7 | 3.2 | 1.4 | 1.3 |
| 在网络空间上辱骂、骚扰、恐吓他人 | 83.1 | 11.0 | 3.1 | 1.4 | 1.5 |

表14　高中生网络越轨情况

单位：%

| 类别 | 非常不符合 | 不太符合 | 有些符合 | 比较符合 | 非常符合 |
|---|---|---|---|---|---|
| 无法控制自己上网的冲动，沉迷网络 | 42.3 | 31.2 | 16.7 | 5.9 | 3.8 |
| 在网上经常与陌生人结交朋友 | 53.5 | 25.3 | 12.9 | 4.9 | 3.4 |
| 在网上发布攻击性的符号或图片 | 73.7 | 16.4 | 6.2 | 2.0 | 1.7 |
| 在他人QQ空间、微博、朋友圈、短视频等社交媒体上发布留下侮辱性的言语 | 76.3 | 14.7 | 5.4 | 1.9 | 1.7 |
| 在网上散布有关他人（同学）的隐私、谣言、不实信息等 | 77.3 | 13.7 | 5.3 | 2.0 | 1.6 |
| 上网浏览暴力图片、文字或视频等 | 76.4 | 13.9 | 5.7 | 2.3 | 1.7 |
| 在网上观看或下载色情视频、图片 | 76.8 | 13.5 | 5.4 | 2.4 | 1.8 |
| 参与过人肉搜索 | 78.1 | 13.1 | 4.9 | 2.0 | 1.7 |
| 在网上发布或转发虚假言论 | 78.3 | 13.1 | 4.9 | 2.0 | 1.7 |
| 经常在网上参与赌博或博彩 | 78.5 | 12.7 | 5.2 | 2.0 | 1.6 |
| 在网络空间上辱骂、骚扰、恐吓他人 | 78.8 | 12.6 | 5.0 | 2.0 | 1.6 |

（2）青少年网络被害情况

"青少年网络被害"部分的问卷借鉴由学者许博洋等人编制的"青少年

网络被害问卷"，主要包括隐私被暴露、被人肉搜索、被言语欺凌、被网络诈骗、网络账户被盗五种网络被害形式。① 数据显示，五项网络被害中，遭受过任一项网络被害的初中生比例达到8.0%~15.4%，高中生比例达到11.2%~20.1%。其中，遭受"被人肉搜索"的人数最少，遭受"在网上被他人辱骂或攻击"即被言语欺凌的人数最多。同时，也可以进一步发现，整体上高中生遭受网络被害的比例高于初中生（见表15、表16）。

表15 初中生网络被害情况

单位：%

| 类别 | 从来没有 | 很少 | 偶尔 | 经常 |
| --- | --- | --- | --- | --- |
| 是否有被其他人在网络上入侵账户或被盗取账户财物的经历？ | 90.0 | 6.2 | 2.6 | 1.1 |
| 是否有过被其他人电信或网络诈骗过的经历？ | 89.2 | 6.8 | 3.0 | 1.1 |
| 是否在网络上被他人辱骂或攻击过？ | 84.6 | 9.2 | 4.7 | 1.4 |
| 是否遭到过被其他人在网络上人肉搜索？ | 92.0 | 4.5 | 2.4 | 1.2 |
| 自己的隐私信息是否曾在网上被暴露？ | 91.6 | 4.9 | 2.3 | 1.3 |

表16 高中生网络被害情况

单位：%

| 类别 | 从来没有 | 很少 | 偶尔 | 经常 |
| --- | --- | --- | --- | --- |
| 是否有被其他人在网络上入侵账户或被盗取账户财物的经历？ | 84.5 | 10.2 | 4.0 | 1.3 |
| 是否有过被其他人电信或网络诈骗过的经历？ | 83.9 | 10.3 | 4.4 | 1.4 |
| 是否在网络上被他人辱骂或攻击过？ | 79.9 | 12.0 | 6.3 | 1.8 |
| 是否遭到过被其他人在网络上人肉搜索？ | 88.8 | 6.3 | 3.4 | 1.5 |
| 自己的隐私信息是否曾在网上被暴露？ | 87.4 | 7.5 | 3.7 | 1.4 |

① 许博洋：《青少年网络越轨的影响因素研究——以我国三省高职学生为研究对象》，中国人民公安大学博士学位论文，2023。

### 3. 青年职工违法犯罪与被害基本情况[①]

基于我国尚未有专门针对青年群体违法犯罪情况的官方统计数据，本次调研特针对青年职工群体，通过自我报告方式了解该群体的违法犯罪与被害相关情况。以更好地为青少年犯罪预防工作提供数据支撑、促进青少年犯罪预防工作进一步发展。

（1）青年职工违法情况

在43411份有效样本中，仅有193位青年职工曾经因违法行为受到过行政处罚，占比为0.4%（见表17）。

表17 青年职工违法情况

单位：人，%

| 类别 | 选择 | 频率 | 有效百分比 | 累计百分比 |
| --- | --- | --- | --- | --- |
| 您是否曾经因违法行为受到过行政处罚？ | 是 | 193 | 0.4 | 0.4 |
|  | 否 | 43218 | 99.6 | 100.0 |
|  | 总计 | 43411 | 100.0 | — |

（2）青年职工犯罪情况

在43411份有效样本中，仅有118位青年职工曾经因犯罪行为受到过刑事处罚，占比为0.3%（见表18）。

表18 青年职工犯罪情况

单位：人，%

| 类别 | 选择 | 频率 | 有效百分比 | 累计百分比 |
| --- | --- | --- | --- | --- |
| 您是否曾经因犯罪行为受到过刑事处罚？ | 是 | 118 | 0.3 | 0.3 |
|  | 否 | 43293 | 99.7 | 100.0 |
|  | 总计 | 43411 | 100.0 | — |

---

[①] 需要说明的是，本部分讨论的青年职工违法情况来自调查数据的分析，调查过程中可能存在社会赞许性偏误，因此有关违法犯罪的数据可能会被低估。

### (3) 青年职工父母、亲戚、朋友中存在违法犯罪记录情况

在43411份有效样本中，有564位青年职工报告自己的父母、亲戚、朋友中有过违法犯罪记录，占比为1.3%（见表19）。

表19　青年职工父母、亲戚、朋友中存在违法犯罪记录情况

单位：人，%

| 类别 | 选择 | 频率 | 有效百分比 | 累计百分比 |
| --- | --- | --- | --- | --- |
| 您的父母、亲戚、朋友中是否有过违法犯罪记录？ | 是 | 564 | 1.3 | 1.3 |
|  | 否 | 42847 | 98.7 | 100.0 |
|  | 总计 | 43411 | 100.0 | — |

### （4）青年职工被害情况

在43411份有效样本中，有986位青年职工报告自己遭受过不法侵害，占比为2.3%，而另有6.4%的青年职工不清楚自己是否曾经遭受过非法侵害（见表20）。

表20　青年职工遭受不法侵害情况

单位：人，%

| 类别 | 选择 | 频率 | 有效百分比 | 累计百分比 |
| --- | --- | --- | --- | --- |
| 您是否曾经遭受过不法侵害？ | 是 | 986 | 2.3 | 2.3 |
|  | 否 | 39658 | 91.4 | 93.6 |
|  | 不清楚 | 2767 | 6.4 | 100.0 |
|  | 总计 | 43411 | 100.0 | 100.0 |

### 4. 小结

综合以上调研数据，当前社会普遍关注的与青少年群体相关的学生欺凌、网络越轨以及青年职工违法犯罪情况呈现以下特征：首先，对于学生欺凌情况，一是学生欺凌整体发生率较低，且随着学业阶段的升高整体呈减少趋势。二是是否与父母同住与是否被欺凌呈负相关，因此缺乏父母监护者更易被欺凌。三是学生欺凌发生的原因存在阶段差异，中小学生欺凌

原因主要集中在欺凌者与被欺凌者存在竞争关系、发生过口角矛盾或拒绝服从。高中生则会因欺凌者与被欺凌者存在成绩差异、老师的喜好程度以及外在容貌等因素而决定是否会实施欺凌行为。四是学生欺凌发生地点以操场、教室居多，多发生于课间或放学后。五是被欺凌者被欺凌后通常更多的是选择告诉家人，且被倾诉者对于欺凌行为的重视程度随着学业阶段的升高而降低。其次，对于青少年网络越轨与被害情况，一是总体上高中生网络越轨与被害比例均高于初中生。二是在所有网络越轨行为的表现形式中，以网络使用越轨中"无法控制自己上网的冲动，沉迷网络"的实施比例最高，以"经常在网上参与赌博或博彩"的实施比例最低。三是相较于他种网络越轨被害，"被言语欺凌"属于占比较高的被害形式。最后，对于青年职工违法犯罪情况，一方面，总体上青年职工违法犯罪比例极低。另一方面，青年职工未曾遭受不法侵害的比例超过九成，曾遭受不法侵害的青年职工仅为少数。

### （二）青少年法治意识与法治宣传教育基本情况

2020年颁布的《中华人民共和国预防未成年人犯罪法》中对"预防犯罪的教育"进行了规定，其中，"增强未成年人的法治观念，使未成年人树立遵纪守法和防范违法犯罪的意识"成为学校预防犯罪教育的一项重要工作，同时也提出"各级人民政府及其有关部门、人民检察院、人民法院、共产主义青年团、少年先锋队、妇女联合会、残疾人联合会、关心下一代工作委员会等应当结合实际，组织、举办多种形式的预防未成年人犯罪宣传教育活动。有条件的地方可以建立青少年法治教育基地，对未成年人开展法治教育"等要求。基于此，本次调查同时对青少年的法治意识与法治宣传教育情况进行了专项设计。

#### 1. 未成年学生法治意识与法治宣传教育情况

（1）未成年学生对相关法律及法律知识的了解程度

数据显示，未成年学生对于与其息息相关的法律及具体规定的了解程度一般。首先，对于《中华人民共和国未成年人保护法》《中华人民共和国预防未成年人犯罪法》《中华人民共和国家庭教育促进法》三部与未成年人息息相关的法律而言，分别有46.7%、47.1%、43.2%的初中生以及46.8%、47.3%、44.2%的高中生认为自己"比较了解"和"非常了解"这三部法律。其次，对于"未成年人只能在周末和节假日的20~21时玩网络游戏""网络游戏账号要实名注册""未成年人不能参与直播打赏""未成年人不能做网络主播""视频和短视频平台设有青少年模式"等法律中具体规定的内容，则分别有47.7%、55.2%、58.9%、58.3%、58.4%的初中生以及53.2%、58.9%、60.0%、58.8%、59.2%的高中生认为自己"比较了解"和"非常了解"以上规定。可见，未成年学生对法律整体的了解程度不及对相关具体规定的了解程度（见表21）。

表21　未成年学生对相关法律及具体规定的了解程度

单位：人，%

| 类别 | 年级 | 非常不了解 | 不太了解 | 一般 | 比较了解 | 非常了解 |
| --- | --- | --- | --- | --- | --- | --- |
| 《中华人民共和国未成年人保护法》 | 初中 | 7.5 | 14.6 | 31.2 | 26.0 | 20.7 |
|  | 高中 | 8.6 | 11.5 | 33.1 | 25.5 | 21.3 |
| 《中华人民共和国预防未成年人犯罪法》 | 初中 | 7.2 | 14.4 | 31.3 | 25.9 | 21.2 |
|  | 高中 | 8.2 | 11.3 | 33.2 | 25.9 | 21.4 |
| 《中华人民共和国家庭教育促进法》 | 初中 | 7.8 | 16.5 | 32.5 | 23.4 | 19.8 |
|  | 高中 | 8.6 | 13.1 | 34.1 | 23.8 | 20.4 |
| 未成年人只能在周末和节假日的20~21时玩网络游戏 | 初中 | 10.6 | 16.8 | 24.9 | 21.9 | 25.8 |
|  | 高中 | 9.1 | 11.3 | 26.4 | 22.5 | 30.7 |
| 网络游戏账号要实名注册 | 初中 | 10.0 | 12.6 | 22.2 | 24.7 | 30.5 |
|  | 高中 | 8.7 | 8.8 | 23.7 | 25.3 | 33.6 |
| 未成年人不能参与直播打赏 | 初中 | 10.0 | 11.3 | 19.9 | 24.6 | 34.3 |
|  | 高中 | 8.8 | 8.3 | 22.9 | 24.9 | 35.1 |
| 未成年人不能做网络主播 | 初中 | 10.2 | 11.8 | 19.8 | 24.7 | 33.6 |
|  | 高中 | 9.3 | 8.7 | 23.3 | 24.3 | 34.5 |
| 视频和短视频平台设有青少年模式 | 初中 | 9.6 | 11.3 | 20.7 | 25.0 | 33.4 |
|  | 高中 | 8.9 | 8.5 | 23.4 | 24.4 | 34.8 |

(2) 学校开展生理卫生教育、心理健康教育相关课程或活动情况

据调查，66.8%的初中生和62.3%的高中生报告其学校"生理卫生教育、心理健康教育相关的课程或活动都开展过"，但仍有8.9%的初中生和10.3%的高中生报告其学校"生理卫生教育、心理健康教育相关的课程或活动都未开展过"。另有12.0%的初中生和11.9%的高中生报告其学校"仅开展过生理卫生教育相关的课程或活动"，12.2%的初中生和15.5%的高中生报告其学校"仅开展过心理健康教育相关的课程或活动"（见表22）。

表22 学校开展生理卫生教育、心理健康教育相关课程或活动情况

单位：人，%

| 类别 | 年级 | 频率 | 有效百分比 |
| --- | --- | --- | --- |
| 仅开展过生理卫生教育相关的课程或活动 | 初中 | 2166 | 12.0 |
|  | 高中 | 1152 | 11.9 |
| 仅开展过心理健康教育相关的课程或活动 | 初中 | 2202 | 12.2 |
|  | 高中 | 1503 | 15.5 |
| 生理卫生教育、心理健康教育相关的课程或活动都开展过 | 初中 | 12061 | 66.8 |
|  | 高中 | 6035 | 62.3 |
| 生理卫生教育、心理健康教育相关的课程或活动都未开展过 | 初中 | 1614 | 8.9 |
|  | 高中 | 1001 | 10.3 |

(3) 学校每学期开设法治教育课程的次数情况

据调查，41.6%的初中生和40.3%的高中生报告其学校每学期开设法治教育课程的次数为3~5次。28.1%的初中生和34.1%的高中生报告其学校每学期开设法治教育课程的次数小于3次。此外，有30.3%的初中生和25.6%的高中生报告其学校每学期开设法治教育课程的次数大于5次（见表23）。

表23　学校每学期开设法治教育课程的次数情况

单位：人，%

| 类别 | 年级 | 频率 | 有效百分比 |
| --- | --- | --- | --- |
| 小于3次 | 初中 | 5073 | 28.1 |
|  | 高中 | 3301 | 34.1 |
| 3~5次 | 初中 | 7507 | 41.6 |
|  | 高中 | 3910 | 40.3 |
| 大于5次 | 初中 | 5463 | 30.3 |
|  | 高中 | 2480 | 25.6 |

（4）对引发未成年人违法犯罪原因的看法

调研显示，超过七成学生认为诱发未成年人违法犯罪的原因主要是"好奇心理、猎奇心理""虚荣心强、攀比炫耀心理"，也有六成以上学生同时认为"寻求刺激、引起他人（老师同学）注意、表现欲强"以及"一时冲动"也是引发未成年人违法犯罪的重要原因。而将引发未成年人违法犯罪的原因归结为经济原因的学生比重较小（见表24）。

表24　对引发未成年人违法犯罪原因的看法

单位：人，%

| 类别 | 年级 | 频率 | 有效百分比 |
| --- | --- | --- | --- |
| 好奇心理、猎奇心理 | 初中 | 13404 | 74.3 |
|  | 高中 | 7079 | 73.0 |
| 家里给的零花钱少、家庭经济条件不太好 | 初中 | 6260 | 34.7 |
|  | 高中 | 3893 | 40.2 |
| 虚荣心强、攀比炫耀心理 | 初中 | 12804 | 71.0 |
|  | 高中 | 6779 | 70.0 |
| 寻求刺激、引起他人（老师同学）注意、表现欲强 | 初中 | 11062 | 61.3 |
|  | 高中 | 5923 | 61.1 |
| 讲兄弟义气 | 初中 | 8280 | 45.9 |
|  | 高中 | 4763 | 49.1 |
| 一时冲动 | 初中 | 11149 | 61.8 |
|  | 高中 | 6188 | 63.9 |

（5）未成年学生学习法律的主要途径

未成年学生学习法律的途径主要有道德与法治课、主题班会等学校活动、专家讲课、同学交流、家长交流、网络、"关爱明天，普法先行"青少年法治宣传教育活动、社区活动等。调研显示，以学校的道德与法治课为主要途径的初中生和高中生占比分别为92.3%和87.5%。以主题班会等学校活动为主要途径的初中生和高中生占比分别为64.0%和65.7%。以专家讲课为主要途径的初中生和高中生占比分别为35.4%和40.1%。以同学交流为主要途径的初中生和高中生占比分别为33.8%和47.2%。以家长交流为主要途径的初中生和高中生占比分别为48.1%和47.1%。以网络为主要途径的初中生和高中生占比分别为37.4%和48.1%。以"关爱明天，普法先行"青少年法治宣传教育活动为主要途径的初中生和高中生占比分别为52.5%和49.2%。以社区活动为主要途径的初中生和高中生占比分别为22.0%和26.7%。可见，学校道德与法治课程成为学生学习法律的最主要途径，而专家交流、社区活动对于学生学习法律虽有所帮助但仍需进一步加强（见表25）。

表25　未成年学生学习法律的主要途径

单位：人，%

| 类别 | 年级 | 频率 | 有效百分比 |
| --- | --- | --- | --- |
| 道德与法治课 | 初中 | 16653 | 92.3 |
|  | 高中 | 8482 | 87.5 |
| 主题班会等学校活动 | 初中 | 11550 | 64.0 |
|  | 高中 | 6368 | 65.7 |
| 专家讲课 | 初中 | 6381 | 35.4 |
|  | 高中 | 3886 | 40.1 |
| 同学交流 | 初中 | 7792 | 33.8 |
|  | 高中 | 4578 | 47.2 |
| 家长交流 | 初中 | 8680 | 48.1 |
|  | 高中 | 4565 | 47.1 |
| 网络 | 初中 | 6740 | 37.4 |
|  | 高中 | 4663 | 48.1 |

续表

| 类别 | 年级 | 频率 | 有效百分比 |
|---|---|---|---|
| "关爱明天,普法先行"青少年法治宣传教育活动 | 初中 | 9480 | 52.5 |
|  | 高中 | 4772 | 49.2 |
| 社区活动 | 初中 | 3964 | 22.0 |
|  | 高中 | 2589 | 26.7 |

(6) 未成年学生偏好的学校组织的法治宣传教育活动形式

整体而言,对于初中生最喜欢的法治宣传教育活动形式,按照其偏好程度由高到低可排列为:主题班会、观看案例片、参观校外法治教育基地、法律知识竞赛、模拟法庭、专家讲课、演讲比赛。而对于高中生最喜欢的法治宣传教育活动形式,与初中生偏好并无明显的年级差异(见表26)。

表 26 未成年学生最喜欢的法治宣传教育活动形式

单位: 人, %

| 类别 | 年级 | 频率 | 有效百分比 |
|---|---|---|---|
| 主题班会 | 初中 | 6389 | 35.4 |
|  | 高中 | 3150 | 32.5 |
| 专家讲课 | 初中 | 1390 | 7.7 |
|  | 高中 | 840 | 8.7 |
| 法律知识竞赛 | 初中 | 2053 | 11.4 |
|  | 高中 | 946 | 9.8 |
| 演讲比赛 | 初中 | 1054 | 5.8 |
|  | 高中 | 604 | 6.2 |
| 模拟法庭 | 初中 | 1737 | 9.6 |
|  | 高中 | 1113 | 11.5 |
| 参观校外法治教育基地 | 初中 | 2622 | 14.5 |
|  | 高中 | 1271 | 13.1 |
| 观看案例片 | 初中 | 2714 | 15.0 |
|  | 高中 | 1731 | 17.9 |
| 其他 | 初中 | 84 | 0.5 |
|  | 高中 | 36 | 0.4 |

## 2. 青年职工法治意识与法治宣传教育情况

（1）青年职工对近三年来我国青少年犯罪趋势的了解程度

41.4%的青年职工认为近三年来我国青少年犯罪呈上升趋势，17.5%的青年职工认为近三年来我国青少年犯罪呈下降趋势，9.2%的青年职工认为近三年来我国青少年犯罪情况没有太大变化，31.9%的青年职工并不了解近三年来我国青少年犯罪趋势（见表27）。可以发现，一半以上青年职工对于近三年来我国青少年犯罪趋势缺乏足够的了解。

表27 青年职工对近三年来我国青少年犯罪趋势的了解程度

单位：人，%

| 类别 | 频率 | 百分比 | 有效百分比 | 累积百分比 |
| --- | --- | --- | --- | --- |
| 上升 | 17991 | 41.4 | 41.4 | 41.4 |
| 下降 | 7604 | 17.5 | 17.5 | 59.0 |
| 没有太大变化 | 3986 | 9.2 | 9.2 | 68.1 |
| 不了解 | 13830 | 31.9 | 31.9 | 100.0 |
| 总计 | 43411 | 100.0 | 100.0 | — |

（2）当青年职工自身受到伤害时首要考虑的解决措施

当自身受到伤害时，70.6%的青年职工会选择通过法律、行政等途径维护自身合法权益，13.5%的青年职工会选择忍耐退让，7.9%的青年职工会选择通过社区、居村委会、社会组织等途径理性解决问题（见表28）。

表28 当青年职工自身受到伤害时首要考虑的解决措施

单位：人，%

| 类别 | 频率 | 百分比 | 有效百分比 | 累积百分比 |
| --- | --- | --- | --- | --- |
| 忍耐退让 | 5871 | 13.5 | 13.5 | 13.5 |
| 武力解决 | 1305 | 3.0 | 3.0 | 16.5 |
| 通过法律、行政等途径 | 30668 | 70.6 | 70.6 | 87.2 |
| 通过社区、居村委会、社会组织等途径 | 3429 | 7.9 | 7.9 | 95.1 |
| 通过自身人脉关系 | 1846 | 4.3 | 4.3 | 99.3 |

续表

| 类别 | 频率 | 百分比 | 有效百分比 | 累积百分比 |
|---|---|---|---|---|
| 其他 | 292 | 0.7 | 0.7 | 100.0 |
| 总计 | 43411 | 100.0 | 100.0 | — |

（3）青年职工学习法律知识的主要途径

64.1%的青年职工平时主要通过书籍报刊、电视电脑等媒体设备直接或间接学习法律知识，21.1%的职工主要通过单位开展相关法律知识培训了解法律（见表29）。可见，青年职工获取法律知识以个体学习为主，但单位对于法律知识的宣传教育作用也不容忽视。

表29　青年职工学习法律知识的主要途径

单位：人，%

| 类别 | 频率 | 有效百分比 | 累计百分比 |
|---|---|---|---|
| 书籍报刊 | 19628 | 22.9 | 22.9 |
| 电视电脑等媒体设备 | 35375 | 41.2 | 64.1 |
| 社区开展的普法活动 | 12674 | 14.8 | 78.9 |
| 单位开展相关法律知识培训 | 18209 | 21.1 | 100.0 |

（4）青年职工参加与青少年犯罪预防和矫治相关的社会公益活动情况

数据显示，超过半数（59.5%）的青年职工从未参加过与青少年犯罪预防和矫治相关的社会公益活动，仅有31.7%的青年职工参加过相关活动，同时还有8.7%的青年职工没有参加过也不愿意参与相关公益活动和根本不关心此类活动（见表30）。

表30　青年职工参加与青少年犯罪预防和矫治相关的社会公益活动情况

单位：人，%

| 类别 | 频率 | 百分比 | 有效百分比 | 累积百分比 |
|---|---|---|---|---|
| 曾经参加 | 13757 | 31.7 | 31.7 | 31.7 |
| 从未参加 | 25814 | 59.5 | 59.5 | 91.2 |

续表

| 类别 | 频率 | 百分比 | 有效百分比 | 累积百分比 |
|---|---|---|---|---|
| 没有参加过也不愿意参与相关公益活动 | 2373 | 5.5 | 5.5 | 96.6 |
| 根本不关心此类活动 | 1379 | 3.2 | 3.2 | 99.8 |
| 其他 | 88 | 0.2 | 0.2 | 100.0 |
| 总计 | 43411 | 100.0 | 100.0 | — |

（5）对预防青年职工违法犯罪最应当采取的措施的看法

数据显示，青年职工对预防该群体违法犯罪最应当采取的措施中，最为重要的是要"加强单位对青年职工的规范管理和思想法治教育"，其次是"组织广泛的青年职工社会活动，丰富业余生活"，再次是"加强政府、学校、社区对一些问题家庭的关注和帮扶"以及"改善家庭环境"（见表31）。而对于单位应从哪些方面加强有效预防青年职工违法犯罪，超半数青年职工认为单位要加强涉及青年的相关法治课程，同时群团等组织多进行团建等活动（见表32）。此外，在开放性选项中，较多青年职工认为单位有效预防青年职工违法犯罪的途径还包括要"减少工作压力""多关爱青年职工，提高职工幸福感"。

表31 对预防青年职工违法犯罪最应当采取的措施的看法

单位：人，%

| 类别 | 频率 | 有效百分比 |
|---|---|---|
| 改善家庭环境 | 16778 | 38.6 |
| 加强单位对青年职工的规范管理和思想法治教育 | 23453 | 54.0 |
| 组织广泛的青年职工社会活动,丰富业余生活 | 19367 | 44.6 |
| 加强政府、学校、社区对一些问题家庭的关注和帮扶 | 17231 | 39.7 |
| 派驻社会工作者进入单位、社区开展青少年犯罪预防与矫治的心理辅导 | 7426 | 17.1 |
| 严厉打击违法犯罪行动,以儆效尤 | 10479 | 24.1 |
| 针对社会边缘青年职工以帮扶 | 5023 | 11.6 |
| 加强对失足青年职工的帮教感化,避免其再次犯罪 | 6385 | 14.7 |

表32　单位可以有效预防青年职工违法犯罪的途径

单位：人，%

| 类别 | 频率 | 有效百分比 |
| --- | --- | --- |
| 单位领导加强关注 | 19888 | 45.8 |
| 群团等组织多进行团建等活动 | 24916 | 57.4 |
| 单位加强涉及青年的相关法治课程 | 28156 | 64.9 |
| 单位加强安全保障工作 | 17085 | 39.4 |

（6）青年职工对于现阶段我国加强法治宣传教育途径的看法

对于"现阶段我国应当从哪些方面加强法治宣传教育"的回答，70.4%的青年职工倾向需要"让法律深入基层，使普通民众学习法律，并学会用法律维护自身权利"，62.2%的青年职工希望"多组织法律讲座，普及法律知识"，53.3%的青年职工认为应当"加大对违法犯罪的惩治力度"，37.2%的青年职工认为应当"多建设一些维权渠道，让维权更简便"（见表33）。

表33　青年职工对于现阶段我国加强法治宣传教育途径的看法

单位：人，%

| 类别 | 频率 | 有效百分比 |
| --- | --- | --- |
| 多组织法律讲座,普及法律知识 | 27000 | 62.2 |
| 加大对违法犯罪的惩治力度 | 23120 | 53.3 |
| 让法律深入基层,使普通民众学习法律,并学会用法律维护自身权利 | 30576 | 70.4 |
| 多建设一些维权渠道,让维权更简便 | 16142 | 37.2 |

3. 小结

综合以上调研数据，当前青少年法治意识与法治宣传教育工作呈现以下特征：一是青少年整体法律意识较高，法律宣传教育工作具有良好效果。二是未成年学生对于与其相关的法律整体了解程度一般，但对于其中的某些具体条文规定了解较深入。三是当前有六成以上学校既开设了生理卫生教育相关课程或活动，也开设了心理健康教育相关课程或活动，而四成左右的学校每学期开设法治教育课程的频率为3~5次。四是对于未成年学生而言,校内法治教育是其最为主要的法律知识来源,而校外法治宣传教育活动作用较为有限。对于青年职工而言,其法律知识的学习渠道以网络媒体等为主,但单位对于法律知识的宣传教育也发挥了一定作用。五是对于未成年学生偏好的学校组织的法治宣传教育活动形式,以主题班会、观看相关案例的知识输入型活动为主,而对于演讲比赛、法律知识竞赛等知识输出型互动活动以及专家讲座缺乏兴趣。六是青年职工对于与青少年犯罪预防和矫治相关的社会公益活动的参与度较低。七是青年职工认为加强规范管理和法治教育是预防该群体违法犯罪的主要措施,但同时也提出可以从减轻工作压力、增加职工幸福感等方面着手。

## 三 我国青少年犯罪与被害防治工作的经验与问题

当前,在青少年犯罪治理和被害防治工作中我国积累了丰富有效的经验。从立法到实践再到制定刑事政策,对预防青少年犯罪构建了多主体参与、多部门联动、多措施配合等多位一体的预防体系。同时,对于被侵害的青少年被害人也构建了以法律援助、社工介入、心理救助、经济救助为主要内容的综合救治体系。[1]

### (一)青少年犯罪与被害防治的工作经验

#### 1. 青少年犯罪预防的工作经验

犯罪预防,着眼于未来,可以有效地防止犯罪的危害,节约治理犯罪的成本,是一种积极的、高效率的犯罪治理方式。[2] 未成年人犯罪防范是关键,预防为主,提前干预。目前,不论是立法保障还是制度实践抑或刑事政策方面,都织起了严密的防护网,可以说,我国已经建立了半独立式的未成

---

[1] 姚建龙、柳箫:《中国青少年犯罪预防调查与研究报告(2022)》,载陈江旗主编《中国关心下一代研究报告(2022~2023)》,社会科学文献出版社,2023。
[2] 姚建龙:《青少年犯罪与司法论要》,中国政法大学出版社,2014。

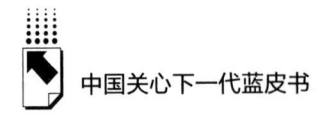

年人罪错处罚体系。[1]

(1) 立法保障

我国关于预防未成年人犯罪的相关立法主要集中于《中华人民共和国刑法》（以下简称《刑法》）、《中华人民共和国预防未成年人犯罪法》（以下简称《预防未成年人犯罪法》）、《中华人民共和国未成年人保护法》（以下简称《未成年人保护法》）等实体法以及《中华人民共和国刑事诉讼法》（以下简称《刑事诉讼法》）等程序法之中。

首先，1979年《刑法》正式在第十四条第一款将应当负刑事责任的"刑事责任年龄"规定为十六周岁，[2] 同时该条第二款新增设置了在例外情况下可以追究未成年人刑事责任的相对负刑事责任年龄，并将"不为罪"的"法定最低刑事责任年龄"确定为十四周岁。1997年修订的《刑法》对例外情况下追究刑事未成年人刑事责任的规定还进行了限制，将已满十四周岁不满十六周岁未成年人承担刑事责任的范围仅限于犯故意杀人、故意伤害致人重伤或者死亡、强奸、抢劫等八类犯罪。2020年10月26日，《中华人民共和国刑法修正案（十一）》（以下简称《刑法修正案（十一）》）增加了降低刑事责任年龄条款，将法定最低刑事责任年龄下调至十二周岁。自此，已满十二周岁不满十四周岁的低龄未成年人犯故意杀人、故意伤害罪的被纳入刑罚处罚的范围内。尽管从立法目的来看，该条款的出台是为了预防低龄未成年人实施的恶性刑事案件，符合刑法一般预防的目的，但是该条款的实际效果如何有待进一步的验证。总之，从我国《刑法》历次的修改来看，对将未成年人纳入刑事处罚范围的态度仍是谨慎的，尽管2020年偶有放松，但仍以"致人死亡或者以特别残忍手段致人重伤造成严重残疾""经

---

[1] 姚建龙等：《未成年人罪错行为保护处分处置制度构建探究》，载姚建龙、毕琳主编《南浔试验——检校合作与未检制度的探索和创新》，中国政法大学出版社，2021。

[2] 1979年《中华人民共和国刑法》第十四条规定，已满十六周岁的人犯罪，应当负刑事责任。已满十四周岁不满十六周岁的人，犯杀人、重伤、抢劫、放火、惯窃罪或者其他严重破坏社会秩序罪，应当负刑事责任。已满十四周岁不满十八周岁的人犯罪，应当从轻或者减轻处罚。因不满十六周岁不处罚的，责令他的家长或者监护人加以管教；在必要的时候，也可以由政府收容教养。

最高人民检察院核准追诉"等条件加以限制，总体上仍然呈现预防为主、教育挽救相结合的立法趋势。

其次，2020年新修订的《预防未成年人犯罪法》和《未成年人保护法》规定了一系列预防未成年人犯罪的详细措施，明确了各主体之间的职责范围。《预防未成年人犯罪法》采用分级干预的模式，规定了对不良行为的干预措施、对严重不良行为的矫治措施以及对重新犯罪的预防措施。通过事前预防、事中矫治、事后干预的模式，明确国家机关、人民团体、社会组织、学校、家庭等各主体的责任。学校——管理教育措施，公安机关——教育矫治，专门学校——专门矫治教育、专门教育。[1] 防微杜渐，避免未成年人因缺乏及时干预而从不良行为走上违法犯罪的道路。同时，该法对于学生欺凌与网络越轨所可能涉及的沉迷网络、阅览、观看或者收听宣扬淫秽、色情、暴力、恐怖、极端等内容的读物、音像制品或者网络信息，以及参与赌博、变相赌博等"不良行为"或结伙斗殴，追逐、拦截他人，强拿硬要及殴打、辱骂、恐吓，或者故意伤害他人身体等"严重不良行为"进行了相应规定。新修订的《未成年人保护法》则遵循保护与教育相结合的思路，一方面，建立家庭、学校、社会、网络、政府、司法六大保护体系。对未成年人喝酒、吸烟、赌博、进入酒吧等营业性娱乐场所等不良行为及时管制，消除未成年人违法犯罪的诱因。另一方面，未成年人检察公益诉讼制度的建立，通过打击、治理侵犯未成年人公共利益的行为，如文身、电竞酒店等，最大程度地降低对未成年人带来的不良影响。值得注意的是，针对学生欺凌行为，该法明确要求学校应当建立学生欺凌防控工作制度，对教职员工、学生等开展防治学生欺凌的教育和培训，同时规定了相关学生的心理辅导、教育引导以及对欺凌者的处理措施。而对于网络越轨及被害预防工作，《未成年人保护法》同样作出了专章规定。

最后，2018年修订的《刑事诉讼法》针对未成年人设立了区别于成年

---

[1] 姚建龙、柳箫：《〈预防未成年人犯罪法〉的修订及其进步与遗憾》，《少年儿童研究》2021年第5期。

人的专门刑事案件程序、社会调查报告制度、附条件不起诉制度、犯罪记录封存制度等，最大限度地保障未成年犯罪嫌疑人的合法权益。相关部门也随之出台了多个司法解释对司法实践具体运用各制度做出了详细解释。2022年最高人民法院、最高人民检察院、公安部、司法部联合下发《关于未成年人犯罪记录封存的实施办法》，从封存内容、封存措施、查询程序等多方面基本解决了未成年人犯罪记录封存中遇到的问题，避免涉案未成年人在考试、升学、就业、生活等方面遭遇歧视，保证其能够回归正常工作生活，避免再次实施犯罪。

（2）制度实践

根据《未成年人保护法》《预防未成年人犯罪法》《刑事诉讼法》等相关规定，实践中，各地人民检察院和人民法院在落实各项制度的同时在预防青少年犯罪领域也取得了显著效果。

首先，对罪错未成年人采取分级干预矫治措施。最高人民检察院于2019年2月发布《2018—2022年检察改革工作规划》，我国将探索建立罪错未成年人的临界预防、家庭教育、分级处理和保护处分制度，并且我国高度重视未成年人相关法律的修改工作。可见，目前我国建立未成年人罪错行为分级干预体系，完善对罪错未成年人严重危害行为的矫正措施已成为趋势。《预防未成年犯罪法》也具体区分了不良行为、严重不良行为和犯罪，并规定了相应的干预矫治措施。《中国儿童发展纲要（2021—2030年）》强调预防未成年人违法犯罪，对未成年人违法犯罪实行分级干预。实践中，检察机关在办理涉未成年人刑事案件时也本着教育为主、惩罚为辅、分级处理的政策方针，对罪错未成年人采取多主体参与的综合矫治措施。

其次，对符合条件的涉罪未成年人进行附条件不起诉。附条件不起诉是通过对涉罪未成年人附加一定的改造期限和措施，考查其是否确有悔罪表现，对符合条件的涉罪未成年人做出不起诉的决定。该制度为涉罪未成年人提供了过渡空间，有利于教育、感化、挽救涉罪未成年人。2023年1~9月，全国检察机关共对未成年犯罪嫌疑人决定起诉2.6万人，不起诉2.8万人，不诉率51.8%。审结时，作出附条件不起诉决定2.2万人，占审结数的

38.7%。同期，对侵害未成年人犯罪决定起诉 4.6 万人。截至 2023 年 9 月，全国检察机关通过帮教回访、心理疏导、家庭教育指导等形式对不批捕、不起诉、被判处刑罚、未达刑事责任年龄不受刑事处罚等人员开展特殊预防 3500 余次；开展法治巡讲 1.3 万余次。①

最后，对涉罪未成年人实施犯罪记录封存制度，防止其重新犯罪。对涉罪未成年人的帮扶改造既要在事中采取以教代罚的措施对其进行教育改造，也要在事后帮助其重新融入社会，避免再次犯罪。《刑事诉讼法》明确规定，犯罪的时候不满十八周岁，被判处五年有期徒刑以下刑罚的，应当对相关犯罪记录予以封存，不得向任何单位和个人提供。② 犯罪记录封存能够有效帮助涉罪未成年人重返校园、找到工作，重新融入社会。《预防未成年人犯罪法》扩展了被封存记录的范围，未成年人接受专门矫治教育、专门教育的记录以及被行政处罚、采取刑事强制措施和不起诉的记录都适用犯罪记录封存的规定。2022 年最高人民检察院、最高人民法院等部门印发的《关于未成年人犯罪记录封存的实施办法》进一步详细规定了对未成年人犯罪记录封存的办法和注意事项，进一步解决了涉罪未成年人难以回归社会的难题。

（3）队伍建设

加强法治副校长和法治辅导员队伍建设、提升法治宣传教育效果是加强犯罪预防的重要环节。截至 2021 年 9 月底，全国有 3.3 万余名检察官在 4.5 万余所各类学校担任法治副校长。③ 各地检察机关还创新法治进校园形式，精心制作微电影、微视频、微动漫等法治宣传作品，线上线下相结合，以中

---

① 《2023 年 1 至 9 月全国检察机关主要办案数据》，http：//newspaper.jcrb.com/2023/20231026/20231026_002/20231026_002_1.htm，2024 年 3 月 25 日访问。

② 《刑事诉讼法》第二百八十六条规定，犯罪的时候不满十八周岁，被判处五年有期徒刑以下刑罚的，应当对相关犯罪记录予以封存。犯罪记录被封存的，不得向任何单位和个人提供，但司法机关为办案需要或者有关单位根据国家规定进行查询的除外，依法进行查询的单位，应当对被封存的犯罪记录的情况予以保密。

③ 《最高检：全国有 3.3 万余名检察官担任法治副校长》，https：//www.spp.gov.cn/spp/zdgz/202102/t20210222_509513.shtml，2024 年 4 月 5 日访问。

小学生喜闻乐见的方式促进尊法、学法、守法、用法。截至2021年12月31日，各级法院联合相关部门出台加强法治副校长工作意见等规范性文件297件。各级法院领导干部带头落实法治副校长工作要求，已有2328家法院的13801名法官担任15332所中小学校的法治副校长，广泛开展法治宣传教育、校园法治文化建设、平安校园建设等工作。① 此外，全国各地关心下一代委员会一直以来同样在青少年法治宣传教育工作中发挥着重要作用，不仅形成了"关爱明天、普法先行"的品牌特色，同时还组织了"五老"法治宣讲团，相继开展了"宪法伴我成长""向校园欺凌说不"等法治宣传教育活动，部分地区还聘请"五老"作为法治副校长或校外辅导员。

2.青少年被害防治的工作经验

在出台一系列政策措施预防青少年犯罪的同时，我国也加强了对青少年被害人的救助工作，取得了一系列的成就并积累了丰富的经验。自2021年起，最高检全面推行未成年人检察业务集中统一办理工作，把涉未成年人刑事、民事、行政、公益诉讼检察案件归口未成年人检察部门统一办理，统筹运用审查逮捕、审查起诉、抗诉、检察建议、公益诉讼等多种方式，多管齐下，强化对未成年人权益的综合司法保护。

（1）全面加强对未成年被害人的司法救助

2016年最高检发布《人民检察院国家司法救助工作细则（试行）》，规定人民检察院在办理案件过程中，对遭受犯罪侵害或者民事侵权，无法通过诉讼获得有效赔偿，生活面临急迫困难的当事人，经申请符合条件的人民检察院应给予一定的司法救助。遭受侵害的未成年人符合条件的也可以申请司法救助。但是该工作细则并未区分成年被害人和未成年被害人，没有突出对未成年人的特殊优先保护。于是，为达到救助工作精细化、救助对象精准化、救助效果最优化的效果，2018年出台了《最高人民检察院关于全面加强未成年人国家司法救助工作的意见》，专门针对因受到犯罪侵害致使身体

---

① 《最高法：已有13801名法官担任15332所中小学校法治副校长》，https：//learning.sohu.com/a/523349560_116237，2024年4月5日访问。

出现伤残或者心理遭受严重创伤且不能及时获得有效赔偿的，或者受到犯罪侵害急需救治，其家庭无力承担医疗救治费用等情况的未成年被害人，案件管辖地检察机关应当给予救助。① 除此之外，对因遭受侵害而产生心理问题的未成年被害人还会给予其心理疏导、精神抚慰等。数据显示，2023 年检察机关司法救助未成年人近两万人，发放救助金 1.9 亿元，充分保障了未成年被害人的物质生活与心理健康。②

（2）全面推行未成年被害人"一站式"取证制度

《人民检察院刑事诉讼规则》第四百六十五条规定询问未成年被害人、证人，适用本条第二款至第五款的规定。询问应当以一次为原则，避免反复询问。未成年人身心发育不成熟，许多案件中未成年被害人由于恐惧紧张无法详细向办案人员陈述与案件相关的事实。以往由于未成年被害人无法详细叙述案件经过，办案人员不得不反复询问，容易造成二次伤害，面临不反复无法搜集有力证据、反复又容易造成二次伤害的困局。在这种背景下，出现了"一站式"办案模式并且已被最高人民检察院纳入《2018—2022 年检察改革工作规划》，各地检察院也在积极探索相应的模式，出台相应规定，例如上海市奉贤区检察院制定《关于未成年被害人"一站式"场所"一人一档"建档的工作规定》，宁波市鄞州区检察院制定了《刑事案件未成年被害人"一站式"取证工作若干规定》等。③ 2020 年 1 月，最高检召开了全国

---

① 《最高人民检察院关于全面加强未成年人国家司法救助工作的意见》明确规定，对下列未成年人，案件管辖地检察机关应当给予救助：（一）受到犯罪侵害致使身体出现伤残或者心理遭受严重创伤，因不能及时获得有效赔偿，造成生活困难的。（二）受到犯罪侵害急需救治，其家庭无力承担医疗救治费用的。（三）抚养人受到犯罪侵害致死，因不能及时获得有效赔偿，造成生活困难的。（四）家庭财产受到犯罪侵害遭受重大损失，因不能及时获得有效赔偿，且未获得合理补偿、救助，造成生活困难的。（五）因举报、作证受到打击报复，致使身体受到伤害或者家庭财产遭受重大损失，因不能及时获得有效赔偿，造成生活困难的。（六）追索抚育费，因被执行人没有履行能力，造成生活困难的。（七）因道路交通事故等民事侵权行为造成人身伤害，无法通过诉讼获得有效赔偿，造成生活困难的。（八）其他因案件造成生活困难，认为需要救助的。
② 《最高检举行"加强综合司法保护 守护未成年人健康成长"新闻发布会》，https://www.spp.gov.cn/jqzhsfbh/22xwfbh_sp.shtml，2024 年 4 月 1 日访问。
③ 王丽丽：《全国人大代表收到最高检"第二次答复"》，《检察日报》2020 年 4 月 27 日。

未成年人检察工作会议，对"一站式"办案作出了专门部署，并积极加强与公安部、全国妇联等单位的沟通，从全国层面努力推进"一站式"取证机制建设。[1] 2023年全国各地检察机关协同公安机关、妇联推进集身体检查、心理疏导、取证、救助等功能于一体的"一站式"询问救助机制建设，建成"一站式"询问救助办案区2053个，会同教育、民政、共青团、妇联等部门及社会力量妥善做好心理干预、身体康复、复学转学等工作[2]，减轻侵害行为对未成年被害人带来的持续性负面影响的效果显著。

（3）全面落实强制报告制度

性侵案件一直以来都是侵害未成年人案件中数量多且对未成年人影响大的案件类型，由于作案手段隐蔽，大部分未成年人年龄小不敢告诉家长等原因，性侵类案件隐案率较高。2020年最高人民检察院、国家监察委员会、教育部、公安部等联合印发《关于建立侵害未成年人案件强制报告制度的意见（试行）》，要求国家机关、法律法规授权行使公权力的各类组织及法律规定的公职人员，密切接触未成年人行业的各类组织及其从业人员，在工作中发现未成年人遭受或者疑似遭受不法侵害以及面临不法侵害危险的，立即向公安机关报案或举报。2021年国务院印发《中国儿童发展纲要（2021-2030年）》，提出要落实密切接触未成年人的机构和人员的强制报告责任，加强儿童预防性侵害教育，落实强制报告制度。2020年新修订的《未成年人保护法》明确提出强制报告制度。2023年，通过强制报告办理案件3700余件，对不予报告的督促追责557人，对涉嫌职务犯罪的依法追究刑事责任。[3] 全面保护未成年人免受"大灰狼"的侵害。

（4）全面开展未成年人检察公益诉讼

2020年修订的《未成年人保护法》确立了未成年人检察公益诉讼制度，

---

[1] 王丽丽：《全国人大代表收到最高检"第二次答复"》，《检察日报》2020年4月27日。

[2] 董超凡：《最高检通报未成年人检察工作情况：去年检察机关司法救助未成年人近两万人》，《法治日报》2024年3月2日。

[3] 董超凡：《最高检通报未成年人检察工作情况：去年检察机关司法救助未成年人近两万人》，《法治日报》2024年3月2日。

规定当未成年人合法权益受到侵犯，涉及公共利益的，人民检察院有权提起公益诉讼。自未成年人检察公益诉讼制度建立以来，公益诉讼的范围不断扩大，从向未成年人销售酒精烟草、少儿图书宣扬暴力、网吧夜店接待未成年人等领域逐步扩展至文身、电竞酒店以及未成年人个人信息保护等新兴领域。立案的数量也逐年上升，2022年最高人民检察院在关于人民检察院开展未成年人检察工作情况的报告中提到2021年未成年人公益诉讼立案6633件，是2020年的4.2倍；2022年1~9月立案7045件。[①] 2023年，各级检察机关在办理涉未成年人刑事案件时，同步审查发现其他类型案件线索，综合运用各项检察职能，对未成年人支持起诉案件7700余件；办理未成年人保护公益诉讼案件2.4万件，[②] 全面体现了对未成年人的优先、特殊保护。

## （二）青少年犯罪与被害防治的问题与不足

近些年我国在预防青少年犯罪与被害防治领域积累了大量的经验，也取得了一定的成就，但是，随着未成年人犯罪恶性案件频发，也暴露出我国预防青少年犯罪与青少年被害防治立法与制度设计方面的问题。

### 1. 预防青少年犯罪的社会支持体系不完善

预防青少年犯罪可以分为事前预防、事中预防、事后预防。青少年在生理与心理方面都有特殊性，因此，无论是事前预防还是事中预防，抑或事后预防所采取的都不仅仅是法律手段，而是应当司法、社会双系统的有机结合，以达到保护、教育、预防、矫正的多重功能。新修订的《未成年人保护法》和《预防未成年人犯罪法》也都明确规定了家庭、学校、社会、政府、司法机关等主体的职责范围。但从实际情况来看，已有的相关文件对社会力量应如何参与预防青少年犯罪和保护领域还未实现妥善的操作化、具体

---

① 《最高人民检察院关于人民检察院开展未成年人检察工作情况的报告——2022年10月28日在第十三届全国人民代表大会常务委员会第三十七次会议上》，https://www.spp.gov.cn/spp/xwfbh/wsfbh/202210/t20221029_591185.shtml，2022年10月29日。
② 董超凡：《最高检通报未成年人检察工作情况：去年检察机关司法救助未成年人近两万人》，《法治日报》2024年3月2日。

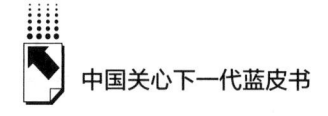

化，即规范性、长效性的司法服务对接合作机制还未建立。同时，社会工作组织在具体承接、运作相关服务时仅参考政府购买服务的一般规定，忽略了对青少年司法服务的特殊性考量，在一定程度上阻碍了我国涉罪未成年人社会支持体系的建立与完善。

**2. 专门教育制度的效能有待提升**

《预防未成年人犯罪法》规定国家加强专门学校建设，对有严重不良行为的未成年人进行专门教育，并将专门教育纳入国民教育体系。①《中长期青年发展规划（2016—2025年）》提出"加强专门学校建设和专门教育工作"。从立法目的来看，专门教育制度承载着犯罪预防的目的，同时，基于义务教育的要求，专门教育制度能够保证有严重不良行为和涉罪未成年人在接受教育矫治的过程中继续接受教育。然而，目前专门教育在实践过程中还存在对刑罚的替代乏力、对犯罪预防的认知偏差、对教育义务的履行困难等方面的问题。②首先，涉罪未成年人普遍思想敏感、情绪多变，对老师的专业能力和心理素质等要求更高。相较于九年义务教育学习的内容而言，对实施严重不良行为的未成年人以及涉罪未成年人，专门教育的重点还应当包括增强其法律素质。但是在我国现有的教育培养模式下，社会工作者、教育工作者、法律工作者在一定程度上存在相互割裂的"鸿沟"，③制约了专门教育制度的目的实现。其次，关于专门教育的规定过于原则化，而实践中由于各地区资源存在较大差异，无法为实践提供统一的指导方案。最后，缺乏程

---

① 《预防未成年人犯罪法》第六条规定，国家加强专门学校建设，对有严重不良行为的未成年人进行专门教育。专门教育是国民教育体系的组成部分，是对有严重不良行为的未成年人进行教育和矫治的重要保护处分措施。省级人民政府应当将专门教育发展和专门学校建设纳入经济社会发展规划。县级以上地方人民政府成立专门教育指导委员会，根据需要合理设置专门学校。专门教育指导委员会由教育、民政、财政、人力资源和社会保障、公安、司法行政、人民检察院、人民法院、共产主义青年团、妇女联合会、关心下一代工作委员会、专门学校等单位，以及律师、社会工作者等人员组成，研究确定专门学校教学、管理等相关工作。专门学校建设和专门教育具体办法，由国务院规定。
② 王江淮：《青年发展视角下未成年人专门教育制度机能的反思》，《青年探索》2024年第1期。
③ 鲍春晓：《两法修改视域下未成年人犯罪预防模式探析》，《安徽警官职业学院学报》2023年第2期。

序正当性,其程序运行存在封闭性、监督的薄弱、救济的缺失、控辩对抗的不足等问题,[1] 制约了专门教育的发展。

3. 对特殊青少年被害群体的保障有待加强

针对特殊青少年被害人的救助尚未出台专门的法律法规,以政策性文件为主。2023 年最高人民法院、最高人民检察院、公安部、司法部联合印发的《关于办理性侵害未成年人刑事案件的意见》中专章提到未成年被害人的保护与救助,主要集中在办案手段、医疗救助、督促家长履行监护职责、物资救助等方面。但是并没有就特殊青少年被害人群体提出专门的救助方案。实际上,在实践中尤其是性侵犯罪中,部分被害人存在智力发育不足或精神异常等问题。这些被害人无法提供有效的证据,即使有,如何确定其所提供证据的可信度也是一大难题。有些特殊未成年被害人被性侵后怀孕产子,被生下的婴儿如何安置,在实践中各地的做法也不相同,特别是对于当侵害人要求获得抚养权时是否应当支持也存在相当大的争议。近些年各地检察机关都在推行"一站式"办案机制,但是在救助未成年被害人时仍然存在综合救助规范性不足、相关部门保护理念不一致、救助效果有待提高等现实困难。[2] 特别是对更弱势的特殊青少年被害群体,亟须出台更加完善详细的救助机制。

## 四 我国青少年犯罪与被害治理的完善与发展

在犯罪及其治理问题上,青少年群体应当被全面关注,既要强调预防青少年群体犯罪,同时还应当关注预防青少年被害,从而才能够形成犯罪治理的良好效果,仅仅依靠刑罚威慑打击,无法实现青少年的犯罪预防和被害预防。具体而言,我国青少年犯罪与被害治理应当从以下几个方面来加以完善。

第一,从立法层面而言,未来《预防未成年人犯罪法》修订时,应当

---

[1] 王江淮:《青年发展视角下未成年人专门教育制度机能的反思》,《青年探索》2024 年第 1 期。

[2] 严婷婷、赵秋霖:《未成年被害人综合救助机制的比较考察与路径完善——以东亚地区司法制度体系为视角》,《预防青少年犯罪研究》2022 年第 3 期。

进一步细化未成年人罪错并配置相应的处遇措施，从而实现提前干预与预防。2020年《预防未成年人犯罪法》全面修订，进步极其巨大，但也应当看到还存在立法上的不足，最重要的是严重不良行为（违警行为）与触法（刑）行为混同，一方面，严重不良行为（违警行为）的基本特征是行政违法性，触法（刑）行为的基本特征是刑事违法性，相应地，基于两种行为的差异应当采取不同的保护处罚措施，而若将二者合二为一，不仅不符合其他国家通常将此两种行为区别对待的惯例，同时也破坏了保护处分措施的设计逻辑。① 所以，在立法层面，要想达到青少年犯罪治理的良好效果，精细化的分层治理与提前预防是关键。②《刑法修正案（十一）》降低了刑事责任年龄试图应对低龄未成年人实施的恶性刑事案件，但当前几起热点的低龄未成年人犯罪事件就已经证明青少年犯罪治理靠刑罚事后打击是无济于事的，仅仅通过刑罚威慑和事后惩罚难以起到作用。

第二，《预防未成年人犯罪法》针对有严重不良行为的未成年人规定了专门教育和专门矫治教育。根据现有法律规定，专门教育与专门矫治教育适用对象相同（均对有严重不良行为未成年人适用）、法律性质相同（均为保护处分措施）、适用程序相同［均需通过专门教育指导委员会评估同意、教育行政部门（会同公安机关）决定］、执行场所相同（均在专门学校）。因此，可以认为，专门矫治教育只是被吸收到了专门教育，并非另一种措施，而是专门教育的一种形式，即专门矫治教育是专门教育的组成部分。同时，《预防未成年人犯罪法》对于专门教育措施的规定仍然需细化，应深刻体现2019年中共中央办公厅和国务院办公厅《关于加强专门学校建设和专门教育工作的意见》中推动专门教育与专门学校分级的原意，针对入学程序、适用对象和执行场所的差别进行系统化规定。③ 实践中，专门学校也面临着

---

① 姚建龙、柳箫：《〈预防未成年人犯罪法〉的修订及其进步与遗憾》，《少年儿童研究》2021年第5期。
② 姚建龙：《未成年人法的困境与出路——论〈未成年人保护法〉与〈预防未成年人犯罪法〉的修改》，《青年研究》2019年第1期。
③ 姚建龙：《关于完善〈预防未成年人犯罪法（修订草案二审稿）〉的重点建议》，https：//ilaw.sass.org.cn/2020/0915/c2514a96011/page.htm，2024年5月8日访问。

沦为"普通学校"或者变相"监禁场所"的困境。对罪错未成年人而言，专门学校的工作重心在于对其进行心理矫治和行为矫治，相应地，专门学校的课程也应当根据每个罪错未成年人的不同情况作出针对性的方案设计，而不是"大课教学""统一劳动教育"。

第三，从青少年被害治理层面而言，首要的任务是强化预防被害意识和提升预防被害能力。从近年来几例特殊的未成年人被害案件可以发现，警惕心理不强和预防能力不强是重要的诱发因素。在犯罪学的日常活动理论看来，职业活动和娱乐活动造成被害人的人身或财产与具有犯罪动机的潜在犯罪人直接接触，且缺少预防犯罪的有能力的保卫者，通过增加犯罪机会而促成更多犯罪的发生。[①] 对于犯罪的发生，应当看到以下几点：①空间机会扩大，存在更多潜在的犯罪者。②与潜在犯罪人的接触机会增加，成为合适的被害目标。③缺少预防犯罪的有能力防卫者。对于青少年被害的治理而言，首要的就是要减少与潜在犯罪人的接触机会，为此，对于青少年的法治教育尤为关键。当前的学校法治教育存在的最大问题就是，要么成为普通意义上的普法宣传，要么就是所教授的犯罪预防方面的知识过于理论化，可操作性不强和实际效果不佳。鉴于此，未来的青少年法治教育，应当突出实用性，让青少年"记得住、用得上"，尤其是如何预防"熟人"犯罪是重中之重。

第四，从青少年被害中缺少预防犯罪的有力防卫者方面来看，家庭监护缺失是重要的被害原因之一。具体而言，包括两个方面的家庭监护缺失：一是长期的监护缺失，造成的留守儿童问题，这种环境中的青少年，一方面心理存在严重的孤独感，社交能力不强；另一方面也容易被身边"熟人"骗取信任。二是临时监护的缺失，对于有固定监护人的青少年而言，也存在短暂性的监护缺失问题或者是对青少年的去向没有及时关注。实际上，结合以上调研数据以及近年来几起热点事件，青少年尤其是低龄未成年人就是在脱离成年人的视线之后被害的。因此，应当对家长进行家庭教育指导，提升他们对孩子的监护意识和监护能力，尤其是进行具体的预防被害方面的家庭教

---

① 〔美〕乔治·B.沃尔德等：《理论犯罪学》（第5版），方鹏译，中国政法大学出版社，2005。

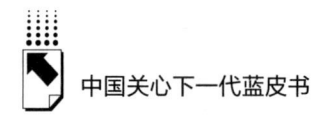

育指导。因此，未来的家庭教育立法应当从以儿童为中心走向对家庭的整体支持。① 否则，仅仅强调家庭保护儿童，而不支持家庭和家长提升儿童监护的能力，难以在预防被害问题上取得更多实质性效果。

第五，对于青少年被害治理除了预防被害之外，还应当重视遭受侵害时或被害后的救助。对此，新修订的《未成年人保护法》规定了相关主体对"未成年人身心健康受到侵害、疑似受到侵害或面临其他危险情形"的报告制度，但对未成年人普通求助的帮助义务并未进行规定。为了补足最有利于未成年人原则可能导致个别实施者降低自我要求标准、逃避责任的漏洞，切实落实最有利于未成年人原则，有必要在最有利于未成年人原则基础上衍生确立未成年人保护的近距离责任原则。② 还应当重视青少年被害后的救助问题，对此，我国的一站式取证已经相对成熟，能够避免对受害青少年造成二次伤害。但还应当重视的问题是，在信息网络化时代，要规范新闻媒体（包括自媒体）的报道，不能够让"蹭热点""博眼球"的现象发生在涉未成年人案件报道过程中。否则，在网络化时代是难以对受害者起到信息保护作用的。

综上可见，青少年犯罪与被害的治理在主体上，涉及青少年犯罪者和青少年受害者，在具体内容上，则涉及罪错分级及其干预措施尤其是专门教育，还包括学校教育、家庭教育，而在视角上既包括青少年自身、家庭，更为重要的是国家层面和社会层面的保障。因此，从配套保障来看，应加强青少年司法社会支持体系建设，具体的路径是坚持"社会一条龙"的思想，③即打通和集中社会各层面的资源，建立青少年犯罪治理和被害治理的常态化联动机制，实现资源的专门化建设和共享。唯有如此，青少年犯罪和被害治理尤其是预防方面的理论才能够与实践相结合，发挥实际作用。

---

① 姚建龙：《齐家治国的法治塑造——主要基于家庭教育立法的研究》，《政法论坛》2024年第2期。
② 姚建龙、陈子航：《〈未成年人保护法〉的修订、进步与展望》，《青年探索》2021年第5期。
③ 姚建龙：《未成年人检察的几个基本问题》，《人民检察》2020年第14期。

# B.4
# 信息化社会家庭数字教育与青少年成长[*]

高文珺 张扬[**]

**摘　要：** 本研究分析了信息化社会，家庭数字教育的现状、特点及其影响因素，探讨数字教育对青少年成长和发展的影响。数据来源于2024年在全国17个省区市对87510名6~18岁的在校学生及162481名家长的调查。结果发现：一是家庭数字教育中的网络素养教育和网络监管有待加强。二是城乡和社会经济地位不同的家庭的数字教育模式存在差异。三是家庭数字教育能够有效预防青少年网络沉迷，促进青少年积极行为表现和积极心理发展，提高其心理健康水平。因此，有必要将家庭数字教育纳入家庭教育指导体系，促进其发展。

**关键词：** 家庭数字教育　青少年　网络沉迷　积极心理

## 一　引言

随着技术的革新与网络的发展，当代人工智能技术所赋能的智能万物互联正在引发人类社会的数字化变革，曾经的第一代数字原住民正在踏入家庭，成为父母，"数字童年"代替传统，逐渐成为青少年成长过程的新标签，"数字育儿"也成为现今家庭教育的时代特征。[①]

---

[*] 中国社会科学院国情调研重大项目"义务教育阶段信息素养教育均等化调研"（GQZD2023020）。
[**] 高文珺，中国社会科学院社会学研究所副研究员，主要研究方向为青少年发展；张扬，中国社会科学院大学社会与民族学院，主要研究方向为青少年发展。
[①] Aseptianova Misha, Aziz Listini, Herman Sri., Susi Dewiyeti, "Digital Parenting of Children and Adolescents in Digital Era," *Jurnal Penelitian dan Pengembangan Pendidik*, 2022.

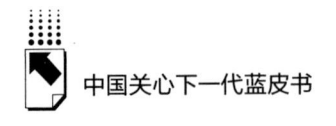

## （一）数字素养教育的必要性

2024年4月共青团中央维护青少年权益部、中国互联网络信息中心等部门共同发布的《第5次全国未成年人互联网使用情况调查报告》[1]表明，2022年我国未成年网民规模已突破1.93亿，2018~2022年未成年人互联网普及率从93.7%增长到97.2%，基本达到饱和状态。智能设备的更新换代为未成年人接触网络提供了便利的条件，未成年人已深度融入数字时代。调查报告显示，5年内使用手机上网的未成年网民比例一直保持在90%左右，且有超过20%的未成年网民投入了智能手表、智能台灯、词典笔、智能屏等新型智能设备的怀抱，低龄化趋势明显。在新一代数字原住民的成长过程中，其娱乐休闲、社会交往乃至学习求知等需求都能够快捷自如地在虚拟宇宙中得到满足，青少年的社会化不再局限于传统物理空间、依赖于现实社会的交往，数字媒介内容的直观性、时间的即时性、空间的广延性、权利的平等性、互动的不在场性，[2] 正为未成年人发展与成长带来新的机遇与挑战。

研究表明，数字资源能为青少年提供宽阔视野与个性化知识支持，但也问题重重，[3] 如过度使用电子产品会导致身体健康危机[4]、数字成瘾与信息素养缺失[5]，社交网络易引发青少年的网络焦虑和抑郁[6]、网络欺凌等情感

---

[1] 《共青团中央：未成年网民突破1.93亿！》，https：//mp.weixin.qq.com/s/YmayjObDjJ6T65b85mdEFw，最后检索时间：2024年4月5日。
[2] 石建伟、曹倩：《童年消逝：一场成人的自我哀叹》，《少年儿童研究》2021年第11期。
[3] UNICEF, "The State of the World's Children 2019-Children, Food and Nutrition: Growing Well in a Changing World," http：//www.unicef.org, 2020.
[4] WHO Regional Office for Europe, "Spotlight on Adolescent Health and Well-being-Findings from the 2017/2018 Health Behaviour in School-aged Children (HBSC) Survey in Europe and Canada (2020)," http：//euro.who.int, 2021.
[5] 江宇：《家庭社会化视角下媒介素养影响因素研究》，中国传媒大学博士学位论文，2008。
[6] OECD, "Educating 21st Century Children: Emotional Well-Being in the Digital Age," https：//www.oecd-ilibrary.org/sites/b7f33425-en, 2021.

幸福危机[1]、未成年人网络安全风险与隐私保护危机[2]、虚拟世界对现实生活的侵蚀，进而导致社交受限[3]或亲子关系矛盾等[4]。而提升青少年数字素养是解决这些问题的一个重要途径，家庭是青少年网络使用的主要环境，因此家庭数字素养教育尤为必要。

## （二）数字时代家庭教育的挑战：家庭数字教育的融入

根据生态系统理论，青少年的成长和发展是人与不断变化的环境相互作用的产物，家庭环境是直接作用于青少年成长的微观系统，是青少年活动和交往的最直接的环境，家庭关系和家庭教养方式对青少年的心理健康有深远的影响。[5] 数字时代中，家长的数字养育观念和数字素养成为影响儿童使用数字设备情况的主要因素，[6] 如不当的家庭教养模式可能导致青少年产生诸多网络游戏问题行为；[7] 亲子关系问题带来的孤独感会导向网络成瘾行为；[8] 父母的规训和对信息技术的自我效能感影响着青少年对数字化的情感和态度；[9] 同

---

[1] 沙莉、任蕾怡、梁雅雯：《数字时代的童年危机与教育行动——基于OECD"21世纪儿童项目"的思考》，《比较教育学报》2021年第3期。

[2] 黄楚新、张安：《网络新媒体：青少年发展面对的双刃剑》，《中国青年社会科学》2015年第1期。

[3] 崔曦曦、孙晓军、牛更枫：《社交网站中的自我呈现对青少年友谊质量的影响：积极反馈的中介作用》，《心理发展与教育》2016年第3期。

[4] Zaman B., Nouwen M., "Parental Controls: Advice for Parents," Researchers and Industry, 2020.

[5] 高文珺、刘沐之：《家庭教育与青少年成长调查报告》，载陈光金、陈江旗主编《中国关心下一代研究报告（2021）》，社会科学文献出版社，2021。

[6] Ka Vian Tan., S. M. Zhooriyati, "Parental Attitude and Parental Intervention Strategies on Digital Media Usage Among Young Children," Malaysian Journal of Social Sciences and Humanities, 2021.

[7] 匡凤、吴霞、刘传俊：《家庭教育缺失对农村留守儿童手机游戏成瘾行为影响研究——基于江苏456例儿童的调查》，《心理月刊》2021年第9期；高文珺：《青少年网络游戏问题行为的文化—社会—个体三因素分析》，《中国青年研究》2021年第5期。

[8] 张锦涛、刘勤学、邓林园等：《青少年亲子关系与网络成瘾：孤独感的中介作用》，《心理发展与教育》2011年第6期。

[9] Nuray Kurtdede Fidan, Burak Olur, "Examining the Relationship between Parents' Digital Parenting Self-efficacy and Digital Parenting Attitudes," Education and Information Technologies, 2023.

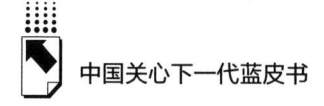

时数字育儿中也更易产生过当行为，引发有关同意程序、隐私保护等道德问题，诸如过度分享儿童隐私①、过分使用可穿戴设备监测儿童活动的"亲密监视"②，以及严格管理网络取向和屏幕时间的家长管理模式等行为问题。③

在数字技术成为现代社会育儿普遍特征的当下，父母们需要在几乎没有先例与支持的情况下决定如何改变传统的家庭教养方式，开拓新的领域，思考数字技术在日常生活中的嵌入：如何才能让孩子们在日益数字化的世界里获益？该如何引导孩子们在不确定的未来规避数字技术的风险？④ 这不仅是单个家庭的教养方式问题，更是政府和全社会广泛关注的重要问题。2023年9月，国务院正式公布了《未成年人网络保护条例》⑤，自2024年1月1日起正式施行。该条例将未成年人的网络素养促进放在重要位置，强调"学校、家庭应当教育引导未成年人参加有益身心健康的活动"，在家庭教养中则应"加强家庭家教家风建设，提高自身网络素养，规范自身使用网络的行为，加强对未成年人使用网络行为的教育、示范、引导和监督"。数字时代的家庭教育应当构建"互联网—家庭—学校"的生态系统，注重培育青少年的积极社会心态，凝聚各方力量，以系统化的视角去构筑促进青少年健康成长的良性环境，⑥ 在家庭教养中融入家庭数字教育。

基于此，本研究将分析数字时代，家庭数字教育的特点及其对青少年成长和发展的影响。为此，中国关心下一代工作委员会（以下简称"关工

---

① Whigham N., "Digital Kidnapping will Make You Think Twice about What You Post to Social Media," http://www.news.com.au/lifestyle/real-life/wtf/digital-kidnapping-will-make-you-think-twice-about-what-youpost-to-social-media/news-story, 2020.

② L. H. Segura Anaya, Abeer Alsadoon, N. Costadopoulos, P. W. C. Prasad, "Ethical Implications of User Perceptions of Wearable Devices," *Science and Engineering Ethics*, 2018 (24).

③ Erika Lunkenheimer, "Parental Regulation of Parent and Child Screen-based Device Use," *International Journal of Behavioral Development*, 2023.

④ 索尼娅·利文斯通、艾丽西亚·布卢姆-罗斯在《喜忧参半的未来：数字技术与儿童成长》（浙江大学出版社，2024）一书中提出的重要问题。

⑤ 《未成年人网络保护条例》，https://www.gov.cn/zhengce/zhengceku/202310/content_6911289.htm，最后检索时间：2024年4月5日。

⑥ 高文珺：《互联网—家庭—学校生态系统下青少年积极社会心态的形成》，详见中国社会科学院国情调研重大项目"义务教育阶段信息素养教育均等化调研"（GQZD2023020）。

委")在北京、甘肃、贵州、海南、河北、河南、黑龙江、湖北、吉林、江苏、辽宁、内蒙古、山东、山西、陕西、上海和浙江等17个省、自治区和直辖市对处于初等教育和中等教育阶段的在校学生及其家长进行了调查。其中，学生样本87510份，小学低年级占27.25%，小学高年级占31.08%，初中占26.37%，高中、职高和中专占15.30%；男生占52.42%，女生占47.58%；农村和乡镇的学生占46.67%，城市的学生占53.33%。家长样本162481份，男性占25.10%，女性占74.90%；"90后"家长（34岁及以下）占21.51%，"80后"家长（35~44岁）占60.76%，"70后"家长（45~54岁）占16.00%；[1]农村和乡镇的家长占比45.71%，城市的家长占比54.29%。本报告通过对调查数据的分析，探讨数字时代家庭教育新模式——数字教育的现状、特点及其影响因素，以及数字教育对青少年成长和发展的影响。

## 二 研究发现

### （一）数字时代家庭数字教育模式特点

本研究从两个方面分析当前家庭数字教育情况，一是家长对子女开展的关于网络使用和网络保护的教育，称为家庭网络素养教育；二是家长对子女网络行为的监管和干预，称为家庭网络监管。

**1. 家庭网络素养教育特点**

家庭网络素养教育包括家长对子女关于网络功能使用的教育，如告诉子女如何上网查阅、保存、下载资料，如何使用社交软件，如何网络购物，如何辨别信息；还包括对子女关于网络保护和网络规范的教育，比如在网上如何保护自己的个人信息，在网上被辱骂或骚扰时如何应对，网站弹出不良信息时如何做，文明上网准则等。

---

[1] 另有1.73%的55岁及以上家长，占比较小，在后续家长数据分析中，未将其纳入。

对学生和家长的调查显示,家长有一定的数字教育意识。大部分的家庭对孩子进行了较多的网络功能教育,绝大部分是中等程度的网络功能教育。近五成的家庭对孩子进行了较高程度的关于如何在网上保护自己的教育,四成左右进行了中等程度的网络保护教育。

表1 家庭网络素养教育开展的情况

单位:%

| 类型 | 学生(N=87510) | | 家长(N=162481) | |
| --- | --- | --- | --- | --- |
| | 网络功能教育 | 网络保护教育 | 网络功能教育 | 网络保护教育 |
| 较低 | 13.96 | 13.76 | 7.25 | 7.59 |
| 中等 | 53.72 | 39.34 | 56.14 | 43.26 |
| 较高 | 32.33 | 46.90 | 36.61 | 49.15 |

2.家庭网络监管特点

参照以往研究,将家长对子女网络行为的监管分成三种类型,一是建立使用规则,比如规定网络使用时间、可以看哪些视频、玩哪些游戏等。二是监督,如在子女使用网络时家长在旁边,关注子女上网情况等。三是禁止,如除学习外不让上网,收走上网设备等。除了监管之外,还有对孩子网络行为完全不限制的不监管类型。相对而言,建立使用规则、监督都是偏向于主动作为的监管方式,而禁止和完全不监管则是偏向于被动防守、不作为的监管方式。

针对青少年和家长的调查,得出了相似的结果。在家庭网络监管方面,近1/4的家庭经常是建立使用规则模式的监管,家长规定上网时间、对观看的网络内容做一定的限制。超过1/3的家庭会经常使用监督的方式,家长会关注孩子的网络使用情况。三成左右的家庭采用禁止方式,家长经常或总是禁止孩子在学习之外使用网络。还有不到1/5的家庭,家长对孩子上网不做任何监管。

**表2　家庭网络监管情况**

单位：%

| 类型 | 学生（N=87510） | | | | 家长（N=162481） | | | |
|---|---|---|---|---|---|---|---|---|
| | 建立使用规则 | 监督 | 禁止 | 不监管 | 建立使用规则 | 监督 | 禁止 | 不监管 |
| 从不或很少 | 16.64 | 21.76 | 33.84 | 64.22 | 11.04 | 11.15 | 28.61 | 63.37 |
| 有时 | 59.21 | 41.95 | 35.49 | 17.87 | 64.93 | 50.33 | 44.80 | 19.18 |
| 经常或总是 | 24.15 | 36.29 | 30.66 | 17.91 | 24.02 | 38.52 | 26.59 | 17.45 |

## （二）家庭数字教育的人口学特点

对调查数据进行分析，探讨不同家庭的数字教育特点。

### 1. 不同学龄段青少年的家庭数字教育

青少年处于不同学龄段，家庭的数字教育方式也有所不同。

家庭网络素养教育方面，无论是网络功能教育还是网络保护教育，都是小学高年级和初中阶段学生家长的比例较高。这可能是网络使用阶段性特点的体现，小学低年级阶段青少年自主使用网络机会相对较少，相应地，家长教育就较少；小学高年级和初中阶段，恰好是青少年刚开始拥有网络使用自主权的时期，相应地，家长教育就较多；而高中阶段青少年的认知和能力发展日渐成熟，也有了较多的网络使用经验，家长教育就会减少。

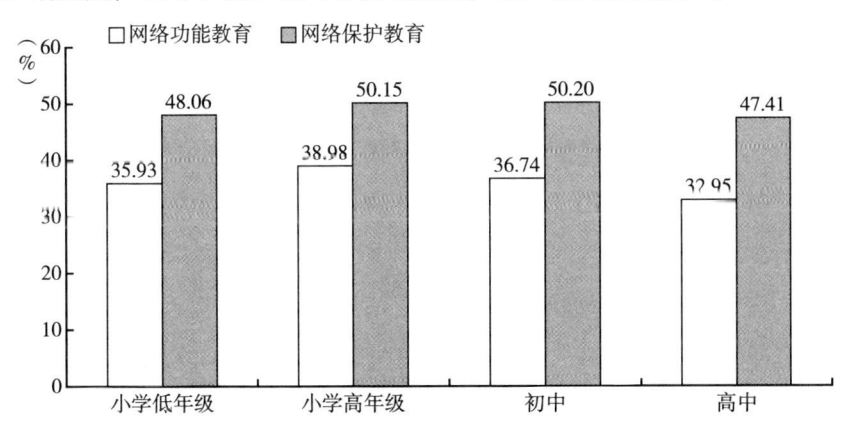

**图1　不同学龄青少年家庭网络素养教育**

| 学龄段 | 网络功能教育 | 网络保护教育 |
|---|---|---|
| 小学低年级 | 35.93 | 48.06 |
| 小学高年级 | 38.98 | 50.15 |
| 初中 | 36.74 | 50.20 |
| 高中 | 32.95 | 47.41 |

家庭网络监管方面，整体上，家长对于小学低年级孩子的网络监管较严格，最常用的方式就是监督，禁止和建立使用规则的情况也比较常见。而随着孩子年龄增加，家长监督的情况也越来越少，小学高年级阶段青少年的家长还有约四成会监督，初中生和高中生的家长监督、禁止和建立使用规则的比例不断下降，而且高中生家长不监管的比例会更高。

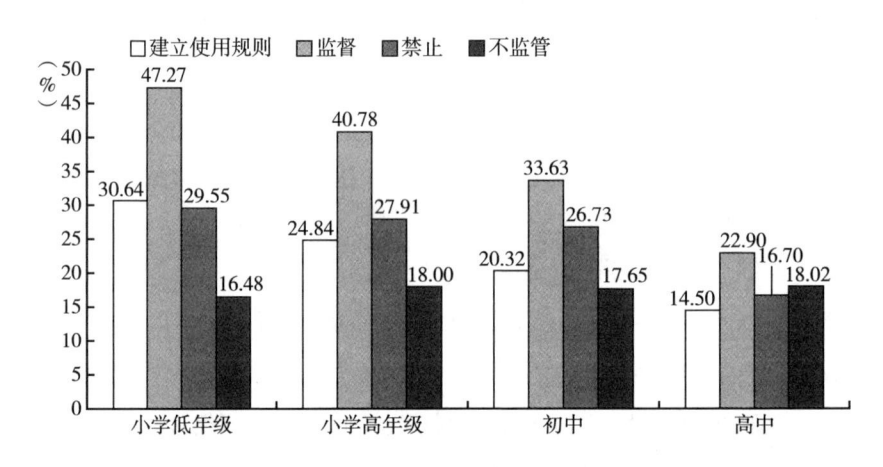

图 2　不同学龄青少年家庭网络监管

### 2. 城乡家庭数字教育

城乡青少年的家庭数字教育方式存在较大的差异。在家庭网络素养教育方面，无论是网络功能教育还是网络保护教育，城市家庭占比都高于农村和乡镇家庭。在网络监管方式上，城市家庭更偏于主动作为的监管模式，更多的是建立使用规则、监督和关注孩子网络使用情况。农村和乡镇家庭更偏于被动防守或不作为的方式，禁止孩子使用网络或是对孩子的网络使用情况完全不监管的比例较高。

### 3. 家长受教育程度与家庭数字教育

家长受教育程度不同，其家庭数字教育模式也不同。在家庭网络素养教育方面，受教育程度越高的家长，对子女的网络功能教育和网络保护教育越多。

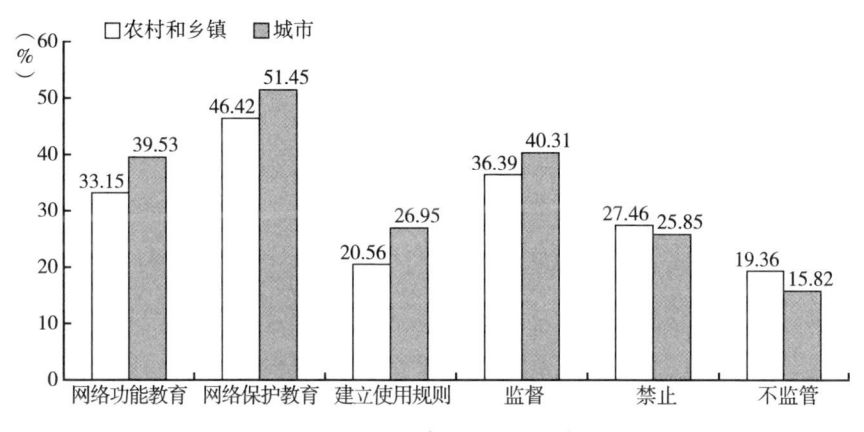

图 3 城乡家庭数字教育特点

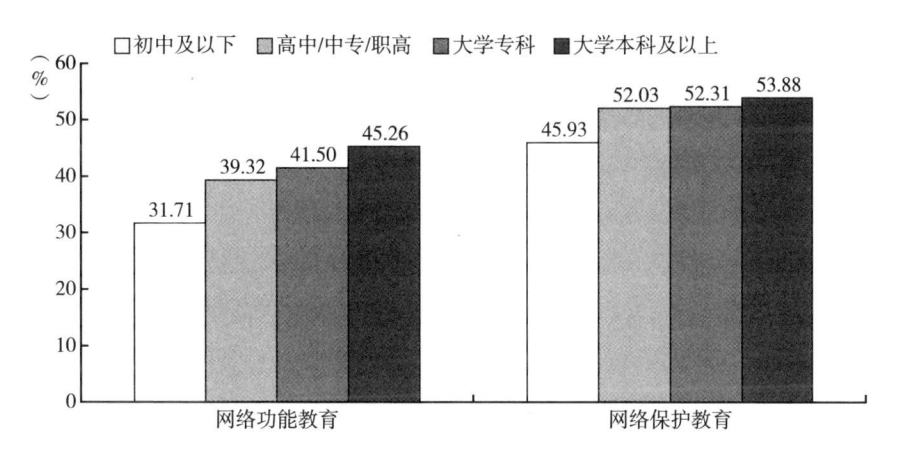

图 4 家长受教育程度与家庭网络素养教育

在家庭网络监管方面，家长受教育程度越高，越偏向于采用主动作为的监管模式，更多的是建立使用规则、监督和关注子女网络使用情况。受教育程度较低的家长，则越有可能采用禁止或不监管这类被动或不作为的监管方式。

### 4. 家庭生活水平与家庭数字教育

家庭的社会经济地位不同，其数字教育模式也有差异。在家庭网络素养

107

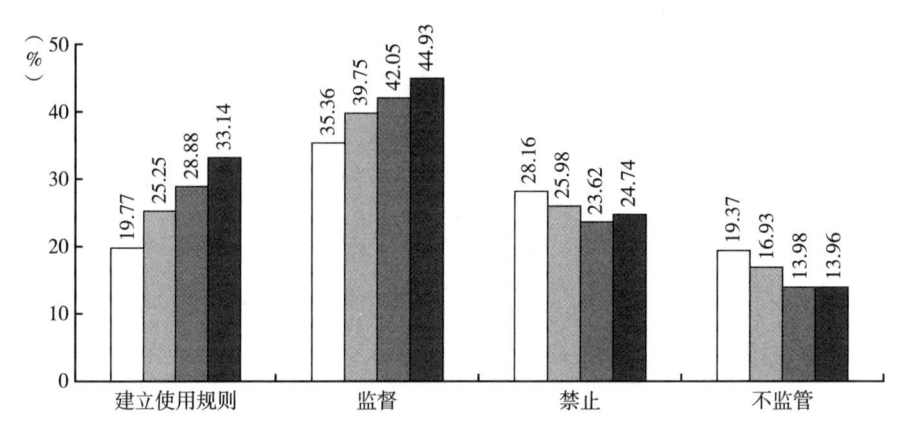

图 5　家长受教育程度与家庭网络监管

教育方面，根据家长对自己家庭在当地所处的生活水平的评估，生活水平中上的家庭，会更多地给予子女网络功能和网络保护方面的教育。

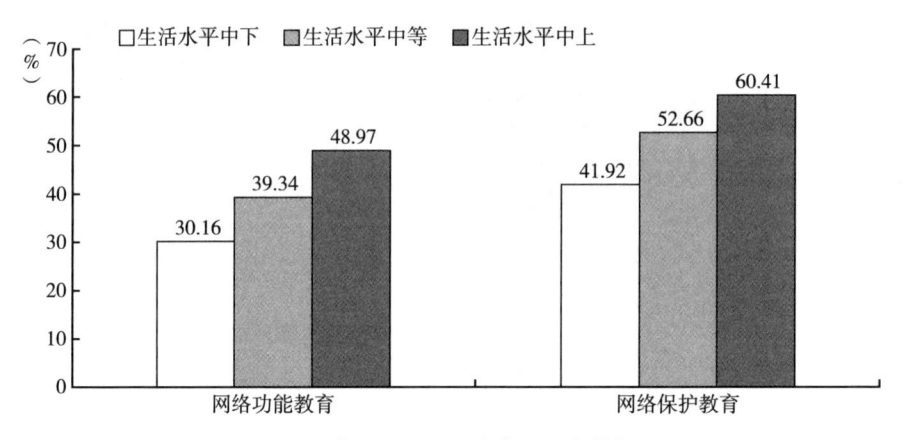

图 6　家庭生活水平与家庭网络素养教育

在家庭网络监管方面，生活水平越高的家庭，会越多地采用主动作为的监管方式，建立使用规则、监督和关心子女网络使用情况。生活水平中上的家庭，禁止子女在学习之外使用网络的比例略高于其他类别的家庭。生活水平中下的家庭不监管的比例最高。

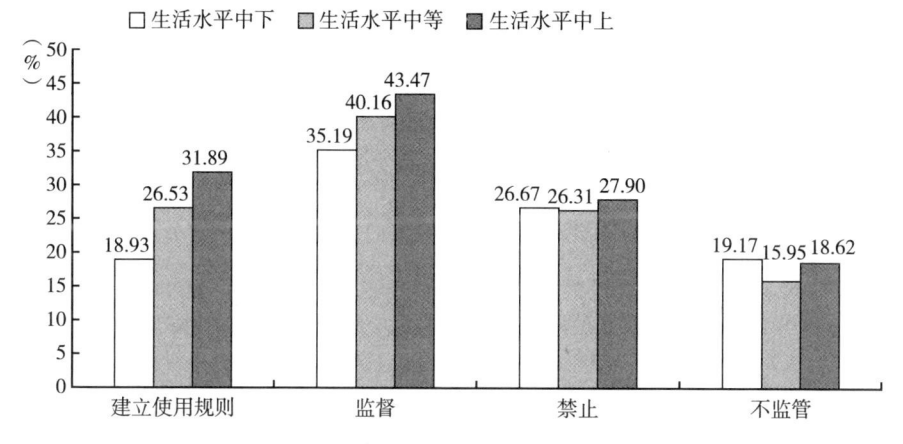

图7 家庭生活水平与家庭网络监管

### (三)家庭数字教育的影响因素

**1. 数字时代影响家庭教育的信息渠道**

家庭数字教育是数字时代家庭教养的新内容。家长在形成对孩子的教育或教养方式的过程中,会受多方因素影响。调查中,询问家长教育孩子的方式受哪些媒介的信息和哪些人的影响,由此了解家庭数字教育的形成可能受到哪些信息渠道的影响。

表3 影响家庭教育模式的媒介源(N=162481)

单位:%

| 媒介渠道 | 占比 | 媒介渠道 | 占比 |
| --- | --- | --- | --- |
| 学校宣传 | 30.87 | 小红书 | 10.35 |
| 抖音或快手 | 27.14 | 社区宣传 | 7.75 |
| 育儿相关微信公众号 | 20.61 | 微博 | 5.61 |
| 育儿相关书籍报纸杂志 | 18.61 | 知乎、豆瓣等社交平台 | 4.78 |
| 相关电视或广播 | 17.32 | B站 | 3.03 |
| 育儿相关微信群 | 11.95 | 其他 | 18.81 |

注:本题为多选题,故选项百分比相加大于100%。

**表4　影响家庭教育模式的人际源（N=162481）**

单位：%

| 人际渠道 | 占比 |
| --- | --- |
| 孩子老师 | 39.91 |
| 公众号、短视频、小红书等网络媒介上的育儿博主 | 30.09 |
| 育儿专家（教育、心理、医学专家等） | 26.22 |
| 同事或朋友 | 18.41 |
| 孩子同学的家长 | 15.90 |
| 孩子的爷爷奶奶 | 12.79 |
| 孩子的外公外婆 | 10.02 |
| 亲戚 | 8.84 |
| 邻居 | 5.99 |
| 其他 | 17.95 |

注：本题为多选题，故选项百分比相加大于100%。

从调查结果看，无论是媒介还是人际渠道，家长的教育模式都越来越多地受到数字时代新媒介的影响。在媒介渠道上，影响家长教育方式的渠道排第一的是学校宣传，而排第二和第三的分别是抖音或快手和育儿相关微信公众号这类新媒体平台。在人际渠道上，影响家长教育方式排第一的是孩子老师，而排第二位的是公众号、短视频、小红书等网络媒介上的育儿博主，排第三位的是育儿专家（教育、心理、医学专家等）。这表明未来家庭数字教育的推广，可能要更多地依赖新媒体平台宣传。

**2.家长网络教育素养与家庭数字教育**

本研究将家长对孩子常用的网络功能的了解、如何使用网络监管孩子的网络行为，定义为家长网络教育素养，包括家长了解如何查找孩子的网络账号及其浏览的内容，了解如何设定青少年（未成年人）模式，了解如何防止孩子未经允许使用家长账号完成支付、了解孩子使用的网站，等等。本次调查中，34.22%的家长有较高的网络教育素养，52.91%的家长有中等水平的网络教育素养，12.88%的家长网络教育素养较低。家长的网络教育素养程度会直接影响家庭数字教育方式。

特别是在家庭网络素养教育方面，家长自身网络教育素养较高的时候，对网络应用更为了解，其对子女进行网络功能教育和网络保护教育的比例远远高于其他家长。

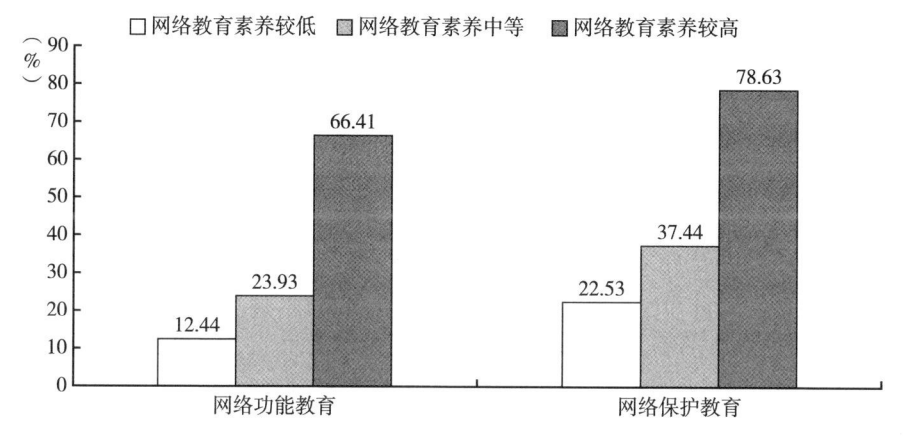

图 8 家长网络教育素养与家庭网络素养教育

在家庭网络监管方面，网络教育素养较高的家长对孩子进行各种类型监管的比例明显更高，特别是在建立使用规则和监督方面，其比例远远高于其他类别的家长。此外，他们直接禁止学习之外的网络使用的比例也更高。在不监管方面，家长网络教育素养程度与不监管方式的使用不呈线性关系，网络教育素养较高的家长不监管的比例高，而网络教育素养较低的家长不监管比例也较高，网络教育素养中等的家长不监管的比例最低。

总体上，家长网络教育素养的提升有利于推动家庭数字教育的开展。

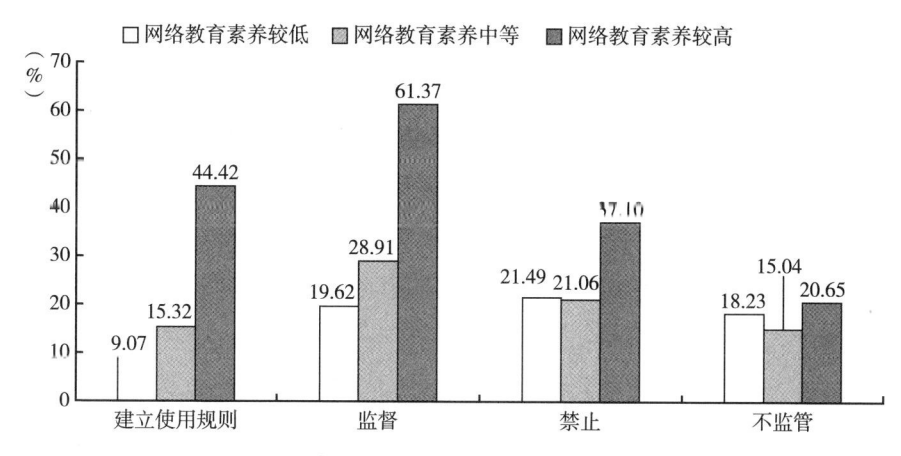

图 9 家长网络教育素养与家庭网络监管

### （四）家庭数字教育与青少年成长

本研究通过对青少年数据的分析，探讨了家庭数字教育对青少年心理与行为的影响。

#### 1. 家庭数字教育与青少年网络沉迷

与数字教育最直接相关的青少年行为就是网络沉迷，调查结果证实了家庭数字教育的开展对防范青少年网络沉迷有较好的作用。

以网络沉迷为因变量，以家庭数字教育多个内容为自变量，控制可能影响网络沉迷的性别、学龄、城乡和家庭生活水平等人口学变量，进行线性回归分析。① 结果如表5所示，回归方程可解释网络沉迷12.3%（调整 $R^2$ 值）的变化。家庭网络素养教育方面，网络功能教育与网络沉迷相关系数为正且显著（回归系数），网络保护教育与网络沉迷负相关，表明网络功能教育越多，网络沉迷可能性越大；网络保护教育越多，网络沉迷可能性越小。对此，一种可能的解释是，网络功能教育越多，增加了青少年使用网络的概率，进而导致网络沉迷风险加大。对此，进一步分析发现，网络功能教育的确与青少年各种网络应用时间正相关，当年龄较小时，网络功能教育与网络沉迷的正相关性增强，反之，相关性减弱。因此，对于青少年的网络功能教育要注意方式方法，并对其网络使用时长进行监管。同时，还可以加强网络保护教育，网络保护教育对防范网络沉迷有积极的作用。

在家庭网络监管方面，不监管与网络沉迷正相关，且相关系数较大。建立使用规则与网络沉迷负相关，监督和禁止与网络沉迷正相关。也就是说，完全不监管孩子的网络行为，会增加其网络沉迷的风险。但各类监管方式也不是都有促进作用，建立使用规则的监管方式可以减少孩子网络沉迷风险，而总是在旁监督孩子使用网络或是禁止使用网络，反而可能增加其网络沉迷

---

① 回归分析研究的是因变量和自变量之间的关系，自变量回归系数显著，即 p 值小于 0.05，则表明因变量与自变量显著相关，自变量的变化引起了因变量的变化。回归系数为正值，表明因变量和自变量正相关，自变量越大，因变量越大；回归系数为负值，表明因变量和自变量负相关，自变量越大，因变量越小。

风险,可能的原因是后两种方式导致青少年叛逆心理,在父母监管不到位时会过度使用网络。

**表5 网络沉迷对家庭数字教育的回归结果(N=87510)**

| 变量 | 非标准化回归系数 | 标准化回归系数 |
| --- | --- | --- |
| 性别 | -0.088*** | -0.044*** |
| 学龄 | 0.006 | 0.006 |
| 城乡 | -0.020** | -0.010** |
| 父母最高受教育程度 | 0.046*** | 0.050*** |
| 生活水平 | -0.077*** | -0.066*** |
| 网络功能教育 | 0.157*** | 0.168*** |
| 网络保护教育 | -0.083*** | -0.097*** |
| 建立使用规则 | -0.167*** | -0.168*** |
| 监督 | 0.024*** | 0.029*** |
| 禁止 | 0.068*** | 0.088*** |
| 不监管 | 0.180*** | 0.244*** |
| 调整 $R^2$ | \multicolumn{2}{c}{0.123} |

注:*** 表示 $p<0.001$,** 表示 $p<0.01$。

### 2. 家庭数字教育与青少年学校表现和亲社会行为

分析家庭数字教育与青少年其他行为表现之间的关系时,主要讨论两个行为:一是学校表现,是对是否受人尊敬、成绩表现和人际关系的综合评价;二是亲社会行为,是乐于助人、关心他人的行为表现。

以学校表现和亲社会行为为因变量,以家庭数字教育为自变量,控制前述人口学变量影响,进行线性回归分析,结果如表6所示,回归方程分别可解释学校表现9.3%的变化和亲社会行为25.6%的变化。

对于学校表现,网络功能教育与学校表现关联不显著,网络保护教育与学校表现正相关,家庭开展网络保护教育越多,青少年学校表现越好。在家庭网络监管方面,被动不作为的监管方式,如不监管和禁止,会削弱学校的积极表现;主动作为的监管方式,如建立使用规则和监督,能增强学校的积极表现。

对于亲社会行为，网络数字教育各维度与亲社会行为均呈正相关，只要进行网络素养教育，对青少年网络行为进行一定的网络监管，都能增强亲社会行为表现。从相关系数来看，网络保护教育、建立使用规则和监督与亲社会行为的关联性更强。而对网络行为不监管的方式，则会减少青少年的亲社会行为。

整体上，分析结果一致表明，家庭数字教育对积极行为表现有促进作用，家庭对青少年网络行为不监管的话，会抑制积极行为表现。

表6 学校表现、亲社会行为对家庭数字教育的回归结果（N=87510）

| 变量 | 学校表现 非标准化回归系数 | 学校表现 标准化回归系数 | 亲社会行为 非标准化回归系数 | 亲社会行为 标准化回归系数 |
| --- | --- | --- | --- | --- |
| 性别 | 0.074 *** | 0.017 *** | 0.035 *** | 0.020 *** |
| 学龄 | -0.147 *** | -0.069 *** | -0.070 *** | -0.080 *** |
| 城乡 | 0.113 *** | 0.026 *** | 0.036 *** | 0.020 *** |
| 父母最高受教育程度 | 0.145 *** | 0.074 *** | 0.007 * | 0.009 * |
| 生活水平 | 0.281 *** | 0.112 *** | 0.048 *** | 0.046 *** |
| 网络功能教育 | -0.013 | -0.006 | 0.045 *** | 0.055 *** |
| 网络保护教育 | 0.181 *** | 0.098 *** | 0.187 *** | 0.247 *** |
| 建立使用规则 | 0.236 *** | 0.111 *** | 0.151 *** | 0.173 *** |
| 监督 | 0.074 *** | 0.041 *** | 0.082 *** | 0.111 *** |
| 禁止 | -0.021 ** | -0.013 ** | 0.025 *** | 0.038 *** |
| 不监管 | -0.154 *** | -0.097 *** | -0.071 *** | -0.108 *** |
| 调整 $R^2$ | 0.093 | | 0.256 | |

注：*** 表示 $p<0.001$，** 表示 $p<0.01$，* 表示 $p<0.05$。

### 3. 家庭数字教育与青少年积极心理

本研究从多方面衡量青少年的积极心理，包括生活满意度、乐观态度、快乐体验、人际关系、坚毅力和投入度。综合分析家庭数字教育对青少年积极心理的影响。以上述积极心理维度为因变量，以家庭数字教育为自变量，以人口学变量为控制变量，进行线性回归分析，结果如表7和表8所示，回归方程分别可解释积极心理各项指标24.4%~29.0%的变化。

六个回归方程得到相似的关系模式，家庭数字教育对青少年积极心理有促进作用。家庭网络素养教育和网络监管越多，青少年的生活满意度越高、态度越乐观、快乐体验越多、人际关系越好、坚毅力越强、投入度越高。具体而言，如网络功能教育和网络保护教育都与生活满意度、乐观态度、快乐体验、人际关系、坚毅力、投入度显著正相关，表明相关的家庭网络素养教育越多，生活满意度越高、态度越乐观、快乐体验越多、人际关系越好、坚毅力越强、投入度越高，即更具有毅力和做事情更投入。类似的，三种家庭网络监管方式也与积极心理各项指标正相关。从回归系数来看，网络保护教育与大多数积极心理指标相关性更强，也就是说其对积极心理的促进作用强于网络功能教育；网络监管方式中，建立使用规则与各项积极心理指标相关性较高，表明其促进作用较大；而禁止与积极心理的相关性较低，促进作用较小。而家庭对青少年网络行为的不监管与各项积极心理指标负相关，即越是缺乏监管，越是妨碍积极心理的形成。

表7　青少年积极心理对家庭数字教育的回归结果-Ⅰ　（N=87510）

| 变量 | 生活满意度 非标准化回归系数 | 生活满意度 标准化回归系数 | 乐观态度 非标准化回归系数 | 乐观态度 标准化回归系数 | 快乐体验 非标准化回归系数 | 快乐体验 标准化回归系数 |
| --- | --- | --- | --- | --- | --- | --- |
| 性别 | -0.003 | -0.001 | 0.002 | 0.001 | -0.006 | -0.003 |
| 学龄 | -0.147*** | -0.159*** | -0.114*** | -0.118*** | -0.157*** | -0.158*** |
| 城乡 | 0.032*** | 0.017*** | 0.035*** | 0.018*** | 0.031*** | 0.015*** |
| 父母最高受教育程度 | -0.012*** | -0.014*** | 0.014*** | 0.016*** | 0.001 | 0.001 |
| 生活水平 | 0.096*** | 0.088*** | 0.075*** | 0.066*** | 0.075*** | 0.064*** |
| 网络功能教育 | 0.056*** | 0.063*** | 0.103*** | 0.113*** | 0.074*** | 0.078*** |
| 网络保护教育 | 0.164*** | 0.205*** | 0.167*** | 0.199*** | 0.184*** | 0.213*** |
| 建立使用规则 | 0.161*** | 0.174*** | 0.168*** | 0.174*** | 0.181*** | 0.182*** |
| 监督 | 0.071*** | 0.090*** | 0.094*** | 0.115*** | 0.102*** | 0.121*** |
| 禁止 | 0.014*** | 0.020*** | 0.028*** | 0.037*** | 0.022*** | 0.029*** |
| 不监管 | -0.074*** | -0.107*** | -0.059*** | -0.082*** | -0.072*** | -0.097*** |
| 调整 $R^2$ | 0.244 | | 0.277 | | 0.284 | |

注：*** 表示 $p<0.001$。

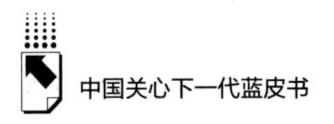

表8 青少年积极心理对家庭数字教育的回归结果-Ⅱ（N=87510）

| 变量 | 人际关系 非标准化回归系数 | 人际关系 标准化回归系数 | 坚毅力 非标准化回归系数 | 坚毅力 标准化回归系数 | 投入度 非标准化回归系数 | 投入度 标准化回归系数 |
|---|---|---|---|---|---|---|
| 性别 | 0.021 | 0.011 | 0.017* | 0.009* | -0.005 | -0.003 |
| 学龄 | -0.113*** | -0.120*** | -0.113*** | -0.117*** | -0.104*** | -0.106*** |
| 城乡 | 0.047*** | 0.024*** | 0.004 | 0.002 | 0.036*** | 0.018*** |
| 父母最高受教育程度 | 0.024*** | 0.028*** | -0.006 | -0.007 | 0.030*** | 0.033*** |
| 生活水平 | 0.071*** | 0.064*** | 0.078*** | 0.069*** | 0.070*** | 0.060*** |
| 网络功能教育 | 0.088*** | 0.099*** | 0.108*** | 0.118*** | 0.141*** | 0.152*** |
| 网络保护教育 | 0.174*** | 0.212*** | 0.160*** | 0.190*** | 0.116*** | 0.137*** |
| 建立使用规则 | 0.178*** | 0.188*** | 0.183*** | 0.189*** | 0.161*** | 0.164*** |
| 监督 | 0.094*** | 0.117*** | 0.081*** | 0.098*** | 0.087 | 0.105*** |
| 禁止 | 0.016*** | 0.022*** | 0.045*** | 0.061*** | 0.039 | 0.052*** |
| 不监管 | -0.064*** | -0.090*** | -0.053*** | -0.073*** | -0.031 | -0.043*** |
| 调整 $R^2$ | 0.290 | | 0.275 | | 0.244 | |

注：*** 表示 $p<0.001$，* 表示 $p<0.05$。

### 4. 家庭数字教育与青少年心理健康

分析家庭数字教育与青少年抑郁倾向和消极情绪症状之间的关系，分别以抑郁倾向和消极情绪症状为因变量，以家庭数字教育为自变量，以人口学变量为控制变量，进行线性回归分析，结果如表9所示，回归方程可解释抑郁倾向13.1%的变化、解释消极情绪症状14.7%的变化。

家庭数字教育的不同内容对青少年心理健康有不同的影响。家庭网络功能教育与抑郁倾向和消极情绪症状正相关，也就是说网络功能教育越多，可能会增加抑郁风险和加剧消极情绪症状，可能正如前述分析所示，网络功能教育如果没有兼顾对网络行为使用的监控，青少年过度使用互联网的风险会加大，由此引发心理健康风险。而网络保护教育、建立使用规则或监督与消极情绪症状负相关，表明网络保护教育可以减弱抑郁倾向或减轻消极情绪症状，恰当的网络行为监管有益于青少年心理健康。但是禁止这种相对简单化、被动隔绝网络的监管方式与负面情绪正相关，会导致心理健康问题，即可能引发青少年逆反心理，亲子关系紧张，进而影响青少年心理健康。对青少年网络行为不做任何监管，会加剧抑郁倾向或消极情绪症状，且从相关系数来看，这种关联性还较强。

因此，总体上，恰当的家庭数字教育有益于青少年心理健康，家庭数字教育缺失不利于青少年心理健康。

表9 抑郁倾向、消极情绪症状对家庭数字教育的回归结果

| 变量 | 抑郁倾向 非标准化回归系数 | 抑郁倾向 标准化回归系数 | 消极情绪症状 非标准化回归系数 | 消极情绪症状 标准化回归系数 |
| --- | --- | --- | --- | --- |
| 性别 | 0.029** | 0.010** | 0.091*** | 0.042*** |
| 学龄 | 0.250*** | 0.170*** | 0.102*** | 0.095*** |
| 城乡 | -0.034** | -0.011** | -0.052*** | -0.024*** |
| 父母最高受教育程度 | 0.017*** | 0.013*** | 0.006 | 0.006 |
| 生活水平 | -0.063*** | -0.036*** | -0.032*** | -0.025*** |
| 网络功能教育 | 0.118*** | 0.084*** | 0.157*** | 0.154*** |
| 网络保护教育 | -0.113*** | -0.088*** | -0.114*** | -0.122*** |
| 建立使用规则 | -0.180*** | -0.122*** | -0.130*** | -0.121*** |
| 监督 | -0.047*** | -0.038*** | -0.053*** | -0.059*** |
| 禁止 | 0.079*** | 0.070*** | 0.077*** | 0.093*** |
| 不监管 | 0.251*** | 0.228*** | 0.227*** | 0.283*** |
| 调整 $R^2$ | 0.131 | | 0.147 | |

注：*** 表示 $p<0.001$，** 表示 $p<0.01$。

## 三 讨论与结论

本报告通过对青少年和家长的调查分析，探讨了家庭数字教育的现状、特点及其影响因素，以及家庭数字教育对青少年成长的影响。

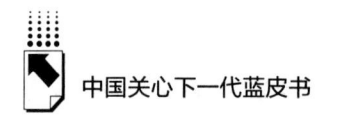

### （一）家庭数字教育尚未普及，家庭网络监管尤为不足

本研究发现，虽然家长有一定的数字教育意识，但网络素养教育和网络监管方面的数字教育水平整体偏低。家庭网络素养教育方面，能对子女进行较多网络功能教育的家庭占比较小，进行较多网络保护教育的家庭占比也低于50%。在积极作为的网络监管方面更显不足，经常或总是采取建立使用规则的监管方式的家庭占比不到1/4。经常或总是采用监督这种模式的家庭占比超过1/3。低于1/3的家庭经常或总是采用禁止的监管方式，直接禁止学习之外的网络使用。另外，低于1/5的家庭经常或总是对孩子的网络行为不做任何监管。

数字时代，数字素养是互联网社会中必不可少的基本能力，青少年的成长和社会化过程离不开互联网与各种数字应用。数字素养提升可以全面增强青少年对于互联网信息的选择和判断能力，有助于其充分利用互联网和新媒介等工具来促进自我发展，提升自身在互联网社会中的核心竞争力，要以授之以渔的方式切实实现青少年网络保护。家庭环境是青少年使用网络的主要场所，因此家庭数字教育尤为重要。在未来家庭教育的发展中，应重视提高家庭网络素养教育和普及积极的网络监管方式。

### （二）家庭数字教育发展不均衡，家长网络教育素养有待提升

本研究发现，家庭的数字教育水平在区域和社会经济地位维度上存在差异。城市家庭数字教育水平高于农村和乡镇家庭，前者不仅网络素养教育更普及，对孩子的网络监管方式也更积极主动，而后者则更偏向于禁止或不监管。社会经济地位较好的家庭，如家长受教育程度高、生活水平高的家庭，给予孩子的网络素养教育较多，更偏向于采取积极主动的监管模式。而家长受教育程度低、生活水平较低的家庭，给予孩子的网络素养教育较少，也较少采取积极主动的监管模式。

家庭数字教育还与家长自身的网络教育素养紧密相关，调查中，只有较少的家长具有较高的网络教育素养，能较好地利用网络工具辅导和监督孩子

使用网络。家长的网络教育素养越高，对孩子的网络素养教育越多，积极实施网络监管的行为就越多。未来家庭教育中数字教育水平的提升，要侧重于提高家长的网络教育素养，缩小区域间数字化发展水平差距。

（三）家庭数字教育影响青少年心理与行为发展

本研究发现，家庭数字教育整体上对青少年发展具有积极作用，一是有效防范青少年网络沉迷；二是促进青少年在学校的积极行为表现和亲社会行为；三是促进青少年积极心理发展，对生活更满意，态度更乐观、人际关系良好、做事有毅力并能认真投入；四是减少抑郁和消极情绪的风险。

综合分析表明，家庭数字教育中，网络功能教育如果不当，可能让青少年过多接触网络，产生不利影响，因此教育实施要兼顾对网络使用时间的监控。对青少年的成长发展而言，对青少年进行家庭网络监管整体上比不监管更有利，但更好的监管方式还是建立使用规则，禁止可能会引发青少年逆反心理。

（四）促进家庭数字教育发展的建议

本研究揭示了家庭数字教育现状及其对青少年心理和行为的影响。在数字时代，家庭教育应当融入数字教育的内容从而形成新的教育模式，为此，可以从以下几个方面促进家庭数字教育的发展。首先，研发家庭数字教育课程，并利用新媒体工具积极予以推广。调查表明，家庭数字教育意识和家长的网络教育素养水平都有待提升，怎么进行家庭网络素养教育、如何形成积极主动的家庭网络监管方式等都是家长需要了解的知识，因此，相关政府部门可联合专业科研机构、学校、企业，并设一系列行之有效的家庭数字教育课程，并通过对家长教育方式影响较大的学校宣传、网络新媒介等渠道进行推广，逐步实现家庭数字教育的普及。

其次，将家庭数字教育辅导纳入家庭教育指导服务内容，多渠道开展有针对性的家庭数字教育指导，以解决数字教育发展不均衡问题。对于已开展的一些家庭教育指导工作，可将数字教育融入其中，并在实际工作中，对农

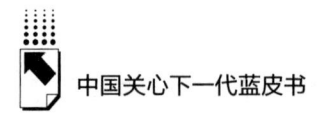

村家庭、留守儿童家庭、贫困家庭等给予更多的关注。如关心下一代工作委员会长期开展家庭教育指导工作，具有开展家长培训的优势，可发挥深入学校、家庭、社区和单位的讲师团的这一优势，在现有的指导体系中融入数字教育内容，与学校、社区配合，形成教育合力，普及数字教育，同时在家庭数字教育薄弱的地区投入更多力量，促进区域均衡发展。

最后，加大力度宣传家长开展家庭数字教育的责任，增强家长教育意识。《中华人民共和国家庭教育促进法》明确了家长对未成年人实施家庭教育的主体责任，也规定了家长有预防未成年人沉迷网络的责任。《未成年人网络保护条例》规定未成年人的监护人应当"提高自身网络素养，规范自身使用网络的行为，加强对未成年人使用网络行为的教育、示范、引导和监督"，"未成年人的监护人应当合理使用并指导未成年人使用网络保护软件、智能终端产品等，创造良好的网络使用家庭环境"。这些法律法规强调了家庭数字教育的责任所在，应加大力度对此进行宣传普及，提高家长的责任意识，主动进行家庭数字教育。

# B.5 青少年心理健康调查报告

雷雳 丁慧敏 房馨 廖俊东 高婷 王思源[*]

**摘 要：** 在社会快速发展的背景下，青少年面临着日益增多的挑战，其心理健康问题成为社会关注的焦点。本次调查基于世界卫生组织对心理健康的界定，以46862名青少年为对象，考察了青少年的幸福感、抑郁、弹性应对能力、自我效能感、学业自我概念、亲社会行为、生活满意度、生命意义感和生活丰富性等状况。结果发现，青少年在心理健康的正面指标上整体状况良好，但仍有提升的空间。不同人口统计特征的青少年在心理健康方面存在显著差异。随着学龄阶段的提升，青少年的心理健康水平有所下降。此外，调查还发现了亲子交流在青少年心理健康中有重要作用。基于上述发现，报告提出了优化心理健康课程设置、加强亲子沟通、支持心理健康科研等对策建议，旨在促进青少年心理健康。

**关键词：** 青少年 心理健康 美好生活

## 一 引言

随着社会的快速发展和变革，尽管总体来看，青少年心理健康保持着积极的发展趋势，但仍然面临诸多挑战和问题。例如，在不同人口学特征

---

[*] 雷雳，中国人民大学教育学院教授、心理学博士生导师，主要研究方向为发展心理学；丁慧敏，中国人民大学教育学院，主要研究方向为发展心理学；房馨，中国人民大学教育学院，主要研究方向为发展心理学；廖俊东，中国人民大学教育学院，主要研究方向为发展心理学；高婷，中国人民大学教育学院，主要研究方向为发展心理学；王思源，中国人民大学教育学院，主要研究方向为发展心理学。

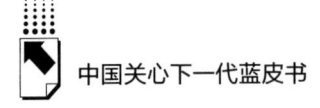

（如性别、城乡等）上，青少年心理健康存在差异；随着学龄阶段的提升，青少年面临的压力增大，心理健康状况有所下降。此外，青少年的心理健康也受制于亲子沟通等方面。青少年心理健康问题日益成为社会各界关注的焦点，全面改善青少年心理健康、提升青少年心理健康素养已成为迫切需求。

青少年的心理健康是关系国家和民族的重要公共卫生问题，在习近平新时代中国特色社会主义思想的指导下，我国坚持健康第一的教育理念，切实把心理健康工作摆在突出位置，全面推进学校心理健康教育，完善心理健康服务体系。近些年，《国务院关于实施健康中国行动的意见》《关于加强学生心理健康管理工作的通知》《全面加强和改进新时代学生心理健康工作专项行动计划（2023—2025年）》等政策文件的出台，标志着国家对青少年心理健康问题的高度重视和积极应对。为深入贯彻落实党中央决策部署，了解全国青少年心理健康现状，促进青少年心理健康，由中国关心下一代工作委员会（以下简称"中国关工委"）牵头，在全国范围内开展青少年心理健康状况调查。

### （一）心理健康的界定

世界卫生组织（World Health Organization，WHO）将心理健康定义为"一种心理幸福状态，能够使人们应对日常生活压力，发挥自己的能力，有效率地学习和工作，并为社会做出贡献"。本次心理健康状况调查采用世界卫生组织的幸福指数量表（WHO-5），考察青少年对幸福程度的感知。

同时，根据心理健康的双因素理论模型，通过研究主观幸福感和精神病理学问题，从积极和消极角度全面地评估青少年心理健康状况。高水平的幸福感并不意味着低水平的精神病理学症状（如抑郁、焦虑等），因此，除了从积极角度评估心理健康状况外，本次调查结合精神病理学症状调查了青少年的抑郁状况。抑郁是青少年常见的一种消极情绪症状，表现为情绪低落、缺乏兴趣及疲惫无力。本次调查通过"抑郁症筛查量表"① 来测评。

此外，基于 WHO 关于心理健康的定义，结合青少年的发展特点，本次调查进一步将青少年的心理健康状况细化为四个方面：弹性应对能力、自我效能感、学业自我概念和亲社会行为，分别作为压力应对、自我发展、生产效率和服务社会的指标。其一，弹性应对能力，是指个体在面对困难和压力时能够积极应对并从中恢复的能力；其二，自我效能感，是指个体对自己面对环境中的挑战能否采取适应性行为的知觉或信念；其三，学业自我概念，是指个体在学业情境中形成的对自己在学业发展方面比较稳定的认知、体验和评价；其四，亲社会行为，是指在社会交往中个体表现出来有益于他人和社会的行为。本次心理健康状况调查采用"简式弹性应对量表"②、"自我效能感量表"③、"学业自我概念量表"④ 和"亲社会行为量表"⑤ 分别衡量青少年的弹性应对能力、自我效能感、学业自我概念和亲社会行为。

## （二）美好生活的形式

幸福感在生活中有多种表现。以往学者只将"美好的生活"划分为"快乐的生活"和"有意义的生活"。

"快乐的生活"主要特征是愉快、舒适、安全和稳定，可以通过人们的生活满意度进行衡量。

"有意义的生活"主要特征包括意义性（生活是否具有意义）、连贯性

---

① Kroenke K., Spitzer R. L., Williams J. B. W., "The PHQ-9: Validity of a Brief Depression Severity Measure," *Journal of General Internal Medicine*, 2001 (16).
② Sinclair V. G., Wallston K. A., "The Development and Psychometric Evaluation of the Brief Resilient Coping Scale," *Assessment*, 2004 (1).
③ 王才康、胡中锋、刘勇：《一般自我效能感量表的信度和效度研究》，《应用心理学》2001年第1期。
④ 郭成、赵小云、张大均：《青少年一般学业自我量表的编制》，《西南大学学报》（自然科学版）2011 年第 12 期。
⑤ 张庆鹏、寇彧：《青少年亲社会行为测评维度的建立与验证》，《社会学研究》2011 年第 4 期。

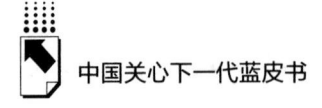

（生活中角色和经历的连贯程度）和目的性（生活是否具有目的），可以通过人们对自己生活和经历是否具有意义的主观评价进行衡量。

然而，这种划分方法无法涵盖美好生活的所有可能性，基于对"快乐的生活"和"有意义的生活"的理解，近期有学者进一步提出第三种生活类型——"丰富的生活"。"丰富的生活"由有趣的经历组成，具有多样性、趣味性和视角变化的特征。

研究表明，三种不同形式的生活在世界各地广泛存在。不同类型的生活对青少年发展的影响各不相同，因此有必要从这三种生活类型入手全面考察青少年的生活状态。

本次心理健康状况调查使用"生活满意度量表"[1]、"生命意义感量表"[2]和"生活丰富性量表"[3]分别考察青少年的生活满意度、生命意义感和生活丰富性，依次作为"快乐的生活"、"有意义的生活"和"丰富的生活"的指标，以充分了解青少年生活状态，为促进青少年幸福生活提供科学指导和合理建议。

### （三）调查数据收集

本次青少年心理健康状况调查采取问卷调查法，在全国范围内共调查小学4、5、6年级22275名学生（11~14岁，平均值为12.45），初中1、2、3年级17971名学生（13~17岁，平均值为15.30），以及高中1、2、3年级6616名学生（16~19岁，平均值为18.01），合计46862名。此外，本次调查还在性别、居住地来源、学龄段以及与父母交流频率等方面，对青少年的心理健康变量进行了详细考察。

---

[1] 熊承清、许远理：《生活满意度量表中文版在民众中使用的信度和效度》，《中国健康心理学杂志》2009年第8期。
[2] 王鑫强：《生命意义感量表中文修订版在中学生群体中的信效度》，《中国临床心理学杂志》2013年第5期。
[3] Oishi S., Westgate E. C., "A Psychologically Rich Life: Beyond Happiness and Meaning," *Psychological Review*, 2022 (4).

## 二 青少年心理健康基本状况

### （一）心理健康正面指标表现较好，但仍有改善空间

**1. WHO-5幸福指数：来自城镇、低学龄段、亲子沟通多的男生幸福指数更高**

幸福感在青少年的心理健康中扮演着非常关键的角色。根据世界卫生组织的定义，心理健康不仅是没有心理疾病，而且是一种更加积极的状态，包括情感福祉、心理功能和社会福祉的各个方面。

本次调查结果显示，青少年的平均幸福指数得分为4.42（最大值为5），标准差为1.32。这表明，大多数青少年有较强的幸福感。然而，标准差相对较大，意味着青少年群体中幸福感的分布具有一定的波动性，反映出不同青少年在幸福感上存在差异。各题项选择情况如表1所示。

表1　青少年WHO-5幸福指数频次（N=46862）

单位：人

| 题项 | 从未有过 | 小部分时间 | 少于一半时间 | 超过一半时间 | 大部分时间 | 一直如此 |
| --- | --- | --- | --- | --- | --- | --- |
| 我觉得自己心情愉快，精神很好 | 1327 (2.83) | 6196 (13.22) | 3566 (7.61) | 6601 (14.09) | 15393 (32.85) | 13779 (29.40) |
| 我感到平静和放松 | 1479 (3.16) | 7481 (15.96) | 4621 (9.86) | 6912 (14.75) | 14082 (30.05) | 12287 (26.22) |
| 我感到充满活力，精力充沛 | 1355 (2.89) | 6090 (13.00) | 4412 (9.41) | 6961 (14.85) | 14114 (30.12) | 13930 (29.73) |
| 我睡醒时感到神清气爽，休息得很好 | 2083 (4.44) | 6254 (13.35) | 4377 (9.34) | 6110 (13.04) | 13782 (29.41) | 14256 (30.42) |
| 我的日常生活中充满了我感兴趣的事情 | 1324 (2.83) | 6297 (13.44) | 4400 (8.96) | 6473 (13.81) | 13663 (29.16) | 14905 (31.81) |

注：括号内为占比，单位为%。

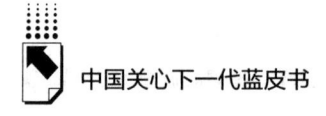

从青少年性别上看，男生和女生的WHO-5幸福指数得分都较高，并且男生的得分高于女生（见图1），这种性别差异在统计检验上是显著的。这一结果表明，青少年总体上拥有较强的幸福感，且男生的幸福感比女生更强。

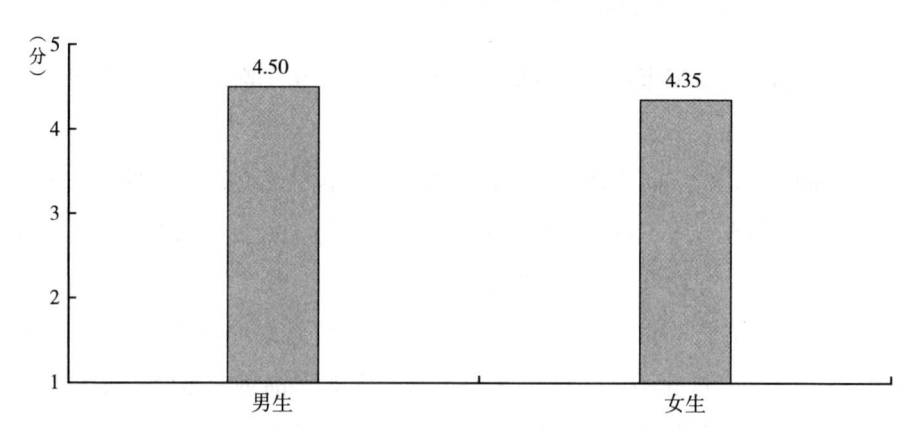

图1　WHO-5幸福指数在性别上的得分情况（N=46862）

从青少年居住地来源看，城镇户籍的青少年的WHO-5幸福指数得分高于农村户籍的青少年（见图2），这种户籍来源差异在统计检验上是显著的。这一结果表明，与农村户籍的青少年相比，城镇户籍的青少年拥有更强的幸福感。

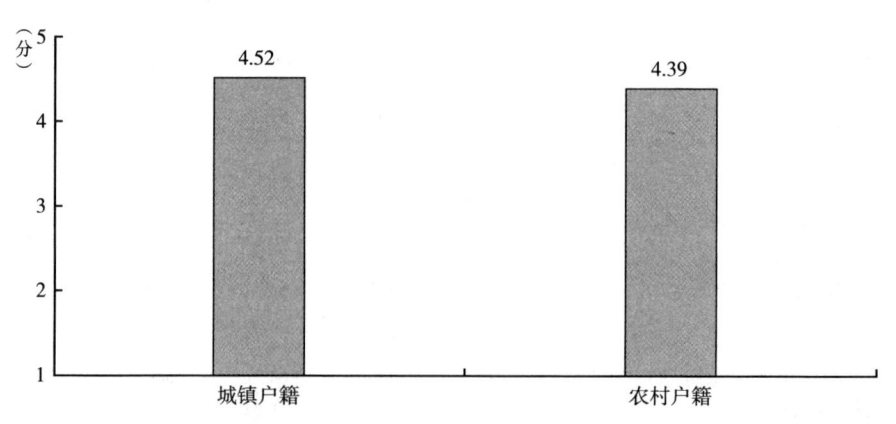

图2　WHO-5幸福指数在居住地来源上的得分情况（N=46862）

从学龄段上看，随着学龄段的增长，青少年的幸福指数得分逐渐降低，这种学龄段差异在统计检验上是显著的。具体而言，小学生的幸福指数得分最高，其次是初中生，高中生最低（见图3）。这表明，随着学龄阶段的提升，青少年的幸福感趋于降低。

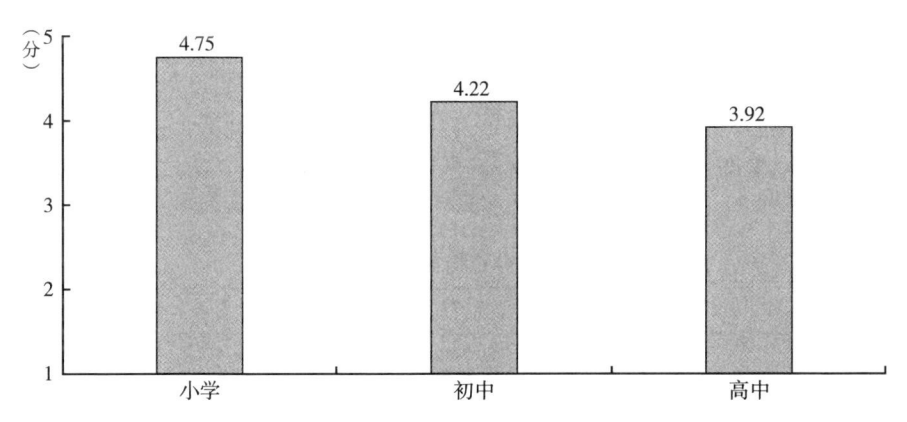

图3 WHO-5幸福指数在学龄段上的得分情况（N=46862）

从与父母交流频率上看，青少年与父母沟通的频率越高，则幸福指数得分就越高（见图4）。这表明，随着青少年与父母聊天频率的增加，其幸福感总体呈提升态势。而且，无论是与父亲还是与母亲聊天，总体都呈现相同的趋势。

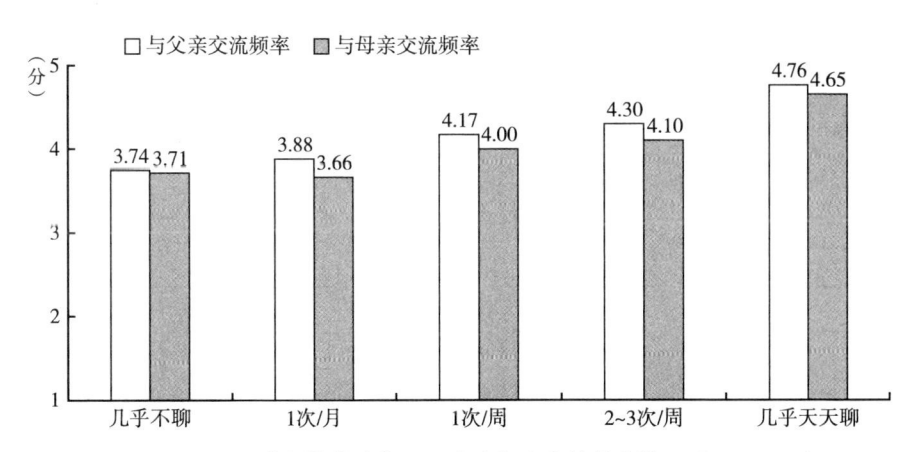

图4 WHO-5幸福指数在与父母交流频率上的得分情况（N=46862）

## 2. 抑郁状况：来自农村、高学龄段、亲子沟通少的女生抑郁水平更高

抑郁是一种常见的心理健康问题，这种情况被归类为情绪障碍，以显著的心境低落和对日常活动兴趣或快感的减少为主要特征。抑郁不仅仅是一时的悲伤或不快乐，而是一种深远的、持续的情感状态，影响青少年的思维方式、感觉以及行为，并会在学校、家庭和社交活动中造成显著困扰。

本次调查结果显示，大部分（65.94%）青少年没有抑郁症状。23.14%的青少年可能有轻微抑郁，6.47%的青少年可能有中度抑郁，2.84%的青少年可能有中重度抑郁，1.61%的青少年可能有重度抑郁（见表2）。

表2 抑郁分布情况（N=46862）

| 项目 | 频率 | 百分比 | 累积百分比 |
| --- | --- | --- | --- |
| 没有抑郁 | 30900 | 65.94 | 65.94 |
| 可能有轻微抑郁 | 10844 | 23.14 | 89.08 |
| 可能有中度抑郁 | 3033 | 6.47 | 95.55 |
| 可能有中重度抑郁 | 1332 | 2.84 | 98.39 |
| 可能有重度抑郁 | 753 | 1.61 | 100.00 |
| 总计 | 46862 | 100.00 | — |

青少年的平均抑郁得分为4.00（最大值为27），标准差为5.00。这表明从总体上看，青少年群体中抑郁的平均水平较低，多数青少年可能不会经历高水平的抑郁情绪。然而，5.00的标准差表明在抑郁水平上存在相当大的个体差异，尽管大多数青少年的抑郁得分较低，但仍有一部分青少年可能有较重的抑郁症状。各题项选择情况如表3所示。

表3 青少年抑郁频次表（N=46862）

单位：人

| 题项 | 没有 | 有几天 | 一半以上时间 | 几乎每天 |
| --- | --- | --- | --- | --- |
| 做事时提不起劲或没有兴趣 | 25232<br>(53.84) | 17708<br>(37.79) | 2480<br>(5.29) | 1442<br>(3.08) |
| 感到心情低落、沮丧或绝望 | 29225<br>(62.36) | 14300<br>(30.52) | 2170<br>(4.63) | 1167<br>(2.49) |

续表

| 题项 | 没有 | 有几天 | 一半以上时间 | 几乎每天 |
|---|---|---|---|---|
| 入睡困难、睡不安稳或睡眠过多 | 31337 (66.87) | 11429 (24.39) | 2404 (5.13) | 1692 (3.61) |
| 感觉疲倦或没有活力 | 28921 (61.71) | 13889 (29.64) | 2464 (5.26) | 1588 (3.39) |
| 食欲不振或吃太多 | 30550 (65.19) | 12668 (27.03) | 2168 (4.63) | 1476 (3.15) |
| 觉得自己很糟或很失败,让自己或家人失望 | 31495 (67.21) | 11399 (24.32) | 2370 (5.06) | 1598 (3.41) |
| 无法集中精力做功课、看书或看电视 | 30289 (64.64) | 12636 (26.96) | 2461 (5.25) | 1476 (3.15) |
| 动作或语速慢到引起别人的注意,或正好相反,如比平常活动更多,坐立不安、停不下来 | 34442 (73.50) | 9275 (19.79) | 1932 (4.12) | 1213 (2.59) |
| 有用某种方式伤害自己等念头 | 39611 (84.53) | 5078 (10.84) | 1218 (2.60) | 955 (2.03) |

注:括号内为占比,单位为%。

从青少年性别上看,女生在抑郁上的得分高于男生(见图5),这种性别差异在统计检验上是显著的。这一结果表明,女生相比男生更有可能产生抑郁情绪。

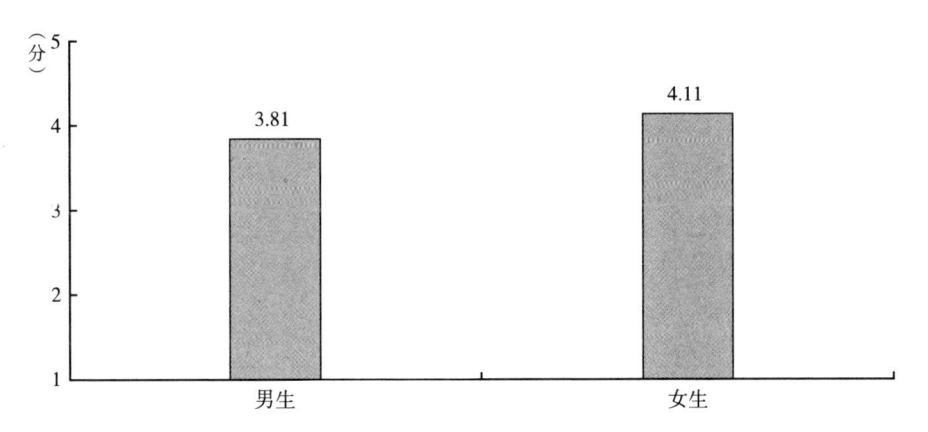

图5 抑郁在性别上的得分情况(N=46862)

从青少年居住地来源上看,农村户籍的青少年在抑郁上的得分高于城镇户籍的青少年(见图6),这种居住地来源差异在统计检验上是显著的。这一结果表明,与城镇户籍的青少年相比,农村户籍的青少年更有可能产生抑郁情绪。

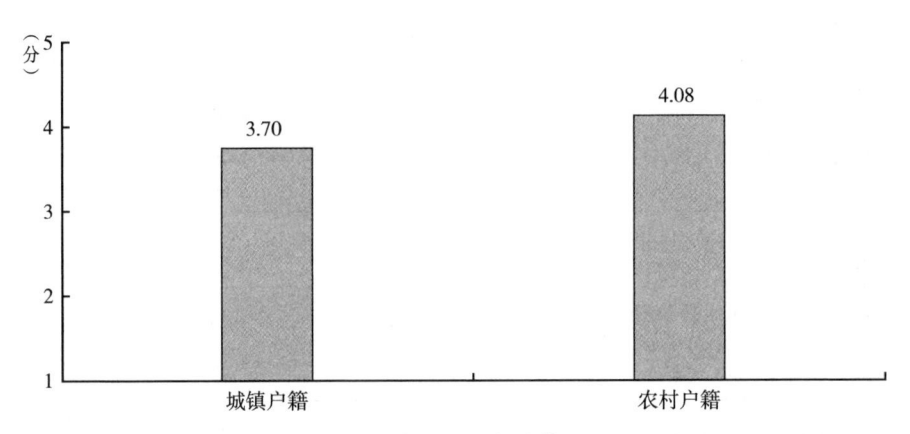

图6 抑郁在居住地来源上的得分情况（N=46862）

从学龄段上看,抑郁的得分会随着学龄段的增长而增加,具体而言,小学生在抑郁上的得分最低,其次是初中生,高中生最高(见图7),这种学龄段差异在统计检验上是显著的。这表明,随着年级升高,青少年的抑郁程度也会提升。

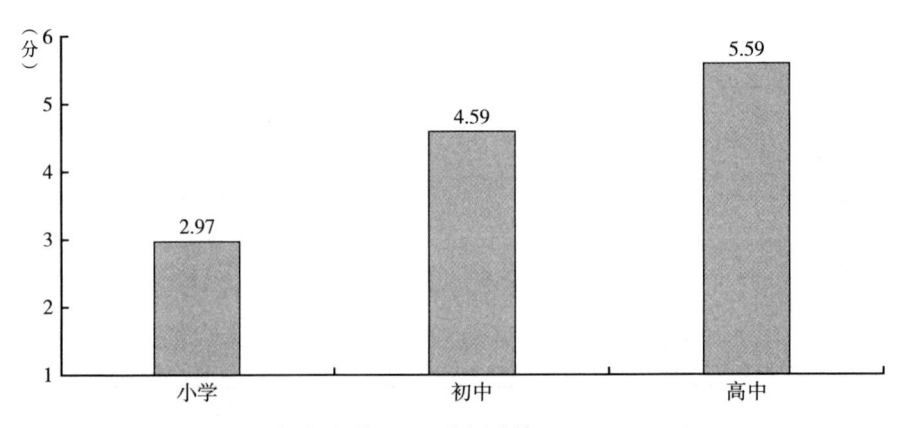

图7 抑郁在学龄段上的得分情况（N=46862）

从与父母交流频率上看，总体上，青少年与父母沟通的频率越高，其抑郁得分越低（见图8）。这表明，随着青少年与父母聊天频率的增加，其抑郁程度会降低。而且，无论是与父亲还是与母亲聊天，都呈现出相同的趋势。

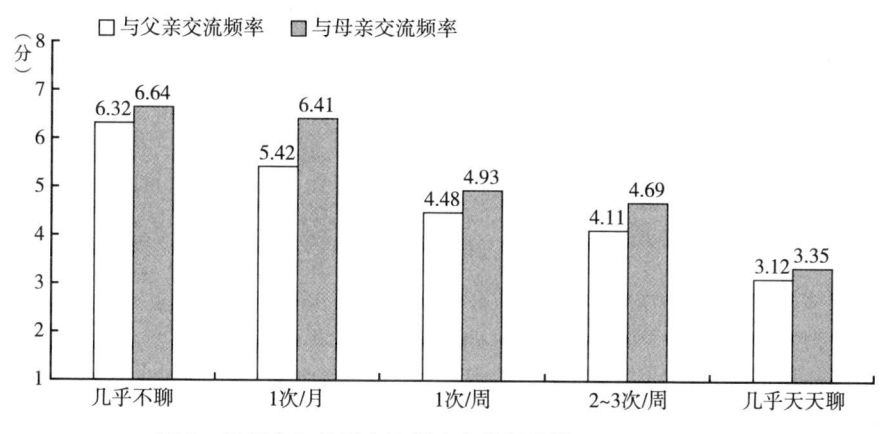

**图8 抑郁在与父母交流频率上的得分情况（N=46862）**

几乎不聊：与父亲交流频率 6.32，与母亲交流频率 6.64
1次/月：5.42，6.41
1次/周：4.48，4.93
2~3次/周：4.11，4.69
几乎天天聊：3.12，3.35

### 3. 心理健康的具体表现良好，但在人口统计学上存在差异

（1）自我效能感：低学龄段、亲子沟通多的男生自我效能感更强

自我效能感由心理学家班杜拉提出，是指个体对自己是否有能力完成某一行为所进行的推测与判断，是人们对自身能否完成某项工作的自信程度。[①] 他认为，人必须有自我效能感，才能应对人生中不可避免的阻碍和不公，走向成功；自我效能越高，个体认为自己做好某方面工作的可能性越大，越会努力积极地做这件事。不管是学业还是生活，青少年的自我效能感都与其社会发展密切相关。

本次调查结果显示，青少年的自我效能感平均得分为3.63（最大值为5），标准差为0.83。这表明，大多数青少年拥有中等以上水平的自我效能感，然而，标准差相对较大，则意味着青少年群体中自我效能感的分布具有一定的波动性，反映出不同青少年在自我效能感上存在差异。各题项选择情况如表4所示。

---

① Dyer J. G., McGuinness T. M., "Resilience: Analysis of the Concept," *Archives of Psychiatric Nursing*, 1996（5）.

表4 青少年自我效能感频次表（N=46862）

单位：人

| 题项 | 非常不符合 | 比较不符合 | 不确定 | 比较符合 | 非常符合 |
| --- | --- | --- | --- | --- | --- |
| 如果我尽力去做的话,我总是能够解决问题的 | 1291 (2.75) | 2500 (5.33) | 9281 (19.80) | 21491 (45.86) | 12299 (26.26) |
| 即使别人反对我,我仍有办法取得我所要的 | 2403 (5.13) | 4729 (10.09) | 13819 (29.49) | 16873 (36.01) | 9038 (19.28) |
| 对我来说,坚持理想和达成目标是轻而易举的 | 3218 (6.87) | 6282 (13.41) | 14581 (31.11) | 14625 (31.21) | 8156 (17.40) |
| 我自信能有效地应付任何突如其来的事情 | 2088 (4.46) | 4393 (9.37) | 14549 (31.05) | 16815 (35.88) | 9016 (19.24) |
| 以我的才智,我定能应付意料之外的情况 | 2490 (5.31) | 4702 (10.03) | 16524 (35.27) | 14962 (31.93) | 8184 (17.46) |
| 如果我付出必要努力,我一定能解决大多数的难题 | 1431 (3.05) | 2774 (5.92) | 11180 (23.86) | 20777 (44.34) | 10700 (22.83) |
| 我能冷静面对困难,因为我信赖自己处理问题的能力 | 1527 (3.26) | 3313 (7.07) | 12309 (26.27) | 19720 (42.08) | 9993 (21.32) |
| 面对一个难题时,我通常能找到几个解决方法 | 1453 (3.10) | 3732 (7.96) | 12470 (26.62) | 19749 (42.14) | 9458 (20.18) |
| 有麻烦的时候,我通常能想到一些应付的方法 | 1309 (2.79) | 2904 (6.20) | 11061 (23.60) | 21918 (46.77) | 9670 (20.64) |
| 无论什么事在我身上发生,我都能够应对自如 | 1853 (3.95) | 4170 (8.90) | 16134 (34.43) | 16093 (34.34) | 8612 (18.38) |

注：括号内为占比,单位为%。

从青少年性别上看，男生和女生的自我效能感得分都较高，且男生的自我效能感得分高于女生（见图9），这种性别差异在统计检验上是显著的。这一结果表明，青少年总体上拥有较高的自我效能感，且男生的自我效能感较女生更高。

从青少年居住地来源上看，城镇户籍的青少年的自我效能感得分稍高于农村户籍的青少年（见图10）。但这种居住地来源差异在统计检验上是不显著的。这一结果表明，农村户籍的青少年与城镇户籍的青少年的自我效能感相近。

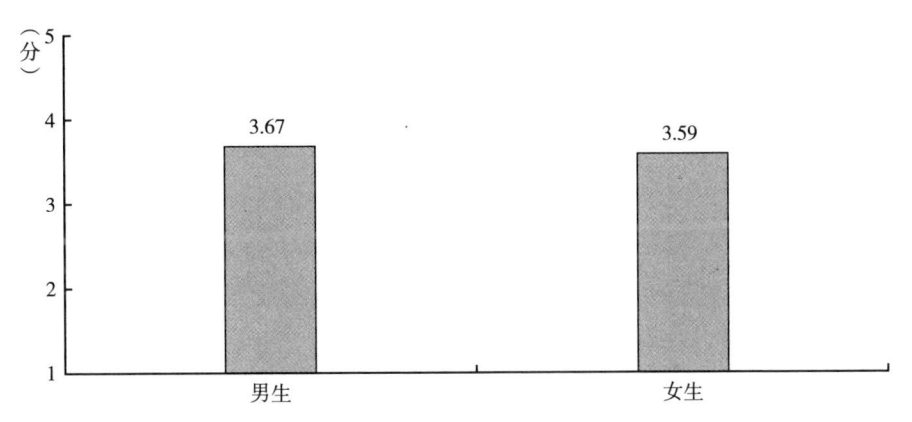

图 9 自我效能感在性别上的得分情况（N=46862）

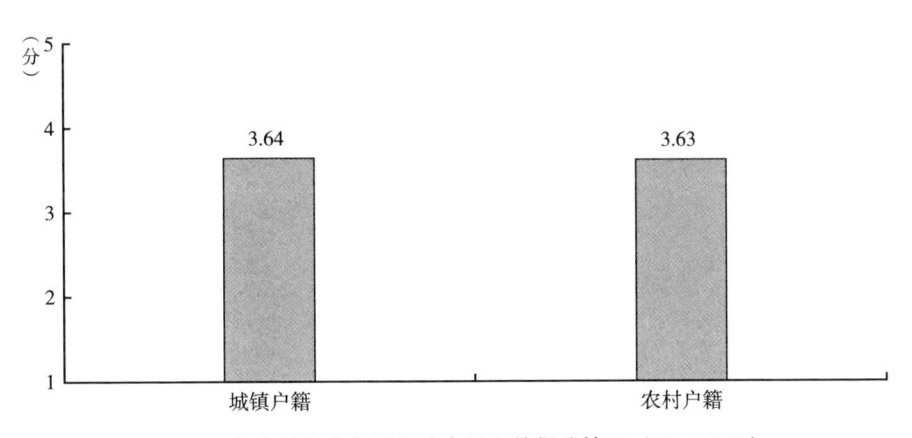

图 10 自我效能感在居住地来源上的得分情况（N=46862）

从学龄段上看，随着学龄段的增长，青少年自我效能感得分不断降低，这种学龄段差异在统计检验上是显著的。小学生的自我效能感得分最高，其次是初中生，高中生最低（见图11）。这表明，随着年级升高，青少年的自我效能感不断降低。

从与父母交流频率上看，青少年与父母沟通的频率越高，其自我效能感得分就越高（见图12）。这表明，随着青少年与父母聊天频率的增加，其自我效能感不断提高。而且，无论是与父亲还是与母亲聊天，总体上都呈现出相同的趋势。

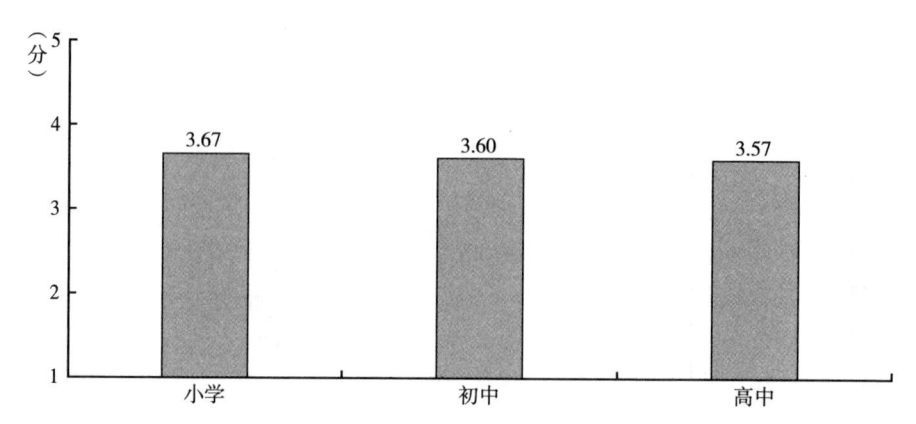

图11 自我效能感在学龄段上的得分情况（N=46862）

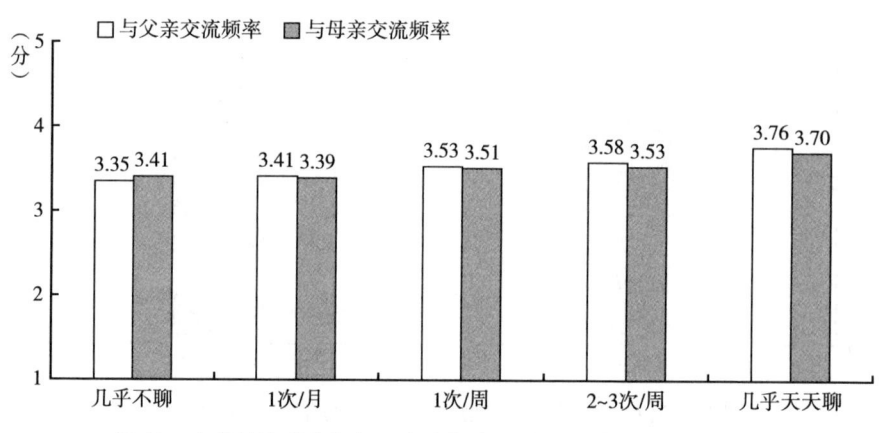

图12 自我效能感在与父母交流频率上的得分情况（N=46862）

（2）弹性应对能力：低学龄段、亲子沟通多的男生弹性应对能力更强

弹性应对能力，是个体在面对困难和压力时能够积极应对和适应并从中恢复的能力。[1] 弹性应对能力是青少年社会发展过程中的关键因素，有弹性的青少年在成功应对压力挑战后，实际上会茁壮成长，从经验中提取积极的变化，并加速自我成长，通过提升心理能力来应对压力。

---

[1] Bandura A., *Self-efficacy: The Exercise of Control*, W. H. Freeman, Times Books, Henry Holt & Co., 1997.

本次调查结果显示，青少年的弹性应对能力平均得分为 3.76（最大值为5），标准差为 0.86。这表明，大多数青少年的弹性应对能力处于中等偏上水平。然而，标准差相对较大，意味着青少年群体中弹性应对能力的分布具有一定的波动性，反映出不同青少年在弹性应对能力上存在差异。各题项选择情况如表 5 所示。

表 5　青少年弹性应对能力频次表（N=46862）

单位：人

| 题项 | 非常不符合 | 比较不符合 | 不确定 | 比较符合 | 非常符合 |
| --- | --- | --- | --- | --- | --- |
| 我会寻找创造性的方法来改变困境 | 1693 (3.61) | 3557 (7.59) | 13749 (29.34) | 18527 (39.54) | 9336 (19.92) |
| 无论发生什么事，我相信我可以控制自己的反应 | 1480 (3.16) | 3243 (6.92) | 12717 (27.14) | 19574 (41.77) | 9848 (21.01) |
| 我相信通过应对困境，我能够以积极的方式成长 | 1248 (2.66) | 2352 (5.02) | 9931 (21.19) | 22117 (47.20) | 11214 (23.93) |
| 我会积极主动地寻找方法来弥补生活中的损失 | 1355 (2.89) | 2408 (5.14) | 10262 (21.90) | 20843 (44.48) | 11994 (25.59) |

注：括号内为占比，单位为%。

从青少年性别上看，男生和女生在弹性应对能力上得分都较高，且男生得分高于女生（见图 13），这种性别差异在统计检验上是显著的。这一结果表明，青少年总体上有较高的弹性应对能力，且男生的弹性应对能力较女生更高。

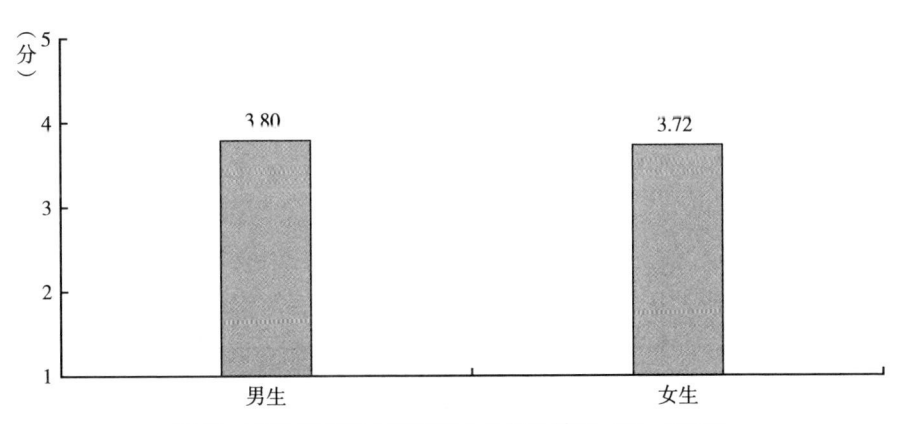

图 13　弹性应对能力在性别上的得分情况（N=46862）

男生：3.80　女生：3.72

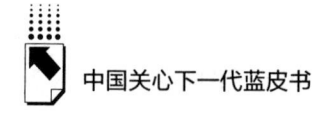

从青少年居住地来源上看，城镇户籍的青少年与农村户籍的青少年在弹性应对能力上的得分差距不大，城镇户籍的青少年弹性应对能力的得分微低于农村户籍的青少年（见图14），这种居住地来源差异在统计检验上是不显著的。这一结果表明，城镇户籍的青少年与农村户籍的青少年的弹性应对能力是相近的。

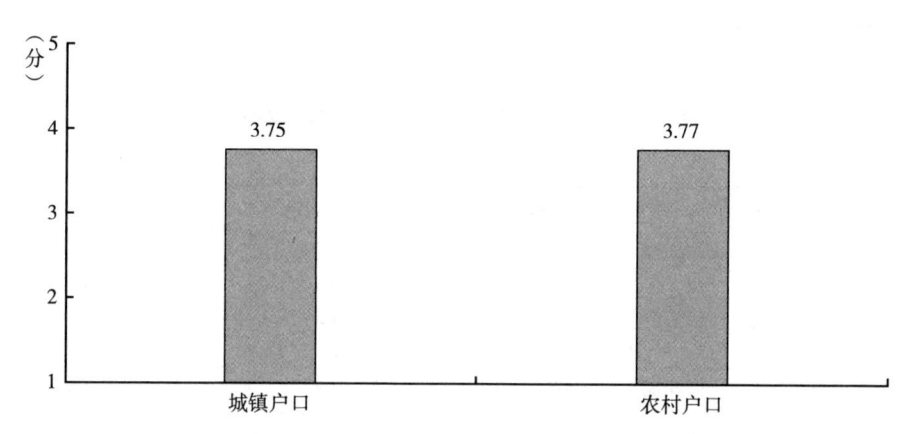

图14 弹性应对能力在居住地来源上的得分情况（N=46862）

从学龄段上看，随着学龄段的增长，青少年弹性应对能力得分不断降低。小学生的弹性应对能力得分最高，其次是初中生，高中生最低（见图15），这种学龄段差异在统计检验上是显著的。这表明，随着年级升高，青少年的弹性应对能力不断降低。

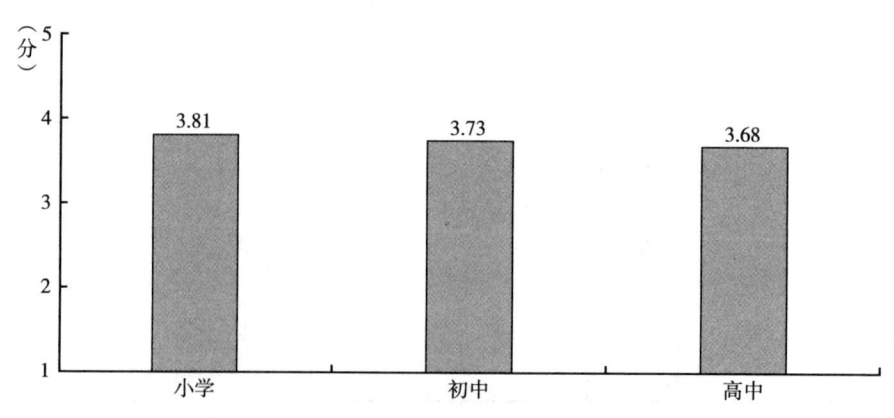

图15 弹性应对能力在学龄段上的得分情况（N=46862）

从与父母交流频率上看，青少年与父母沟通的频率越高，其弹性应对能力得分就越高（见图16）。这表明，随着青少年与父母聊天频率的增加，其弹性应对能力越高。而且，无论是与父亲还是与母亲聊天，都呈现出相同的趋势。

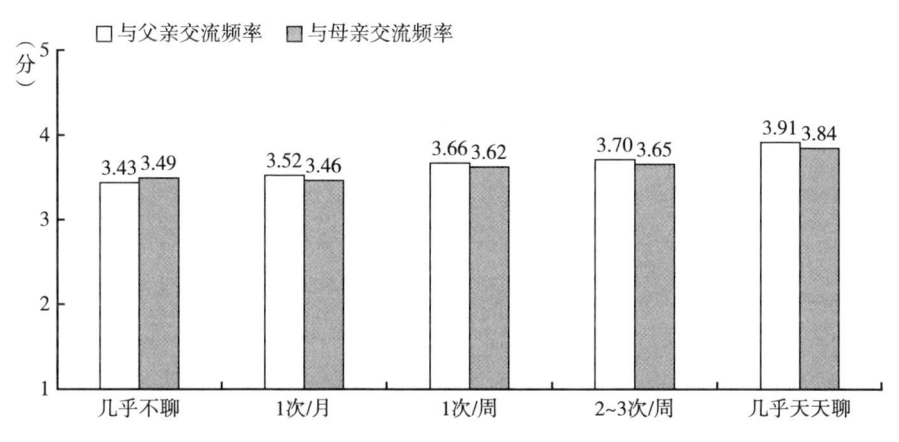

图16 弹性应对能力在与父母交流频率上的得分情况（N=46862）

（3）学业自我概念：低学龄段、亲子沟通多的男生学业自我概念更积极

学业自我概念一经提出，便引起了教育心理学家的广泛关注。[1] 学业自我概念是指个体在学业情境中形成的对自己在学业发展方面比较稳定的认知、体验和评价，与学业成绩和行为存在高相关关系，是预测个体学业成就、心理健康水平及社会发展的关键因素。[2] 其主要包含两个方面，一是学业能力知觉，涉及个人对自己在某一学科的能力的感知，如感知自己是否擅长和最终成绩表现如何等；二是学业情感体验，涉及个人对某一学科的情绪体验，如是否对某学科感兴趣或是否喜欢某学科等。

本次调查结果显示，青少年的学业自我概念平均得分为3.64（最大值

---

[1] Shavelson R. J., Hubner J. J., Stanton G. C., "Self-concept: Validation of Construct Interpretations," *Review of Educational Research*, 1976（3）.

[2] 郭成、何晓燕、张大均：《学业自我概念及其与学业成绩关系的研究述评》，《心理科学》2006年第1期。

为5），标准差为0.88。这表明，大多数青少年有较高水平的学业自我概念。然而，标准差相对较大，意味着青少年群体中学业自我概念的分布具有一定的波动性，反映出不同青少年在学业自我概念上存在差异。各题项选择情况如表6所示。

**表6 青少年学业自我概念频次表（N=46862）**

单位：人

| 维度 | 题项 | 非常不符合 | 比较不符合 | 不确定 | 比较符合 | 非常符合 |
| --- | --- | --- | --- | --- | --- | --- |
| 学业能力知觉 | 我有很强的学习能力 | 1880 (4.01) | 4255 (9.08) | 11489 (24.52) | 19193 (40.96) | 10045 (21.43) |
| | 老师一直把我看作是最聪明（优秀）的学生之一 | 2450 (5.23) | 3933 (8.39) | 14275 (30.46) | 16379 (34.95) | 9825 (20.97) |
| | 同学们都认为我的学习能力强 | 2424 (5.17) | 4493 (9.59) | 15265 (32.57) | 15870 (33.87) | 8810 (18.80) |
| | 当学习一门新课时，我通常可以肯定自己的成绩会名列前茅 | 2711 (5.79) | 5300 (11.31) | 15681 (33.46) | 14764 (31.51) | 8406 (17.93) |
| | 我认为我在学业上是成功的 | 2684 (5.73) | 5110 (10.90) | 14659 (31.28) | 15923 (33.98) | 8486 (18.11) |
| 学业情感体验 | 学习对我来说并不是一件枯燥乏味的事情 | 2718 (5.80) | 4465 (9.52) | 9907 (21.14) | 18930 (40.40) | 10842 (23.14) |
| | 在学习中我经常感到快乐 | 1824 (3.89) | 3570 (7.62) | 9898 (21.12) | 19732 (42.11) | 11838 (25.26) |
| | 我对学习充满兴趣 | 1843 (3.93) | 3833 (8.18) | 9354 (19.96) | 20146 (42.99) | 11686 (24.94) |
| | 我喜欢学习 | 2131 (4.55) | 3734 (7.97) | 9262 (19.76) | 19515 (41.64) | 12220 (26.08) |
| | 我觉得学习是件愉快的事情 | 2017 (4.30) | 3721 (7.94) | 9423 (20.11) | 19725 (42.09) | 11976 (25.56) |

注：括号内为占比，单位为%。

从青少年性别上看，男生和女生在学业自我概念指数及其细分维度上的得分有差异，男生的学业自我概念、学业能力知觉和学业情感体验得分均高于女生（见图17）。这种性别差异在统计检验上是显著的。这表明，男生较女生拥有更佳的学业自我概念、学业能力知觉和学业情感体验。这意味着男生对自己在学业发展方面有比较稳定的认知、体验和评价，更倾向于认为自己在学习上具有较高的能力，并且对学习持有更积极的情感态度。

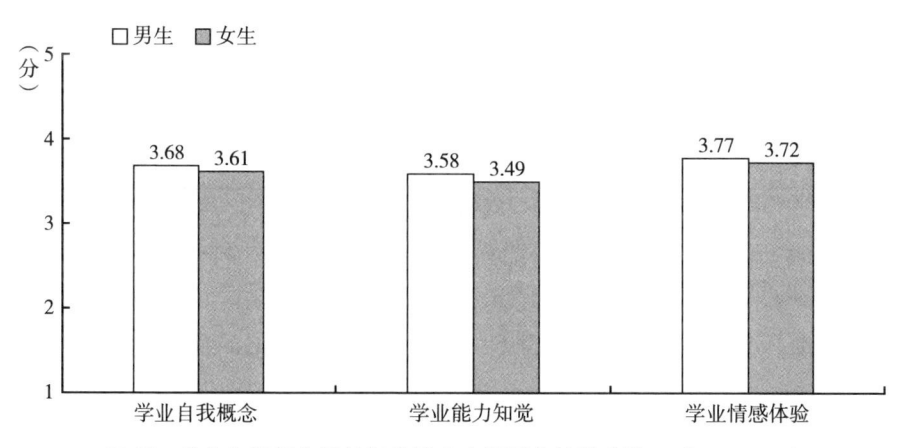

图17 学业自我概念及其细分维度在性别上的得分情况（N=46862）

从青少年居住地来源上看，农村户籍的青少年学业自我概念微高于城镇户籍的青少年，但在统计检验上，两类青少年的学业自我概念并无显著差异。而在学业能力知觉方面，统计检验结果显示，城镇户籍的青少年得分显著高于农村户籍的青少年；在学业情感体验方面，统计检验结果显示，农村户籍的青少年得分显著高于城镇户籍的青少年。这一结果表明，虽然农村户籍的青少年和城镇户籍的青少年对自己在学业发展方面的认知、体验和评价上并无太大差异，但相较于农村户籍的青少年，城镇户籍的青少年更倾向于认为自己在学习上具有较高的能力；而相较于城镇户籍的青少年，农村户籍的青少年对学习持有更积极的情感态度。

从学龄段上看，随着学龄段的增长，青少年学业自我概念及其细分维度的得分逐渐降低，这种学龄段差异在统计检验上是显著的。具体而言，在这三个方面，都是小学生得分最高，其次是初中生，高中生最低。这表明，随着年级升高，青少年对自己在学业发展方面的认知、体验和

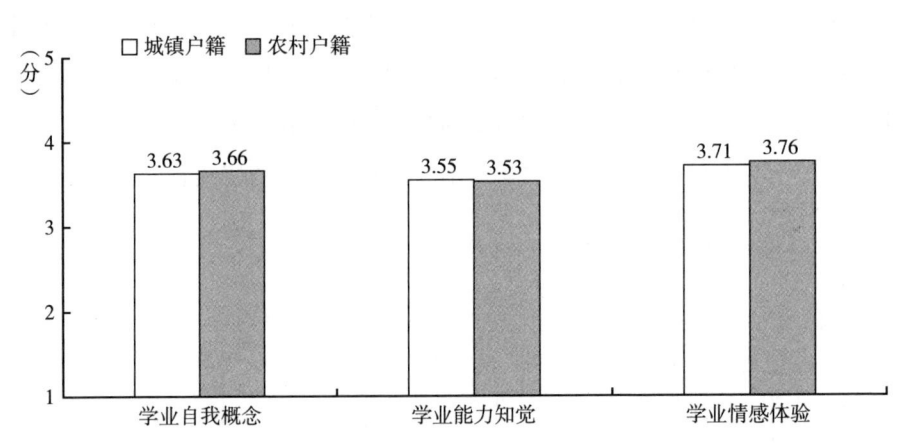

图 18 学业自我概念及其细分维度在居住地来源上的得分情况（N=46862）

评价逐渐降低，对学业能力的感知和学业积极情感的体验也逐渐降低（见图 19）。

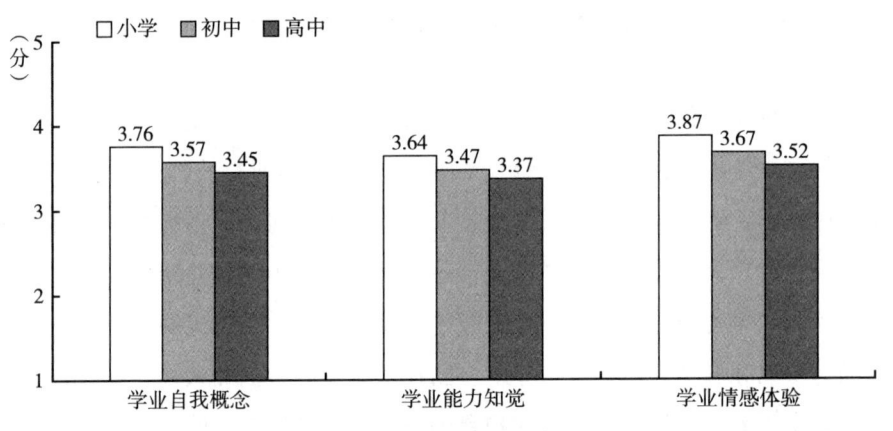

图 19 学业自我概念及其细分维度在学龄段上的得分情况（N=46862）

从与父母交流频率上看，青少年与父母沟通的频率越高，其学业自我概念得分就越高（见图 20）。这表明，随着青少年与父母聊天频率的增加，青少年的学业自我概念得分不断提高，对自己在学业发展方面的认知、体验和评价更趋于稳定和全面。而且，无论是与父亲还是与母亲聊天，都呈现出相同的趋势。

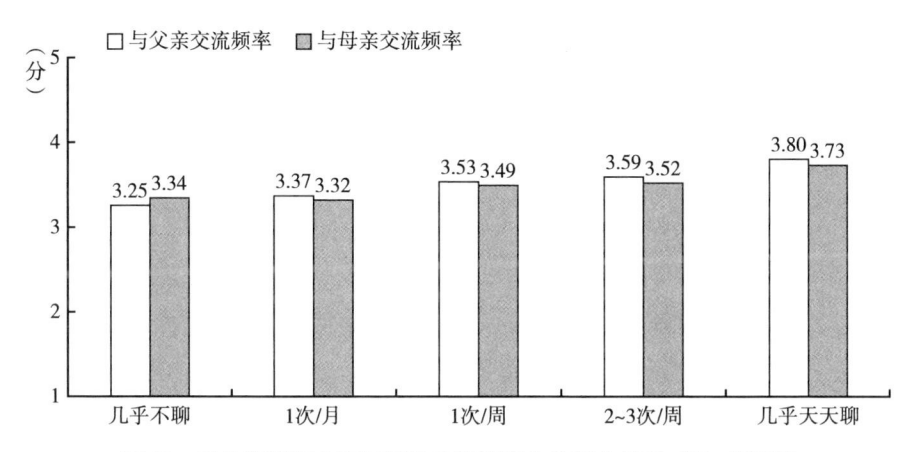

图 20 学业自我概念在与父母交流频率上的得分情况（N=46862）

从学业自我概念的两个维度来看，结果显示，青少年与父母沟通的频率越高，其学业能力知觉和学业情感体验得分越高（见图21和图22），对自己在学业发展方面的认知、体验和评价就越稳定和全面。而且，无论是与父亲还是与母亲聊天，都呈现出相同的趋势。

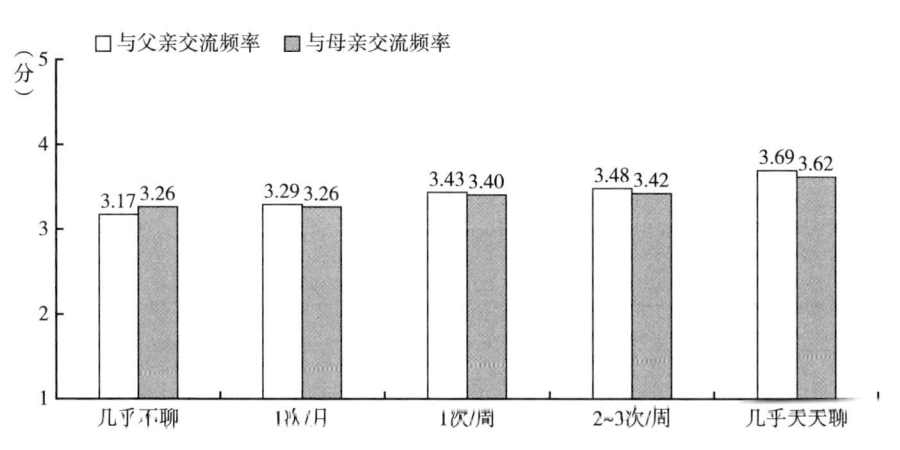

图 21 学业能力知觉在与父母交流频率上的得分情况（N=46862）

（4）亲社会行为：来自城镇、低学龄段、亲子沟通多的青少年亲社会行为更多

亲社会行为是指在社会交往中个体表现出来有益于他人和社会的行为，

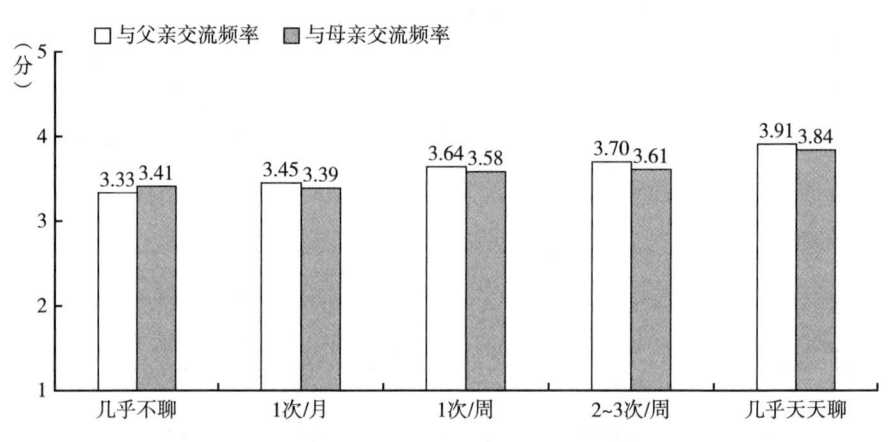

图 22 学业情感体验在与父母交流频率上的得分情况（N=46862）

如物品捐赠、分享食物、提供信息、安慰和帮助等行为。亲社会行为反映了个体人格结构中与外部世界有关的积极倾向和健康特质，是青少年社会性发展的重要组成部分。[①]

本次调查结果显示，青少年的亲社会行为平均得分为2.51（最大值为3），标准差为0.47。这表明，大多数青少年有较多的亲社会行为。标准差相对较小，意味着青少年亲社会行为的分布具有相对集中的特征，差异较小。各题项选择情况如表7所示。

表 7 青少年亲社会行为频次表（N=46862）

单位：人

| 题项 | 不符合 | 有点符合 | 完全符合 |
| --- | --- | --- | --- |
| 我尽量对别人好并关心他们的感受 | 2854<br>(6.09) | 21614<br>(46.12) | 22394<br>(47.79) |
| 我通常与他人分享（食物、游戏、文具等） | 2257<br>(4.82) | 18863<br>(40.25) | 25742<br>(54.93) |
| 如果有人受伤、沮丧或生病，我会提供帮助 | 1890<br>(4.03) | 18696<br>(39.90) | 26276<br>(56.07) |

---

① 寇彧、张庆鹏：《青少年亲社会行为的概念表征研究》，《社会学研究》2006年第5期。

续表

| 题项 | 不符合 | 有点符合 | 完全符合 |
|---|---|---|---|
| 我对年龄比我小的孩子很好 | 2028<br>(4.33) | 17179<br>(36.66) | 27655<br>(59.01) |
| 我经常发自内心地帮助别人（父母、老师、孩子） | 1665<br>(3.55) | 17828<br>(38.05) | 27369<br>(58.40) |

注：括号内为占比，单位为%。

从青少年性别上看，男生和女生的亲社会行为得分均较高，且女生的亲社会行为得分微高于男生（见图23）。但在统计检验上，不同性别青少年的亲社会行为并无显著差异。这一结果表明，男生和女生在亲社会行为方面总体上是相近的。

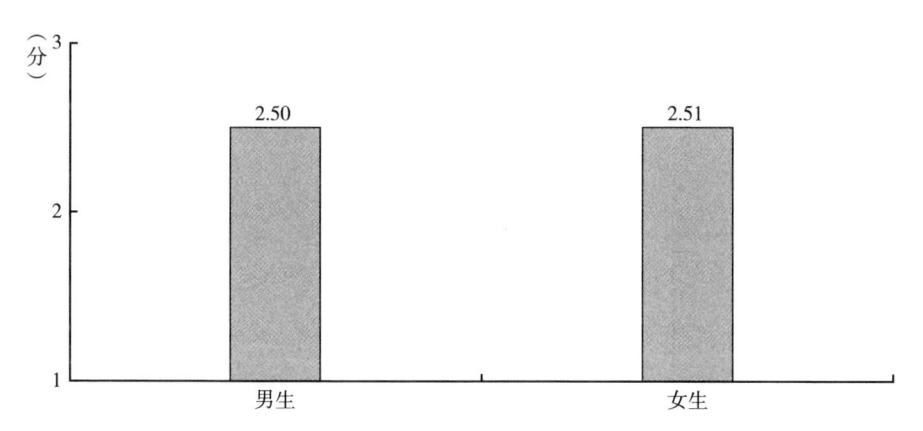

图23 亲社会行为在性别上的得分情况（N=46862）

从青少年居住地来源上看，城镇户籍的青少年的亲社会行为得分高于农村户籍的青少年（见图24），这种居住地来源差异在统计检验上是显著的。这一结果表明，与农村户籍的青少年相比，城镇户籍的青少年拥有更高的亲社会行为水平。

从学龄段上看，随着学龄段的增长，青少年亲社会行为得分不断降低，这种学龄段差异在统计检验上是显著的。小学生的亲社会行为得分最高，其

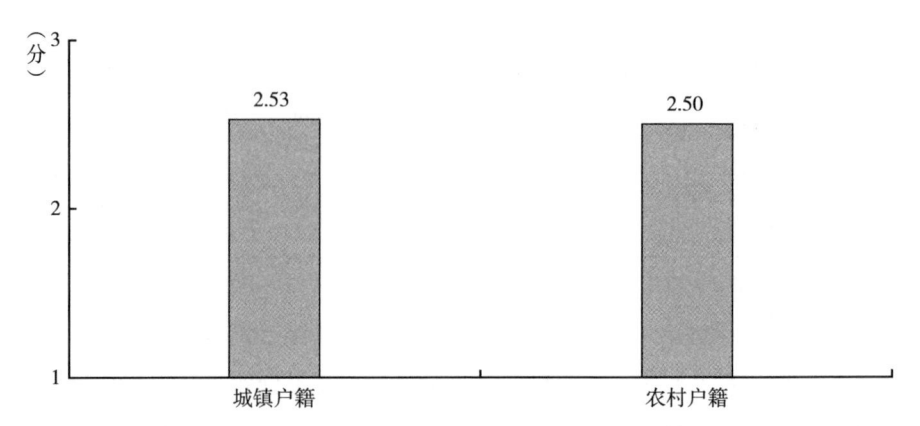

图24 亲社会行为在居住地来源上的得分情况（N=46862）

次是初中生，高中生最低（见图25）。这表明，随着年级升高，青少年的亲社会行为得分不断降低。

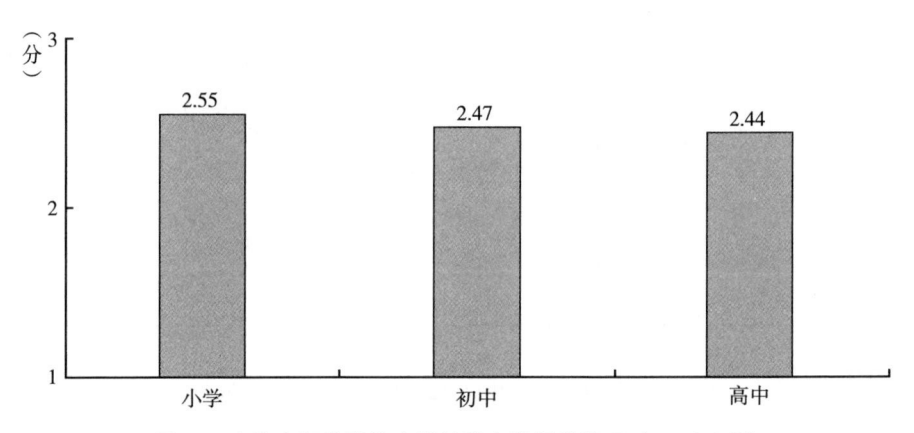

图25 亲社会行为指数在学龄段上的得分情况（N=46862）

从与父母交流频率上看，青少年与父母沟通的频率越高，其亲社会行为得分就越高（见图26）。这表明，随着青少年与父母聊天频率的增加，其亲社会行为不断增加。而且，无论是与父亲还是与母亲聊天，都呈现出相同的趋势。

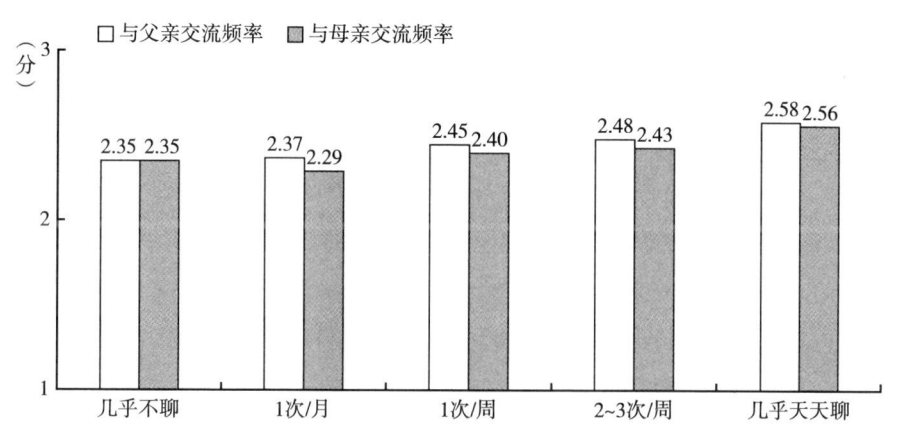

图 26 亲社会行为在与父母交流频率上的得分情况（N=46862）

## （二）生活状况积极美好，但在人口统计学上存在差异

**1. 快乐的生活——生活满意度状况：来自城镇、低学龄段、亲子沟通多的青少年生活满意度更高**

生活满意度通常指的是个人对其生活各个方面的满意程度的主观评价，是衡量个人幸福感和生活质量的重要指标之一。生活满意度和心理健康之间存在紧密的联系。通常，较高的生活满意度与良好的心理健康状况相关联，反之亦然。

本次调查结果显示，青少年的平均生活满意度得分为8.12（最大值为11），标准差为2.59。这表明，青少年的生活满意度总体处于中上水平，然而，标准差相对较大，意味着青少年群体中生活满意度的分布具有一定的波动性，反映出不同青少年在生活满意度上存在差异。具体题项选择情况如表8所示。

表 8 生活满意度分布情况（N=46862）

| 程度 | 频率 | 百分比 | 累积百分比 |
| --- | --- | --- | --- |
| 0(非常不满意) | 576 | 1.23 | 1.23 |
| 1 | 1120 | 2.39 | 3.62 |
| 2 | 1001 | 2.14 | 5.76 |

续表

| 程度 | 频率 | 百分比 | 累积百分比 |
| --- | --- | --- | --- |
| 3 | 1684 | 3.59 | 9.35 |
| 4 | 2040 | 4.35 | 13.70 |
| 5 | 7317 | 15.61 | 29.32 |
| 6 | 4392 | 9.37 | 38.69 |
| 7 | 4646 | 9.91 | 48.60 |
| 8 | 7071 | 15.09 | 63.69 |
| 9 | 4190 | 8.94 | 72.63 |
| 10(非常满意) | 12825 | 27.37 | 100.00 |
| 总　计 | 46862 | — | — |

从青少年性别上看，男生与女生在生活满意度上均得分较高，且男生的生活满意度得分高于女生（见图27），这种性别差异在统计检验上是不显著的。这一结果表明，青少年总体上拥有较高的生活满意度，且男生的生活满意度略高于女生，但男女之间的差别并不大。

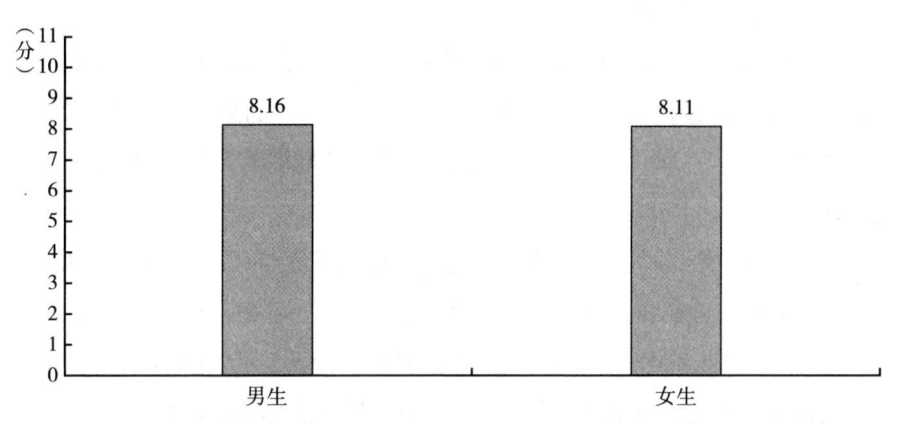

图27　生活满意度在性别上的得分情况（N=46862）

从青少年居住地来源上看，城镇户籍的青少年的生活满意度得分高于农村户籍的青少年（见图28），这种居住地来源差异在统计检验上是显著的。这一结果表明，与农村户籍的青少年相比，城镇户籍的青少年拥有更高的生活满意度。

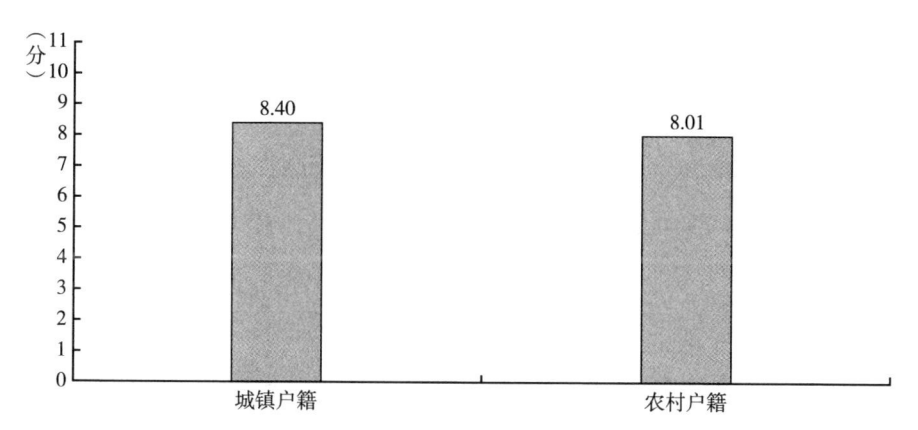

图28 生活满意度在居住地来源上的得分情况（N=46862）

从学龄段上看，随着学龄段的增长，青少年的生活满意度得分不断降低，这种学龄段差异在统计检验上是显著的。具体而言，小学生的生活满意度最高，其次是初中生，高中生最低（见图29）。这表明，随着年级升高，青少年的生活满意度不断降低。

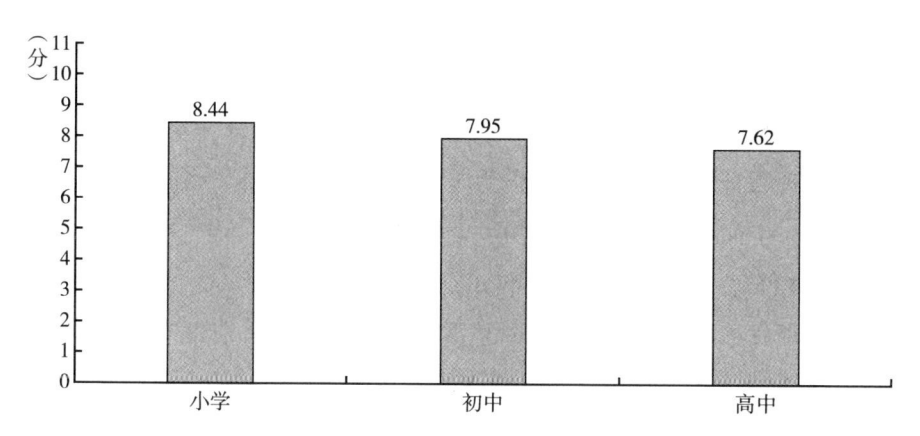

图29 生活满意度在学龄段上的得分情况（N=46862）

从与父母交流频率上看，总体上，青少年与父母沟通的频率越高，其生活满意度就越高（见图30）。这表明，随着青少年与父母聊天频率的增加，其生活满意度不断提高。而且，无论是与父亲还是与母亲聊天，都呈现出相同的趋势。

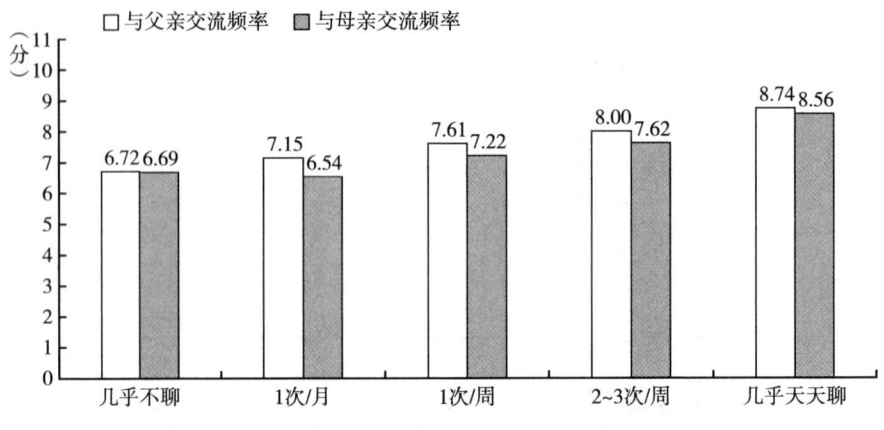

图 30 生活满意度在与父母交流频率上的得分情况 (N=46862)

**2. 有意义的生活——生命意义感状况：来自农村、高学龄段、亲子沟通多的男生寻求意义感更高；来自城镇、低学龄段、亲子沟通多的男生拥有意义感更高**

生命意义感是一个深层次的心理体验，关乎个体对自己存在的理解、目的和价值的感知。这一概念在心理学和哲学中都被广泛探讨，是人们追求心理健康和满足感的重要组成部分。感受到生活有意义通常与更高的幸福感、更好的心理和身体健康，以及更强的应对压力和逆境的能力相关联。在心理学研究中，生命意义感通常被视为一个多维度的概念，其中"寻找意义感"和"拥有意义感"是重要的构成部分。

本次调查结果显示，青少年的总平均生命意义感得分为 3.61（最大值为 5），标准差为 0.72。这表明，大多数青少年感到较高的生命意义感。然而，标准差相对较大，意味着青少年群体中生命意义感的分布有一定的波动性，反映出不同青少年在生命意义感上存在差异。各题项选择情况如表 9 所示。

从青少年性别上看，男生在寻找意义感与拥有意义感上的得分都高于女生（见图 31）。这种性别差异在统计检验上是显著的。这一结果表明，男生相比女生有更高的寻找意义感和拥有意义感。

表9 青少年生命意义感频次表（N=46862）

单位：人

| 维度 | 题项 | 非常不符合 | 比较不符合 | 不确定 | 有点符合 | 非常符合 |
|---|---|---|---|---|---|---|
| 寻找意义感 | 我正在寻觅我人生的一个目的或使命 | 3480 (7.43) | 4252 (9.07) | 12837 (27.39) | 16053 (34.26) | 10240 (21.85) |
| | 我正在寻找自己生活的意义 | 4021 (8.58) | 4717 (10.06) | 10891 (23.18) | 17787 (37.96) | 9476 (20.22) |
| | 我正在寻觅让我感觉自己生活富有意义的东西 | 2254 (4.82) | 3351 (7.15) | 10409 (22.21) | 19792 (42.23) | 11056 (23.59) |
| | 我总在尝试寻找自己生活的目的 | 2872 (6.13) | 4005 (8.55) | 11129 (23.75) | 18676 (39.85) | 10180 (21.72) |
| | 我一直在寻找某样能使我的生活感觉起来是重要的东西 | 2390 (4.84) | 3871 (7.84) | 13336 (27.00) | 18814 (38.10) | 10972 (22.22) |
| 拥有意义感 | 我的生活没有明确的目的 | 9945 (21.22) | 8976 (19.15) | 11455 (24.44) | 10036 (21.43) | 6450 (13.76) |
| | 我明白自己生活的意义 | 2161 (4.61) | 3167 (6.76) | 11195 (23.89) | 18694 (39.89) | 11645 (24.85) |
| | 我的生活有一个清晰的方向 | 1802 (3.85) | 3036 (6.48) | 11310 (24.13) | 18856 (40.24) | 11858 (25.30) |
| | 我知道什么东西能使自己的生活有意义 | 1812 (3.87) | 2903 (6.19) | 11217 (23.93) | 19244 (41.07) | 11686 (24.94) |
| | 我已经发现一个让自己满意的生活目的 | 2007 (4.28) | 3383 (7.22) | 12710 (27.12) | 17755 (37.89) | 11007 (23.49) |

注：括号内为占比，单位为%。

从青少年居住地来源上看，城镇户籍的青少年在寻找意义感上的得分低于农村户籍的青少年，但是在拥有意义感上的得分高于农村户籍的青少年（见图32），上述维度的居住地来源差异在统计检验上是显著的。这一结果表明，农村户籍的青少年比城镇户籍的青少年有更高的寻找意义感，而城镇户籍的青少年比农村户籍的青少年有更高的拥有意义感。

从学龄段上看，结果发现，在寻找意义感维度上的得分会随着学龄段的

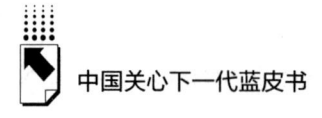

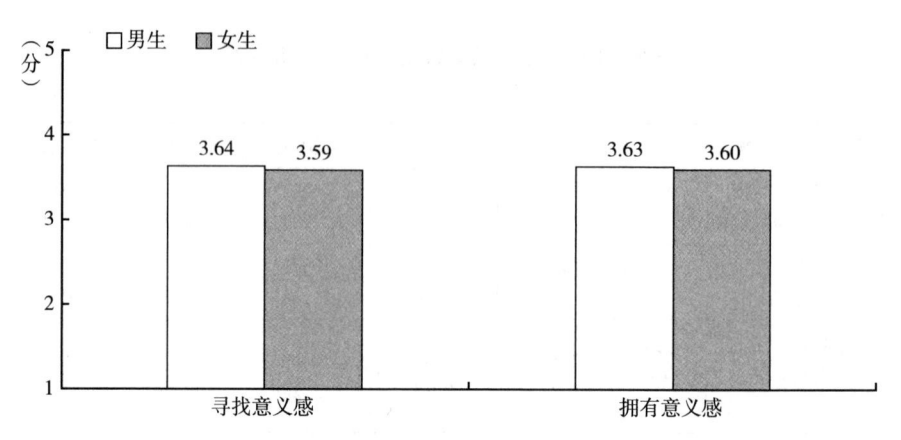

图 31 生命意义感在性别上的得分情况 （N=46862）

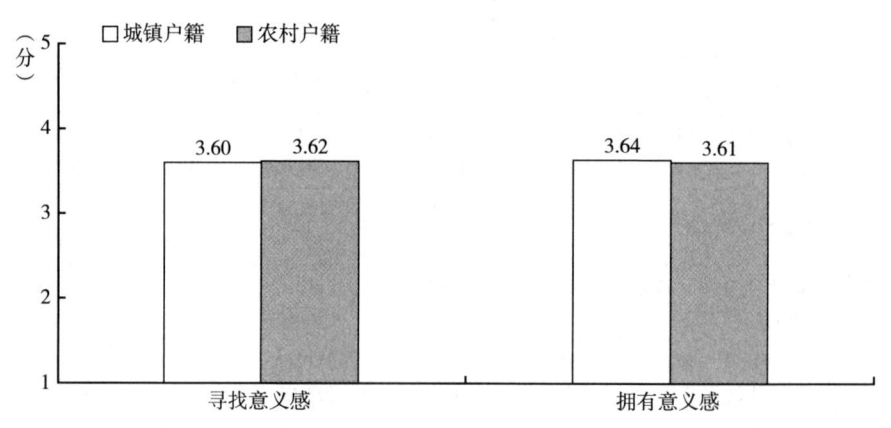

图 32 生命意义感在居住地来源上的得分情况 （N=46862）

增长而增加，具体而言，小学生在寻找意义感维度上的得分最低，其次是初中生，高中生最高。与之相反，在拥有意义感维度上的得分会随着学龄段的增长而降低。具体而言，小学生在拥有意义感维度上的得分最高，其次是初中生，高中生最低（见图33）。两个维度上的学龄段差异在统计检验上都是显著的。

从与父母交流频率上看，总体上，青少年与父母沟通的频率越高，其寻找生命意义感与拥有的生命意义感的得分就越高（见图34和图35）。这表明，随着青少年与父母聊天频率的增加，其寻找意义感和拥有意义感就越高。而且，无论是与父亲还是与母亲聊天，都表现出相同的趋势。

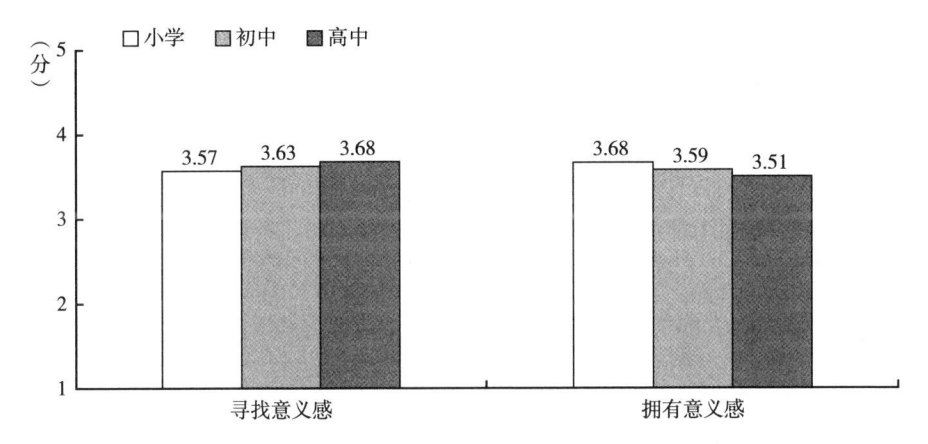

图33 生命意义感在学龄段上的得分情况（N=46862）

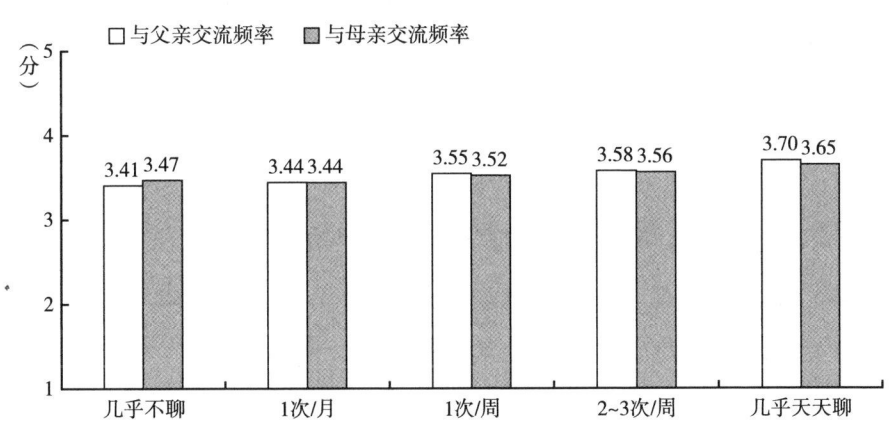

图34 寻找意义感在与父母交流频率上的得分情况（N=46862）

### 3 丰富的生活——生活丰富性状况：来自城镇、低学龄段、亲子沟通多的男生生活丰富性更高

生活丰富性是指个体经历的多样性和质量，包括活动、经历、感受和关系等各个方面。一个丰富多彩的生活通常被视为拥有各种各样的经历，这些经历促进个体的成长、学习和幸福。

本次调查结果显示，青少年的生活丰富性平均得分为3.53（最大值为5），

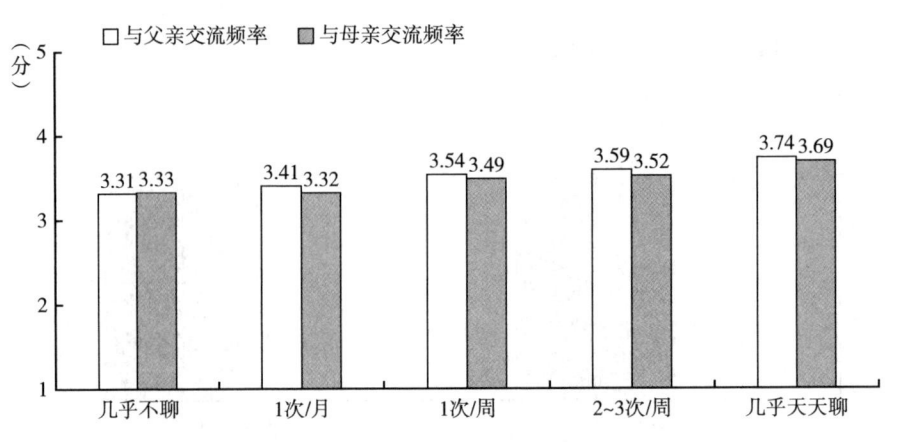

图 35 拥有意义感在与父母交流频率上的得分情况（N=46862）

标准差为0.90。这表明，大多数青少年的生活丰富性较高。然而，标准差相对较大，则意味着青少年群体中生活丰富性的分布有一定的波动性，反映出不同青少年在生活丰富性上存在差异。具体各题项选择情况如表10所示。

表 10　青少年生活丰富性频次表（N=46862）

单位：人

| 题项 | 非常不符合 | 比较不符合 | 不确定 | 有点符合 | 非常符合 |
| --- | --- | --- | --- | --- | --- |
| 我的心理世界丰富多彩 | 2074 (4.43) | 3493 (7.45) | 7523 (16.05) | 18220 (38.88) | 15552 (33.19) |
| 我的人生经历丰富多彩 | 2679 (5.71) | 5346 (11.41) | 10479 (22.36) | 16414 (35.03) | 11944 (25.49) |
| 我的生活情感丰富 | 2972 (6.33) | 4802 (10.25) | 9625 (20.54) | 17154 (36.61) | 12309 (26.27) |
| 我有很多有趣的经历 | 1927 (4.12) | 4265 (9.10) | 7405 (15.80) | 19800 (42.25) | 13465 (28.73) |
| 我有很多新奇的经历 | 2658 (5.67) | 5649 (12.06) | 9826 (20.97) | 16815 (35.88) | 11914 (25.42) |
| 我的生活充满了独特、不寻常的经历 | 4178 (8.91) | 7120 (15.19) | 10721 (22.88) | 14544 (31.04) | 10299 (21.98) |

续表

| 题项 | 非常不符合 | 比较不符合 | 不确定 | 有点符合 | 非常符合 |
|---|---|---|---|---|---|
| 我的生活充满了丰富而紧张的时刻 | 3577 (7.64) | 6647 (14.18) | 10043 (21.43) | 16276 (34.73) | 10319 (22.02) |
| 我的生活充满戏剧性 | 6460 (13.79) | 8278 (17.66) | 11870 (25.33) | 11597 (24.75) | 8657 (18.47) |
| 我通过旅行或听音乐会等亲身经历体验各种情感 | 4421 (9.43) | 6269 (13.38) | 9109 (19.44) | 16155 (34.47) | 10908 (23.28) |
| 我有很多个人故事可以讲给别人听 | 4006 (8.55) | 6945 (14.82) | 9842 (21.00) | 16035 (34.22) | 10034 (21.41) |
| 临终时，我可能会说："我的一生很有趣" | 4812 (10.26) | 4130 (8.81) | 14544 (30.04) | 13124 (28.01) | 10252 (21.88) |
| 临终时，我可能会说："我看到了很多，也学到了很多" | 3746 (7.99) | 3512 (7.49) | 12721 (27.16) | 15550 (33.18) | 11333 (24.18) |
| 我的生活可以被拍成电影或写成一本小说 | 5398 (11.52) | 6167 (13.16) | 14582 (31.12) | 11886 (25.36) | 8829 (18.84) |

注：括号内为占比，单位为%。

从青少年性别上看，男生在生活丰富性维度上的得分高于女生（见图36），这种性别差异在统计检验上是显著的。这一结果表明，男生的生活丰富性较女生更高。

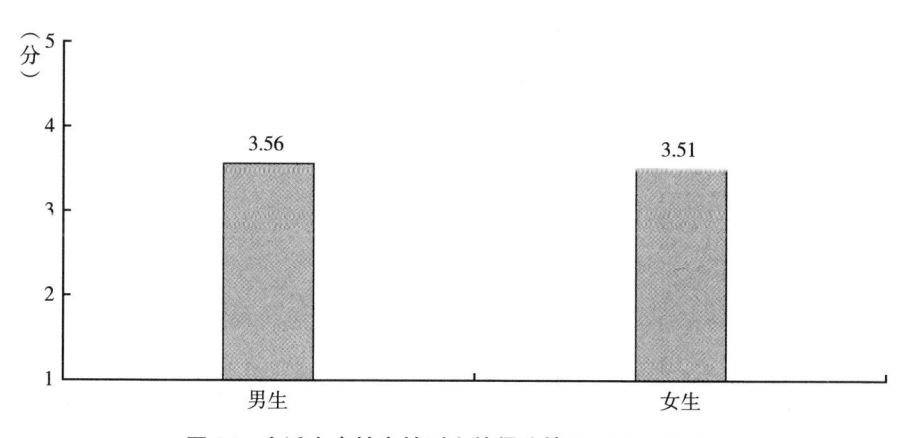

图36 生活丰富性在性别上的得分情况（N=46862）

从青少年居住地来源上看，城镇户籍的青少年在生活丰富性上的得分高于农村户籍的青少年（见图37），这种居住地来源差异在统计检验上是显著的。这一结果表明，与农村户籍的青少年相比，城镇户籍的青少年有更高的生活丰富性。

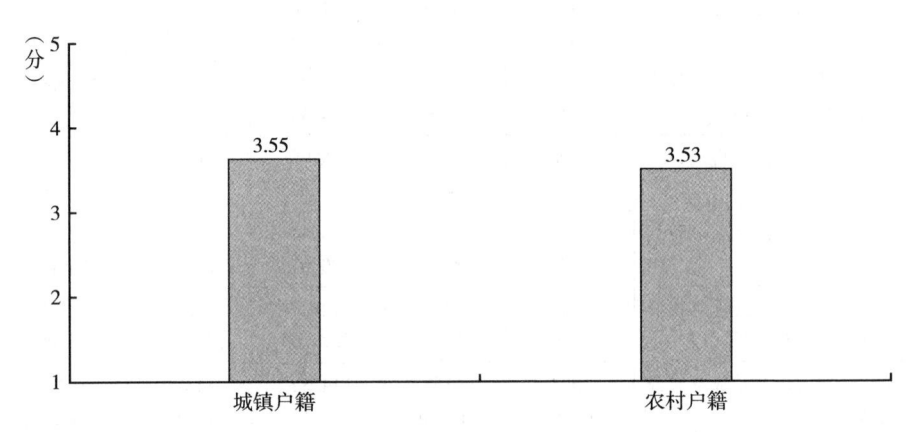

图 37　生活丰富性在居住地来源上的得分情况（N=46862）

从学龄段上看，随着学龄段的增长，青少年的生活丰富性得分不断降低，这种学龄段差异在统计检验上是显著的。具体而言，小学生在生活丰富性上的得分最高，其次是初中生，高中生最低（见图38）。这表明，随着年级升高，青少年的生活丰富性逐渐降低。

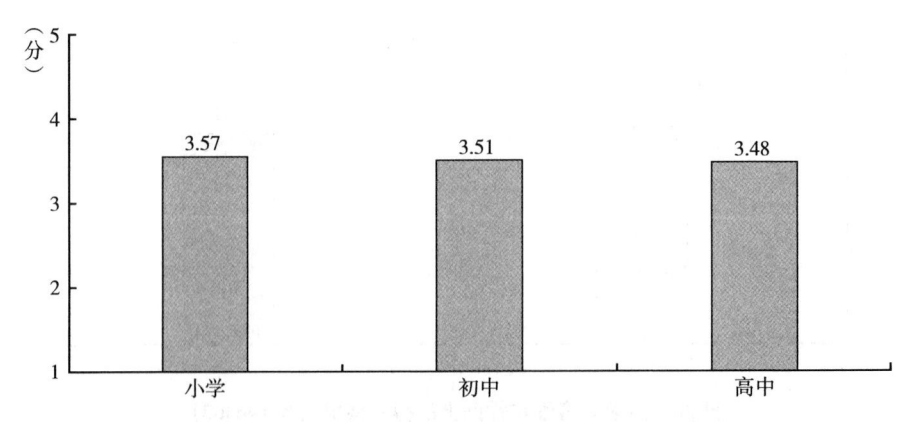

图 38　生活丰富性在学龄段上的得分情况（N=46862）

从与父母交流频率上看，总体上，青少年与父母沟通的频率越高，其生活丰富性得分就越高（见图39）。这表明，随着青少年与父母聊天频率的增加，其生活丰富性不断提升。而且，无论是与父亲还是与母亲聊天，都呈现出相同的趋势。

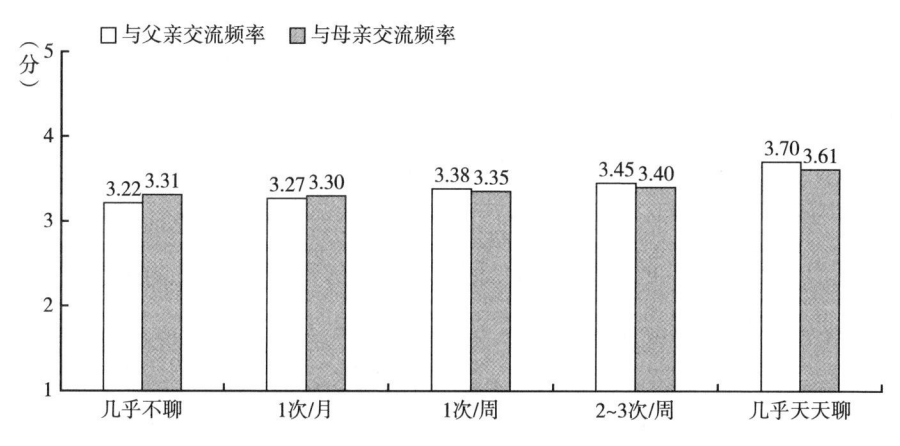

图39 生活丰富性在与父母交流频率上的得分情况（N=46862）

## 三 促进青少年心理健康的对策

党的十八大以来，以习近平同志为核心的党中央高度重视和关心广大学生的心理健康和成长发展，党的二十大报告强调，重视心理健康和精神卫生的重要性。中央教育工作领导小组也专门召开会议，专题研究和部署学生心理健康工作。2022年国家统计局发布的《中国儿童发展纲要（2021—2030年）》统计监测报告显示，小学和中学配备的专职心理健康教育教师比例分别只有33.2%和58.6%，远未达到全面覆盖的目标。许多学校尚未将心理健康教育真正纳入常规教学计划，缺乏系统的课程设置。特别是在部分城乡地区，心理咨询设施并未发挥应有的作用，针对教师在心理健康教育方面的专业培训也明显不足。此外，针对青少年心理危机的干预措施仍需加强，心理危机干预网络逐步建立，但在干预力量配置、反应速度等方面仍存在不足。人们对心理健康的认识也存在误区，在一定程度上影响了心理服务的有效供给和青少年求助的积极性。

基于本次调查结果，为了提升青少年的心理健康，促进青少年的健康成长，可以从以下几方面开展工作。

**1. 针对学生成长特点，优化心理健康课程设置**

目前学校心理健康教师配备仍不足，一些教师的心理健康服务能力有待提升，心理健康教育课程尚未被纳入国家课程体系。为此，建议在小学、初中、高中阶段设置心理健康必修课程，系统开展心理健康教育。中国关工委应继续推广关于青少年心理健康的国家级指导方针和政策，以确保心理健康教育和服务得到系统的支持。在政策层面推动心理健康教育成为学校教育的组成部分，确保所有学校都有能力和资源开展这一工作。

学校开设的心理健康课程要结合不同年龄阶段学生的特点，优化教学内容和方式，贴近青少年生活实际。具体而言，针对小学阶段应注重在学习活动和课堂情境中开展心理健康教育。[①] 小学生的心理发展重点是获得"勤奋感"和克服自卑感。为了有效促进小学生的心理健康，教育工作者和家长需共同采取一系列策略，如积极的反馈与认可、设立适宜的目标、发展良好的学习习惯、增强社交技能、增强适应性和韧性等，不仅帮助小学生获得"勤奋感"，而且为他们的心理健康和人格发展打下坚实的基础。针对中学阶段，要着重引导学生正确认识自己的优缺点和能力水平，明确理想，客观接纳自己。中学生的心理发展重点是形成自我认同感，防止角色混乱。该阶段中学生会经历快速的生理和心理变化，他们开始探索自我身份，试图理解自己在社会和群体中的位置。随着他们对个人身份探索的深入，其对未来的思考也变得更加多元。因此，支持学生在这一关键时期形成积极的自我认同，对其长期发展而言至关重要。这一阶段的心理健康教育策略包括自我认同与自我接纳、情绪和自控管理、价值观和意志力的培养、职业规划和人生目标设定、增强社会适应能力等。通过采取这些策略，旨在帮助学生应对身

---

[①] 俞国良：《心理健康教育应以人格发展为核心》，《中国民族教育》2024年第3期。

份和角色探索中的挑战，形成自我认同感，增强自信、责任感并能适应社会变化。

2. 加强亲子沟通，提供情感支持

为加强亲子沟通并提供有效的情感支持，家长应积极与孩子构建开放和支持性强的沟通环境，包括定期了解孩子的心理状态和生活中遇到的问题，重视并尊重孩子的情绪表达，并帮助他们学会如何管理情绪。家长应提供充分的情感支持和正面反馈，帮助孩子建立自信心和自我价值感，避免无谓的批评和过大的压力，多鼓励和表扬。

家长还可以积极参与心理健康教育相关的培训和讲座，学习有关心理健康的基础知识及教育技巧，以更好地支持孩子的成长。中国关工委可以发挥资源整合和政策推广的作用，制定并推广面向家长的心理健康教育指导手册，传播科学的家庭教育理念和方法。此外，中国关工委可以开展专门针对家长的心理健康教育项目，深化他们对心理健康问题的认识，并增强他们应对子女心理问题的能力。通过采取这些措施，可以有效提升家庭环境的整体心理健康水平，为青少年创造一个更加健康的成长环境。

3. 提高公众意识，减少对心理问题的污名化

在社会层面，相关机构可针对青少年频繁使用的网络和社交媒体平台，开展在线心理健康教育和普及活动。这可以更加贴近青少年的生活和需求，有效传递心理健康的重要性。例如，中国关工委可以利用网络、电视、广播和报纸等多种媒介，开展形式多样的心理健康教育和宣传活动，普及心理健康知识，特别是正确认识青少年心理问题，以消除人们对心理疾病的误解。

此外，政府应加强对农村地区心理健康教育和服务的支持，优先解决师资和设施不足的问题，通过定期巡回咨询等方式，为农村青少年提供专业的心理健康服务。同时，推动城乡心理服务资源共享，促进区域间心理健康服务均等化发展。在制定和实施心理健康相关政策时，考虑不同性别青少年的心理特点和需求差异，对易受心理困扰的群体提供特别的支持，为他们提供更多的自我展示和发展机会。

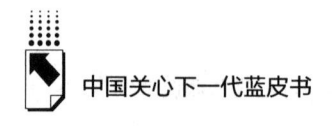

**4. 协调"家—校—医—社"多方联动，营造良好环境**

家庭和学校是青少年成长的两个最直接的环境。通过定期的家长会、家庭访问和家校联合活动，加强家长与教师之间的沟通和合作，共同关注和支持青少年的学业和心理健康。学校可以为家长提供关于如何辅导和支持孩子心理健康的培训和指导。同时，医疗机构尤其是心理健康服务提供者，应与学校和家庭建立紧密的合作关系，为有需要的青少年及时提供专业的心理健康评估、咨询和治疗服务。学校可设立定期心理健康检查，及早发现和干预潜在的心理健康问题。社区应发挥资源整合作用，建立起包括教育、医疗、文化和休闲等在内的多功能支撑网络。通过社区中心、青少年活动中心和其他公共设施提供丰富的课外活动和社会实践机会，帮助青少年建立社会联系。建立一个有效的信息共享平台，使家庭、学校、医疗机构和社区能够及时交换关于青少年心理健康状态的重要信息。同时，合作建立快速反应机制，对青少年心理健康危机进行及时干预。

**5. 支持心理健康科研，推动成果应用**

支持和推动心理健康科研对于解决青少年面临的心理问题至关重要。政府应积极支持全国和地方重点实验室在心理科学、脑科学、人工智能等多学科交叉领域，开展与青少年心理健康相关的基础性、前沿性及国际性研究。同时，鼓励有条件的高校和科研机构设立专门的青少年心理健康实验室，深入进行相关研究。通过将心理健康科研成果应用于青少年心理健康教育、监测预警系统、咨询服务及干预处置等方面，显著提升青少年心理健康的整体服务水平。此外，对于青少年抑郁等常见问题，应开展系列专题研究，从实践中验证干预方法的效果，并形成解决方案。这不仅能够为学校和教师提供科学和专业的识别、评估和干预工具，还能提供持续的研究和策略支持。

中国关工委应继续支持和资助青少年心理健康研究项目，积极收集和分析数据，以评估现有政策和程序的有效性，并为未来的政策改进提供科学依据。同时，应定期发布关于青少年心理健康状况的报告，监控心理健康教育和服务的实施效果，确保政策和服务能够持续改进和更新，以更好地服务于青少年的心理健康需求。

# B.6
# 全国老年志愿服务发展状况分析

王绍忠 刘增瑞 李霞*

**摘　要：** 近年来,习近平总书记对老年志愿服务做出一系列重要论述,党中央、国务院大力推进志愿服务制度建设,老年志愿者和志愿服务组织数量迅速增加,老年志愿服务的社会效益更加显著,重点领域的老年志愿服务深入发展,老年志愿服务取得长足发展。依据《老年人权益保障法》和《志愿服务条例》的规定,可界定老年志愿服务的内涵,并根据不同标准对其外延进行分类。我国老年志愿服务的法规政策体系逐步健全,涉老政策和志愿服务政策之间的衔接点越来越多,老年志愿服务的规范化、制度化水平不断提升。同时,还存在老年志愿服务制度的针对性和精准性不足、老年志愿服务组织发展需要规范和支持、老年志愿者服务能力不足等问题。对此,应转变发展理念,提升老年人在志愿服务中的地位和作用;加强顶层设计,促进老年志愿服务规范化发展;激活社会力量,培育壮大老年志愿服务组织;树立积极老龄观,激励更多老年人加入志愿者队伍;结合社会需要,引导老年志愿服务产生更大效益。

**关键词：** 志愿服务　老龄工作　老年志愿者

## 一　我国老年志愿服务的总体情况

### (一)习近平总书记对老年志愿服务做出一系列重要论述

2009年9月,时任中共中央政治局常委、国家副主席习近平在全国先

---

\* 王绍忠,中国老龄协会副会长;刘增瑞,中国老龄协会一级巡视员、权益保护部主任;李霞,中国老龄协会权益保护部志愿服务处处长。

进离退休干部党支部和离退休干部先进个人表彰大会上，肯定了"银龄行动"老年志愿者在新农村建设中发挥的作用。2014年3月，习近平总书记向老年志愿者优秀代表郭明义爱心团队回信，鼓励他们积小善为大善，在服务社会、助人为乐、爱岗敬业中提升人生境界。2016年5月，在第三十二次中央政治局集体学习时，习近平总书记提出"有作为、有进步、有快乐"的三有老人理念，强调引导老年人保持老骥伏枥、老当益壮的健康心态和进取精神，着力发挥老年人的积极作用。2019年1月，习近平总书记到我国志愿组织发源地——天津市和平区新兴街朝阳里社区考察，对包括老年人在内的志愿者参与社会治理表示充分肯定。2019年10月，习近平总书记给澳门街坊总会颐骏中心长者义工组老人回信，肯定和鼓励老年志愿者坚持老有所为、继续发光发热。2020年11月17日，习近平总书记对关心下一代工作作出重要指示，指出广大"五老"是党和国家的宝贵财富，是加强青少年思想政治工作的重要力量。2021年8月24日，习近平总书记在河北省承德市考察调研时发表重要讲话，要求把老有所为同老有所养结合起来，研究完善政策措施，鼓励老年人继续发光发热，充分发挥年纪较轻的老年人作用，推动志愿者在社区治理中有更多作为。2021年10月，习近平总书记对老龄工作作出重要指示，强调发挥好老年人的积极作用，让老年人共享改革发展成果、安享幸福晚年。习近平总书记对老年志愿服务的指导、肯定和支持，极大地鼓舞了老年志愿者斗志，有力地促进了老年志愿服务发展。

### （二）党中央、国务院大力推进志愿服务制度建设

2012年，《老年人权益保障法》修订时，增加了"鼓励老年人在自愿和量力的情况下，从事志愿服务等活动"的内容，老年志愿服务首次上升到法律层面。2017年，国务院印发《志愿服务条例》，全面系统地规定了政府、志愿服务组织、志愿者的职责定位，明确了促进措施和法律责任，标志着新时代志愿服务进入规范化发展轨道。同年，国务院印发《"十三五"国家老龄事业发展和养老体系建设规划》，将发展老年志愿服务单列一节，作为规划的重点任务；中共中央、国务院颁布《关于加强和完善城乡社区治

理的意见》，为社区志愿服务的发展奠定了基础。2018年，中共中央、国务院印发《关于全面深化新时代教师队伍建设改革的意见》，提出实施银龄讲学计划，鼓励支持乐于奉献、身体健康的退休优秀教师到乡村和基层学校支教讲学。中共中央办公厅印发《关于建设新时代文明实践中心试点工作的指导意见》，明确提出志愿服务是其主要方式，志愿者是其主体力量。2021年，中共中央、国务院印发《关于加强新时代老龄工作的意见》，国务院印发《"十四五"国家老龄事业发展和养老服务体系规划》，要求深入开展"银龄行动"，引导老年人以志愿服务形式积极参与基层民主监督、移风易俗、民事调解、文教卫生等活动，对新时代老年志愿服务高质量发展作出总体部署。同年，中办、国办印发《关于加强新时代关心下一代工作委员会工作的意见》，要求探索完善"五老"、志愿者、社会工作者相结合，关工委与相关部门相结合的关心下一代工作模式。2024年，中办、国办印发《关于健全新时代志愿服务体系的意见》，部署大力发展老年志愿者队伍和持续推进"银龄行动"，要求发挥"五老"人员作用。党中央、国务院大力推进志愿服务制度建设，老年志愿服务发展方向越来越明晰、领域越来越宽广、内容越来越聚焦、影响越来越广泛。

## （三）老年志愿者和志愿服务组织数量迅速增加

截至2023年10月，在全国"志愿云"平台实名注册的老年志愿者人数为2528万，占全部注册人数的12%，占2023年底总人口的1.79%，占60周岁及以上人口的8.51%。中国老龄协会2020年的课题数据显示，从年龄看，60~69周岁的老年志愿者有1100万人，70~79周岁的有382万人，80周岁及以上的有128万人，表明低龄老年人是志愿者的主力军。从性别看，男性老年志愿者有1190万人，女性老年志愿者有710万人，男性比女性多480万人。2018~2020年，老年志愿者数量年均增长46.06%。老年志愿者规模迅速扩大，已成为我国老年志愿服务发展的力量源泉。老年志愿服务组织同步发展壮大，研究估算，2020年末全国老年志愿服务组织达62375个，平均每个组织约有305名老年志愿者。

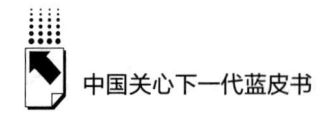

### （四）老年志愿服务社会效益显著

近年来，老年志愿服务逐步从临时性、一次性、随意性的活动发展为在疫情防控、社会治安、公益慈善、移风易俗、民事调解、文教卫生、全民健身等领域的持续性、经常性项目，产生了显著的社会效益。全国"志愿云"平台的数据显示，截至2023年10月，老年志愿者服务总时长为8.74亿，占全部志愿服务总时长的22%，近三年平均每年增加1.1亿小时左右，充分反映了老年人通过志愿服务对社会做出的巨大贡献。中国老龄协会2020年的课题数据显示，截至2020年底，平均每名老年志愿者服务时间约27.5小时，其中男性志愿者平均20.1小时，女性志愿者平均39.7小时，表明老年人尤其是老年女性志愿者已成为中国志愿服务事业的重要力量。从年龄看，60~64岁、65~69岁、70~74岁三组年龄段的志愿服务时长均在1亿小时以上，75~79岁下降至4231万小时，80~84岁、85岁及以上分别为2000万小时、1000万小时左右，表明60~75岁是老年人参与志愿服务的黄金时期。

### （五）重点领域老年志愿服务深入发展

在广大城乡社区，老年志愿者成为参与社区治理和服务的主要力量，逐步摸索出老党员志愿者为骨干力量的参与基层治理模式。全国老龄委牵头组织的"银龄行动"，组织老专家开展支农支教、健康服务等公益行动，历经21年的发展，从5个省（区、市）试点到全国全面推开，带动产生上海"沪疆银龄行动"、吉林"乡村振兴银龄行动"等一批成效明显的银龄行动项目，呈现出参与人数多、受惠地方广、社会效益好、带动效果强的特点。中国关工委探索完善"五老"、志愿者、社会工作者相结合，关工委与相关部门相结合的关心下一代工作模式，印发《关于充分发挥会员作用，深入推进"关爱明天、普法先行"青少年法治宣传教育活动的通知》等，广泛开展了思想政治教育、普法宣传、家风传承系列项目，每年受益青少年达数千万名。中国科协发挥老科协助力老龄事业发展的重要作用，组建老科技工作者志愿队伍，印发《关于加强新时代老科学技术工作者协会工作更好发挥老科技工作者作用的意见》，组织老科技工作者开展决策咨询、科普教育、健康扶贫、技术下乡系列志愿服务活动。教育部在前期开展银龄讲学计划的工作基础上，联合科技部等部门印发《国家银龄教师行动计划》，对银龄教师支持普通高等教育、职业教育、基础教育、终身教育、民办教育提出一系列政策措施，调动优秀退休教师继续投身教育事业的积极性。

## 二 老年志愿服务的内涵与外延

### （一）老年志愿服务的内涵

依据《志愿服务条例》，志愿服务是指志愿者、志愿服务组织和其他组织自愿、无偿向社会或者他人提供的公益服务。民政部《志愿服务记录办法》规定，志愿服务是指不以获得报酬为目的，自愿奉献时间和智力、体力、技能等，帮助他人、服务社会的公益行为。实践中，有时将老年志愿者的年龄界限结合退休年龄，放宽到50周岁或55周岁。《中华人民共和国老年人权益保障法》把老年人的年龄界定在年满60周岁，应作为老年志愿者的年龄界限。可见，老年志愿服务是指60周岁以上志愿者，或以60周岁以上志愿者为主体的志愿服务组织和其他组织自愿、无偿地向社会或者他人提供的公益服务。

### （二）老年志愿服务的类型

按组织形式分类，老年志愿服务分为正式和非正式两大类。正式老年志愿服务又称为"有组织的志愿服务"，老年志愿者通过各式各样的组织参与志愿服务，有依托社区成立的组织，也有依托政企单位、社会组织成立的队伍等。非正式老年志愿服务即自发的个人无偿服务。

按接触途径分类，老年志愿服务分为直接志愿服务和间接志愿服务。直接志愿服务是指老年志愿者直接面向服务对象提供服务，如关爱高龄老人、教导青少年等。间接志愿服务是指通过间接方式使服务对象受益，如做好环

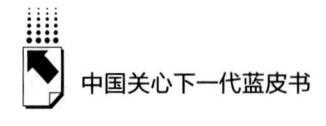

境卫生清洁等。

按技能要求分类，老年志愿服务分为通用型和专业型。通用型志愿服务不要求拥有专业技能，只要身体条件允许，就可以自愿参加，适合广大老年人。专业型志愿服务有一定技术门槛，主要依靠拥有专业技术的老年知识分子开展对口志愿服务，在医疗保健、科普宣传、法律援助、心理咨询、建言献策等领域开展活动。

按参与路径分类，老年志愿服务分为线上参与和线下参与。随着互联网和人工智能的不断发展，老年志愿服务线上参与的概率也增加。表现的形式是通过网络平台宣传正能量、志愿捐赠、线上朗诵、线上读书等。线上参与的老年志愿服务整体上处于起步状态，仍以线下形式为主。

按参与地域分类，老年志愿服务分为本地参与和异地参与两类。本地参与是老年志愿者在本地区内就近就便参与服务，如以社区为阵地的老年志愿服务。异地参与是老年志愿者在相关单位的号召、招募之下或者自发开展的跨地域志愿服务，如"银龄行动"、退休老教师的异地支教行动。

按参与渠道分类，老年志愿服务分为社区志愿服务、政企志愿服务、社会组织志愿服务、城市岗位志愿服务等。社区是广大老年志愿者参与志愿服务的主要渠道，老年人在社区参与志愿服务有熟悉情况、就近就便等优势。政府部门、企事业单位组织退休人员开展志愿服务，特别是老教师、老医生、老科技工作者等老年知识分子参与志愿服务能够产生较好的社会效益。以志愿者协会、社工机构、社会服务团体、慈善基金会、老年协会等为主的社会组织，与老年志愿服务已经融合在一起，为老年志愿者提供资源支持，组织引导老年志愿者开展各式各样的活动。城市中的公共服务场所对老年志愿者的开放度越来越高，一些服务型单位开始自行组织招募老年志愿者参与服务，涉及公交站台、火车站、地铁、机场、旅游景点、博物馆、科技馆、图书馆等场所。

（三）老年志愿服务的内容

老年志愿服务的内容范围广泛，包括维护治安、信息服务、为老服务、卫生健康、支教、文化传承、科普宣传、家风传承、便民利民、扶贫帮困、心理咨询、环境维护、文体娱乐等，大致可归为5种类型。

一是文化娱乐型老年志愿服务。老年人根据兴趣爱好自发组织起来开展文化娱乐活动，如老年志愿者组织的健身队、歌唱队、舞蹈队、朗诵队、书法队等。

二是助他型老年志愿服务。助他型老年志愿服务主要以各年龄段的人为服务对象开展的志愿活动，包括照顾儿童、教育青少年、陪伴空巢、残疾和高龄老人等。在国家鼓励之下，"低龄老人服务高龄老人""时间银行"等是老年志愿者社区为老服务的主要模式。

三是治理型老年志愿服务。老年志愿者在基层政府的支持之下，在社区内开展一系列治理服务，如环境整治、维护治安、交通引导、停车治理、调解纠纷等，在政府与百姓之间架起了沟通的桥梁，发挥着调节器、平衡器和润滑剂的作用。另外，以退休老党员为主的老年志愿服务组织也在基层党建中发挥了重要作用，为我国党群工作做出了巨大的贡献。

四是发展型老年志愿服务。老年知识分子注册成为志愿者，通过志愿服务的形式走进贫困地区、走进科技馆博物馆、走进学校、走进政府机关、走进科研院所，发挥自己的专业技术优势，在扶贫、科普、医疗、法律、心理、教育、参政议政、研究发明等领域继续发挥余热。

五是传承型老年志愿服务。该类型志愿服务内容主要是文化传承、家风传承、工匠精神传承等，如"五老"队伍，结合自己的人生经验和传统技艺面向青年一代进行教学。

## 三 我国老年志愿服务法规政策体系

党的十八大以来，对老龄工作和老龄事业的顶层设计不断优化，新时代老龄工作政策制度体系的"四梁八柱"基本形成。从《中共中央 国务院关于加强新时代老龄工作的意见》《中华人民共和国老年人权益保障法》到国务院老龄事业专项规划和政策，再到地方性法规、地方政府规章和部委印发

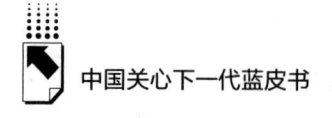

的规范性文件，涉老政策和志愿服务政策之间的衔接点越来越多，老年志愿服务的规范化、制度化水平不断提升。

在老龄法规政策体系中，老年志愿服务的内容较多，既有新时代老龄工作意见、规划文件等综合性文件的"引导"，又有关爱下一代、老年科技等专门领域的"鼓励"，还有老年助餐、养老服务人才培养等专项工作的"作用发挥"。《老年人权益保障法》专章规定社会参与，要求国家为老年人参与社会发展创造条件，根据社会需要和可能，鼓励老年人在自愿和量力的情况下，从事社会活动，明确可参与的活动包括"参加志愿服务、兴办社会公益事业"。我国首个明确提出鼓励老年人参与志愿服务的文件，为国务院于2011年9月印发的《中国老龄事业发展"十二五"规划》，其中规定要"不断探索'老有所为'的新形式，积极做好'银龄行动'组织工作，广泛开展老年志愿服务活动，老年志愿者数量达到老年人口的10%以上"。其后发布的涉老政策中，基本把鼓励老年志愿服务作为一项内容。

在以《志愿服务条例》为统领的志愿服务法规政策体系中，并没有直接出现"老年志愿服务"的表述，其第十五条可以视为以老年人为重点对象而考虑设计的，即"志愿服务组织安排志愿者参与志愿服务活动，应当与志愿者的年龄、知识、技能和身体状况相适应，不得要求志愿者提供超出其能力的志愿服务"。当前，正在起草的《中华人民共和国志愿服务法》尚未向社会公开征求意见，鉴于积极应对人口老龄化已经上升为国家战略，相信法律文本中会对老年志愿服务等内容有所体现。

## 四 主要问题

### （一）老年志愿服务制度针对性、精准性不足

目前，我国志愿服务制度设计整体上着眼于全体志愿者，针对性、精准性不够，不能完全满足老年志愿服务规范化发展要求，难以形成可持续

发展机制。老年志愿服务规范标准欠缺，有关识别规范标准、管理规范标准与服务规范标准并没有区分年龄段，造成老年志愿服务组织识别度低、评估难等问题。老年志愿服务的保障机制有待进一步完善。老年人参加志愿服务活动的风险较其他人群更高，出于对突发疾病、意外伤害等问题的担忧，在保障机制不完善的情况下，活动的组织方往往倾向于不用或少用老年志愿者。

### （二）老年志愿服务组织发展需要规范和支持

老年志愿服务组织发展需要进一步规范。目前，依托于政府部门、企事业单位、社会组织、社区成立的老年志愿服务组织，大部分已完成登记，初步具有现代志愿服务的特征。但还有一些老年志愿服务组织是自发自立的，没有主管单位，其中有的甚至演变为"雇佣"关系，以蝇头小利为诱饵，吸引老年人去参加无任何保障措施的志愿服务活动，个别不法企业以志愿服务之名、行侵害老年人合法权益之实。此外，一些老年志愿服务组织虽然已经正式注册，但其工作人员以兼职为主，内部管理制度不健全，主要依靠工作人员的责任感和事业心开展工作，存在组织虚化、作用发挥不到位的问题。

经费短缺已成为老年志愿服务组织发展的瓶颈。作为非营利组织，大部分老年志愿服务组织缺乏经费保障，仅仅依靠临时性社会捐助维持运转。同时，老年志愿者因年龄等各种因素，需要比其他志愿者更好地保障条件，老年志愿组织的经费需求往往更大，经费短缺问题尤为突出。

### （三）老年志愿者服务能力不足

由于历史、社会等因素，当前我国老年人的文化水平总体不高。2020年第七次全国人口普查数据显示，我国老年人中小学及以下（含文盲）的占比为58.6%，初中的占比为27.5%，高中（含技校/中专）的占比为9.9%，大学专科及以上的占比仅为4%。同时，据2019年国家卫生健康委发布的数据，2018年中国人均预期寿命为77.0岁，但人均健康预期寿命仅

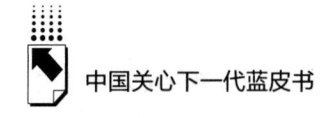

为68.7岁，老年人的健康水平还需要进一步提高。受到健康水平、文化水平等因素的影响，老年人在志愿服务中容易出现心有余而力不足的现象。此外，志愿服务活动相关培训少、规模小，不能适应老年志愿者的身心特点，甚至未开展培训即"上岗"的情况也不少见。

## 五　对策建议

老年志愿服务是老年人参与社会发展、实现老有所为的重要方式，是积极开发老龄人力资源的现实手段，是实施积极应对人口老龄化国家战略的具体举措，对国家、社会和老年人而言都具有重要意义。为进一步发挥老年志愿服务在全面建设社会主义现代化国家新征程中的重要作用，必须深入学习贯彻习近平总书记关于志愿服务的重要讲话指示精神，围绕国家所需、人民所盼，规划好老年志愿服务发展前景，解决好老年志愿服务发展问题。

### （一）转变发展理念，强化老年人在志愿服务中的地位作用

老年人在时间、经验上具有优势，当前老年志愿服务已在活跃度、参与率、服务时长和持久度方面占优。随着人口老龄化程度的不断加深，老年志愿服务的规模效应和社会效益将进一步凸显，老年人将成为志愿服务的核心力量。要整体提升老年人在志愿服务工作中的地位，实现青年、老年志愿服务协调均衡发展，向老年志愿者、老年志愿服务组织配置更多的社会资源。

### （二）加强顶层设计，促进老年志愿服务规范化发展

一是加强顶层设计，研究论证新时期老年志愿服务的发展方向和工作重点，并写入正在起草的《志愿服务法》，深入研究制定指导老年志愿服务发展的政策措施。二是完善标准规范，研究制定《老年志愿者行为指南》《老年志愿者服务规范》等，指导老年志愿者、老年志愿服务组织更好地开展

相关工作。三是搭建老年志愿服务整体框架，建立老年志愿服务信息平台，征集老年志愿服务标识，打造统一规范的老年志愿服务品牌，建立老年志愿服务评估标准和监督体系。

### （三）激活社会力量，培育壮大老年志愿服务组织

筛选一批运行规范、项目丰富、社会效益明显的志愿服务组织，通过政府购买服务等方式予以重点培育。探索建立全国老年志愿服务总队等全国性老年志愿服务队伍。依托城乡社区成立志愿服务队，逐步实现每个小区都有相应的组织。加强对老年志愿组织负责人和骨干力量的培训，增强老年志愿服务组织的自我教育、自我管理、自我服务能力。

### （四）树立积极老龄观，激励更多老年人加入志愿者队伍

开展人口老龄化国情教育，广泛宣传老年志愿服务的重要意义，形成全社会关心、支持、鼓励老年人参与志愿服务活动的氛围。开展老年志愿服务先进个人、先进组织评选表彰活动，举办老年志愿服务项目大赛，弘扬无私奉献的志愿服务精神。结合老年人心理特点，适度进行志愿服务物质奖励，采取发放纪念品、服务积分兑换实物等激励措施，充分调动老年人的积极性。

### （五）结合社会需要，引导老年志愿服务产生更大效益

更好发挥志愿服务在社会治理中的积极作用，畅通老年志愿者参与基层治理工作的渠道，提炼实践中各地的做法和经验。总结推广以老助老、时间银行、邻里守望等互助养老模式，弥补未来养老服务供给缺口，助力解决农村地区独居、高龄、失能老年人的养老难题。突出老干部、老战士、老专家、老教师、老模范等离退休老同志在志愿服务中的重要作用，鼓励他们在教育、科技、医疗、文艺、体育、关心下一代等领域继续发挥专业优势和技术特长。

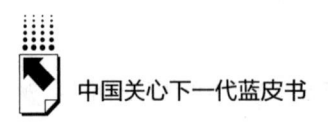

附表　我国老年志愿服务的重要政策

| 年份 | 部门 | 政策 | 说明 |
| --- | --- | --- | --- |
| 1985 | 中共中央 | 关于进一步加强青少年教育预防青少年违法犯罪的通知 | 提出充分发挥离休退休老干部、老工人、老教师的作用,精心培育青少年 |
| 1997 | 国务院残工委、卫生部、中国残联 | 关于认真组织实施"视觉第一中国行动"项目的通知 | "视觉第一中国行动"吸引老年志愿者参与 |
| 2003 | 全国老龄工作委员会办公室 | 关于组织开展老年知识分子援助西部大开发行动试点方案的通知 | 银龄行动志愿服务 |
| 2004 | 中共中央、国务院 | 关于进一步加强和改进未成年人思想道德建设的若干意见 | 着力建设好老干部、老战士、老专家、老教师、老模范等"五老"队伍,形成一支专兼结合、素质较高、人数众多、覆盖面广的未成年人思想道德建设工作队伍 |
| 2004 | 中国关工委、中央组织部等 | 关于发挥"五老"队伍在加强和改进未成年人思想道德建设中的作用的通知 | 发挥老干部、老战士、老专家、老教师、老模范队伍在加强和改进未成年人思想道德建设中的作用 |
| 2005 | 中共中央办公厅、国务院办公厅转发中央组织部、中央宣传部、中央统战部、人事部、科技部、劳动保障部、解放军总政治部、中国科协 | 关于进一步发挥离退休专业技术人员作用的意见 | 动员离退休专业技术人员继续服务社会,为国家建设做贡献 |
| 2008 | 中央文明委 | 关于深入开展志愿服务活动的意见 | 进一步完善社会志愿服务体系,积极培育文明风尚,不断提高公民文明素质、社会文明程度和群众生活质量 |
| 2011 | 国务院 | 中国老龄事业发展"十二五"规划 | 不断探索"老有所为"的新形式,积极做好"银龄行动"组织工作,广泛开展老年志愿服务活动,老年志愿者数量占老年人口的10%以上 |

续表

| 年份 | 部门 | 政策 | 说明 |
|---|---|---|---|
| 2011 | 中央精神文明建设指导委员会办公室、中国残疾人联合会 | 全国"关爱残疾人志愿服务活动"实施方案 | 建设关爱残疾人志愿服务人才队伍。着眼于建设一支覆盖面较广、素质较高、规模较大、基本适应志愿助残工作需要的志愿助残人才队伍,广泛动员社会各界人士支持和参与关爱残疾人志愿服务活动 |
| 2012 | 中共中央办公厅 | 关于深入开展学雷锋活动的意见 | 广泛开展社会志愿服务,推动建立参与广泛、形式多样、活动经常、机制健全的社会志愿服务体系。贴近人们生产生活需求,开展扶老助残、帮困解难、应急救助、便民利民的社会志愿服务,开展倡导文明礼仪、维护秩序、保护环境的社会志愿服务。面向留守老人、留守儿童、农民工、残疾人等特殊群体,开展志愿帮扶活动。面向边远地区、民族地区,开展教育、科技、文化、卫生等方面的社会志愿服务 |
| 2013 |  | 中华人民共和国老年人权益保障法 | 国家为老年人参与社会发展创造条件。根据社会需要和可能,鼓励老年人在自愿和量力的情况下,从事志愿服务等活动 |
| 2013 | 中国关心下一代工作委员会 | 关于进一步开展创建五好基层关工委活动的意见 | 通过多种形式组织动员更多的老干部、老战士、老专家、老教师、老模范等参加关心下一代工作,建立和发展一支有领导层、骨干层、志愿者参加的"五老"工作队伍 |
| 2014 | 民政部 | 中国社会服务志愿者队伍建设指导纲要(2013—2020年) | 完善以精神激励为主、物质奖励为辅的社会服务志愿者表彰激励机制。鼓励有关部门、社会组织和企事业单位对优秀志愿者和优秀志愿服务组织进行表彰奖励。建立志愿服务记录与志愿者升学、就业、享受社会服务挂钩制度。推动建立志愿者保险制度,明确志愿者保险的责任主体、涉险范围和风险承担机制,为志愿者参与社会服务消除后顾之忧。实施志愿服务时间储蓄建设工程,建立健全志愿服务时间储蓄与回馈制度,形成志愿服务互助循环发展机制 |

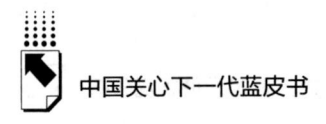

续表

| 年份 | 部门 | 政策 | 说明 |
| --- | --- | --- | --- |
| 2014 | 中共中央办公厅 | 关于培育和践行社会主义核心价值观的意见 | 以城乡社区为重点，以相互关爱、服务社会为主题，在扶贫济困、应急救援、大型活动、环境保护等方面围绕空巢老人、留守妇女儿童、困难职工、残疾人等群体，组织开展各类形式的志愿服务活动，形成我为人人、人人为我的社会风气。把学雷锋和志愿服务结合起来，建立健全志愿服务制度，完善激励机制和政策法规保障机制，把学雷锋志愿服务活动做到基层、做到社区、做进家庭 |
| 2014 | 中央文明委 | 关于推进志愿服务制度化的意见 | 主要分为三个部分，分别为推进志愿服务制度化的重要意义和指导思想、建立健全志愿服务制度、加强对志愿服务制度化的组织推动 |
| 2014 | 中共中央办公厅 | 关于加强基层服务型党组织建设的意见 | 建立健全各级党代会代表联系党员服务群众制度，广泛开展以党员为骨干的各类志愿服务，组织各类专业人才和实用人才开展服务，培养群众服务骨干，引导群众参与服务、自我服务、互相服务，形成以党组织为核心、全社会共同参与的服务格局 |
| 2014 | 国务院 | 关于促进慈善事业健康发展的指导意见 | 动员社会公众积极参与志愿服务，构建形式多样、内容丰富、机制健全、覆盖城乡的志愿服务体系 |
| 2015 | 中共中央办公厅、国务院办公厅 | 关于深入推进农村社区建设试点工作的指导意见 | 拓宽外出发展人员和退休回乡人员参与农村社区建设渠道。推动农村社区公益性服务、市场化服务创新发展。广泛动员党政机关、企事业单位、各类社会组织和居民群众参与农村社区志愿服务，切实发挥党员先锋模范作用。完善农村社区志愿服务站点布局，搭建社区志愿者、服务对象和服务项目对接平台，开展丰富多彩的社区志愿互助活动。根据农村社区发展特点和居民需求，分类推进社会工作服务，发挥社会工作专业人才引领社区志愿者服务的作用 |

续表

| 年份 | 部门 | 政策 | 说明 |
| --- | --- | --- | --- |
| 2016 | 中共中央宣传部、中央文明办、民政部、教育部、财政部、全国总工会、共青团中央、全国妇联 | 关于支持和发展志愿服务组织的意见 | 志愿服务组织服务范围不断扩大,基本覆盖社会治理各领域、群众生活各方面,涌现一批公信度高、带动力强的志愿服务组织。志愿服务组织功能有效发挥,成为推进人们相互关爱、传递文明的重要渠道,成为提升社会服务水平、增进民生福祉的有力助手,成为增进社会信任、维护社会稳定、促进社会和谐的有生力量 |
| 2016 | 中央宣传部、中央文明办、民政部等部门 | 关于公共文化设施开展学雷锋志愿服务的实施意见 | 公共文化设施要坚持以需求为导向招募社会志愿者,也可招募本单位职工利用工余时间参加志愿服务。鼓励面向社会招募身体健康的低龄老年志愿者,发挥他们时间充裕、服务热情高、生活阅历丰富的优势,形成公共文化设施志愿者的稳定力量。鼓励从文化单位、研究机构、专业院校招募志愿者,支持专家学者和社会知名人士积极参与,发挥他们的专业优势,提升志愿服务专业化水平 |
| 2016 | 中共中央办公厅、国务院办公厅 | 关于进一步加强和改进离退休干部工作的意见 | 充分体现离退休干部特点和优势、更好地服务党和国家工作大局,积极稳妥地推进离退休干部工作转型发展,激励广大离退休干部为实现中华民族伟大复兴的中国梦贡献智慧和力量 |
| 2016 | 全国老龄办等部门 | 关于推进老年宜居环境建设的指导意见 | 发挥各类志愿服务组织的积极作用,引导社会各界开展多种形式的助老惠老志愿服务活动 |
| 2016（2024修订） | | 中华人民共和国慈善法 | 规定慈善组织应当为志愿者参与慈善服务提供必要条件,保障志愿者的合法权益。慈善组织安排志愿者参与可能发生人身危险的慈善服务前,应当为志愿者购买相应的人身意外伤害保险 |

续表

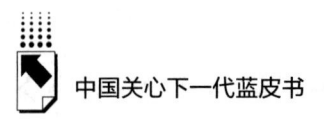

| 年份 | 部门 | 政策 | 说明 |
| --- | --- | --- | --- |
| 2017 | 国务院 | "十三五"国家老龄事业发展和养老体系建设规划 | 深入开展"银龄行动",组织医疗卫生、文化教育、农业科技等老专家、老知识分子参与东部援助西部、发达地区援助落后地区等志愿服务。推行志愿服务记录制度,鼓励老年人参与志愿服务,到2020年老年志愿者注册人数占老年人口总数的12% |
| 2018 | 中共中央办公厅 | 关于建设新时代文明实践中心试点工作的指导意见 | 强调以志愿服务为基本形式,推动新时代文明建设工作,动员和激励广大农村群众积极投身社会主义现代化建设 |
| 2019 | 中国关工委、中央组织部等部门 | 关于进一步发挥五老队伍在加强青少年思想道德建设中的作用的意见 | 强调进一步发挥"五老"队伍的作用 |
| 2019 | 中国科协、中央文明办 | 关于开展新时代文明实践中心科技志愿服务试点工作的通知 | 建立志愿队伍。试点所在省份要加大对试点县科协的资源支持和指导力度,发挥好市级科协作用,指导试点县科协建立新时代文明实践中心科技志愿服务队,可由县级科协主要负责同志担任队长,开展提升基层科协组织力"3+1"试点工作,吸纳"三长"、科技专家、乡土科技人才等加入科技志愿服务队,鼓励引导科技工作者密集的单位成立科技志愿服务分队,加强志愿者培训管理,广泛开展基层科技科普服务,同时做好志愿者注册、志愿项目发布、志愿服务记录评价等工作 |
| 2020 | 民政部 | 养老机构管理办法 | 鼓励养老机构为社会工作者、志愿者在机构内开展服务提供便利 |
| 2020 | 国务院办公厅 | 关于切实解决老年人运用智能技术困难实施方案 | 针对老年人在日常生活中的应用困难,组织行业培训机构和专家开展专题培训,提高老年人对智能化应用的操作能力。鼓励亲友、村(居)委会、老年协会、志愿者等为老年人运用智能化产品提供相应帮助 |

续表

| 年份 | 部门 | 政策 | 说明 |
| --- | --- | --- | --- |
| 2021 | 中共中央、国务院 | 关于加强新时代老龄工作的意见 | 把老有所为同老有所养结合起来,完善就业、志愿服务、社区治理等政策措施,充分发挥低龄老年人作用。深入开展"银龄行动",引导老年人以志愿服务形式积极参与基层民主监督、移风易俗、民事调解、文教卫生等活动 |
| 2021 | 国务院 | "十四五"国家老龄事业发展和养老服务体系规划 | 积极开展"银龄行动",支持老年人参与文明实践、公益慈善、志愿服务、科教文卫等事业 |
| 2022 | 民政部等部门 | 关于开展特殊困难老年人探访关爱服务的指导意见 | 各地民政部门要创新"五社联动"机制,形成群众性自治组织、基层老年协会、业主委员会、网格员、家庭医生、养老服务人员、社会工作者、志愿者、老党员、低龄健康老年人、亲属邻里等共同参与的探访关爱力量 |
| 2022 | 民政部、中央文明办 | 关于推动社区社会组织广泛参与新时代文明实践活动的通知 | 引导社区社会组织充分发挥贴近群众生活、了解群众需求、服务灵活高效等优势,以新时代文明实践中心(所、站)为平台,以志愿服务为主要形式,广泛参与新时代文明实践活动 |
| 2022 | 民政部等 | 关于健全完善村级综合服务功能的意见 | 指导村级组织培育发展社会组织,组织开展志愿服务和慈善活动,助力发展公益事业。引导农民参与志愿服务,参加"村晚"、社区运动会、农民丰收节等 |
| 2022 | 中国关工委 | 中国关心下一代工作委员会工作条例 | 探索完善"五老"、志愿者、社会工作者相结合,关工委与相关部门相结合的关心下一代工作模式 |
| 2023 | 民政部等部门 | 积极发展老年助餐服务行动方案 | 鼓励探索服务积分、"志愿+信用"等模式,培育发展老年助餐志愿者队伍和互助组织,建立服务评价激励机制 |
| 2023 | 教育部等部门 | 国家银龄教师行动计划 | 挖潜广大退休教师政治优势、专业优势、经验优势,发挥其辐射带动作用,有利于促进教育公平,营造终身学习的文化氛围,加快建设高质量教育体系 |

续表

| 年份 | 部门 | 政策 | 说明 |
|---|---|---|---|
| 2023 | 中国科协等部门办 | 关于加强新时代老科学技术工作者协会工作更好发挥老科技工作者作用的意见 | 发挥老科协助力老龄事业发展的重要作用,组建老科技工作者志愿队伍,引导老科技工作者积极参与基层民主监督、移风易俗、民事调解、文教卫生等活动 |
| 2024 | 民政部等部门 | 关于加强养老服务人才队伍建设的意见 | 广泛培养服务于老年人生活照料、健康维护、精神慰藉、法律援助、休闲娱乐等方面的志愿者队伍,鼓励低龄健康老年人积极参与,把老有所为和老有所养相结合,为增加养老服务人才资源提供有益补充 |
| 2024 | 中办、国办 | 关于健全新时代志愿服务体系的意见 | 大力发展老年志愿者队伍和持续推进"银龄行动",要求发挥"五老"等人员作用 |

**参考文献**

国家应对人口老龄化战略研究、人口老龄化态势与发展战略研究课题组:《人口老龄化态势与发展战略研究》,华龄出版社,2014。

陆士桢:《中国特色志愿服务概论》,新华出版社,2017。

杜鹏、陆杰华、何文炯:《新时代积极应对人口老龄化发展报告》,华龄出版社,2018。

宋娟、杨超:《城市低龄老人参与社区志愿服务的激励对策研究》,《社会与公益》2020年第6期。

李翌萱:《中国老年志愿服务参与的特征及影响因素分析》,《内蒙古社会科学(汉文版)》2019年第4期。

马丽萍:《壮心未老 "银龄"有为——"银龄行动"十七年综述》,《中国社会工作》2019年第29期。

陆士桢:《中国特色志愿服务70年》,《中国社会工作》2019年第28期。

段世江:《老年人参与志愿者活动——积极老龄化的重要实现途径》,社会科学文献出版社,2020。

卢守亭、贾金玲等:《人口老龄化与养老服务体系建设——来自河南省的调查分析》,社会科学文献出版社,2018。

齐明珠:《中国人口老龄化:回眸与展望》,中国人口出版社,2017。

北京志愿服务发展研究会:《中国志愿服务大辞典》,中国大百科全书出版社,2014。

# B.7
# 关于加强新时代"五老"队伍建设的探索与思考

陈江旗 张羽*

**摘 要:** "五老"队伍和各级关工委组织是做好关心下一代工作的基础工程、基本力量和基层依托。党的十八大以来,以习近平同志为核心的党中央站在党和国家事业发展薪火相传、后继有人的战略高度,对关心下一代工作作出重要指示,对发挥"五老"优势和作用进行了深刻阐述,为加强"五老"队伍建设提供了指导思想和根本遵循。广大"五老"在我国长期的革命、建设、改革实践中积累了丰富的经验,具有不可替代的政治优势、经验优势、威望优势,是加强青少年思想道德建设的宝贵资源,是确保中国特色社会主义事业薪火相传的一支重要力量。在新时代关心下一代工作中,加强"五老"队伍建设,弘扬"忠诚敬业、关爱后代、务实创新、无私奉献"的"五老"精神,切实发挥"五老"优势和作用,对于推动新时代关心下一代事业的全面发展、促进青少年健康成长具有重要的意义与作用。新形势下应进一步加强"五老"队伍建设,为青少年健康成长成才添砖加瓦。

**关键词:** 关工委 "五老" "五老"精神 队伍建设

广大老干部、老战士、老专家、老教师、老模范等离退休老同志在关心下一代的崇高事业中,满怀对党和国家事业发展薪火相传、后继有人的使命责任,满怀对青少年健康成长的热情关爱,把青少年团结在党的周围,把培

---

\* 陈江旗,中国关工委办公室主任;张羽,中国关工委办公室秘书处干部。

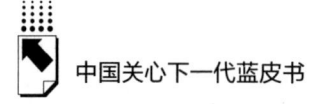

养德智体美劳全面发展的社会主义建设者和接班人,视为自己义不容辞的职责,做了大量富有成效的工作,对于切实推动青少年成长成才做出了积极贡献,受到了全社会的尊重和赞扬。

近年来,特别是党的十八大以来,各级关工委和广大"五老"深入学习贯彻习近平新时代中国特色社会主义思想,增强"四个意识"、坚定"四个自信"、做到"两个维护",坚持服务青少年的正确方向,坚持以立德树人为目标,紧紧围绕党和国家工作大局,充分发挥自身优势和作用,大力弘扬"忠诚敬业、关爱后代、务实创新、无私奉献"的"五老"精神,在加强青少年思想道德建设、践行社会主义核心价值观、助力乡村振兴、维护青少年合法权益、关爱保护农村留守儿童和困境儿童等方面,主动担当,积极作为,无私奉献,成绩斐然。

## 一 全国"五老"队伍发展现状

全国各级关工委认真贯彻习近平总书记的系列重要讲话精神,特别是尊重"五老"、爱护"五老"、学习"五老"、重视发挥"五老"作用的重要指示精神,把加强"五老"队伍建设作为关心下一代工作的基础工程来抓,积极应对人口老龄化、志愿服务制度化趋势,以扩大规模、优化结构、提升能力、有效服务为目标,围绕建设一支素质优良、人数众多、覆盖面广、结构合理、专业化程度高的"五老"队伍,尽可能多地把热心关心下一代工作的老同志动员吸纳到"五老"队伍中来,为精准服务青少年不断努力,取得了显著成效。目前,全国共有1367万名"五老"投身于关心下一代事业,其中,各级关工委领导班子成员有41.5万人,积极参与报告团、关爱工作团等"五老"骨干有243.6万人。各级关工委办公室在职干部总数达1.7万人。近年来,各级关工委举办培训班34.2万次,培训老同志和在职干部2603万人次,极大地提高了适应新时代服务青少年的能力水平。"五老"队伍呈现以下显著特点。

## （一）政治优势明显

"五老"群体党性强，政治立场坚定。"五老"多是老党员，长期受党培养教育，经过党内严格政治生活锻炼，具有十分清醒的政治头脑、坚定的政治立场和过硬的思想素质；他们经过困难与挫折、经受过血与火的严峻考验，对党抱有深厚感情，离岗不离党、退休不褪色，始终坚定对马克思主义的信仰、对走中国特色社会主义道路的自信、对改革开放和实现中华民族伟大复兴的信心，表现出共产党员一贯的党性原则。据不完全统计，"五老"队伍中，中共党员占比超60%，而且很大一部分是老党员，其中包含一大批党性强、热心关心下一代工作的党员领导干部，政治素质高。广大"五老"思想觉悟高、政治意识强，在新时代关心下一代事业中具有重要的引领作用。学习"五老"的优秀品质，发挥老同志的政治优势，使新时代关心下一代事业始终保持正确的政治方向。

## （二）综合素质优良

广大"五老"离退前大多是单位和社区的骨干，具有丰富的工作经验和较强的办事能力。他们在长期的实践中积累了丰富的工作经验和知识储备，对党的历史和理论、政策的理解更准确。"五老"中，有的曾长期胜任领导工作，有的是某个领域造诣颇深的专家学者，有的是具有丰富实践经验的管理专家和实干家，应继续发挥其经验优势。进入新时代，面对新信息、新知识，特别是"互联网+"、大数据等新科技要求和广大青少年思想日趋活跃、吸收新事物快、接收信息能力强、受教育程度高等特点，广大"五老"在开展各项青少年教育活动时需具备一定的专业专长和文化知识等。以山东省"五老"队伍为例，文化程度在大专及以上（或有专业技能）的占比为84%，中专及以下的占比为16%。

## （三）工作热情高涨

各级党委、政府对关工委工作的支持力度不断加大，社会各界对关工委工作的认可度和参与度不断提高，各级关工委和广大"五老"的工作热情不断高涨，在关爱青少年的实际工作中，展现出全心全意为青少年服务的爱党爱国情怀和与时俱进、勇于担当、奋发有为的精神风貌。为了保护好、引导好、发挥好广大"五老"参加关心下一代工作的积极性，各地还大力表彰在关心下一代工作中作出突出贡献的"五老"；采取多种形式广泛宣传"五老"队伍中涌现出的先进典型和感人故事，宣传报道"五老"服务青少年健康成长、促进社会和谐发展的经验做法；开展特殊情况关心关爱以及传统节日走访慰问活动，表达对"五老"的敬重与关切。中国关工委表彰宣传了全国道德模范田华、时代楷模金春燮等85名全国关心下一代"最美五老"的先进典型。254114名"五老"受到各级关工委表彰。其中，受到中国关工委表彰的有7756名，受到省级关工委表彰的有11464名，受到市级关工委表彰的有37763名，受到县区级关工委表彰的有197131名。"五老"先进典型充分发挥示范引领和模范带头作用，极大地推动了关心下一代工作向前发展，广大"五老"从事关工委工作的热情和积极性日益高涨。

## 二 新时代"五老"队伍建设面临的新形势和新机遇

### （一）习近平新时代中国特色社会主义思想对"五老"队伍建设赋予了新使命

关工委工作是党的思想政治工作的创新和发展，是中国特色社会主义事业的重要组成部分。党的十八大以来，习近平总书记多次对关工委和"五老"工作作出重要批示，充分肯定了关工委和"五老"为促进青少年健康成长所作出的贡献，指出广大"五老"是党和国家的宝贵财富，是加强青少年思想政治工作的重要力量；强调要弘扬"五老"精神，尊重"五老"，爱护"五老"，学习"五老"，重视发挥"五老"作用；要求各级党委和政府要加强对关心下一代工作的领导，支持更多老同志参加关心下一代工作。2021年，中共中央办公厅、国务院办公厅印发了《关于加强新时代关心下一代工作委员会工作的意见》（以下简称《意见》），对加强"五老"队伍建设作出部署。近年来，中共中央、国务院相继印发了《党史学习教育工作条例》《新时代爱国主义教育实施纲要》《新时代公民道德建设实施纲要》《关于深化教育教学改革全面提高义务教育质量的意见》等，对关工委和"五老"工作提出明确要求，增强了广大"五老"为青少年健康成长奉献余热的责任心和使命感。加强关工委组织和"五老"队伍建设既是推进新时代关心下一代工作高质量发展的必然要求和迫切需要，更是贯彻习近平总书记重要指示和党中央决策部署、落实《意见》精神的具体行动。各级关工委认真贯彻落实中央精神和决策部署，充分发挥"五老"这一重要力量，积极探索关工委组织和"五老"参与青少年思想道德教育的有效路径，找准切入点与着力点，进一步加强组织和队伍建设，把"五老"的积极性调动好、发挥好、保护好，不断推动关心下一代事业发展。各级党委积极贯彻落实党中央决策部署，高度重视关心下一代工作。党对关工委的领导全面加强，关工委工作环境进一步优化，"五老"队伍建设作为加强新时代关工委工作的"基石"，迎来了发展新机遇。

（二）实现中国式现代化对"五老"队伍建设布置了新任务

当前，我国社会的主要矛盾是人民日益增长的美好生活需要和不平衡不充分的发展之间的矛盾，我们党的中心任务是以中国式现代化全面推进中华民族伟大复兴，要解决这一"主要矛盾"，完成这一"中心任务"，就必须进一步解放和发展生产力，以新的生产力理论指导新的生产力实践。习近平总书记在中共中央政治局第十一次集体学习时强调，发展新质生产力是推动高质量发展的内在要求和重要着力点，新质生产力已经在实践中形成并展示出对高质量发展的强劲推动力、支撑力。2023年中央经济工作会议提出，要以科技创新推动产业创新，特别是以颠覆性技术和前沿技术催生新产业、新模式、新动能，发展新质生产力。新质生产力理论正是在这一历史背景和时代趋势下应运而生的，是新时代中国生产力发展的实践结晶、政策宣示、理论升华，更是中国培育和发展未来产业的理论引导。新质生产力是符合新发展理念的先进生产力质态，以创新为主导，摆脱传统经济增长方式、生产力发展路径，具有高科技、高效能、高质量特征。新质生产力发展的高地是科技园区和新质生产力代表企业，这些园区和企业职工最鲜明的特征是年轻、高学历、思想活跃，这也恰恰是迫切需要推进关工委工作与发挥"五老"政治优势、经验优势、情感优势、威望优势和时空优势的重要阵地。在加快推进新质生产力发展的过程中，如何发挥关工委的作用，各级关工委要深入学习领会习近平总书记关于新质生产力的重要论述，认真抓好贯彻落实，结合工作实际，不断以新质生产力增强发展新动能，进一步加强"五老"队伍建设，更好地推动关工委工作高质量发展。

### （三）新时代青少年需求变化对"五老"队伍建设提出了新要求

关工委工作和服务的对象是青少年，必须随着青少年身心特点和行为方式的变化而变化。一方面，新时代青年在日益开放的社会环境中成长起来，享受着丰富的社会物质成果，且在多元化的精神文明下眼界更加开阔、知识更加广博、思维更加活跃、能力更加全面，社会责任感和参与社会治理意愿显著增强。另一方面，受国际国内思想文化交流交融交锋的影响，青年价值取向日益多元化、行为方式日渐多样化、社会心态更加复杂多变。不同的时代塑造不同的青年，新时代青年群体身心特点和现实需求的变化，呼唤新时代关工委工作因时而变、因事而化。随着我国社会主要矛盾的变化，青少年日益增长的美好生活需要已经从物质需要、文化需要拓展到民主、法治、公平、正义、安全、环境等诸多层面。同时，新时代青少年还面临"小眼镜"、"小胖墩"、学业负担重等成长问题。长期以来，对青少年成长的关注点大多集中在饮食、身体、学业、就业等问题上，忽略了与每个青少年成长息息相关的心理健康问题，主要包括失眠、焦虑、抑郁等问题，有的青少年还会出现情绪不稳定、容易冲动，甚至伤害自己的想法和行为。部分青年在社会融入、就业创业等方面存在一定程度的困难。这些都迫切要求关工委在工作中精准对接供需，不断增强针对性和有效性。比如，在政治思想教育领域，我国社会主义现代化建设进入新的发展阶段，信息技术高度发达，不同思想文化交融交锋，社会思潮多元多样多变，青少年思想道德建设面临着新情况新挑战。特别是西方敌对势力对我国西化分化的图谋和思想文化渗透一刻都没有停止，企图把和平演变的希望寄予我们的青少年一代人身上，以各种形式妄图在青少年中"抢滩登陆"，我们必须充分发挥"五老"队伍的独特优势，做好青少年的思想政治工作，把红色基因传承好，确保红色江山永不变色。

（四）人口老龄化趋势给"五老"队伍建设带来了新机遇

随着人口老龄化的加剧，老同志人数众多，也为壮大"五老"队伍提供了条件，带来了老年人口红利。中共中央、国务院先后印发《国家积极应对人口老龄化中长期规划》《关于加强新时代老龄工作的意见》《关于发展银发经济增进老年人福祉的意见》，对积极应对人口老龄化作出系统部署，明确了新时代老龄工作的发展目标和重点任务。根据国家统计局公布的第七次全国人口普查数据，截至2020年11月1日，我国60岁及以上老年人口达到2.64亿人，老年人口占比达到18.7%。据预测，"十四五"期末，老年人口数量将突破3亿人，届时老年人口占比超过20%。在人口老龄化加速的趋势下，老年人已经成为社会发展中不容忽视的力量。老年是人的生命的重要阶段，是仍然可以有作为、有进步、有快乐的重要人生阶段。要充分认识到老同志的人才价值，鼓励他们发挥自身特长，实现人生价值追求。广大"五老"具有独特的优势，拥有丰富的政治智慧、工作经验和人生阅历，在他们身上蕴含着强大的正能量，是一个庞大的人才资源宝库。随着物质生活水平的提高，越来越多"五老"追求自我价值实现，他们既追求健身娱乐、含饴弄孙，又渴望继续为社会贡献力量，并从中得到精神上的鼓励和肯定，这些都为"五老"队伍建设带来了机遇。

## 三　当前"五老"队伍建设存在的问题

（一）工作合力有待提升

个别地方和单位对关心下一代工作的认识不足、支持不够。有的领导对关心下一代工作的认识不到位，觉得关工委是一个可有可无的组织；有的单位对离退休干部的独特作用认识不够、体会不深，口头上重视，但实际上支持并不多。有的地方认定关工委是议事协调机构，但在实际工作中，关工委往往是心有余而力不足，协调力度不够；有的地方关心下一代工作联席会议制度尚未健全，各部门齐抓共管的工作合力仍有待加强，在充分借助党委、政府、群团组织外力上还存在不足，或多或少存在单打独斗、闭门造车的现象。

### （二）队伍吸引力有待增强

基层普遍反映，新退休的老干部或忙于个人事务，或安享晚年生活，发挥余热（包括参与关心下一代工作）的意愿不高。这种现象甚至影响到基层关工委班子的配备，有的区、街道关工委因找不到合适的关工委主任或副主任人选，岗位长期空缺或长期不换届；部分社区关工委勉强配齐班子，但由于班子成员能力不足或威望不够，影响了工作的开展。此外，基层关工委开展工作时，对于关工队伍的先进性认识不到位，将"五老"混同于义工、社工，导致身份认同感不强，也影响了队伍的吸引力。

### （三）队伍更新机制有待改进

通过探索与实践，各级关工委虽已建立"五老"队伍工作机制，但仍亟须完善。关于各级关工委领导班子的配备一般都有明确的文件规定，各级关工委班子基本能正常开展工作。但基层关工委对于如何动员发动"五老"加入队伍、"五老"应具备的条件要求、进入队伍相关程序、不能继续开展工作如何退出等问题的处理随意性较大，导致部分基层关工委长期没有新鲜"血液"注入，很多在册的"五老"常年不参加活动或者未发挥作用，"五老"队伍更新换代停滞，造成队伍活力不足。

### （四）"五老"作用发挥有待提高

部分基层关工委结合"五老"的能力特长搭建的平台不够，一些品牌活动边缘化，活动类型单一，创新载体不足；有的基层关工委在策划活动方案时很少征求"五老"的意见，开展的活动没有精准贴合"五老"专长，导致"五老"的政治优势、经验优势、专长优势未得到有效发挥。另外，部分"五老"有知识、有经验，但是缺乏新时代教育引导青少年的必要技能和本领，不了解新时代青少年思想发展现状，活动形式以宣讲为主，不够与时俱进，不够灵活创新，不能贴近青少年的需求，效果不理想。

### （五）激励保障措施有待完善

随着各级对关心下一代事业的重视程度提升，"五老"参与关心下一代工作的积极性日益提升，但工作长效保障机制缺乏，在一定程度上影响了"五老"参与关心下一代工作的积极性和基层关工委组织的常态化运转。部分地区关工委及相关部门在针对"五老"开展日常走访调研、生活困难关心慰问、沟通交流反馈等方面做得不到位，影响其主观能动性的发挥和干事创业热情。同时，基层关工委普遍存在办公室人员不足（配备不足或被其他部门长期借用等）、车辆保障不足等问题，对"五老"的服务保障水平有待提高。

## 四 加强新时代"五老"队伍建设的对策及建议

当前关工委工作面临的新形势、新要求、新机遇，更加充分凸显了加强"五老"队伍建设的必要性和紧迫性。各级党委、政府和有关部门要高度重视，全社会要形成共识，共同采取有效措施来加强"五老"队伍建设，全面夯实关工委工作的重要基础，充分发挥"五老"优势作用，推进关心下一代工作不断迈上新台阶。

### （一）争取党委支持，加强领导班子建设

关工委队伍建设是一项复杂的系统工程，包含关工委班子建设、"五老"队伍建设和队伍的思想政治作风建设等方方面面。从各级关工委经验来看，党

政领导特别是主要领导高度重视，党委常委会每年听取关工委情况汇报，帮助解决工作中的难题，是基层关工委队伍和组织建设取得好的成效的保障。要切实加强关工委领导班子建设，特别是选优配强"一号老头"。好班长才能带出好班子，好班子才能带出一支好队伍，好队伍才能完成好各项工作任务。建议由党委领导亲自动员有热情、有条件、有能力的老同志担任关工委领导班子成员，让他们感觉到关工委工作在党委、政府心目中的分量，吸引更多高素质的"五老"参与进来。要加强县区级关工委领导班子建设，县区级关工委是承上启下的关键，既要贯彻落实上级关工委的指示精神，又肩负着对基层关工委予以具体指导甚至直接组织开展活动的职能。基层工作抓得如何，他们起着至关重要的作用。要健全关工委领导班子动态调整机制，充分借鉴村（社区）建立"两委"班子后备人才库的做法，建好各级关工委领导班子后备人选信息库，并及时对信息库进行动态调整。对于因身体健康或者其他原因不宜作为后备人选的，及时作出调整；对于新发现的合适人选，及时增添到信息库中。

### （二）做好顶层设计，落实政策保障措施

关工委的人、财、物等工作保障在省市级以上落实得较好，但是由于缺乏刚性的、易操作的政策文件支撑，整个关工委系统的工作保障力度呈现出自上而下层层递减的现象。各级关工委要及时争取党委、政府的全力支持，建立健全党政领导听取工作汇报制度、关工委议事决策制度、财政支持制度、关怀帮扶青少年制度、老同志学习制度、定期慰问"五老"制度，加强关工委自身建设。山东在老年大学设立关工委，引导"五老"学员在关心下一代的广阔舞台上积极作为、发光发热。黑龙江加强针对新业态、新就业群体的党建工作和关爱"快递小哥"，开展关爱"快递小哥"行动，把"快递小哥"纳入关心下一代工作对象范畴，通过思想上帮、业务上教，促其个人发展。县区级以下关工委要落实上级关工委指导意见，结合工作实际，进一步制定关于加强"五老"队伍建设的规范性文件，明确"五老"队伍建设目标、队伍结构、队伍管理、保障激励等内容，为基层关工委加强"五老"队伍建设提供制度保障。

## （三）搭建各种平台，增强队伍的吸引力

随着老龄化社会的到来，"五老"必将在经济社会发展中发挥越来越重要的作用。"五老"队伍中人才济济，虽然许多人已经到龄退休，但一技之长并没有丢，只要他们愿意为社会发挥余热，党委、政府就应当为"五老"搭建各尽其才的平台，使关工委成为老同志学习进修的课堂、发挥余热的阵地。比如，搭建政治思想教育平台，引导有一定表达能力、比较熟悉党史国史和时事政治的"五老"，针对当前社会信息技术高度发达、不同思想文化交融交锋、社会思潮多元多样多变等新形势，做好青少年群体的思想政治工作；搭建社会治理创新平台，让有法律法规专长、擅于调解矛盾纠纷的"五老"在宣传法律法规、调解矛盾纠纷、帮助归正青年、树立社会新风等方面发挥作用；搭建服务中央重大战略的平台，引导对经济工作熟悉的"五老"围绕乡村振兴、"大众创业、万众创新"等重大国家战略，主动参与帮扶返乡青年创业就业、开展青少年职业培训等工作。同时，要特别注重与其他部门联动，与社会组织联建，共同搭建各种"五老"学习工作平台；注重与离退休干支部、党建指导员、青年志愿者等组织加强沟通，共同牵头开展关心下一代工作，产生化学效应、形成工作合力。宁波市关工委联合相关部门，根据"五老"个人意愿、工作职能和专业特长，在全市组建了铸魂立苗、共富育苗、法治润苗、善治护苗、助企惠苗等五支志愿服务队伍，广泛开展了"甬有银雁关爱"五大行动，充分发挥"五老"作用和各类资源优势，更好地为广大青少年提供有针对性的关爱服务。

## （四）强化教育培训，提升队伍整体素质

随着我国社会主要矛盾的变化，青少年日益增长的美好生活需要已经从物质需要、文化需要，拓展到法治、公平、正义、安全、环境等诸多层面，迫切要求"五老"不断提升自身能力素质，精准对接供需，更好地适应青少年越来越多元的需求。比如，为"五老"提供心理健康类专业培训，不断提升他们为叛逆期青少年、留守儿童、失足青年等群体提供心理疏导的能

力；开展互联网技术培训，这样"五老"报告团在面向青少年开展巡回宣讲活动时，就能与时俱进地借助网络新媒体等，使宣讲内容更易为青少年所接受。此外，还要不断加强对"五老"的思想政治教育，不断提高他们的政治站位，既确保更多的"五老"愿意参与关心下一代工作，又确保关工委的各项具体举措都能沿着正确的政治方向前行。

### （五）加强典型宣传，营造良好社会氛围

各级党委、政府要认真贯彻落实习近平总书记关于"动员更多的老同志参加关心下一代工作"的指示精神，进一步重视和加强对关心下一代工作和"五老"的宣传，运用各种途径，宣传推广一批站得住、立得起的先进典型和先进经验，不断增进社会各界对关工委及"五老"工作的了解。对在关心下一代工作中有突出贡献的"五老"，党政领导要亲自走访慰问，并形成制度、常态坚持。中国关工委举办了两届全国关心下一代"最美'五老'"推荐宣传活动，评选推出了85名"最美'五老'"，使广大"五老"学有榜样、赶有目标，在关心下一代的广阔舞台上老有所为、发光发热。同时，要深入挖掘和宣传"五老"在关心青少年健康成长活动中涌现出的先进典型，激励他们充分发挥各自所长为青少年健康成长作出新贡献，增强参加关心下一代工作的老同志的成就感、荣誉感，形成全社会鼓励老同志老有所为、全社会关心重视关工委工作的强大舆论氛围，吸引更多的老同志加入关工委队伍。

# 调查篇

## B.8
## 中国共产党关心下一代工作在江西的早期探索实践

江西省关心下一代工作委员会、江西省社会科学院课题组[*]

**摘　要：** 20世纪二三十年代，以毛泽东为代表的中国共产党人在江西领导开展革命斗争，探索出一条适合中国国情的革命道路，同时也开启了党关心下一代工作的早期探索实践。从江西安源到井冈山根据地再到中央苏区，中国共产党人一直不断地探索关心下一代工作，致力于团的建设、保护青少年权益、培养青年等各项工作，具有重要的革命性和创新性。中国共产党在江西的关心下一代工作探索实践取得了重大成功，为党的事业薪火相传、为中国革命的胜利培养了千千万万具有坚定理想信念的先锋力量。毛泽东等老一辈革命家是开创党关心下一代工作的先驱，江西是党关心下一代工作的重

---

[*] 课题组组长：周萌，江西省关心下一代工作委员会主任；副组长：肖洪波，江西省社会科学院党组副书记、院长、副教授；龚绍林，江西省关心下一代工作委员会常务副主任兼秘书长、研究员成员：吴晓荣，江西省社会科学院历史研究所所长、研究员；王勇刚，江西省关心下一代工作委员会办公室副主任；易凤林，江西省社会科学院历史研究所副所长、研究员；苏彬，江西省关心下一代工作委员会办公室二级调研员。

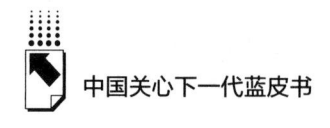

要发祥地。研究中国共产党关心下一代工作在江西的早期探索实践，探寻其发展的历史渊源，对做好新时代的关心下一代工作具有深刻启示。

**关键词：** 中国共产党　关心下一代工作　江西省

习近平总书记指出，十年树木，百年树人。祖国的未来属于下一代。做好关心下一代工作，关系中华民族伟大复兴。[1] 习近平总书记的重要指示，既充分论述了关心下一代工作的重大意义，又高度肯定了关心下一代工作的时代价值。

关心下一代，是中华文明的历史传承，是中华民族的优良传统。中国共产党自成立之日起，就把关心下一代作为自己的历史使命和政治责任，作为确保党的事业薪火相传的战略任务和中华民族永续发展的千秋大业。关心下一代工作是党的工作的重要组成部分，在不同历史时期，其主要任务虽然随着党的中心工作的转换和形势的变化而不断拓展，但其内在要求和本质特征是一脉相承的——以青少年为主要工作对象，以教育引导和关爱保护为工作重点，以立德树人、促进青少年成长成才为根本任务，发挥党的政治优势和组织优势并依托其所形成的工作机制，努力把青少年培养成为听党话、跟党走、德智体美劳全面发展的社会主义建设者和接班人。

江西是中国革命的星火燎原之地，是中国共产党人初心使命的红色摇篮，党史上的许多重大事件都在这里发生。20世纪二三十年代，以毛泽东为代表的中国共产党人在江西领导开展革命斗争，探索出一条符合中国国情的中国革命道路。在这一伟大历史进程中，毛泽东等老一辈革命家也开启了党关心下一代工作的探索实践。

---

[1] 习近平：《坚持服务青少年的正确方向　推动关心下一代事业更好发展》，《人民日报》2015年8月26日。

# 中国共产党关心下一代工作在江西的早期探索实践

学界对中国共产党关心下一代工作的研究不断深入，但多侧重于对如何做好这一工作的方法路径探讨，较少从历史发展的角度追根溯源。鉴于此，本文拟深入研究中国共产党关心下一代工作在江西的早期探索实践，总结历史经验，以期为做好新时代关心下一代工作提供深刻启示。

## 一 毛泽东等老一代共产党人在江西安源开始了党关心下一代工作的早期探索

建党初期，毛泽东、李立三、刘少奇等老一代共产党人组织开展的闻名全国的安源路矿工人大罢工，是中国共产党第一次独立领导并取得完全胜利的工人斗争。中国共产党人在领导开展工人运动的同时，也开始了对青少年教育和关心下一代工作的早期探索。

### （一）毛泽东在安源路矿青年工人中进行思想教育

中国共产党是以工人阶级为基础的革命政党。党成立之初，就认识到"工人的群众不论在民主革命或社会革命中都占在主力的地位"，"我们不欲革命则已，要革命非特别重视工人运动不可"，[①] 把团结、教育工人视为最重要的革命任务之一。

1921年秋冬，党的一大代表、中共湖南支部书记毛泽东，遵照党的一大决议要求，来到安源路矿开展调查研究，主动走近青年工人，"考察情形，开始活动"，指导工人运动。他深入矿井实地察看井下工人的劳动条件，并以朋友的关系与安源工友尤其是青年矿工促膝谈心，进行思想教育，"渐谈及工人受痛苦受压迫及有组织团体之必要等情，于是大得工友欢迎"。[②] 毛泽东的促膝谈心使很多青年工人明白了自身苦难的来源，认识到"受苦不是什么命里注定的，而是帝国主义资本家压迫剥削的结果"，"我们

---

① 邓中夏：《论工人运动》，《中国青年》1923年第9期。
② 刘少奇、朱少连：《安源路矿工人俱乐部略史》，载《安源路矿工人运动（上册）》，中共党史出版社，2022。

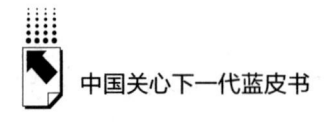

工人只要团结得紧，就是有座山压在我们头上也能推倒"，① 接受了共产党人的阶级革命道理和主张。

之后，毛泽东又委派李立三等共产党人继续到安源开展工人运动，宣传社会主义思想，唤醒工人的革命觉悟。在其努力下，一批青年工人中的优秀分子脱颖而出，周镜泉、李涤生等 8 人加入社会主义青年团，并于 1921 年 12 月成立全国产业工人中最早的共青团组织——中国社会主义青年团安源支部。到 1924 年 10 月，青年团安源地委的团员达 200 人，占全国团员总数的 9%，成为全国最大的地方团组织之一，为中国革命输送了重要力量。

### （二）以工人学校为主阵地开展对青年工人的教育

关心下一代工作最为核心的内容便是青少年教育。李立三等人按照毛泽东的指示，以安源工人学校为主阵地，开展对青年工人的教育工作，使青年工人迅速成长起来。安源工人学校成为锻炼和培养青年的大熔炉。

党的一大决议提出，工人补习学校是组织工会的准备步骤，要在各种产业部门建立这类学校，且工人补习学校应逐渐地变为工人组织的中心。② 为贯彻一大决议的要求，毛泽东指派李立三等同志，于 1921 年 12 月在安源创办工人补习学校，学校以招收青年工人为主。

1922 年 9 月安源路矿工人大罢工胜利后，安源党组织和工人俱乐部抓住各种有利时机不断扩大办学规模，扩充学校功能，到 1922 年底，工人补习学校"每夜上课的计百余人甚至二百余人；教学法取讲演方式，宣传增进工人福利的共产主义，教者谆谆不倦，学者倾耳静听"。③

工人学校以促进青年工人革命觉悟为中心目标。1924 年 11 月，安源党团组织和工人俱乐部专门制定《安源工人教育计划大纲草案》，将工人教育

---

① 《张竹林回忆毛泽东一九二一年来安源》，载《安源路矿工人运动（下册）》，中共党史出版社，2022。
② 《中国共产党关于（奋斗）目标的第一个决议（英文译稿）》，载中共中央党史研究室、中央档案馆《中国共产党第一次全国代表大会档案文献选编》，中共党史出版社，2015。
③ 蔡增准：《教育股报告》，载《安源路矿工人运动（上册）》，中共党史出版社，2022。

完整地概括和表述为"识字、常识、促进阶级觉悟、训练战斗能力",并强调唤醒工人觉悟是"我们教育的生命","是我们无产阶级的教育的极重要的原则"。①

工人学校还根据青年工人的生存状况和年龄特点,注重"施以特殊之教育与娱乐"。② 在教学中把思想启蒙同传授文化知识结合起来,联系实际编写通俗易懂的教材,配以各种生动活泼的案例,由浅入深地启发和教育工人。尤其是毛泽东、李立三在教育启发工人时创造的"工人两字连成天"的形象比喻广为流传。③ 学校还注重训练和培养青年工人建设工会团体、从事工人斗争和产业管理等方面的实践能力。为帮助和争取青年工人,安源党团组织在工人俱乐部添设青年部,专门做青年工人教育和游艺事业,引领青年工人的文明生活。

安源工人教育尤其是青年工人教育经验,为后来其他地方的工人运动发展提供了借鉴和指导。在1926年召开的全国第三次劳动大会上,安源工人教育经验被写入《工人教育案》,作为示范向全国推广。李立三后来曾回忆:"安源工人运动的一些主要经验是非常重要的。后来一九二四年,我们到上海做工人运动的时候,也就是运用了这些经验"。④

### (三)注重把工人子弟组织起来进行教育引导

以毛泽东、刘少奇、李立三等为代表的共产党人始终关注少年儿童的成长。他们克服困难创办工人子弟学校,让从未享受过教育的少年儿童有机会接受先进文化和科学知识。

安源党组织为适应工人运动发展和俱乐部小部员革命成长的需要,把工

---

① 《安源工人教育计划大纲草案(1924年11月)》,载《安源路矿工人运动(上册)》,中共党史出版社,2022。
② 《其颖、兰袈致钟英信(1924年10月17日)》,载《安源路矿工人运动(上册)》,中共党史出版社,2022。
③ 刘善文:《安源路矿工人运动史》,上海社会科学院出版社,1993。
④ 李立三:《看了〈燎原〉以后》,载《安源路矿工人运动(下册)》,中共党史出版社,2022。

人子弟组织起来进行教育引导。1922年工人学校扩充设立工人学校子弟部（即工人子弟学校）。子弟部规定入学条件："凡安源路矿工人俱乐部部员底子女，都可入学；但年龄须在六岁至十七岁限度之内"。[1] 受教育子弟的数量日益增多，到1924年上学期，"子弟部由三百余名，增至七百余名"。[2] 这些学生中培养出了一批活跃儿童。1922年4月，安源党组织将王耀南、刘玉汉、张正等7名小矿工召集起来，建立安源儿童团。这是中国共产党领导下的第一个少年儿童组织。在学校的组织下，儿童团经常参加集会游行、宣传演讲、散发传单、站岗放哨等革命活动。儿童团在革命斗争中发展，引导少年儿童走上革命道路，培养了一批革命接班人。一批当年的少年儿童经过党的教育培养和血与火的洗礼，从安源走向全国，成为党和国家革命与建设事业的重要人才。被称为"中国保尔"的吴运铎等，就是安源儿童团的杰出代表。

毛泽东、刘少奇、李立三等共产党人在安源领导开展工人运动的同时，进行了青少年教育和关心下一代工作的早期探索，创新性地开展了对青年工人和工人子弟的教育引导，广泛而深刻地唤醒了广大工人，尤其是青年工人和少年儿童的思想觉悟，为安源党团组织的创立打下了思想政治基础，为中国工人运动和中国革命培养了一大批优秀人才。

## 二 中国共产党在井冈山革命根据地开展了关心下一代工作的初步实践

大革命失败后，立足中国革命实际，毛泽东率领秋收起义队伍，向敌人力量薄弱的井冈山进军，开创了中国第一个农村革命根据地。在探索农村包围城市、武装夺取政权的中国革命道路过程中，毛泽东等老一辈革命家也在井冈山革命根据地开展了对青少年教育和关心下一代工作的初步实践。

---

[1] 蔡增准：《教育股报告》，载《安源路矿工人运动（上册）》，中共党史出版社，2022。
[2] 刘义：《教育委员会报告（一九二三年八月间到一九二四年十一月）》，载《安源路矿工人运动（上册）》，中共党史出版社，2022。

## （一）立足以青年团为组织基础开展青少年工作

自1922年5月成立以来，在党的领导下，中国社会主义青年团团结了大批有理想抱负的青年，使其在组织内接受革命教育、文化教育，成长为优秀的革命青年。井冈山革命根据地建立后，青年团成为党关心下一代工作的重要革命组织。

大革命失败后，湘赣边界各县团组织同党组织一样被敌人打散。1927年11月初，毛泽东在宁冈茅坪象山庵召开宁冈、永新、莲花三县原党组织负责人会议，要求重建党的组织，同时注意共青团组织的恢复与发展，团结和教育青年。会后，湘赣边界各县积极建立共青团组织。1928年2月21日，作为根据地的中心，宁冈县的县团委与县委一起在砻市成立。随后，永新、遂川、莲花、酃县等地的共青团组织也逐步恢复。1928年5月，湘赣边界工农兵政府为推动团的工作，专门成立青年运动委员会。是年7月，湘赣边界共青团特委成立，进一步加强对青年工作的领导。各级团组织恢复后，组织领导广大团员青年积极参加"打土豪分田地"、建立红色政权、参军参战支援前线、组织开展文化活动等革命工作。同时，在团组织的带领下，组建少年先锋队和儿童团的工作也红红火火，十分活跃。

## （二）重视对青少年的文化教育和政治思想教育

文化教育事业是井冈山革命根据地文化建设的重要内容，青少年教育又是其重中之重。以毛泽东为代表的共产党人延续安源工人运动时期的做法，在井冈山根据地大力实施青少年教育。

一是创办红色小学。湘赣边界工农兵政府成立后，开小列宁小学、平民小学等红色小学，规定年满6岁以上的儿童均可入学，一般不缴学费；上课的老师请村里有文化的人来担任，教学的课本由各地自行编写，结合生产和斗争实际，注重向学生传播革命道理。得益于毛泽东的高度重视和湘赣特委、边界政府的有力推动，井冈山根据地的青少年教育事业蓬勃发展。仅宁冈县在1927年底到1928年秋就办起12所红色小学，学生达到800余人。

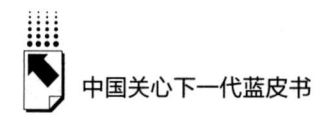

毛泽东不仅专门布置人员编写教材，而且亲自审阅修改教材，一时传为佳话。

二是推广社会教育。除开办红色小学，根据地还开办夜校、半日学校、识字班等多种多样的社会教育，扩大青少年受教育的普及面。此外，还创立工农俱乐部，成立读报组，举办演讲会，做识字牌、写墙报、编演戏剧、发行报刊等，对广大群众尤其是青年人和少年儿童进行更广泛的文化教育和政治教育。

三是注重思想引领。在井冈山斗争时期，党对广大军民尤其是青少年始终强化理想信念教育，并取得极大的成功。军事斗争是残酷的敌我较量，加上敌人的经济封锁，井冈山革命根据地的物资极度匮乏，一些人产生了畏难思想和悲观情绪，甚至有人提出"红旗到底能打多久"的疑问。以毛泽东为代表的中国共产党人在从理论上作出回答的同时，还在实践中坚持把武装斗争、土地革命等重大问题结合起来，增强理想信念教育的实效性。据不完全统计，在井冈山斗争时期，牺牲的革命烈士近5万人，留下姓名的仅1.5万多人。其中，牺牲的烈士绝大多数都是年轻人。正是党领导井冈山军民浴血奋战和英烈们的牺牲奉献，铸就了伟大的井冈山精神。

### （三）充分发挥青少年在革命斗争中的先锋作用

中国共产党把广大青年作为湘赣边界斗争中十分信任和坚定依靠的革命先锋。

青年党团员是开展土地革命的骨干分子。为帮助各地搞好土地革命，毛泽东和边界特委非常重视发挥青年干部的作用，从军队中抽调了大批青年干部深入宁冈、永新等县发动群众、指导进行分田。在党开展的反经济封锁的斗争中，边界各县的青年人更是冲在前面，积极参加农业生产，有效保障了根据地军民的粮食供给。在党领导群众开展的反对封建陋习的革命运动中，青年人带头支持实行婚姻自由、男女平等，提倡婚嫁简朴节约。还积极参与打击有劣迹的赌徒、赌棍，大力支持苏维埃政府禁食鸦片。

井冈山斗争时期，在中国共产党的领导下，青年团和少先队、儿童团团结带领青少年踊跃参军参战，冒险支援前线，英勇顽强，前赴后继，为井冈山革命根据地的创建、巩固和发展做出了重大贡献和巨大牺牲，他们的英雄业绩将永远载入光辉史册。

## 三 中国共产党在瑞金领导苏维埃国家政权进行了关心下一代工作的伟大预演

1931年11月7日至20日，第一次全国苏维埃代表大会在江西瑞金召开，宣告了中华苏维埃共和国的正式成立。中华苏维埃共和国是中国共产党领导人民大众建立的中国历史上第一个工农民主政权，是中华人民共和国的雏形和基石。在以中央苏区为中心的广大红色区域，"党开辟了人民政权的道路，因此也就学会了治国安民的艺术"。[1] 中华苏维埃共和国的治国理政大业包含了青少年教育和关心下一代工作的伟大实践。

### （一）加强团的建设工作，把青少年团结在党的周围

1932年12月，共青团中央机关随中共临时中央政治局领导机关迁入中央苏区，并在瑞金与少共苏区中央局会合，成立新的少共（共青团）中央局。在党的领导下，苏区共青团组织的工作蓬勃开展。

一是大力发展团组织。1931年12月20日，苏区中央局通过《团的建设问题决议（草案）》，提出"必须首先加紧团的建设工作，建立团的巩固的无产阶级基础和铁的无产阶级的领导，最高度地提高团对劳动青年群众的领导作用"，[2] 要求"大量吸收青工学徒、雇农入团，争取无产阶级青年的大多数到团内来"，[3] 共青团对青少年具有极高的号召力和影响力，青少年

---

[1] 《〈共产党人〉发刊词（1939年10月4日）》，载《毛泽东选集（第2卷）》，人民出版社，1991。
[2] 《团的建设问题决议（草案）》，载中共江西省委党史研究室《中央革命根据地历史资料文库·群团系统：14》，中央文献出版社、江西人民出版社，2020。
[3] 《团的建设问题决议（草案）》，载中共江西省委党史研究室《中央革命根据地历史资料文库·群团系统：14》，中央文献出版社、江西人民出版社，2020。

纷纷要求加入，共青团组织得以快速发展，团的队伍不断扩大。1932年8月《江西团组织统计表》显示，江西省的万泰、赣县两县儿童全部入团，其他核心红色县域，比如兴国、胜利、公略、瑞金等县，青少年入团的积极性非常高，其团员比例都在90%以上①。1933年扩团"春季冲锋季"结束时，"江西福建两省总共有五万五千人到六万人"，②红军部队中的共青团员至少在1.5万人以上。

二是强化对青少年的共产主义教育。为"训练参加苏维埃革命斗争的新后代，并在苏维埃革命斗争中训练将来共产主义的建设者"，③共青团肩负"以共产主义的精神教育广大的劳动青年群众"职责，始终强化对青少年的共产主义教育。在教育过程中，实行共产主义思想主题教育，开设政治斗争教育和无产阶级教育，加强儿童的知识能力及其对政治问题的了解，形成政治观念，并付诸实践。少共苏区中央局主办的刊物《青年实话》，发行量最多时达2.8万份，是仅次于《红色中华》的中央苏区第二大报刊。其内容丰富，具有鲜明的青年报刊特色，主要内容除苏区内外重大时事政治外，还有苏区青少年所急于了解和掌握的革命道理、工作经验、科技生活常识及文学知识，很受青少年的欢迎，对青少年具有积极的引导、组织和鼓动作用。苏区广泛成立的俱乐部和列宁室，也是苏区青少年乐于参加的文化娱乐和学习场所，从中他们接受到很好的文化教育和政治思想教育。

三是领导少年先锋队和共产主义儿童团开展工作。共青团领导的少年先锋队和共产主义儿童团系苏区范围内极广泛的群众组织，参与人数众多。1930年5月，全国少先队队员高达80万以上。④各级共青团组织均有儿童

---

① 《江西团组织统计表（1932年8月26日）》，《江西革命历史文件汇集（1932年）：一》，中央档案馆、江西省档案馆，1992。
② 凯丰：《苏区团的组织状况与我们的任务》，载《中央革命根据地史料选编（下册）》，江西人民出版社，1982。
③ 《中华苏维埃共和国小学校制度暂行条例（1934年2月16日）》，载中共江西省委党史研究室《中央革命根据地历史资料文库·政权系统：8》，中央文献出版社、江西人民出版社，2013。
④ 《中国青年运动历史资料》，载中国共产主义青年团 中央委员会办公厅编《中国青年运动历史资料1930（1月—6月）》，1980。

局，其标志为红领巾，口号是："准备着！时时刻刻准备着！"儿童局担负4项主要任务，即组织儿童学习文化知识、教育儿童拥护苏维埃与红军、宣传新思想新风尚和担负一定的站岗放哨戒严任务。所以，毛泽东称，"儿童团，同样是儿童们学习共产主义的学校"。① 与此同时，毛泽东在《长冈乡调查》中明确指出，因为儿童团、少先队积极参与反迷信宣传，各村的迷信现象得以在较短时间内清除，取得明显效果。②

## （二）依法保护青少年的权益，帮助青少年成长成才

建立苏维埃红色政权后，中国共产党通过立法等形式对青少年的权益进行保护，帮助青少年成长成才。

首先，保障青少年和儿童受教育权利。中华苏维埃第一次全国代表大会通过的《中华苏维埃共和国宪法大纲》是红色政权的根本大法，其明确规定"中国〔华〕苏维埃政权以保证工农劳苦民众有受教育的权利为目的，在进行阶级战争许可的范围内，应开始实施完全免费的普及教育，首先应在青年劳动群众中施行，并保障青年劳动群众的一切权利，积极的引导他们参加政治的和文化的革命生活，以发展新的社会力量"。③ 苏区教育事业迅猛发展，儿童教育也顺应形势而发展起来。苏区儿童教育主要通过列宁小学来完成，各苏区列宁小学，不仅数量多，而且学生入学比例也高于当时国民政府区域。1932年，兴国县有115个乡，列宁小学432所；公略县有68个乡，列宁小学245所；胜利县有78个乡，列宁小学200所；万泰县有54个乡，列宁小学108所，基本达到每乡都有一个甚至多个列宁小学。④ 1933年，兴

---

① 《中华苏维埃共和国中央执行委员会与人民委员会对第二次全国苏维埃代表大会的报告》，载《中央革命根据地史料选编（下册）》，江西人民出版社，1982。
② 毛泽东：《长冈乡调查（1933年11月）》，载《毛泽东文集（第一卷）》，人民出版社，1993。
③ 《中华苏维埃共和国宪法大纲（1931年11月）》，载中共江西省委党史研究室《中央革命根据地历史资料文库·政权系统：6》，中央文献出版社、江西人民出版社，2013。
④ 《江西苏区中共省委工作总结报告（一、二、三、四月总报告）》，载《中央革命根据地史料选编（上册）》，江西人民出版社，1982。

国 8 岁以上学龄儿童总数为 20969 人，其中入学 12806 人，失学 8163 人，入学与失学比例为 6∶4，高于国民党统治时期，且这些失学儿童均加入了儿童团，获得识字、唱歌、打球等学习机会。①

其次，保障青少年在劳动、婚姻家庭等方面的权益。《中华苏维埃共和国劳动法》在对劳动者的权益保护作出规定的同时，特别对青年工人每天工作时间作出规定：16~18 岁的青年工人不得超过 6 小时，还规定了青年工人的福利、劳动保护、社会保险和法律救助等。青少年的健康成长是青少年权益中特别被重视的内容。《江西省苏维埃临时政纲》第 13 条规定，要特别保护童工，尤其是"禁止雇十四岁以下的儿童作工"；第 15 条规定，"由政府设立养老院、育婴院、残废院及病院，以养育并医治老弱、儿童及残废病疾者"。② 同时，对于"无亲属之孤儿"，闽西苏维埃政权还专门出台地方条例，规定"由政府设法给养"。③ 此外，为保障青少年的身心健康，中华苏维埃共和国制定的《婚姻法》摒弃传统社会早婚早育陋习，在确立"婚姻自由"的原则基础上，对结婚年龄作出限制，即"男子须满二十岁，女子须满十八岁"。④

最后，保障青少年参与政治的权益。早在 1927 年 11 月，《江西省苏维埃临时组织法》就明确规定"十六岁以上者均享有选举权及被选举权；十五岁以下十二岁以上者，只有选举权而无被选举权"。⑤ 随着中华苏维埃共和国的成立，中国共产党对青年的政治参与权更为重视。1934 年"二苏大"通过的《中华苏维埃共和国宪法大纲》规定"苏维埃公民在十六岁以上皆

---

① 周和生：《七年来的中国苏维埃（1935 年 8 月）》，载《共产国际、联共（布）与中国革命档案资料丛书（第 16 卷）》，中共党史出版社，2007。
② 《江西省苏维埃临时政纲》，载《中央革命根据地史料选编（下册）》，江西人民出版社，1982。
③ 《闽西第一次工农兵代表大会宣言及决议案（1930 年 3 月 25 日）》，载《闽西革命史文献资料（第 3 辑）》，中共龙岩地委党史资料征集领导小组，1982。
④ 厦门大学法律系、福建省档案馆：《中华苏维埃共和国法律文件选编》，江西人民出版社，1984。
⑤ 《江西省苏维埃临时组织法（1927 年 11 月）》，载《江西革命历史文件汇集（1927—1928）》，中央档案馆、江西省档案馆，1986。

有苏维埃选举权和被选举权,直接派代表参加各级工农兵苏维埃的大会,讨论和决定一切国家和地方的政治事务"。① 与此同时,青年团也规定了团员参与政治的权利。例如,1932年2月至4月,团江西省委积极拥护江西省苏维埃代表大会,"积极号召十六岁以上贫苦青年参加选举",经此动员,在江西省的苏维埃代表大会选举中,各县团员参加选举的比例达到70%。②

(三)在保卫红色政权的革命实践中大力培养青少年

中国共产党注重把青少年培养成中国革命的重要力量,训练他们参与苏维埃政权建设和管理的能力。

一是动员和组织苏区青年参加红军,支援革命战争。青年是革命战争的主要力量。1931年7月14日,少共苏区中央局在给共青团中央的书面报告中,热情赞颂青年在革命战争中的重大作用,指出在前线和后方都能看到青年的活跃和英勇,没有青年,就没有伟大的第二次反"围剿"斗争的胜利。1933年5月20日,少共苏区中央局号召"须要更快的完成扩大一百万铁的红军的任务",决定由江西省征调4000人,福建省征调2000人,闽赣省征调2000人,组建少共国际师。③ 至1933年9月3日,少共国际师的队员达到11000余人。从政治面貌来看,少共国际师的党团员比例为70%;从年龄来看,少共国际师队员平均年龄为18岁。在艰苦卓绝的军事斗争中,少共国际师展现出了年轻人的朝气和战斗精神。

1934年10月,中央主力红军被迫实行战略转移,撤出了中央苏区。5万多名赣南籍红军战士跟随党中央和毛主席进行了伟大的长征,用忠诚和热血谱写了壮丽的青春之歌。

二是组织青年团员参与苏维埃国家政权管理。立足青年人勇于担当的特

---

① 《中华苏维埃共和国宪法大纲》,《红色中华》1934年2月14日。
② 《团江西省委三个月(二月至四月)工作总报告(1932年6月1日)》,载《江西革命历史文件汇集(1932年):一》,中央档案馆、江西省档案馆,1992。
③ 《少共苏区中央局关于创立"少共国际师"的决定(1933年5月20日)》,载中共中央文献研究室、中央档案馆《建党以来重要文献选编(1921—1949):第10册》,中央文献出版社,2011。

点，党领导下的各级工农检察部（"二苏大"后为工农检察委员会），吸纳青年团员，组建"青年轻骑队"等，协助开展肃贪正风工作。"青年轻骑队"通过明察暗访等方式，对各级苏维埃机关工作人员中存在的贪污浪费、官僚主义作风等进行监督和斗争。比如，1934年轻骑队积极参与了中央印刷厂会计员杨其兹的贪污问题调查。当时这一调查主要由中央工农检察委员会发动轻骑队与工会共同开展。这种合作效率极高，把杨其兹贪污的账目全部检查清楚。① 各级共青团组织还积极协助教育部门发展苏区的教育事业，如协助开办学校、扫除文盲，组织和动员适龄儿童入学，等等。1933年8月30日，少共中央局、中央教育人民委员部召开联席会议，决定共青团从支部一直到中央局，"必须担负着对于教育工作与各级教育部的协助"，"成为一切俱乐部、列宁室、识字班的协助者"，"一切学校的协助者"，并加强团在学校中的活动。②

三是组织动员广大青年积极投身经济建设。苏区青年工人在苏区经济建设中更是展现出强烈的主人翁精神。一方面，他们在中国共产党的领导下，积极参与土地革命，开展"打土豪分田地"的斗争，让这场深刻的社会革命推进到广大的农村。另一方面，他们率先示范，动员和组织了广大青年农民发展农业生产。当时的苏区到处洋溢着革命生产的竞赛氛围。③ 此外，为支援苏维埃国家经济建设和红军战争自觉厉行节约，将节省下来的现金和物资献给苏维埃和红军。

中国共产党在领导苏维埃政权进行治国理政的伟大预演中，对青少年教育和关心下一代工作也进行了伟大的实践，不仅在以瑞金为中心的中央苏区，还包括在中华苏维埃共和国所辖的湘赣、湘鄂赣、闽浙赣等广大苏区，都取得了令人瞩目的成就。

---

① 《中央工农检察委员会公布》，《红色中华》1934年2月22日。
② 《少共中央局、中央教育人民委员部联席会议关于目前教育工作的任务与团对教育部工作的协助的决议（1933年8月30日）》，载中共江西省委党史研究室《中央革命根据地历史资料文库·群团系统：16》，中央文献出版社、江西人民出版社，2020。
③ 《本报发起组织春耕竞赛》，《青年实话》1933年2月26日。

## 四 中国共产党关心下一代工作在江西早期探索实践的深刻启示

回望历史，抚今追昔。毛泽东等老一代共产党人在江西领导开展革命斗争的同时，开始了党对青少年教育和关心下一代工作的探索实践，体现了一个无产阶级政党的远见卓识和对国家、对民族的强烈历史担当，为党的事业薪火相传、为中国革命的胜利培养了千千万万具有坚定理想信念的先锋力量。从历史源流来看，毛泽东等老一辈革命家是开创党关心下一代事业的先驱，江西是党关心下一代工作的重要发祥地。中国共产党关心下一代工作在江西的早期探索实践，取得了巨大的成功，积累了宝贵的经验，对我们做好新时代的关心下一代工作具有深刻启示。

（一）坚持党的领导，是做好新时代关心下一代工作的根本保证

建党之初，毛泽东等老一代共产党人在安源开始的对青少年教育和关心下一代工作的早期探索，就是贯彻党的一大决议精神和落实中国劳动组合书记部的指示要求。此后在不同历史时期，党中央都根据形势变化和中心任务的转换，对关心下一代工作提出新的要求。正是因为毫不动摇坚持党的领导，关心下一代工作才能历经百年而不断向前发展。这深刻启示我们：做好新时代的关心下一代工作，必须坚持党的领导，自觉把党的领导贯彻到关工委工作的全过程各方面，坚决做到"两个维护"，充分认识"两个确立"的决定性意义，真正把习近平总书记提出的"各级党委和政府要加强对关心下一代工作的领导"[①]重要指示要求落在实处，推动关心下一代工作更好发展。

（二）加强思想引导，是做好新时代关心下一代工作的本质要求

注重通过对青少年进行思想教育，启蒙阶级觉悟，训练战斗能力，树立

---

① 习近平：《支持更多老同志参加关心下一代工作　为培养社会主义建设者和接班人作出新的更大贡献》，《人民日报》2020年11月19日。

理想信念，引导青少年紧紧团结在党的周围，听党话、跟党走，这是党关心下一代工作在江西早期探索实践的成功经验。这深刻启示我们：做好新时代的关心下一代工作，必须坚持把立德树人作为根本任务，大力加强对青少年的政治引领，坚持用习近平新时代中国特色社会主义思想铸魂育人，积极引导青少年培育和践行社会主义核心价值观，用高尚的道德精神和价值追求激励教育青少年；引导青少年增强爱党爱国的意识和情怀，牢固树立正确的世界观、人生观、价值观；引导青少年积极投身于全面建设社会主义现代化国家的火热实践，为中华民族伟大复兴奉献青春力量。

### （三）立足关爱保护，是做好新时代关心下一代工作的关键举措

中国共产党成立早期，尽管党的力量还不够强大，但共产党人仍能领导和聚合工会、青年团、农会、妇女组织和红军以及社会等方方面面的力量，共同开展对青少年的关爱保护工作。在瑞金建立全国红色政权以后，党又通过中华苏维埃临时中央政府和地方苏维埃政府以法律形式对青少年的权益实行保护，促进青少年健康成长。在当时，还有一批如董必武、徐特立、林伯渠、谢觉哉等这样德高望重的老革命在领导和参与青少年教育和关心下一代的工作。这深刻启示我们：做好新时代的关心下一代工作，要充分发挥党的政治优势和组织优势，统筹各种资源和协调各方力量，立足于关爱保护青少年，为他们成长成才营造风清气正的政治环境、公平正义的法治环境和充满友爱的社会环境。要实施好"五老"（老干部、老战士、老专家、老教师、老模范）关爱下一代工程，努力为青少年成长成才办实事、解难事。要动员更多的"五老"等离退休老同志参加关心下一代工作，弘扬"忠诚敬业、关爱后代、务实创新、无私奉献"的"五老"精神，激励更多老同志在关心下一代的广阔舞台上老有所为、发光发热。

### （四）注重守正创新，是做好新时代关心下一代工作的重要法宝

以毛泽东为代表的共产党人在安源、井冈山和瑞金时期的革命斗争中，创造了许多党的历史上的"第一"，在对青少年教育和关心下一代工作的探

索实践中,也创造了许多当时在全国推广借鉴的新鲜经验,为我们留下宝贵的精神财富。这深刻启示我们:做好新时代的关心下一代工作,必须顺应新的时代变化,立足新的实践要求,守正创新,在继承中发展,在发展中创新。坚持以习近平总书记重要指示为根本遵循,不断提高政治站位,把握正确政治方向,确保党中央决策部署在关心下一代工作中创造性地贯彻落实;围绕中心、服务大局,结合时代的发展,结合党的历史方位和历史任务的变化,结合中国特色社会主义进入新时代的新实践,使我们的工作始终与时代同步、与青少年同心、与改革开放同进;适应新时期青少年的不同需求,在思想观念、工作方式、工作方法等方面,不断有新的发展和创造,在研究解决制约关工委工作发展的重点难点问题上开新路、出新招,推动关心下一代工作可持续发展、高质量发展。

习近平总书记在党的二十大报告中强调,"全党要把青年工作作为战略性工作来抓","做青年朋友的知心人、青年工作的热心人、青年群众的引路人"。[①] 这是习近平总书记向全党发出的号召,也是对关心下一代工作提出的新的更高的要求。我们要深入学习贯彻习近平新时代中国特色社会主义思想和党的二十大精神,认真贯彻落实党中央关于关心下一代工作的决策部署和习近平总书记重要指示批示精神,踔厉奋发,无私奉献,把关心下一代工作继续推向前进,为促进青少年成长成才,为培养德智体美劳全面发展的社会主义建设者和接班人贡献力量。

---

① 习近平:《高举中国特色社会主义伟大旗帜 为全面建设社会主义现代化国家而团结奋斗——在中国共产党第二十次全国代表大会上的报告》,人民出版社,2022。

# B.9
# 精心做好"深化"文章 全面推进"五老"关爱下一代工程提标提质提效

杨泰波 黄孝亮*

**摘 要：** 抓好"五老"关爱下一代工程是关心下一代工作永恒的主题。随着时代的深刻变迁，青少年的需求日益多元且层次提升，对这项工作提出了新的任务和要求。为此，要坚持以习近平新时代中国特色社会主义思想为指导，持续围绕在内涵上拓展、在载体上创新、在落实上发力这三个环节发力，做到因时而进、因势而新，切实全面深化提升"五老"关爱工程。

**关键词：** "五老" 关爱下一代 青少年

抓好"五老"关爱下一代工程，是党中央赋予关工委的重要任务之一，是关心下一代工作永恒的主题，是关爱青少年最直接、最实际的行动和看得见、摸得着的实事。这些年来，湖南省各级关工委按照中国关工委的部署和省委、省政府的指示，用心用情用力实施"五老"关爱下一代工程，着重在关爱留守儿童、帮扶困境青少年、开展扶贫助学等方面发力，做了大量好事、实事，得到各级领导的充分肯定和社会各界的高度认可。随着时代的深刻变迁，青少年的需求日益多元且层次提升，这对关爱工作赋予了许多新任务、提出了不少新要求。如何因时而进，因势而新，全面深化提升"五老"关爱工程，已成为摆在各级关工委面前的一个时代课题。通过广泛听取各方面意见，总结各地的探索和创造，我们感到深化提升关爱工程，至关重要的是以

---

\* 杨泰波，湖南省关工委主任；黄孝亮，湖南省关工委副主任兼秘书长。

精心做好"深化"文章　全面推进"五老"关爱下一代工程提标提质提效

习近平新时代中国特色社会主义思想为指导，在三个方面下功夫，即在内涵上拓展、在载体上创新、在落实上发力。

## 一　在内涵上拓展

深化"五老"关爱工程，首要的是进一步拓展关爱内涵。这方面，总的是要突出目标导向、需求导向、问题导向，聚焦"让每个孩子在同一片蓝天下健康成长、让每一个孩子得到德智体美劳全面发展"，紧贴新时代新要求，针对青少年成长中的突出问题和关爱工作的薄弱环节，坚持重点突破与系统推进相结合，实现关爱工程全面提标提质提效。具体来说，要努力做好"四全"文章。

### （一）关爱对象力求全覆盖

在持续做好留守儿童、困境青少年等帮扶的基础上，把关爱对象拓展到所有青少年特别是他们中的困难群体、特殊群体，包括身心健康存在问题的孩子、一度失足的"问题"孩子、服刑人员子女等。长沙市关工委把"三失"（失学、失足、失亲）、"三流"（流动、流浪、留守）、"四子"（残疾、贫困、精神困惑和服刑人员子女）等十类青少年作为重点对象，通过"靶向识别""精准画像"，对他们全面建档立卡，采取"一帮一""多帮一""点对点""团队式""接力式""阶段轮换式"等方式，进行全面、持续帮扶，使这些青少年在爱的滋润下得以健康成长。该市开福区关工委推出"情系维娃向未来"关爱行动，针对远离家乡、在辖区就读、很难融入本地的维吾尔族学生，精心挑选"五老"代表、共青团员和少先队员以"二对一"的形式给予特殊关爱，使这些"维娃"倍感温暖，逐步与汉族同学及社区居民建立了亲如一家的关系。

### （二）关爱内容做到全方位

新的形势下，对青少年的关爱，应从主要注重物质帮扶拓展到需要关爱的各个层面。第一，加强对青少年的政治引领和人格养成。对青少年的关爱，第一位的是要引导他们如何做人、如何立德铸魂。德为才之帅，世界观是总开关。人们常说，"有德有才是正品，有德无才是次品，无德无才是废品，无德有才是毒品"。一个人如果在思想道德、世界观上出了问题，本事越大，可能危害就越大。青少年是精神发育、道德养成的关键阶段，是世界观、人生观、价值观形成确立的关键时期，也是可塑性最强的时期，这个时候信仰什么、追求什么，在很大程度上决定着今后的成长方向。当代青少年总体上是向上向善、完全可以信赖的一代，但一些人在思想道德上也出现了一些令人忧虑的问题，突出表现在理想信念、感恩思想、奉献意识、吃苦精神等方面的淡薄。这些年来，全省各级关工委始终把工作重点聚焦在立德树人、加强青少年思想道德教育上，取得了不少积极成果。但这方面仍然任重道远，务必毫不松懈地抓下去，并不断创新教育方式方法，努力走出一条青少年思想道德教育的新路子。第二，呵护青少年的身体和心理健康。当前，青少年总体健康水平不断提升，但身心健康存在的问题也十分突出。身体方面，"小近视""小胖墩"随处可见，脊柱侧弯问题日益凸显，一些学生因体质差而在军训期间晕倒的情况时有发生。心理方面，调研数据表明，20%以上的青少年存在不同程度的心理健康问题，焦虑、抑郁、孤僻等现象呈增加趋势，个别严重的甚至发展到自残、自杀、杀害他人。面对这种情况，全省各级关工委广泛开展呵护青少年身心健康行动，做了大量卓有成效的工作。但解决青少年身心健康问题绝非易事，需要付出长期艰巨的努力。各级关工委要把这项工作贯穿到关爱、教育青少年以及家庭教育工作的全过程，并积极配合教育、体育、卫健等部门，推动校内外体育活动全面普及，推动心理健康教育进校园、进社区、进家庭。第三，加强青少年权益维护和安全护航。维护青少年自身合法权益，加强对青少年防性侵、防溺水、防毒品以及保障其食品、交通等各方面安全工作，是关爱下一代工程的基础性工作。这些年来，各地关工委着力加强了这方面的工作，取得了明显成效。但还存在一些薄弱环节，需要与有关方面更好地配合，下大力抓好珍惜生命和各项安全知识的教育，深化细化各项安全护航措施，不断提升青少年的安全感。

第四,千方百计帮助青年群体就业创业。就业是民生之本、社会稳定之基。当前,整个社会就业压力不断加大,青年就业问题尤为突出。针对这种情况,不少地方的关工委积极为党委和政府分忧,为助力青少年就业创业出了不少主意、办了不少实事。解决就业,特别是青少年就业,是一个长期且艰巨的任务。各级关工委要更加主动作为,充分发挥"五老"的优势,通过提供就业指导、开展技能培训、引导端正择业观念、联系对接用人单位等方式,帮助更多的青年实现创业就业。第五,引导青少年提升创新能力和实践能力。随着科技的迅猛发展,对未来人才的要求不仅仅是拥有丰富的知识,更重要的是具有很强的好奇心、探求欲、创新能力和动手能力。可是现在的教育,在很大程度上仍以"课本上教育"为主,只重视知识本身,把知识几乎看成教育的全部内容,死记硬背、大量刷题、带着寻求"标准答案"的思路去学习,成为培养学生的通常做法,导致相当多的学生读书虽多但刻在他们基因里的好奇心、探求欲却被严重束缚,虽擅长考试但迫切需要的创新能力、动手能力严重缺乏。解决这个问题,不仅关系到青少年未来的生计,更关系到国家的兴衰大业。特别是当下,部分西方国家不择手段地在科技上对我国"卡脖子"。在中美科技博弈几乎白热化的背景下,提升我国的科技创新力、竞争力已刻不容缓。青少年是社会上最富活力、最具创造力的群体。各级关工委要把更多的注意力放在对青少年创新能力的培养上。要与有关部门紧密配合,大力营造有利于青少年好奇心、想象力、探求欲生长的环境和土壤。要敏于发现、热情呵护、善于激发孩子们的好奇心、想象力和探求欲,努力培养他们的探索性、创新性思维品质,最大限度地挖掘他们的创新潜力。尤其要大力激发他们的爱国热情,引导他们弘扬老一辈科学家"匍匐在地,擦干祖国身上的耻辱"的精神。培育愿意献身科技事业,有勇气、有本领彻底打破部分西方国家对我国进行的科技封锁的强国新一代。同时,要高度重视青少年动手能力的培养,引导孩子们充分认识到"动手能力才是生存之本",帮助他们构建实践空间、丰富实践体验、养成劳动习惯,坚持自己的事情自己做,使他们成为既有知识又会实践的时代新人。

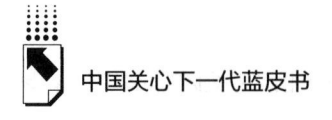

### （三）关爱行动贯穿全过程

青少年可塑性强，反复性也强。常常有这样的情况，一些有叛逆行为的"问题"青少年，经教育变好后，由于受到社会上一些不良风气的影响又出现反复，走回头路。因此，对青少年的关爱教育不能"短平快""一教了之"，要"扶上马"后再"送一程"。要注意搞好跟踪观察，发现异常情况，立即使帮教措施跟上去。要不厌其烦，不怕反复，真正做到久久为功，负责到底。平江县公安交警大队关工委主任何妥凡，从事关工委工作30多年来，用68卷档案7848页资料跟踪记录了本单位123个孩子的成长足迹，做到了对孩子的成长变化全过程掌握，根据情况随时动态调整关爱措施。当他发现有孩子骑电动车外出深夜不归的苗头后，即通过开展"远离黄赌毒"签名活动等方式，提醒教育青少年遵纪守规；发现有孩子沉迷手机游戏或通宵上网的现象后，即将"若要少年圆梦想，莫让手机误成长"的倡议书转发到户，组织家长和孩子一起学习。通过坚持不懈的全程关爱，几十年来交警大队子女实现了"五无"，即无打架斗殴、无乱上网、无赌博、无吸毒、无违法乱纪行为。常德津市市检察院玉芳姐姐工作室发挥未检部门专业优势，与院关工委紧密配合，对青少年广泛开展法治宣传、权益维护、救助关爱，对获得司法救助的未成年被害人注重后期帮扶，通过微信、电话、不定期走访慰问等形式及时了解他们的情况，帮助他们驱赶心中的阴霾。对涉案的未成年人进行持续关爱，在他们接受法律惩罚后继续进行法治宣传和心理疏导，并积极联系相关部门和企业为这些迷途孩子提供学习就业渠道，让他们重燃对生活和未来的希望，重回健康向上的人生道路。

### （四）关爱链条实现全贯通

对青少年的关爱，需要学校、家庭和社会有效协同，一起发力，形成一个全面贯通、无缝对接的关爱链。然而，这三个方面的关爱教育都存在一些缺失。部分学校只管教书，对学生的身心健康很少关注。部分家长对孩子的关爱很不到位，有的认为教育是学校的事，把孩子送到学校就"万事大吉"

### 精心做好"深化"文章　全面推进"五老"关爱下一代工程提标提质提效

了；一些社会精英人士忙于干事业，忽视了对孩子的陪伴；一些社会贫困人群，忙于拼生计，疏于对孩子的关爱、管教，特别是一部分外出打工的青壮年农民，一年到头难得与孩子见上一面；一些离异家庭、单亲家庭，普遍疏远孩子；更多的家长不懂得爱、不会爱，在关爱教育孩子上陷入"老办法不行，新办法不明"的困惑。一些部门和组织不认真履行关爱青少年职责，对校园周边、网吧等场所监管不到位，少数不良商家出售、出租带有淫秽、暴力、凶杀、恐怖内容的出版物，一些网吧允许未成年人进入不良信息网站等现象不同程度地存在，严重危害青少年的身心健康。在学校、家庭、社会三者各自存在关爱缺失的同时，一些地方三者之间常常缺乏统筹，没有形成有效联动和工作合力。针对这种情况，近年来全省各级关工委，与有关部门密切配合，大力推进家、校、社一体关爱体系建设。目前，这一体系已基本形成，正在抓配套完善，力争全力打通家、校、社关爱链上的堵点，努力做到对青少年的关爱不留空白。

## 二　在载体上创新

载体是工作的依托，是落实职能的具体形式。毛主席曾形象地指出，"我们的任务是过河，但是没有桥或没有船就不能过。不解决桥或船的问题，过河就是一句空话"。好的工作载体，就是解决过河问题的桥或船。深化提升"五老"关爱下一代工程，必须不断创新和丰富关爱工作载体。

### （一）创新能够惠及一个或多个群体的载体

各地积极实践，有的建设留守儿童驿站，为留守儿童排忧解难；有的建立关爱助学基金，为贫困学子雪中送炭；有的开设专门学校，帮助误入歧途的孩子重返正道；有的在一个较大的区域范围内推出富有创意的载体，惠及广大青少年。比如，株洲市攸县关工委响应县委、县政府号召，发动广大"五老"，配合有关部门，以村为单位，大力实施"门前三小"（小广场、小讲堂、小书屋）工程建设。全县297个村已创建"门前三小"827个，为青

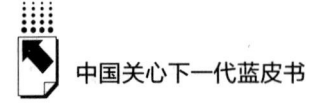

少年健康成长、全面发展提供了阵地和平台。"门前三小"作用不小，小广场——在丰富多彩的文体活动中快乐健身心；小讲堂——在深入浅出的谈古论今中讲述大道理；小书屋——在"控网"重读的风气形成中彰显大作为。益阳市关工委牵头组建关爱青少年行动大联盟，凝聚全社会关爱力量，搭建信息共享、资源整合、优势互补、协调行动、交流展示的工作平台，为青少年提供思想道德教育、助学励学、关爱帮扶、心理疏导、实践体验等全方位关爱。目前，已有26家市直单位和社会公益组织加入联盟，形成了全社会共同关爱青少年的格局。

### （二）创新符合青少年特点、使他们乐于接受的载体

居高临下的爱、自以为是的爱，很难得到被关爱者的认可，甚至可能产生负作用。打造关爱载体，务必贴近青少年的兴趣、需求和认知特点。岳阳市岳阳楼区关工委在培养孩子爱科学、爱劳动的良好习惯教育中，探索了"三加三"工作模式：通过在课程中启发（在课程中提供丰富的科学探究材料，并通过娱乐游戏等形式，让孩子动手操作、实际体验）、在活动中激励（开展科技小发明、小创造比赛等，激励孩子科学热情）、在生活中渗透（引导孩子观察动植物、四季变化、风雨雷电等自然现象，使孩子感知科学现象与生活息息相关的常识）三个办法培养孩子爱科学的习惯；通过在园所里开展（组织孩子参与拖地板、擦桌子、浇花草等，并采取竞聘上岗的办法，让孩子牵头组织开展劳动和其他活动）、在家庭中放手（引导家长信任孩子，不包办代替，给孩子做力所能及事情的机会）、在社区中体验（在学雷锋日、重阳节等特殊日期，组织孩子走进社区，开展垃圾分类、清洁环境、看望帮助老人，培养孩子社会责任意识）三种途径培养孩子爱劳动的习惯，取得了很好的效果。郴州市关工委联手有关部门深入推进"少年硅谷"创客教室项目建设，针对青少年兴趣、需求，成立机器人、无人机、航空模型、手工作坊、3D打印、科幻绘画等科技活动小组，举办科技节、青年科学家进校园巡回演讲、科普大篷车进校园、机器人表演、无人机表演、航模飞行、科学秀、科学课堂等活动和青少年人工智能大赛等，以丰富

多彩的形式激发青少年的科技兴趣，提高他们的科技素养。该市在全国全省青少年科技智能比赛中多次获得大奖。

### （三）创新有利于发挥"五老"优势和作用的载体

广大"五老"具有政治、经验、威望、时空等多方面的优势，其中有一批具有专业技能的宝贵人才。充分挖掘和发挥好他们的优势，特别是最大限度地发挥他们中专业人才的作用，是打造关爱载体考量的重要方面。比如，在全省农村开展"三扶两创"活动，即组织老农业工作者特别是老农业科技工作者，对青年农民进行扶志、扶技、扶创业，创建青年农民创业示范基地，培育青年农民创业之星。这些年来，全省关工委系统共对青年农民进行科技培训1.4万多场次，培训青年农民7.8万多名。湘潭市在市委、市政府的统一领导下，在各级关工委组织中建立"银发人才工作站"，选聘有专业特长的"五老"驻站开设工作室，引导他们在培育青年产业人才、培训农业技术、传承非遗文化、送医下乡等方面献智出力，受到全社会的充分肯定。津市市关工委组织老科技专家深入田间地头，为1500多名青年农民传授水稻、棉花栽培及病虫防治、家禽水产养殖等技术，培养了一批青年农民致富带头人。通道侗族自治县牙屯堡镇文坡村党支部书记、村关工委主任、国家级非物质文化遗产项目侗锦织造技艺传承人粟田梅，创办侗锦传习所、雄关侗锦坊，培训农村青年1300多人，带领大家走上了依靠侗锦织造的致富路。这几年来，针对暑假期间青少年溺水事故多发的问题，充分发挥"五老"特别是农村基层"五老"熟悉本地水域情况、便于集中组织等优势，动员他们采取多种形式，开展防溺水行动。全省每年组织3万多名"五老"组建巡逻队、监督队、志愿服务队等2200多个，顶着酷暑巡查水库、河流、水塘，及时劝阻下水游泳的青少年，大大减少了青少年溺水事故的发生。

### （四）创新"切口小、意义大"的载体

"小切口"可以凸显大主题，"小载体"也可以发挥大作用。打造"切

口小、意义大"的载体，能够积沙成塔、积水成渊地满足青少年的"大需求"。衡阳市关工委针对青少年体质方面出现的问题，筹资建起青少年健康体质检测中心，为中小学生免费开展体质体格检测，建立健康档案，帮助5万多名学生改善身体健康状况。衡南县在推进中小学生心理健康教育体系建设中，在全县学校的班一级普遍设立心理健康委员，及时发现掌握学生的心理问题，有针对性地做好疏导工作。实施3年来，据专门机构的调查评估结果，该县中小学生出现行为障碍问题的风险由4.79分降至2.58分，出现情绪障碍问题的风险由3.55分降至2.76分。津市市襄阳街道关工委针对留守儿童存在亲情缺失、心理失衡的问题，创新开展"微爸微妈"关爱行动，组织一个志愿者结对一名留守儿童，通过每周上门看望慰问、针对性地帮助实现"微心愿"等方式，让温暖的亲情阳光照进了留守儿童的心房。

### （五）创新攻坚克难的载体

在推进"五老"关爱下一代工程中，不可避免地会遇到一些难点、堵点。为了破除这些难点、堵点，一些地方的关工委以"犯其至难而图其至远"的勇气和敢啃硬骨头的精神，探索和创新了在攻坚克难上产生突破效应的载体。比如，岳阳市平江县关工委根据县委指示，针对少数误入歧途的"问题孩子"教育难，给部分家庭、学校乃至整个社会造成严重困扰的问题，创新推出了"四帮一"工作机制，即在对全县"问题孩子"进行全面摸排、筛选的基础上，确定分批帮教的具体对象，全面建档立卡，对每个对象安排一名"五老"志愿者、一名民警、一名教师、一名社区村干部开展"四对一"帮教。"四帮一"的核心要旨在于组织各方面的关爱力量，充分发挥帮教主体各自的威望、经验及专业知识的优势，形成互补效应和帮教合力，构建强有力的关爱帮教机制，并实施一系列扎实过硬的关爱帮教举措，确保机制的落实。实践证明，这一做法行之有效。全县第一批建档立卡"问题少年"已成功转化78.4%，目前正在启动第二批帮教行动。又如，针对青年就业问题日益突出这一难题，双峰县走马街镇关工委响应党委和政府号召，支持并参与开设"两后生"（即初中毕业未升学、高中毕业未就业的青年）教育培训就业服务基地。前几批主要是培训消防人员。基地开办一年时间，已向北京、浙江、福建等地输送消防员670余人，向共建合作职业技术学院输送"两后生"升学200余人。龙山县关工委与湖南大汉技工学校合作，在学校开办"龙山·励志班"，让考不上高中的贫困家庭学生到大汉技校学习，免除其学习期间的生活费，学校负责协助学生办理贴息学费贷款并在其毕业后负责安排工作，三年来共救助贫困学生808人。

## 三 在落实上发力

一分部署，九分落实。把"五老"关爱下一代工程落小落细落实，做好以下工作十分重要。

### （一）坚持清单化管理、品牌化推进，是落实关爱工程的有效方法

抓落实，最需要的是有创造性的执行力，最重要的是善于把目标任务转化为尽可能量化、便于操作的指标，分解到部门，具体到项目，落实到岗位，量化到个人，并建立相应的督查制度。长沙市关工委在实践中积累了丰富的经验，即清单化管理、品牌化推进，将服务关爱青少年工作分解为引领、服务、保障三大类和政治理论、组织领导、目标任务、队伍力量、阵地渠道、工作运行、平台载体、方式方法等十大体系。针对三大类十大体系，用清单的形式表达，分别列出责任单位和人员、工作流程、注意事项、实践要求、最终成果、品牌打造、检查节点及程序、评比奖惩办法等，把关爱下一代工作的软任务变成硬指标，以钉钉子精神狠抓落地见效。全市关爱工作越做越出彩。

### （二）大爱情怀是确保关爱工程落到实处的强大精神动力

推进"五老"关爱下一代工程，同成就任何事业一样，需要精神力量的支撑。这种精神力量就是广大"五老"对下一代倾注的爱。这种爱不能仅仅停留在祖辈对孙辈这种普通的爱的层面上，必须升华为对党和祖国的

大忠大爱、对国家和民族未来高度负责的使命担当。唯其如此,关爱行动才有高度的自觉和不竭的动力。这些年来,全省各地涌现了不少用无疆大爱助力青少年健康成长的"五老"典型。比如,岳阳市政府原副秘书长、市政府机关关工委主任罗凡凤,用真情大爱成功感化了8名吸毒青少年。这8名青少年中,有的父母因无法忍受孩子的恶习,与孩子断绝了关系。但罗凡凤却不肯放弃,反复登门做工作,把孩子送到戒毒所。春节期间,他带上衣物、食品到戒毒所看望孩子,苦口婆心地做思想工作。精诚所至,金石为开。罗凡凤用炽热的爱唤醒了这些孩子一度失去的良知和理智,使他们全部成功远离毒品,重新走上了人生的正道。麻阳苗族自治县石羊哨乡关工委主任陈启安,40多年如一日,在水库库区摆渡接送学生,每天往返20个来回,耗时5~6个小时,把学生一个个送到学校,再接回家中,风雨无阻,至今坚持了12000多天,往返行程56000多公里,接送学生480多万人次,安全事故为零。妻子因重病而在离家70多里的怀化市住院,他周末到医院陪护,周一一早就赶到库区接送学生。自己身患严重的关节病,却拒绝住院治疗,接送学生没有因事因病耽误过一天。长沙市开福区关工委副主任、中国好人邓学东,发起成立"五老"助学队,主动带头拿出自己部分退休金,并动员在上海远洋公司工作的儿子和其他家人慷慨解囊,全家共捐出520万元扶贫助学资金。他还积极推动区关工委打造了"情系维娃""隔代家庭教育""助力乡村振兴"等工作品牌,为关心下一代事业日夜奔波,两次累到摔倒受伤,也没有停下过一天工作。类似典型,还有不少。这些可敬的"五老"们有着强烈使命与信仰色彩的大爱情怀,书写着感人的故事。毛主席说过,"一个人做点好事并不难,难的是一辈子做好事"。如果没有这样的大爱情怀,呕心沥血几十年、用"无我"奉献呵护青少年健康成长是根本不可能做到的。只有厚植这种大爱情怀,关爱事业才能永远保持旺盛活力,不断续写新的篇章。

**(三)提升关爱水平是推进关爱工程的重要环节**

深化关爱工程,落实关爱工作,至关重要的是要不断提高关爱水平。提

### 精心做好"深化"文章　全面推进"五老"关爱下一代工程提标提质提效

高关爱水平,关键在于把握适应时代变迁和当代青少年需求的关爱工作规律,实施正确的关爱教育。这方面,改进家庭教育、纠正家长对孩子实施的不正确的爱显得尤为迫切。由于多方面的原因,不少家长特别是隔代家长对孩子的关爱出现了严重偏差。有的家长在教育孩子时没有把心思放在引导他们如何做人、如何养成良好的品格上,而是把关注的重点放在孩子的学业成绩和物质生活上。有的家长把对孩子的爱变成无条件的宠溺、呵护,无原则的宽容乃至护短,把所谓"隔代爱"变成"隔代害"。现在一些孩子身上的某些坏习惯,比如自由散漫、追求享受、唯我独尊、骄横任性、自私自利、待人冷漠等等,不少就源自家长对他们的溺爱,对他们的一味迁就和满足。还有的家长"教子无法",常常出现许多极端的做法,既有自由放纵的,也有专制监管的;既有严厉苛刻的,也有宠溺纵容的;既有信奉"树大自然直,儿大自成人"过度放任的,也有违背儿童成长规律的,对孩子提出不切实际的过高期望,对其施加巨大压力的。针对这些弊端,近几年来,全省各级关工委与有关部门配合,以极大的精力抓家庭教育特别是隔代家庭教育的强化和改进,紧紧围绕"教什么"(把隔代家庭教育的着力点转移到教育孙辈如何做人、如何锤炼良好思想品格上来)、"如何爱"(突出解决"溺爱"问题)、"怎么教"(帮助隔代家长用科学的方法教育后代)这三个最突出的问题,对广大家长特别是隔代家长进行了形式多样的大规模培训。经过多年的持续发力,越来越多的家长的关爱理念逐步被端正,教育孩子的偏差逐步被克服。

# B.10
# 中国乡村儿童发展报告（2023）
## ——构建乡村儿童高质量关爱服务体系

王振耀 刘文奎 张柳 秦伟[**]

**摘 要：** 当前我国儿童福利与保护制度体系逐步完善，乡村儿童教育发展、医疗卫生服务和娱乐活动水平大幅提升，乡村地区乡镇一级的儿童服务体系基本建立，已经进入了重点加强村居服务体系和服务能力建设的发展阶段。"人口是宝，儿童是宝"理念的形成给乡村儿童关爱服务体系高质量发展带来机遇，但乡村儿童仍有大量需求有待满足。在新的阶段，乡村儿童关爱服务体系要补齐短板，走上高质量发展之路。一是加快乡村儿童关爱服务机构建设，结合农村的特点统筹建设社区儿童服务设施，为不同类型困难儿童提供高质量服务；二是加强乡村儿童健康服务与监测，进一步优化基础教育资源配置；三是持续完善中国特色儿童服务知识体系，促进儿童主任专业化建设；四是探索社会组织参与乡村儿童发展的综合示范区，发挥示范引领作用；五是建立层级化的家庭教育指导服务体系，推进乡村家庭教育专业化发展。

**关键词：** 乡村儿童 乡村振兴 社会组织 童伴妈妈项目

乡村儿童发展问题事关乡村振兴的行稳致远，以实施乡村振兴战略为契机，遵循新阶段高质量发展之要求，中国乡村儿童关爱服务正迈向全面

---

[*] 本报告资料分析时间为2023年9月，因而文中所指2023年并非为自然年，仅截至2023年9月。
[**] 王振耀，北京师范大学中国公益研究院理事长、教授；刘文奎，中国乡村发展基金会执行副理事长；张柳，北京师范大学中国公益研究院助理院长；秦伟，中国乡村发展基金会副秘书长。

发展新阶段。《中华人民共和国国民经济和社会发展第十四个五年规划和2035年远景目标纲要》提出,要坚持儿童优先发展,提升儿童关爱服务水平,以"一老一小"为重点完善人口服务体系,促进人口长期均衡发展。在充分认识高质量发展基本特征的基础上,总结当前乡村儿童关爱服务体系建设的经验和做法,以期为新时期乡村儿童关爱服务高质量发展提供有益借鉴。

## 一 我国乡村儿童关爱服务体系建设取得突出成效

在全面推进乡村振兴和人口长期均衡发展的新时代背景下,重新审视乡村儿童关爱服务的高质量发展,就需要更好地总结当前经验,进而深入推进乡村儿童关爱服务体系的现实变革。

### (一)乡村儿童关爱服务体系基本形成

乡村儿童关爱服务体系是与经济社会发展水平相适应,以满足儿童需求、提升儿童生活质量为目标,面向所有儿童及其家庭,提供福利保障、教育发展、医疗卫生、心理健康、文化娱乐和社会参与等设施、组织、人才和技术要素形成的网络,以及配套的服务标准、运行机制和监管制度。2023年是全面贯彻落实党的二十大精神的开局之年,是实施"十四五"规划承前启后的关键一年,在党中央的领导下,我国儿童事业以《中华人民共和国未成年人保护法》等国家政策法规为指引,在福利、医疗、教育、保护等多个方面均取得突出进展。

**1. 农村留守儿童和困境儿童福利保障制度体系不断完善,保障范围和保障水平显著提升**

农村留守儿童关爱服务体系在乡村振兴过程中发挥着巩固扶贫成果、有效防止返贫的基础性作用。2016年,国务院印发《关于加强农村留守儿童关爱保护工作的意见》,2019年教育部、公安部、民政部等部门共同出台了

《关于进一步健全农村留守儿童和困境儿童关爱服务体系的意见》，就进一步健全农村留守儿童关爱服务体系提出了较为全面的指导意见。这一系列国家顶层政策文件，无论是分析成因、把脉症结，还是统筹兼顾、布局对策，都既反映出国家对留守儿童问题的深切关注，也展示了对留守儿童问题进行精准施策、标本兼治的态度。党的十九届五中全会提出，实现巩固拓展脱贫攻坚成果同乡村振兴有效衔接，强调要完善儿童关爱服务体系，加大对孤残儿童、事实无人抚养儿童、留守儿童等群体的保障力度。2021年5月，教育部等部门印发《关于实现巩固拓展教育脱贫攻坚成果同乡村振兴有效衔接的意见》，进一步提出加强农村儿童教育关爱工作。在这一背景下，包括留守儿童在内的乡村儿童关爱服务体系的建设路径渐显，在乡村振兴过程中需发挥教育在巩固扶贫成果、有效防止返贫方面的基础性作用，提升乡村儿童关爱服务的效率与质量，助力乡村振兴的全面实现。

我国孤儿保障制度不断健全，孤儿社会救助保障水平稳步提升。2010年民政部、财政部发布《关于发放孤儿基本生活费的通知》，明确提出中央财政与地方财政合力为全国孤儿发放基本生活费；同年，国务院办公厅出台《关于加强孤儿保障工作的意见》，与经济社会发展水平相适应的孤儿保障制度全面建立。2022年，全国养育孤儿15.9万人，集中养育孤儿和社会散居孤儿平均保障标准分别达到每人每月1728.0元和1288.0元，孤儿保障水平呈增长态势。

将事实无人抚养儿童纳入国家保障体系，填补了儿童福利领域的制度空白。2019年6月，民政部等部门联合印发《关于进一步加强事实无人抚养儿童保障工作的意见》，首次认定"父母双方均符合或一方死亡或失踪，另一方符合重残、重病、服刑在押、强制隔离戒毒、被执行其他限制人身自由的措施、失联情形之一"的儿童为事实无人抚养儿童，并纳入国家保障体系。2020年12月，民政部等部门发布《关于进一步做好事实无人抚养儿童保障有关工作的通知》，在原有保障范围基础上补充增加被撤销监护资格、被遣送（驱逐）出境两种情形，进一步扩大保障范围。根据民政部公布的数据，截至2022年9月底，全国共有15.9万名孤儿和35.1万名事实无人

图1 2016~2022年孤儿基本生活保障水平

资料来源：根据历年《中国民政统计年鉴》数据整理。

抚养儿童被纳入国家基本生活保障体系，纳入保障的事实无人抚养儿童数量连续五年保持增加态势。在经费投入方面，2022年事实无人抚养儿童基本生活保障资金为45.8亿元。

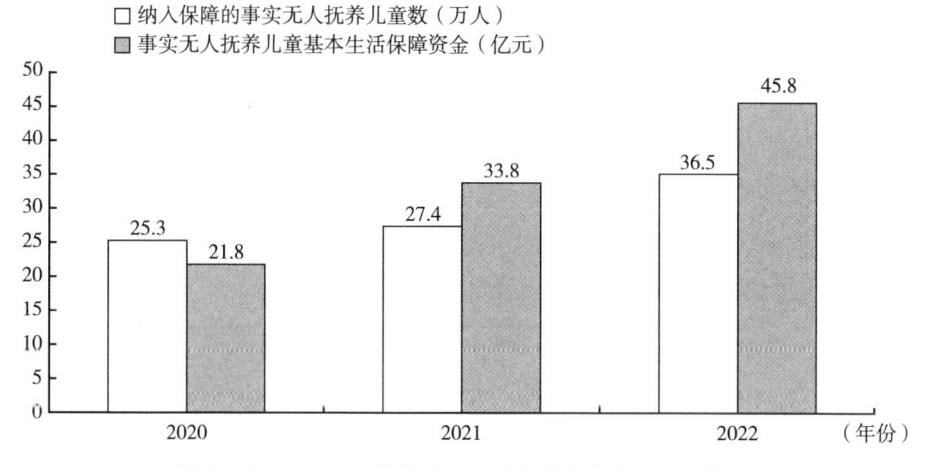

图2 2020年至2022年事实无人抚养儿童数和保障资金

资料来源：根据历年《中国民政统计年鉴》数据整理。

部分省份将孤儿、事实无人抚养儿童和艾滋病病毒感染儿童纳入价格补贴保障范围。北京、天津、安徽、河北、宁夏等省（自治区、直辖市）进一步完善本地社会救助和保障标准与物价挂钩联动机制，发挥价格补贴联动机制的作用，明确提出向困难群众发放价格补贴，将孤儿、事实无人抚养儿童和艾滋病病毒感染儿童纳入价格补贴保障范围，切实做好基本生活保障工作。

**2. 乡村儿童教育体系不断优化，义务和学前教育普及水平不断提升**

教育经费投入方面，义务教育阶段经费投入占比最高，学前教育生均经费增幅最大。分教育阶段来看，2022年，全国教育经费总投入为61344亿元，比上年增长6%。其中，国家财政性教育经费为48478亿元，比上年增长5.8%。全国学前教育、义务教育、高中阶段教育、高等教育、其他教育经费投入分别为5137亿元、26801亿元、9556亿元、16397亿元、3454亿元，比上年分别增长3.0%、6.7%、8.5%、6.2%、1.8%。全国幼儿园、普通小学、普通初中、普通高中、中等职业学校、普通高等学校生均教育经费总支出均比上年有所增长，分别为7.3%、5.2%、3.6%、2.8%、1.2%、1.3%。

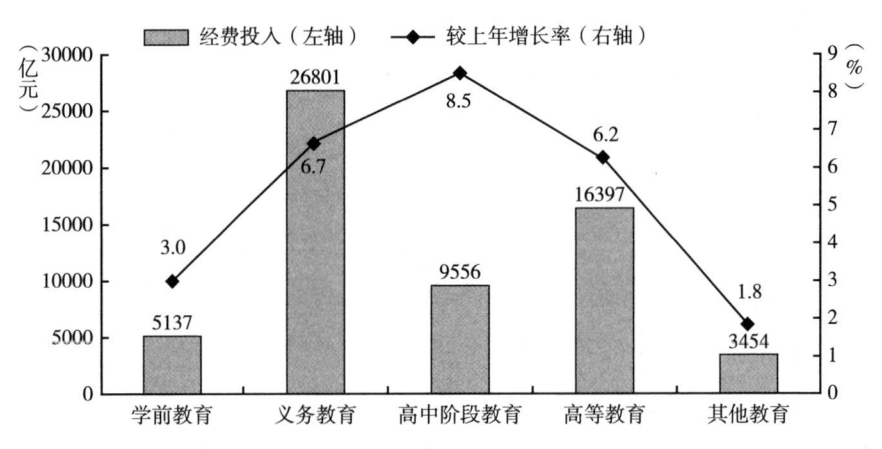

**图3 2022年我国各阶段教育经费投入及同比增长情况**

资料来源：根据《2022年全国教育经费执行情况统计快报》数据整理。

教育资金向贫困地区倾斜，促进教育公平。2023年，学生资助补助经费安排719.9亿元，较上年增长4.6%。[①] 中央对地方教育转移支付资金的

---

① 根据中华人民共和国财政部公布数据整理。

80%以上用于中西部地区,"三区三州"等深度贫困地区财政性教育经费年均增长保持在10%以上。补助经费进一步向薄弱环节和贫困地区倾斜,持续支持地方优化义务教育资源配置,缩小城乡、区域间差距,推进教育领域基本公共服务均等化。

义务教育实现基本均衡发展,向优质均衡发展迈进。2021年底,我国2895个县全部通过基本均衡发展认定,实现义务教育基本均衡发展。2022年,全国义务教育巩固率达95.5%,资源配置、人员构成和条件设施质量有了巨大提升。一是教育经费投入增加。2012~2022年,财政性义务教育经费从1.17万亿元增加到2.29万亿元,占国家财政性教育经费投入的比例始终保持在50%以上;二是师生结构不断优化,教师质量有所提升;三是基础设施不断完善,办学条件建设质量和科学性有所提升。

学前教育实现跨越式发展,基本普及。随着生育支持政策及配套措施的贯彻落实,我国学前教育在规模总量、人才队伍、财政投入等方面均取得突出进展,学前教育基本普及。2022年,全国幼儿园数量达到28.92万所,虽然数量较上一年有所下降,但学前三年毛入园率达到89.7%,创历史新高。幼儿园师资力量逐步壮大,幼儿园园长和专任教师总数超过350万人,基本达到了"两教一保"的配备标准,且学历结构有所优化,专科以上学历的园长及专任教师数量达到308万人。[①] 学前教育以普惠性、保基本、均等化、可及性、可持续为方向,逐步实现幼有善育,同时完善"三孩"配套政策,促进教育政策与生育政策配套衔接。

学前教育资金投入达历史新高,多地推进学前教育提升行动计划,提高普惠水平。从国家层面来看,财政部下达2022年支持学前教育发展资金230亿元,较上年增长15%,居中央对地方各项教育转移支付的增幅之首。教育部、国家发展改革委、财政部等部门出台《"十四五"学前教育发展提升行动计划》,加强农村地区、城镇新增人口地区的幼儿园建设。从地方创新情况来看,江西、江苏、海南、福建等省均出台学前教育发展提升行动计

---

① 根据历年《中国统计年鉴》及教育部统计公报整理。

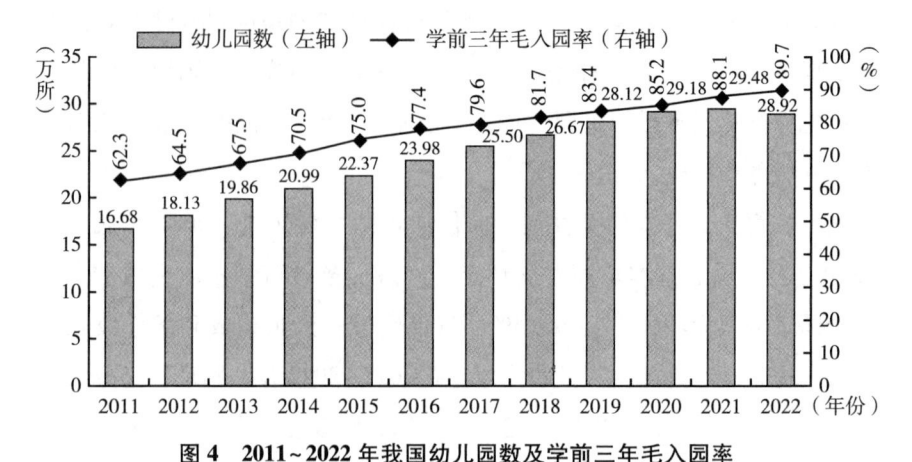

图 4　2011~2022 年我国幼儿园数及学前三年毛入园率

资料来源：根据历年《全国教育事业发展统计公报》数据整理。

划，要求 2025 年普惠性幼儿园覆盖率不低于 85%。上海市发布《上海市学前教育与托育服务条例》，成为全国首个将学前教育和托育服务相结合的地方性法规，通过开设幼儿园托班等方式实现一体化发展。

**3. 乡村医疗卫生服务体系不断健全，乡村儿童医疗卫生服务能力增强**

基层医疗卫生服务体系逐渐完善，医疗资源扩充向农村和中西部地区倾斜。近年来，我国对卫生健康领域的投入不断加大，由 2016 年的 13910 亿元增至 2021 年的 20676 亿元，医疗资源总量不断扩大、配置不断优化。2016~2021 年，全国医院数量由 29140 家增长至 36570 家，增长 25.5%，其中，农村地区医院数量由 13640 家增长至 17294 家，增长 26.8%；中部地区增加 278 家，增长 46.6%；西部地区增加 411 家，增长 70.3%。同期，全国各类医疗卫生机构床位数由 741 万张增长至 945 万张，增加 204 万张，其中农村地区床位数由 376 万张增长至 448 万张，增加 72 万张。2021 年，东、中、西部地区每千人口床位数分别为 5.93 张、7.32 张和 7.24 张，分别比 2016 年增加 0.85 张、1.86 张和 1.53 张，床位增量主要集中在中西部地区。全国建有各类基层医疗卫生机构近 98 万个，卫生人员超过 440 万人，实现街道、社区和乡镇、村屯全覆盖，为社区居民提供更优质、全面的医疗服务。

儿童医疗卫生服务体系不断健全，儿科医疗资源扩容工作不断推进。2016年7月，国家卫计委发布《关于印发国家儿童医学中心及国家儿童区域医疗中心设置规划的通知》。2020年9月，国家卫健委发布《关于设置国家儿童区域医疗中心的通知》，明确在东北、华东、中南、西南和西北区域设置国家儿童区域医疗中心（见表1）。全国各地加快推进医疗联合体建设，儿科专科联盟覆盖率稳步提升，开展对口支援工作，提高基层儿科医疗卫生机构服务能力，促进儿科优质医疗资源下沉。国家卫健委还组织制定和修订了儿童血液病、恶性肿瘤等病种诊疗规范，提高了规范化诊疗水平。加强儿童急危重症救治中心、危重新生儿救治中心建设，实现了儿童救治网络省、市、县全覆盖，儿童重大与危重疾病救治水平不断提升。

表1 国家儿童区域医疗中心分布情况

| 区域 | 国家儿童区域医疗中心 | 辐射省（自治区、直辖市） |
| --- | --- | --- |
| 东北 | 中国医科大学附属盛京医院 | 辽宁、吉林、黑龙江 |
| 华东 | 浙江大学医学院附属儿童医院 | 上海、江苏、浙江、安徽、福建、江西、山东 |
| 中南 | 广州市妇女儿童医疗中心 | 河南、湖北、湖南、广东、海南、广西 |
| 西南 | 重庆医科大学附属儿童医院联合四川大学华西第二医院 | 重庆、四川、贵州、云南、西藏 |
| 西北 | 西安交通大学附属儿童医院 | 陕西、甘肃、青海、宁夏、新疆 |

4. 生育支持政策体系积累有益探索，多举措减轻儿童生育养育经济负担

2023年，从中央到地方积极优化人口发展战略，建立生育支持政策体系，采取措施降低生育、养育、教育成本并取得突出进展。在中央层面，国家建立统筹协调机制，不断建立完善生育政策体系。国务院批准建立优化生育政策工作部际联席会议制度，以副总理为召集人、国家卫健委为牵头单位统筹全国优化生育政策工作，撤销计划生育兼职委员制度，进一步加强对优化生育政策工作的组织领导。国家卫健委等部门发布《关于进一步完善和落实积极生育支持措施的指导意见》，通过20项措施降低生育养育教育负担，构建积极生育支持体系（见表2）。

表2　部分地区生育支持政策

| 地区 | 政策文件 | 具体措施 |
| --- | --- | --- |
| 云南 | 关于优化生育政策促进人口长期均衡发展的实施方案 | 一次性生育补贴：二孩补贴2000元、三孩5000元<br>育儿补助：二孩、三孩0~3岁800元/(人·年)<br>婴幼儿意外伤害险补贴：0~3岁婴幼儿50元/(人·年) |
| 湖南长沙 | 关于优化生育政策促进人口长期均衡发展的实施方案 | 三孩及以上户籍家庭每孩可享受一次性补贴1万元 |
| 黑龙江哈尔滨 | 关于优化生育政策促进人口长期均衡发展的实施方案 | 按政策生育二孩、三孩的家庭，分别给予补贴500元/(人·月)、1000元/(人·月)，直至孩子8周岁 |
| 辽宁沈阳 | 沈阳市发放三孩育儿补贴实施方案(试行) | 生育三孩的户籍家庭，给予补贴500元/(人·月)，直至孩子3周岁 |
| 山东济南 | 济南市优化生育政策促进人口长期均衡发展实施方案 | 2023年1月1日出生的二孩、三孩家庭，给予补贴600元/(人·月)。对其中的最低生活保障、特困供养人员及领取失业保险金期间的生育妇女加发200元/月的育儿生活补贴，直至孩子3周岁 |
| 湖北荆门 | 关于优化生育政策促进人口长期均衡发展的实施方案 | 夫妻至少一方为户籍人口、在市内医疗机构生育三孩的家庭，给予补贴500元/(人·月)，直至孩子3周岁 |
| 浙江温州 | 温州市户籍人口一次性生育补贴发放办法 | 2022年9月24日(含)起分娩且分娩时夫妻至少一方为温州市户籍人口的家庭生育一孩、二孩、三孩的，分别发放一次性生育补贴1000元、2000元和3000元 |
| 浙江杭州 | 杭州市政府2023年度民生实事 | 2023年1月1日起向同一对夫妻生育二孩、三孩，且新出生子女户籍登记在杭州的家庭发放育儿补助，拟向二孩家庭一次性发放补助5000元，向三孩家庭一次性发放补助20000元 |
| 广东深圳 | 深圳市育儿补贴管理办法 | 生育第一、第二、第三个子女的，办理出生入户后分别发放一次性生育补贴3000元、5000元、10000元，此外，每年还分别发放1500元、2500元、3000元育儿补贴，直至孩子3周岁 |
| 四川攀枝花 | 关于促进人力资源聚集的十六条措施 | 夫妻双方的户籍均在攀枝花并且参加了攀枝花市社会保险，按政策生育第二、第三个孩子的家庭，给予补贴500元/(人·月)，直至孩子3周岁 |

续表

| 地区 | 政策文件 | 具体措施 |
|---|---|---|
| 陕西汉中 | 关于做好一次性生育补贴和托育机构补助发放工作的通知 | 2022年6月10日以后夫妻符合政策生育的第二个或者第三个子女的家庭,分别发放一次性生育补贴2000元、10000元 |
| 陕西安康 | 宁陕县优化生育政策促进人口长期均衡发展实施意见 | 对符合政策生育一孩、二孩、三孩的夫妻,一次性分别给予2000元、3000元、5000元的生育补助 |
| 新疆石河子 | 关于促进3岁以下婴幼儿照护服务发展的实施方案 | 对符合规定生育二孩、三孩的户籍家庭,每月每孩分别发放500元、1000元育儿补贴,直至孩子3周岁 |
| 甘肃临泽 | 临泽县优化生育政策促进人口长期均衡发展的实施意见(试行) | 在县域内公立医疗机构生育一孩、二孩、三孩的户籍常住产妇一次性分别给予2000元、3000元、5000元的生育津贴,生育二孩和三孩的临泽户籍常住家庭,每年分别发放5000和10000元育儿补贴,直至孩子3周岁 |

资料来源:根据地方政府部门官方网站及政策文件的内容整理。

在地方层面,多地积极完善本地生育福利政策和服务措施,包括生育补贴、托育服务、延长假期、儿科医疗及购房优惠等。上海市修订生育激励政策,明确规定0~3岁婴幼儿父母享受5天育儿假;设置1~3岁幼儿托育"宝宝屋",加强社区托育服务。大兴安岭地区、陕西汉中市、湖南长沙市等多个地级行政区出台三孩生育津贴政策,云南省出台省级三孩生育津贴政策。江西省成为全国首个设立婴幼儿入托补贴制度的省份。内蒙古对于符合规定的二孩、三孩母亲分别增加60日、80日产假和父亲25日护理假,孩子3周岁之前每年每人10日育儿假。广州、深圳、武汉、福州等均新建儿童专科医院或妇产专科医院,并投入运营。湖南益阳二孩家庭购买首套商品房的,奖励3万元,山东泰安、广西南宁针对三孩家庭优化购房优惠政策,家庭公积金最高可贷款90万~100万元。

**5.村级公共文化服务网络基本形成,儿童文化娱乐活动水平大幅提升**

农村公共文化服务供给增加,城乡公共文化服务发展水平差距缩小。近年来,我国公共文化服务体系建设力度持续加大,覆盖城乡、便捷高效、保基本、促公平的现代公共文化服务体系加快构建，乡村基本公共文化服务体系不断完善。全国广播节目综合人口覆盖率达到99.48%，电视节目综合人口覆盖率99.66%。广大农村地区、社区加快建设综合性文化服务中心，全国数量已超过57万个，基本实现了全覆盖，常态化开展读书看报、收听广播、观看电视、观赏电影等各类文体活动。各地推进县级文化馆、图书馆总/分馆制建设，让分散、独立的资源成体系，且县级文化馆、图书馆的资源不断输送到乡村，"单一供给"转变为"多元供给""交互供给"。目前，全国2636个县（市、区）建成图书馆总分馆制，2672个县（市、区）建成文化馆总分馆制。

社会力量积极参与提升乡村儿童文化娱乐活动水平，助力乡村文化振兴。中国乡村发展基金会联合多方力量开展多类型公益活动，丰富乡村儿童文化娱乐活动，有效助力乡村文化振兴。2022年11月，与北京中央美术学院教育发展基金会共同发起《童画中国梦·乐绘新农村——献礼二十大，乡村儿童主题艺术展》，选取了来自"爱加餐"项目、"童伴妈妈"项目河北、河南、湖北、江西、贵州、四川、云南七个省份不同受益地区的60余位乡村儿童作品参展。2023年6月，联合启明创投开展了"六一科普进校园·乡村志愿遂川行"活动，携手江西省遂川县及启明创投投资生态圈企业窝小芽、致远慧图、菲特兰，面向遂川县洋溪小学的学生举办营养健康、视力健康、机器人科技及体育科普等主题活动，旨在促进乡村儿童身心智全面发展和健康成长。

## （二）乡村儿童关爱服务体系建设的主要经验

从以上分领域进展来看，党的十八大以来，我国乡村儿童关爱服务在福利保障体系、教育体系、医疗体系、生育支持体系、公共文化服务体系等多个领域朝着制度体系普惠化、服务内容均等化、服务主体多元化等方向演进。

**1. 以制度建设和专项规划引导乡村儿童关爱服务水平梯度提高**

我国儿童福利与保护制度体系逐步完善，更多乡村儿童受益。近年来，我国出台了一系列有关儿童的政策文件和规划方案，如孤儿、事实无人抚养儿童保障制度、强制报告制度。党的二十大报告提出保障儿童合法权益、建立生育支持体系、加快义务教育优质均衡发展等要求，进一步为新时代儿童福利与保护事业的高质量发展指明方向。回顾脱贫攻坚以来的国家农村政策，可以发现国家针对乡村儿童发展的政策倾斜有以下特点：一是以完善留守儿童关爱保护服务体系为重要抓手；二是以建设农村社会工作专业人才队伍为重要基础；三是以加强农村儿童营养改善为政策重点；四是以建立素质优良的乡村教师队伍为根本之策。

表3 面向乡村儿童的专项政策

| 维度 | 年份 | 政策 | 内容 |
| --- | --- | --- | --- |
| 福利保障 | 2016 | 国务院《关于加强困境儿童保障工作的意见》 | 加强困境儿童分类保障，建立健全困境儿童保障工作体系 |
| | 2018 | 中共中央、国务院《关于实施乡村振兴战略的意见》 | 健全农村留守儿童和妇女、老年人以及困境儿童关爱服务体系 |
| | 2018 | 国务院办公厅《关于同意建立农村留守儿童关爱保护和困境儿童保障工作部际联席会议制度的函》 | 国务院同意建立农村留守儿童关爱保护和困境儿童保障工作部际联席会议制度 |
| | 2019 | 《关于进一步健全农村留守儿童和困境儿童关爱服务体系的意见》 | 提升未成年人救助保护机构和儿童福利机构服务能力，加强基层儿童工作队伍建设 |
| | 2020 | 中共中央、国务院《关于抓好"三农"领域重点工作确保如期实现全面小康的意见》 | 完善农村留守儿童和妇女、老年人关爱服务体系 |
| 社会保护 | 2016 | 《国务院关于加强农村留守儿童关爱保护工作的意见》 | 完善农村留守儿童关爱服务体系，建立健全农村留守儿童救助保护机制 |
| | 2017 | 《关于在农村留守儿童关爱保护中发挥社会工作专业人才作用的指导意见》 | 明确社会工作专业人才在农村留守儿童关爱保护中的主要任务，加大农村地区社会工作专业人才培养力度 |
| | 2020 | 中共中央、国务院《关于抓好"三农"领域重点工作确保如期实现全面小康的意见》 | 严厉打击非法侵犯农村妇女儿童人身权利等违法犯罪行为 |

续表

| 维度 | 年份 | 政策 | 内容 |
|---|---|---|---|
| 健康卫生 | 2016 | 国家卫计委办公厅《关于启动实施贫困地区农村留守儿童健康教育项目的通知》 | 开展面向农村留守儿童的需求摸底调查，面向留守儿童及其父母开展科学喂养、营养膳食、卫生习惯与健康行为等主题活动 |
| | 2016 | 国家卫计委《关于做好农村留守儿童健康关爱工作的通知》 | 加强农村留守儿童保健服务和疾病防治，做好农村留守儿童强制报告、医疗救治、评估帮扶等工作 |
| | 2022 | 国家卫生健康委妇幼司、国务院妇儿工委办公室、国家乡村振兴局政策法规司《关于印发助力乡村振兴战略——基层儿童早期发展项目试点实施方案（2022—2024年）的通知》 | 加强婴幼儿早期发展，推广促进婴幼儿早期发展适宜技术，增强婴幼儿养育人养育照护技能，提高人口素质 |
| 教育发展 | 2015 | 《乡村教师支持计划（2015—2020年）》 | 到2020年建立一支教学能力强、素质优良、扎根乡村的教师队伍 |
| | 2020 | 中共中央、国务院《关于抓好"三农"领域重点工作确保如期实现全面小康的意见》 | 加强贫困地区学前儿童普通话教育 |
| | 2021 | 《中华人民共和国乡村振兴促进法》 | 持续改善农村学校办学条件，支持开展网络远程教育，提高农村基础教育质量，加大乡村教师培养力度 |
| | 2022 | 《农村义务教育学生营养改善计划实施办法》 | 明确实施范围、完善管理机制、强化供餐管理、严格资金使用管理 |

整体而言，面向乡村儿童的政策整体上侧重于教育、福利与健康领域，保护领域则较少涉及。从儿童群体特征来看，专项政策强调帮扶留守儿童、困境儿童、患病儿童等特殊困难儿童。乡村儿童政策初期强调受教育权与生命健康权两项基本权利的保障，体现出"兜底"的基础建设特点；后期则进一步提升扶助水平，更加关注城乡一体化和均等化发展。

2. 以家庭和社区为基本单位，多部门协同统筹合力推进乡村儿童关爱服务可持续

家庭教育被全面纳入教育法治化轨道。自2022年1月1日起，《中华人民共和国家庭教育促进法》正式施行，明确父母或其他监护人是家庭教育的主

体责任者，国家和社会为家庭教育提供指导、支持和服务，各级人民政府指导家庭教育工作，有关部门在各自职责范围内做好家庭教育工作。同年4月，全国妇联、教育部等部门印发《关于指导推进家庭教育的五年规划（2021—2025年）》，将构建覆盖城乡的家庭教育指导服务体系、健全学校家庭社会协同育人机制、促进儿童健康成长确立为今后一个时期家庭教育发展的根本目标。

从地方执行情况来看，为推动健全"学校家庭社会共同育人"机制，浙江成立社区家庭教育指导服务中心，组织全省社区教育体系开展线上和线下家庭教育活动和服务，构建省、市、县（市、区）、街道（乡镇）四级家庭教育指导服务工作体系。广东广州市汇集社会资源，创新推出"校门口的家校学堂""移动家校学堂"，通过提供一对一家庭教育咨询，增进了家长对家庭教育的认知与理解。首都师范大学探索开设家庭教育辅修专业，培养掌握科学家庭教育理念、正确家庭教育方法和具备一定家庭教育指导能力的复合型人才。

**3. 以儿童之家为服务阵地积极加快乡村儿童空间建设**

当前，儿童之家已经成为广大农村留守儿童的重要活动场所。《中国儿童发展纲要（2011—2020年）》要求"90%以上的城乡社区建设1所为儿童及其家庭提供游戏、娱乐、教育、卫生、社会心理支持和转介等服务的儿童之家"。儿童之家是依托城乡社区（村）资源建立，以保护儿童权利和促进儿童发展为宗旨，向0~17周岁的儿童及其家庭提供游戏活动指导、健康教育、生活技能和品德与行为指导、社会心理支持、家庭教育指导、儿童保护等服务的综合性社区服务体系，是公益性、补缺型综合儿童服务机构。

近年来，城乡社区服务体系建设加快推进，依托城乡社区设立的儿童之家成为守护儿童健康成长的"第二家"。全国各地大力推进城乡社区儿童之家建设，儿童之家数量大幅增加。截至2020年底，全国共有社区服务中心（站）44.8万个，是2010年的7.9倍；共有儿童之家（或儿童中心）32.1万个，是2012年的6.7倍；基层组织中持有证书的专业社会工作者7.1万人，是2010年的7.8倍。[①] 国务院妇儿工委牵头制定《儿童之家建设和运

---

① 国家统计局发布《中国儿童发展纲要（2011—2020年）》终期统计监测数据。

行基本规范》，并开发儿童之家工作和服务指南、管理手册、电子资源包等，为各地儿童之家的创建和运行提供指导。

**图 5　2017~2020 年我国儿童之家（或儿童中心）与社区服务中心（站）情况**

资料来源：根据 2017~2020 年《〈中国儿童发展纲要（2021—2030 年）〉统计监测报告》数据整理。

公益基金会、群体组织等多方力量积极支持乡村儿童空间建设。针对乡村儿童因监护缺位而可能产生的关爱与保护问题，中国乡村发展基金会于 2015 年底发起"童伴妈妈"项目，培育乡村女性开展留守儿童关爱保护工作，采取"一个人、一个家、一条纽带"的模式，以童伴妈妈为抓手，以童伴之家为平台，以县级横向联动机制为保障，建立村级留守、困境儿童监护网络，解决儿童福利服务递送"最后一公里"问题。截至 2022 年底，项目已在四川、贵州、江西、云南、湖北、安徽、陕西、河南、湖南等 11 个省份的 117 个县 1511 个村开展，惠及 77 万余名儿童。全国妇联与中国儿童少年基金会专项推出"儿童快乐家园"公益项目，以乡村留守流动儿童集中地区、困难地区等乡镇、村、社区为主要实施地点，为儿童特别是留守流动儿童、困境儿童提供托管陪护、游戏娱乐、家庭教育指导、心理咨询等综合服务；同时以"儿童快乐家园"为阵地，开展亲子课堂、亲子阅读、亲子游戏等活动，以增进亲情交流，加强家庭教育科学知识的宣传普及，优化儿童成长的家庭及社会环境。目前，项目已覆盖全国 31 个省（自治区、直辖市）的1447个地区。各级关工委①发挥群团组织服务优势，组织动员本乡本地老干部、老战士、老专家、老教师、老模范等离退休人员开展服务活动，通过设立"五老"工作室，凝聚各行各业的"五老"人才在关心下一代的服务阵地上关爱乡村儿童。截至2023年底，全国设立"五老"工作室达5.9万个，仅2023年就新建"五老"工作室1.1万个。浙江乡村有"爱心奶奶工作室""老李帮帮团"等1000多个"五老"工作室，为儿童提供假期日间照料、课业辅导、心理疏导等关爱服务；重庆市涪陵区关工委筹资86.4万元援建22个"儿童之家"，组织"五老"长期在此开展教育实践活动。

4. 以乡村儿童主任队伍建设促进儿童关爱服务活动常态化运转

乡村儿童主任模式，即通过建立县、乡、村三级儿童福利服务工作网络，解决儿童和家庭获取政府和社会资源不畅的问题。2010年至今，乡村儿童主任模式经过示范探索阶段、推广普及阶段，目前已进入巩固提升阶段，儿童主任已成为我国乡村地区儿童保护工作的主要力量。新修订的《中华人民共和国未成年人保护法》明确提出要在村（居）委设置专人专岗负责未成年人保护工作。《国务院未成年人保护工作领导小组关于加强未成年人保护工作的意见》进一步要求，每个村（社区）至少设立一名儿童主任，儿童数量较多的村（社区）要增设补充儿童主任。此外，《"十四五"城乡社区服务体系建设规划》《国家基本公共服务标准（2021年版）》《中国反对拐卖人口行动计划（2021—2030年）》等，均提出要发挥儿童督导员和儿童主任对未成年人的关爱保护作用。儿童主任自2019年开始便实现村级全覆盖，截至2022年底，全国共有乡镇（街道）儿童督导员5.0万人、村（居）委员会儿童主任65.1万人。② 由儿童督导员和儿童主任组成的基层儿童工作人才队伍已建成，基层儿童工作服务队伍实现全覆盖，成为

---

① 根据中共中央办公厅、国务院办公厅《关于加强新时代关心下一代工作委员会工作的意见》，国务院《关于加强农村留守儿童关爱保护工作的意见》，以及中国关工委会同组部、教育部等部门印发的《关于进一步发挥五老队伍在加强青少年思想道德建设中的作用的意见》等，关工委协助政府部门做好农村未成年人保护工作，以及农村留守儿童、流动儿童、事实无人抚养儿童的关爱与服务工作。

② 《2022年民政事业发展统计公报》，2023年10月。

儿童关爱保护服务递送的主力军。

**5. 以本土知识开发和公益慈善力量参与促进乡村儿童关爱服务精准有效**

随着乡村儿童关爱服务队伍逐渐形成规模，专业化发展成为人才建设的重要方向。《中国儿童发展纲要（2021—2030年）》提出，加强儿童社会工作专业队伍建设，提高服务技能水平。2020年，民政部启动儿童关爱保护"政策宣讲进村（居）"活动，对村（居）儿童主任、农村留守儿童、困境儿童及其父母或者其他监护人开展政策宣讲，效果显著。在地方层面，河北大名县、山西闻喜县、陕西渭南市等地通过引入专家团队提供培训督导、培育本地儿童社工提供服务等方式，不断推进儿童工作者的专业化；海南琼海市成立未成年人社会工作服务基地，云南昆明市成立未成年人司法社工培训中心，均通过阵地建设推动未成年人保护服务专业化发展；河南、山东、四川、黑龙江等地探索将乡镇（街道）社工站与未成年人保护工作站双站合一，整合儿童社工、儿童主任等人才队伍，整合各类平台资源，提升儿童社工专业化水平。

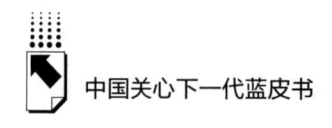

公益力量广泛参与，儿童工作者培训与督导体系逐步完善。中国乡村发展基金会、中国公益研究院等社会力量深耕乡村儿童保护工作队伍的建设，主要通过村级督导、个案指导等方式对现有儿童主任队伍进行培训，持续完善相关培训体系。2021年，江西遂川举办"关爱留守儿童系列公益活动之基层儿童主任培训班"，为当地60余名儿童主任、儿童督导员开展能力提升专业培训，积极助力儿童主任工作队伍专业化建设；2022年，为留守儿童和留守儿童教育工作者举办线上及线下共5场讲座研讨活动，包括常见儿童心理健康问题的识别方法、儿童心理问题的预防、儿童心理健康建议等，助力4000多名儿童工作者能力提升，近4万名儿童受益。

## 二 乡村儿童关爱服务体系高质量发展的新机遇与新挑战

《中华人民共和国国民经济和社会发展第十四个五年规划和2035年远

景目标纲要》提出，要坚持儿童优先发展，提升儿童关爱服务水平，以"一老一小"为重点完善人口服务体系，促进人口长期均衡发展。近年来，党中央、国务院高度重视乡村儿童的关爱保护工作，对有关法律、政策、国家管理体制进行了系统性调整，社会组织和有关专业人员的积极参与受到鼓励，儿童主任制度得到普及，较为完整而严密的关爱保护体系初步形成。乡村振兴战略的实施为乡村儿童关爱服务体系建设带来新机遇。

一是面对老龄社会来临和少子化趋势，我国社会已经形成新的人口观。"人口是宝，尤其儿童是宝"的理念逐渐形成，普惠型儿童福利政策的完善被提上日程。宏观人口政策方面已经放开"三孩"限制，四川省攀枝花市率先对生育三孩者每月发放500元的补贴，越来越多的地方也开始借鉴这一政策。发展托育事业开始成为政策重要的内容，儿童优先发展被纳入国家发展战略。

二是乡村振兴、高质量发展与信息数字技术的融合，促进城乡关系发生着更为深刻的变化，日益增多的青年开始在乡村创业，乡村的社会价值与经济价值不断得到提升，为充分发展乡村儿童关爱服务提供了广阔的前景。

三是中国式现代化的发展、多个儿童关爱示范项目的成功，展现了中华文明与农村基层现代化社会治理体系建设的巨大优势，社会工作、社会组织和公益慈善事业的良好发展态势，将会转化为乡村儿童关爱服务体系建设的巨大动力。

在这样的社会格局下，特别是进入高质量发展的新阶段后，必须"以满足人民日益增长的美好生活需要为出发点和落脚点"，更加关注"好不好""优不优""精不精"的问题，这就对当前乡村儿童关爱服务体系建设提出了更高要求。

### （一）儿童发展指数水平稳步提升，乡村儿童的更高需求有待满足

为更好地衡量我国乡村儿童发展水平，课题组通过城乡对比，对儿童发展水平的城乡差异进行分析。新版中国儿童发展指标体系，分为儿童福利、安全保护、儿童健康、儿童教育四个维度，其中儿童的法律保护部分合并至

安全保护维度。考虑到诸多指标没有连续的纵向数据或者已有数据的统计口径没有区分城镇/农村类别，最终选用的分析指标共计20个，并采用熵值法来确定每个指标的权重。

我国乡村儿童发展水平在2021年得分最高，为72.56分（总分为100分）；在2016年得分最低，为57.70分。总体而言，2016~2021年，我国乡村儿童发展水平呈现平稳上升趋势，年均增长率为4.75%。目前我国乡村儿童发展水平仍然低于城镇儿童，但2016~2021年乡村儿童发展水平的年增长率比城镇儿童高出1.61个百分点。由此可以看出，近年来我国乡村儿童在儿童福利、安全保护、儿童健康和儿童教育等维度的发展状况均受到关注，城乡一体化发展取得一定成效。

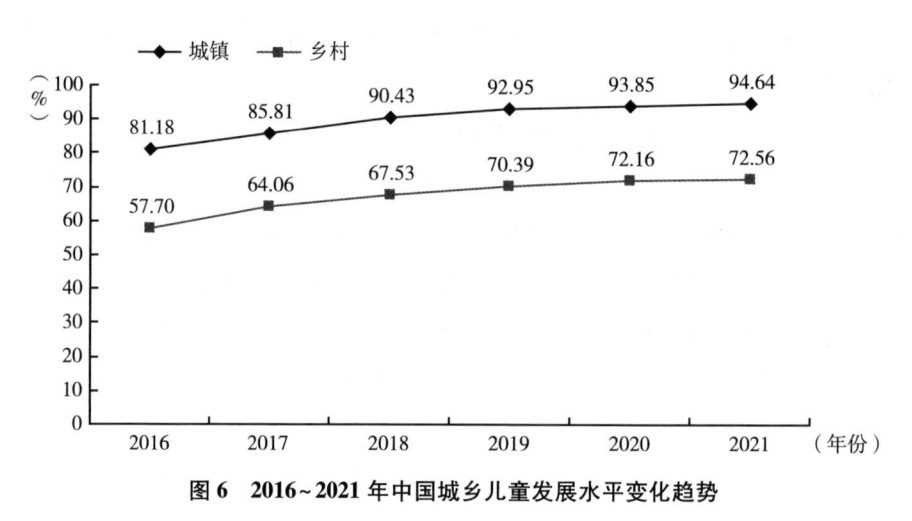

图6 2016~2021年中国城乡儿童发展水平变化趋势

整体来看，促进公共服务和公共资源均等化，推进城乡一体化，仍然是乡村儿童发展的重要目标。在儿童福利方面，乡村儿童发展水平在2016~2021年较平稳，仅有小幅波动；在安全保护方面，乡村儿童的安全保护水平在2016~2021年呈现稳步上升趋势，城乡差距有所缩小，城乡一体化水平稳步提升；在儿童健康方面，乡村儿童发展水平在2016~2021年持续提高，乡村儿童的健康发展水平仍旧低于城镇，但城乡差距缩小；在儿童教育方面，乡村儿童受教育水平逐年提升，城乡教育发展水平仍有差距且略微扩大，值得关注。

## （二）城乡儿童健康与教育水平差异较为明显

近年来，我国儿童健康水平明显提升，但是城乡、地区间发展不平衡的问题仍然存在。2020 年，农村婴儿死亡率和 5 岁以下儿童死亡率分别为 6.2‰和 8.9‰，分别高于城市 3.6‰和 4.4‰的水平。分地区来看，西部地区婴儿死亡率和 5 岁以下儿童死亡率分别为 7.9‰和 10.6‰，分别高于中部地区 4.7‰和 6.6‰的水平、东部地区 2.7‰和 4.1‰的水平。[1] 儿童医疗卫生资源也存在总量不足、区域发展不平衡的问题。我国儿童医院数量仍然较少，优质医疗资源主要分布在东部地区，中西部特别是边远地区的儿科优质医疗资源短缺问题仍然存在，基层儿童保健服务能力薄弱。

城乡儿童受教育水平差异也较为明显。以义务教育为例，农村缺乏优秀教师资源、家庭经济状况不良等因素，都会影响儿童的学业水平。2020 年，农村小学本科及以上教师的占比不到 60%，比城区低将近 20 个百分点。农村初中本科以上教师的占比达到 85%，而城市该占比为 94%。此外，农村转出的教师比例远远大于进入的教师比例，农村师资队伍严重不足。据教育部 2022 年发布的《中国职业教育发展白皮书》，我国职业教育学校中 70%以上的学生来自农村。

## （三）存在较大规模的类留守儿童、流动儿童、再迁儿童群体需要高度关注

农村留守儿童将是中国现代化进程中存在的一个社会问题，按严格定义核定的留守儿童人数有所下降，但"类留守儿童"的群体规模依然相当大。按照 2016 年的《国务院关于加强农村留守儿童关爱保护工作的意见》，留守儿童是指父母双方外出务工或一方外出务工另一方无监护能力、不满 16 周岁的未成年人。据此定义，2016 年我国农村留守儿童数量为 902 万

---

[1] 《中国儿童发展纲要（2011—2020 年）》终期统计监测报告。

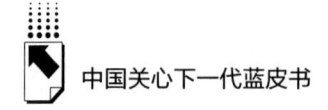

人，2020年为644万人。① 另按照国家统计局、联合国儿童基金会等机构的定义，② 留守儿童是指父母双方或一方跨乡镇街道外出流动半年及以上，留在原籍不能与父母双方共同生活的0~17岁儿童。农村留守儿童是指留守儿童中户籍所在地为农村的儿童。据此定义，2010年我国农村留守儿童数量为3970万人，2020年为4177万人，相当于每10名农村儿童中就有近4名是留守儿童。对留守儿童的严格界定，有利于集中力量解决留守儿童问题，也确实取得了良好的成效。但从整体和长远角度来看，不在限定概念统计范围内的留守儿童群体仍然有相当大的规模，这些儿童可能存在与留守儿童相似的困境，其生活学习和成长发展亟待得到有效保障。这就需要加强儿童的社会福利制度建设。

流动儿童群体同样亟待引起高度重视。国家统计局等的数据显示，2020年全国流动儿童7109万人，占全部儿童的23.9%，相当于每3名城镇儿童中就有1名是流动儿童，这些流动儿童主要来自农村。③ 受教育政策和户籍制度限制，会产生部分"回流儿童"或"返乡儿童"。少数低年龄的流动儿童存在入学晚的问题，高年龄的流动儿童存在义务教育完成之前终止学业的情况，很多长居于城市的流动儿童纷纷返回老家就读，以便继续接受义务教育或提前适应本地的教育以应对相关考试，这类儿童通常被称为"回流儿童"，他们从流动儿童变成留守儿童，家庭经济情况不佳。此外，在人口疏解政策下，还存在再次迁移到周边卫星城市的"再迁儿童"。"回流儿童""再迁儿童"与流动留守儿童一样，面临着生活与学业的不适应问题，也面临着父母在其成长过程中的亲情缺位问题，在一定程度上兼具"流动"与"留守"的双重身份。

## （四）乡村儿童关爱服务队伍专业化水平仍有待提高

《中共中央 国务院关于实施乡村振兴战略的意见》提出，健全农村留守

---

① 国家统计局、联合国儿童基金会、联合国人口基金：《2020年中国儿童人口状况：事实与数据》，2023。
② 国家统计局、联合国儿童基金会、联合国人口基金：《2020年中国儿童人口状况：事实与数据》，2023。
③ 国家统计局、联合国儿童基金会、联合国人口基金：《2020年中国儿童人口状况：事实与数据》，2023。

儿童和妇女、老年人以及困境儿童关爱服务体系，基层儿童工作队伍是健全儿童关爱服务体系、确保乡村儿童享受福利的重要基础。我国现有的基层儿童工作队伍主要有两类：村居儿童主任队伍和乡村服务类社会组织，但都面临着严峻的挑战。

一方面，全国已拥有65.1万名儿童主任，[①] 实现每个村（居）配备1名儿童主任，但城市和乡村地区的儿童主任在专业能力上存在差异。我国农村地区约有49万名儿童主任，[②] 绝大多数由村委会成员兼任，行政性事务负担重，且没有接受过专业系统的培训，缺乏系统的专业知识与社工技能。需要加强乡村儿童关爱与保护工作，提供更加专业化、精细化的关爱服务，基层儿童工作队伍的专业能力亟待提升。

另一方面，乡村服务类社会组织不足以覆盖全体乡村儿童，中西部地区儿童之家建设相对滞后。《中国儿童发展纲要（2011—2020年）》要求，90%以上的城乡社区建设1所为儿童及其家庭提供游戏、娱乐、教育、卫生、社会心理支持和转介等服务的儿童之家。截至2020年底，全国儿童之家（或儿童中心）数量未实现纲要目标。中西部地区儿童之家建设相对滞后问题较为明显，部分地区建有儿童之家的社区占比偏低，甚至低于10%。"儿童之家"为儿童提供了学习娱乐活动的场所，其长期持续运营得益于工作人员队伍的有效管理。通过统计分析28个省（市、区）的儿童之家建设情况可以发现，我国儿童之家发展不均衡问题突出，有8个省份的儿童之家覆盖率达到90%以上，基本实现目标，但仍有部分地区建有儿童之家的村/社区占比偏低。

## （五）以童伴妈妈项目为代表的乡村儿童公益项目急需扩大典型示范体系

近年来，在政策支持下，社会力量积极参与儿童公益事业，已成为未成

---

[①] 《2022年民政事业发展统计公报》，2023年10月。
[②] 北京师范大学中国公益研究院：《我国农村儿童保护体系建设研究报告》，2022。

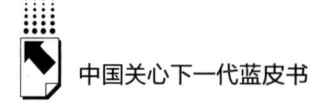

年人保护"六大体系"中"政府保护"的有益补充。当前，乡村儿童公益项目已进入多样化发展阶段。"童伴妈妈""你我伙伴""女童保护""爱加餐""养育未来""慧育中国""一公斤盒子"等项目，为不同类型的困难儿童提供了关爱服务。

中国乡村发展基金会（原中国扶贫基金会）于2015年10月发起的"童伴妈妈"项目，以乡村社区为平台，以乡村儿童的大福利服务综合需求为切入点，采取"一个人、一个家、一条纽带"的模式，以童伴妈妈为抓手，以童伴之家为平台，以县级横向联动机制为保障，是公益项目探索建设乡村儿童关爱服务体系的典范。大量项目在探索和实践的过程中，产生了大量信息，积累了丰富的经验。但总体上看，仍缺少对最佳实践与成功经验的总结提炼与宣传推广，示范项目的引领作用不够。为此，需要打造乡村儿童发展的综合示范区，并在行业内发挥示范引领作用。

### （六）家庭教育相关支持政策与工作机制有待完善

《2021年中国家庭教育白皮书》显示，58%的家长表示缺乏完善、系统的家庭教育方法，家庭教育指导服务的供需矛盾和发展滞后问题突出。尤其是乡村地区儿童家长的教育观念普遍落后，对于孩子的养育大多停留在物质层面，针对孩子的教育和引导缺乏正确的观念和方法，为此，亟须明确家校社协同育人机制下各方的职责定位，建立专业的家庭教育指导体系。

当前家庭教育工作的相关部门围绕各自的工作领域开展服务，缺乏有效的领导协调工作机制。机构建设上，各级各类家庭教育指导服务机构的构成比较复杂，水平参差不齐，指导服务内容在规划设计和具体操作上还有很大的提升空间。队伍建设上，由于门槛低，专业化服务力量不足，家庭教育指导者的专业性有待增强，指导服务内容的科学性、系统性、专业性也有待提高。从家庭教育服务机构的指导服务人员取得家庭教育指导或资格证书的情况来看，低于25%的人员取得了资格证书，而其中主要的资格证书还是教育学或其他学科教师的资格证书，其余不足10%的人员具有社会工作者、心理咨询师、家庭教育指导师等资格。从对人员的考核情况来看，将近一半的指导服务机构中,其家庭教育指导服务人员无入职遴选和业务考核,低于20%的机构指导服务人员通过系统专业的标准考核。[1] 家庭教育指导者的相关专业资格认证及考评机制缺乏。

## 三 新时代乡村儿童关爱服务体系高质量发展瞻望与路径

现代化的本质是人的现代化,党的二十大对培养德智体美劳全面发展的社会主义建设者和接班人、保障儿童合法权益、加强家庭家教家风建设、建立生育支持政策体系、健全学校家庭社会育人机制等儿童工作提出了明确要求。面对新机遇与新挑战,要牢牢把握现代化发展的本质要求,进一步落实儿童优先原则,协同推进儿童事业高质量发展。为此,需要更为系统地设计规划新时代乡村儿童关爱服务体系建设路径,从而实施更为广泛的社会行动战略。

### (一)高质量发展新阶段赋予乡村儿童关爱服务体系建设新使命

党的十九大报告首次提出"高质量发展",党的十九届五中全会提出"十四五"时期经济社会发展"以推动高质量发展为主题",高质量发展是"十四五"乃至更长时期我国经济社会发展的主题,这是根据我国发展阶段、发展环境和发展条件变化作出的科学判断。《中华人民共和国国民经济和社会发展第十四个五年规划和2035年远景目标纲要》充分体现出高质量发展将"以人民为中心"作为根本遵循,将"让人民生活更加美好,人的全面发展、全体人民共同富裕取得更为明显的实质性进展"作为到2035年基本实现社会主义现代化的远景目标之一,强调在整体上改善人民生活品质,提高社会建设水平,优先发展农业农村,全面推进乡村振兴。

儿童是推动社会可持续发展的重要资源,促进儿童发展被赋予提高中华

---

[1] 中国家庭教育学会:《我国家庭教育的基本现状及相应对策建议的研究报告》,2023。

民族素质、建设人力资源强国的重要战略意义。为促进人口长期均衡发展，我国生育政策体系持续调整优化，数次生育政策调整均取得短期成效，生育意愿得到集中释放。但由于育龄妇女人数持续减少、年轻人生育意愿降低、初婚年龄推迟等，近年来出生人口不断减少。2022年我国出生人口降至千万以下，为956万人，少于当年死亡人口，人口自然增长率为-0.60‰，出现自1962年以来正常发展状态下的首次人口负增长现象。2023年出生人口进一步降至902万人，自然增长率为-1.48‰，连续两年呈负增长。我国少子化和低生育率问题不断加剧，出生人口自2017年以来连续七年下降，不断创历史新低。

《中华人民共和国国民经济和社会发展第十四个五年规划和2035年远景目标纲要》提出，要坚持儿童优先发展，提升儿童关爱服务水平，以"一老一小"为重点完善人口服务体系，促进人口长期均衡发展。根据全国人口普查和相关统计数据，2020年我国儿童人口2.98亿，占全国总人口的21.1%，据测算，农村地区0~17周岁儿童人口约1.1亿，约占儿童总数的37.06%。切实维护儿童基本权益，增进乡村儿童的福祉，缩小儿童发展问题上的城乡差距，不仅是维持乡村长久发展、可持续发展的必要条件，更是助力高质量发展、促进乡村振兴的重要举措。推动乡村儿童关爱服务高质量发展，是优先发展农业农村、全面推进乡村振兴的题中应有之义和有效手段之一，对于促进儿童全面发展、实现全体人民共同富裕的社会主义现代化建设远景目标而言，具有重大而深远的意义。

乡村儿童关爱服务高质量发展是关乎"儿童福祉"的时代命题。高质量发展是中国当前和今后一个时期确定发展思路、制定经济政策、实施宏观调控的根本要求，必须深刻认识、全面领会、真正落实。高质量发展归根结底是民生导向，是要满足人民日益增长的美好生活需要。在这一新的发展理念指导之下，乡村儿童关爱服务高质量发展是关乎乡村儿童福祉的民生议题，要坚持以儿童为中心，以满足乡村儿童美好生活需要为目标。

乡村儿童关爱服务高质量发展是关乎"社会创新"的时代命题。实施高质量发展意味着发展理念由注重数量和规模向注重质量和效益转变，因此高质量发展是"道路创新",是在"中等收入"条件下实现经济增长范式的切换。乡村儿童关爱服务高质量发展也应以创新为动力,满足各类儿童群体的多层次需求,为乡村儿童提供有助于其全面发展的硬件设施、精神环境、社群氛围等友好的生态系统。

乡村儿童关爱服务高质量发展更是一个关乎"城乡融合"的时代命题。当前我国农业农村现代化的关键是从城乡分割转向城乡融合,重构新型城乡关系,乡村儿童关爱服务高质量发展也需要嵌入乡村振兴战略,展开深入研究与实践探索,重新认识乡村儿童关爱服务的特殊优势与作用。

作为关乎民生、创新和融合的时代命题,乡村儿童关爱服务高质量发展蕴含着对服务内容、服务对象、服务队伍和服务技术从"保生存"到"促发展"、从"特殊儿童"到"全体儿童"、从"非专业"到"专业化"、从"传统手段"到"信息化智能化"的更高要求。

推动乡村儿童关爱服务高质量发展需要深入研究、准确把握高质量发展的基本特征,高质量发展体现在多个维度,从发展观念转变、增长模式转型、服务水平提升等层面来看乡村儿童关爱服务高质量发展的基本特征如下。

特征一:系统性和全面性。高质量发展是一种新发展理念,反映了充分发展、均衡发展的思维。乡村儿童关爱服务高质量发展具有系统性和全面性,从单一层面扩展到全社会,关爱乡村儿童发展需要全社会的共同关注。

特征二:结构优化与模式创新。高质量发展是增长方式的转变,是从"总量扩张"向"结构优化"的转变,强调发展过程、方式、动力、效果的全面提升。乡村儿童关爱服务高质量发展,涉及"城与乡""质与量""供与需"的多重功能结构性关系,为此需要着眼于解决乡村儿童发展中的不平衡、不充分问题,以创新为动力,调动全社会要素,凝聚多主体力量,共同促进乡村儿童全面发展。

特征三:以乡村儿童需求为导向提供高水平的关爱服务。习近平总书记指出,高质量发展就是能够很好地满足人民日益增长的美好生活需要的发展。乡村儿童关爱服务高质量发展最直观的体现就是提供更高水平的服务,提升乡村儿童的幸福感和满意度，服务质量高低对儿童美好生活的满足程度的影响最为直接。

表4 乡村儿童关爱服务高质量发展的基本特征

| 项目 | 实践路径 | 基本特征 |
| --- | --- | --- |
| 内容 | 理念的高质量发展：发展理念转变 | 系统性和全面性 |
|  | 过程的高质量发展：增长模式转型 | 结构优化与模式创新 |
|  | 结果的高质量发展：服务水平提升 | 以乡村儿童需求为导向提供高水平的关爱服务 |

总之，长期以来社会经济发展带来了物质财富的增加，但忽视了对发展的主体即人的自身需求的满足。乡村儿童关爱服务高质量发展是指面向全体儿童的社会系统性发展，注重乡村儿童关爱服务结构优化与创新增长，最终的价值导向是民生和民享、公平与公正。乡村儿童关爱服务高质量发展涉及"城与乡""质与量""供与需"三重功能结构性关系。近年来，我国乡村儿童发展取得瞩目成就，但面对"十四五"期间经济高质量发展的新局面，尤其是人民日益增长的美好生活需要对公共服务体系提出的更高要求，我们要准确把握乡村儿童关爱服务体系建设面临的结构性制约因素。乡村儿童关爱服务高质量发展的突破方向势必指向构建新型城乡关系、实现质与量的阶段性适配、推动供与需的高效能平衡这三组结构性矛盾。

为此，有必要制定乡村儿童关爱服务高质量发展策略，建立健全多主体协同机制、人才培养体系、资源衔接机制等。在推进乡村儿童关爱服务高质量发展新阶段，提升要素投入、创新动力、民生共享等方面的水平。乡村儿童关爱服务体系的质量变革就是定位、特征、要素、结构、机制、效果维度的全面提升，既要凝聚发展共识，又要提升要素投入质量，突破结构性约束，构建高质量发展机制。

### （二）乡村儿童关爱服务体系高质量发展的愿景目标

乡村儿童关爱服务体系建设迈向新阶段，乡村儿童保障范围更大，乡村

```
                            ↑
  ┌─────────────────┐  ┌─────────────────────┐
  │   发展定位      │  │    发展特征         │
  │   儿童福祉      │  │ 全体儿童的全面发展  │
  │   社会创新      │  │ 结构优化与模式创新  │
  │   城乡融合      │  │ 高水平的儿童关爱服务│
  └─────────────────┘  └─────────────────────┘
←─────────────────────────────────────────────→
  ┌─────────────────┐  ┌─────────────────────┐
  │   结构性制约    │  │    发展机制         │
  │   "城与乡"      │  │  多主体协同机制     │
  │   "质与量"      │  │  人才培养体系       │
  │   "供与需"      │  │  资源衔接机制       │
  └─────────────────┘  └─────────────────────┘
                            ↓
```

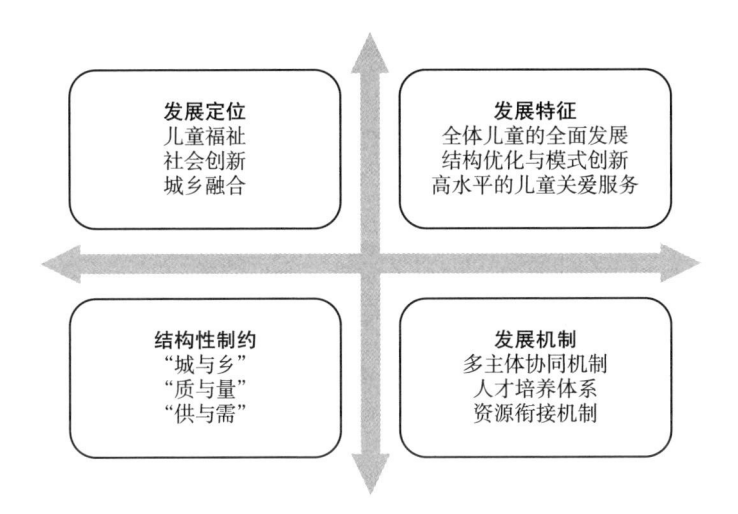

图7 乡村儿童关爱服务高质量发展的逻辑框架

儿童教育资源更丰富，乡村儿童医疗卫生服务更精细，乡村儿童游乐活动设施更多样，乡村儿童成长环境更友好，乡村儿童关爱服务基本实现面向全体儿童，服务重心从物质生活保障转为家庭教育、安全稳定和心理健康等，乡村儿童社会工作队伍将实现专业化发展，以儿童和家庭需求为核心、全方位保障乡村儿童健康成长的关爱服务体系基本建立，乡村儿童的获得感、幸福感、安全感进一步提升。

乡村儿童关爱服务更加普惠。面向乡村儿童的关爱服务范围将进一步扩大，家庭儿童照护能力得到增强，困难儿童特殊关爱服务更加全面，普惠关爱服务资源持续增加，多层次、多样化儿童关爱服务规范化发展。

乡村儿童关爱服务支撑体系更加健全。乡村儿童社会政策及公共服务、安全保障、娱乐空间、社会参与等支撑体系更加健全，人才队伍不断壮大，以创新为动力，调动全社会要素，凝聚多主体力量，探索乡村儿童发展综合示范区建设。

乡村儿童关爱服务更加优质。乡村儿童关爱服务资源供给不断增加，服务配置更加合理，服务技术更加智慧，服务满意度不断提升，儿童美好生活需要进一步得到满足。

### （三）迈向乡村儿童关爱服务体系高质量发展的路径选择

**1. 加快乡村儿童关爱服务机构建设，结合乡村特点统筹建设社区儿童服务设施**

加快乡村儿童关爱服务机构建设，推进基层儿童福利工作转型提质，结合农村的特点统筹建设社区儿童服务设施，为不同类型困难儿童提供高质量的服务。按照《关于进一步推进儿童福利机构优化提质和创新转型高质量发展的意见》，到2025年各地省、市两级儿童福利机构要优化提质，为不同类型的困难儿童提供更多样化的专业服务。其中，市级儿童福利机构全面优化提质，全省培育儿童福利机构高质量发展示范单位，建立养育、医疗、康复、教育、社会工作一体化发展的区域性儿童福利机构；县级儿童福利机构转型设置为相对独立的未成年人救助保护机构，使其社会服务功能得到有效拓展、关爱服务能力得到有效提升。部分儿童福利机构缺少心理咨询、康复治疗、社区服务等相关方面的人才储备和资源设备，需要尽快补充提质。

扎根于城乡社区的"儿童之家"已成为儿童娱乐活动的重要场所。当前，乡村儿童福利设施，如儿童图书馆、游乐场、运动场及托幼场所等严重缺乏，许多社区基本没有儿童活动的地方。新加坡要求30层以上的建筑物必须有两层贡献给社会，用于儿童与老年人等群体的福利设施建设。借鉴国际经验，需要将儿童福利设施建设纳入城乡发展规划，为儿童发展提供适宜的活动空间。"童伴妈妈"项目的经验表明，社区儿童活动场地能够长期持续运营得益于工作人员的有效管理，要从当地儿童实际需求出发，以"儿童之家"为阵地，统筹多方资源，开展丰富且有意义的活动。为此，要充分发挥"儿童之家"的"小阵地、大作用"，把"儿童之家"建造成"孩子想来、爱来、常来"、凝聚儿童和家长的有温度的"磁力场"，激励和引导乡村基层治理主体机构更多地关注儿童发展公共事务。

**2. 加强乡村儿童健康服务与监测，进一步优化基础教育资源配置**

加强儿童健康监测。对常见病及健康影响因素的监测是了解儿童健康状况的基础，进一步完善健康监测体系，尤其是重点关注儿童近视、心理健康、肥胖超重等问题，明确监测频率、完善采集标准、监督报送流程、准确进行分析，保证监测工作有效开展，准确识别乡村儿童等重点人群的健康问题。同时，进一步提升儿童健康服务能力。提高儿童急危重症救治能力，积极推广儿科、新生儿科适宜技术，扩大儿童重大疾病救治范围。加强儿科专业医疗质量管理与控制体系建设，促进优质儿科医疗资源同质化输出。加大健康科普力度，深化乡村地区人民群众对儿科常见病、多发病的科学认知。

优化基础教育资源配置，站在乡村振兴和教育强国的战略高度谋划乡村学校发展。深入推进"十四五"国家基础教育重大项目计划，把握"三段一类"教育在不同阶段的发展需求，推动基础教育高质量发展。加强城镇新增人口、流动人口集中地区的乡村幼儿园建设，构建覆盖城乡、布局合理的学前教育服务网络。加快义务教育优质均衡发展和城乡一体化，以学校建设标准化、师资配置均衡化、学生关爱制度化为重点，推进县域义务教育优质均衡发展。促进县域高中教育质量整体提升，以实施县中标准化建设工程和县中托管帮扶工程为抓手，推进普通高中多样化、特色化发展。对长期空置、确无运转需求的学校，应当在充分尊重当地村民意愿的基础上，结合实际，将学校空间转化为服务于周边村民的乡村幼儿园或图书馆、文化馆、文体中心、敬老养老中心等，服务乡村振兴。

**3. 持续完善中国特色儿童服务知识体系，促进儿童主任专业化建设**

包括印度在内的许多国家，在教学体系中均把儿童研究划归于专业领域，如0~3岁、3~6岁的博士生培养体系。而我国目前只有早教专业且比较宽泛。而在社会工作学科院系中，专业的儿童社工学院几乎没有。根据未来的发展趋势，需要完善我国儿童类专业知识体系，从而为儿童福利与未成年人保护奠定专业学科知识基础。应建立由社会工作、儿童发展、儿童心理等跨领域专家组成的儿童社会工作与培训体系建设委员会，遵循儿童发展规律，编制儿童主任培训教材，组织开展职业化培训，建立服务支撑体系。

需要采取切实措施促进农村地区儿童工作专业化。一方面，将儿童主任的津贴补助纳入每年财政支出预算范畴，鼓励中央和地方根据地区经济发展水平按比例统筹儿童主任的工资，对于欠发达地区，由中央统筹承担儿童主任的津贴补助。另一方面，大力促进儿童主任专业化建设，扩大社会工作和心理咨询专业服务供给，凝聚专业领域的师资力量和专家资源，打造包括家庭教育、心理咨询、社会工作等专业人才的队伍，充分满足城乡儿童及家长需求。探索专业社会组织与儿童主任互动机制，通过培育和引进专业儿童福利服务社会组织，帮助儿童主任对接资源，增加服务供给，为儿童及家庭提供监护指导、医疗救治、心理疏导、行为矫治等专业服务。完善专业化培训机制和督导体系，通过购买服务、发放补助等激励方式，探索建立与社工职称体系相结合的儿童主任专业职称体系，建立起职业化的儿童保护工作队伍，为乡村儿童提供切实的服务。

**4. 探索社会组织参与乡村儿童发展综合示范区，发挥示范引领作用**

社会组织在乡村儿童关爱服务过程中有着重要的作用，需要调整有关政策，支持、引导更多的社会组织投身于乡村儿童发展事业。根据全国各类基金会过去多年参与支持乡村儿童关爱保护工作形成的格局，建议打造乡村儿童发展综合示范区，调动社会力量深度参与乡村儿童关爱保护行动，总结实践中形成的乡村儿童关爱保护模式，从项目设计、组织管理、专业服务队伍能力提升等多方面提炼最佳实践模式与经验，打造关爱保护乡村儿童项目典范，发挥示范引领作用，以点带面带动基层儿童关爱保护工作转型升级，同时也吸引社会力量参与。

**5. 建立完善层级化家庭教育指导服务体系，推进家庭教育专业化发展**

在建立完善的家庭教育工作机制方面，各级政府要发挥主导作用，推动将家庭教育指导服务内容纳入城乡公共服务体系，科学设计家庭教育指导内容，加强专业队伍建设，确保家庭教育指导取得实效。进行资源整合，发挥各相关部门作用，权责明确，并注重发挥社会组织的作用。进一步落实《关于指导推进家庭教育的五年规划（2021—2025年）》，建立层级化的家庭教育指导服务体系，推进家庭教育科学化、规范化、法治化发展。

在构建专业化家庭教育支持体系方面，依托网格员、儿童主任、儿童督导员、妇联执委、志愿者等，为特殊困境儿童开展常态化、专业化、精准化的家庭教育指导服务。特别需要加强乡村地区家庭教育专业人才队伍建设，鼓励和支持有条件的高等学校和职业技术学校开设家庭教育相关课程，加强家庭教育相关的学科专业建设，培养专业人才。加强高水平家庭教育专家队伍建设，依托高等院校有关社会机构，广泛吸纳从事家庭教育研究的专家学者、实务工作者，组建来源多样、学科多元的家庭教育专家智库，为家庭教育政策制定、课程开发、队伍建设等提供智力支持。加强家庭教育志愿服务队伍建设，健全志愿者和志愿团体登记注册、培训激励制度，广泛吸纳热心家庭教育公益事业的专家、教师、儿童工作者、卫生保健人员、"五老"队伍、专业社工、家长、大学生等组成家庭教育志愿者队伍，组建乡村家庭教育宣讲团，开展家庭教育指导公益服务。

# B.11 中小学心理健康教育工作现状的调研报告

——以长春市中小学心理健康教育教师为对象

长春市关工委[*]

**摘　要：** 2023年5月，教育部联合中国关工委等部门印发了《全面加强和改进新时代学生心理健康工作专项行动计划（2023—2025年）》，对中小学心理健康教育做了新的部署。本文以长春市中小学心理健康教师为对象，对中小学开展心理健康教育工作的现状进行了调查分析，从多种途径开展心理健康教育、充分发挥心理教师的作用、消除心理教师的困扰、加强学校的心理健康教育工作、优先且强力推进小学和乡镇学校的心理健康教育工作等方面对进一步加强中小学心理健康教育工作展开探讨。

**关键词：** 中小学　心理健康教育　心理教师

## 一　以心理教师为对象对心理健康教育工作进行调研具有独特意义

### （一）我国教育行政部门积极推进中小学心理健康教育

在我国，由教育行政部门推动的中小学心理健康教育以1999年教育部印发的《关于加强中小学心理健康教育的若干意见》为标志，此后教育部

---

[*] 执笔人：张凤林，长春市关工委副主任；周国韬，长春市教育局关工委主任；刘晓明，东北师范大学心理学院教授；岳泉汐，长春市教育局关工委办公室主任；李舒悦，长春市教育局体卫艺处处长；康成，长春市第二实验中学心理中心主任。

于 2002 年颁发了《中小学心理健康教育指导纲要》（以下简称《纲要》），并于 2012 年进行了修订，明确了心理健康教育工作的目标、任务、内容、途径、组织与管理，扎实有效地推动了全国各地的中小学心理健康教育。

2023 年 5 月，教育部与中国关工委等部门联合印发了《全面加强和改进新时代学生心理健康工作专项行动计划（2023—2025 年）》（以下简称《专项行动计划》），对中小学心理健康教育做了新的部署，明确提出了全方位加强心理健康教育的工作目标。

### （二）心理教师在中小学心理健康教育工作中的作用至关重要

心理健康教育是一项专业性很强的工作，心理教师要达到一定的专业水平。教育部要求各地结合实际逐步配备专兼职心理教师。经过二十多年的发展，全国各地均已加强了心理教师队伍建设，并在心理健康教育工作中发挥着不可替代的作用。

《纲要》提出了中小学心理健康教育的五条途径，其中心理课和心理咨询与辅导这两条途径直接由中小学心理教师来实施，另三条途径为将心理健康教育贯穿于教育教学全过程、联系家长共同实施和利用校外教育资源开展心理健康教育，同样离不开心理教师的指导和参与。

### （三）以心理教师为对象进行调研具有独特意义

以中小学心理教师为对象调查心理健康教育工作状况的独特意义在于，一是可以通过心理教师的视角了解中小学心理健康教育的实际情况，他们对心理健康教育工作的进展最了解；二是可以了解心理教师所发挥的作用，而这恰恰是心理健康教育工作中最重要的部分；三是他们感受到的问题基本就是学校心理健康教育所面临的主要问题，是心理健康教育工作亟待加强的地方。

本次调研活动得到了长春市教育局关工委和东北师范大学心理学院等单位的人力支持，于 2023 年 5 月至 8 月先后对长春地区专兼职心理教师 1734 人进行了问卷调查，其中小学 1218 人，初中 364 人，高中 152 人，问题以多选方式提出。

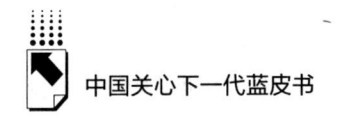

## 二 中小学心理健康教育工作现状与分析

### (一) 中小学实际开展心理健康教育的方式

《纲要》提出了中小学心理健康教育的五条途径,我们在分析中小学开展心理健康教育工作的实际情况基础上整理了14种心理健康教育的具体工作方式。教师在问卷调查的回答中,选择使用这一方式达到30%以上的有10种(其中前5种达到45%以上),具体如下:心理健康教育课程(83.8%)、心理健康教育讲座(52.63%)、心理咨询与指导(49.38%)、班主任实施心理健康教育(48.93%)、心理主题班会(46.52%)、团体心理辅导(34.25%)、心理健康教育宣传(33.97%)、学科渗透心理健康教育(32.96%)、心理测评(31.95%)、对家长的心理健康教育(31.61%)。另外4种未达到30%的方式为心理危机干预(21.75%)、心理健康教育周(月)(17.38%)、校园心理剧(15.53%)、心理健康教育社团(12.5%)。

以上情况表明,第一,中小学均开展了多种形式的心理健康教育活动;第二,前5种形式(均45%以上)得到了各学校的普遍重视,是中小学开展心理健康教育的主要方式;第三,在这5种形式中,心理健康教育课程、心理健康教育讲座、心理咨询与指导这3种形式是由心理教师来实施的,心理健康教育和心理主题班会这2种形式主要是由班主任来实施的,这意味着心理教师和班主任是中小学心理健康教育的主要力量;第四,达到30%以上的涉及各学科教师的学科渗透、对家长的心理健康教育等做法,也受到了各学校一定程度的重视,但需要进一步加强;第五,未达到30%的4种形式的心理健康教育活动,需要各学校今后大力推进。

### (二) 心理教师重点开展的心理健康教育方式

在中小学实际开展的心理健康教育的14种方式中,30%以上的心理教师在问卷回答中选择自己实际参与的有7种(其中前3种达到45%以上),

具体如下：心理健康教育课程（80.55%）、心理健康教育讲座（57.74%）、心理咨询与指导（47.53%）、班主任实施心理健康教育（36.66%）、团体心理辅导（35.59%）、心理测评（34.42%）、心理主题班会（34.41%）。通过与前文学校开展心理健康教育达到30%以上的10种形式对照，心理教师的选择少了3种形式。有4种未达到30%但在26%以上的方式，即对家长的心理健康教育（29.37%）、学科渗透心理健康教育（28.59%）、心理健康教育宣传（27.75%）、心理危机干预（26.46%）。

以上情况表明，第一，心理教师参与最多的是心理健康教育课程、心理健康教育讲座等方式，这些方式都属于他们本职工作范围内的心理健康教育活动；第二，团体心理辅导、心理测评等具有专业性的活动方式得到了重视；第三，心理教师较多地参与了班主任实施心理健康教育和心理主题班会，这意味着他们对这些主要是由班主任来实施的活动给予了支持；第四，未达到30%但在26%以上的方式得到了心理教师一定程度的重视，但需要进一步加强；第五，心理健康教育周（月）（15.36%）、校园心理剧（14.01%）、心理健康教育社团（13.4%）这3种形式的心理健康教育活动，今后心理教师需要积极参与。

### （三）心理教师在开展心理健康教育工作时遇到的困扰

本调查所了解的心理教师在开展工作时遇到的困扰不是教师个人的问题，而是学校开展心理健康教育需要解决的问题，具体如下：心理教师感受到的困扰有13个方面，其中有9个方面选择的比例超过20%，依次是心理咨询的水平不高（44.51%）、缺少心理测量工具（41.65%）、心理课的内容难教（37.39%）、缺乏家长的支持（33.18%）、心理辅导室建设不到位（29.93%）、缺乏参加培训等提高的机会（28.53%）、心理课时无法保证（23.26%）、工作量大（23.15%）、缺乏心理同行交流（21.64%）。另外4个困扰的方面为职称难以评定（12.5%）、学校领导重视不够（11.43%）、工资待遇低（10.59%）、其他老师不配合（6.73%）。

以上情况表明，第一，令心理教师困扰的前9个方面是各学校需要采取措施加以改进的，而另外4个方面也需要各学校根据实际情况给予关注；第二，在前9个方面中，与心理咨询和辅导相关的有3个方面，与心理课有关的有两个方面，这显示了心理教师的困扰与他们做好本职工作密切相关；第三，培训机会和同行交流方面的困扰与心理教师专业水平的提高密切相关；第四，缺乏家长的支持带来的困扰与加强家校沟通密切相关。

### （四）学校亟待加强的心理健康教育工作

心理教师认为所在学校亟待加强的心理健康教育工作，反映了中小学心理健康教育工作中的问题，具体如下：心理教师认为亟待加强的工作涉及9个方面，依次是有具备专业特长的心理健康教育专职教师（53.59%）、学校有责任明确的心理健康教育制度（52.8%）、有领导牵头各部门配合的心理健康教育组织机构（49.5%）、有专门的心理辅导室等相关软硬件（41.09%）、有培训等专业发展的机会（32.4%）、有专兼职相结合的心理教师队伍（31.45%）、能保证心理课课时（31.05%）、保证心理教师的职称（24.5%）、保证心理教师的工资待遇（22.14%）。

以上情况表明，上述9个方面是各学校需要采取措施加以改进的。

## 三 加强中小学心理健康教育工作的对策和建议

### （一）多种途径开展心理健康教育

多种途径开展心理健康教育是教育部提出的基本要求，教育部与中国关工委等部门联合印发的专项行动计划明确要求全方位开展心理健康教育。多种途径开展心理健康教育也是中小学近年来的基本做法，各地各校在积极推进心理健康教育的过程中采取了一系列具体的操作方式。本调查的结果表明，根据长春市中小学实际情况整理出的14种开展心理健康教育的方式都在一定程度上得到运用，其中有10种方式得到了比较普遍的运用。可以说，《纲要》中提到的5个途径都得到了实施，多种途径开展心理健康教育的基本局面已经形成。

但是，各种途径的实施情况不一，要进一步做好多途径开展心理健康教育工作需要解决以下三个问题：第一，全程开展。将心理健康教育贯穿于教育教学全过程。从现状来看，心理课、心理咨询与辅导等开展得比较普遍，而其他途径则需要加强。这就要求各学科教师在教学中都要设定心理健康教育的目标，在学校所有的活动中注重心理健康教育。第二，全员开展。学校所有的人员都要重视并参与心理健康教育。从现状来看，心理教师和班主任较多地参与了心理健康教育，其他人员需要将本职工作与心理健康教育有机地结合在一起。第三，加强学校、家庭及社会相关部门协同联动。从现状来看，学校努力加强家校沟通的同时，还需要与相关部门形成合力，大力探索家校社协同开展心理健康教育的有效途径。

### （二）充分发挥心理教师的作用

心理教师是中小学心理健康教育的中坚力量。本调查的结果表明，心理教师在心理课、心理咨询与辅导这些属于他们本职工作的心理健康教育活动中发挥了积极的作用。

根据加强和改进新时代心理健康教育工作的要求，结合心理教师发挥作用的实际，需要合理安排心理教师的工作，让他们更多地在专业性较强的工作中发挥作用。《专项行动计划》中提出健全健康教育、监测预警、咨询服务、干预处置"四位一体"的学生心理健康工作体系，这涉及心理课、心理咨询与辅导，更涉及心理测评、心理危机干预这些专业性较强的活动，需要心理教师投入较大的精力。

### （三）消除心理教师的困扰

消除心理教师感受到的困扰与加强学校的心理健康教育工作息息相关，需要在以下三个方面加强有关工作：第一，心理课方面，采取措施提高心理教师把握教学内容的水平，学校要保证心理课的课时；第二，心理咨询与辅导方面，采取措施提高教师心理咨询的水平，要配齐配全所需的心理测量工

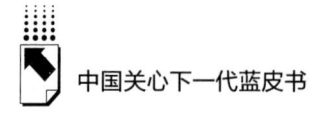

具，要保证心理辅导室的建设达到标准；第三，随着心理教师专业化程度的提高，要注重给他们提供培训和同行交流等发展的机会。

### （四）切实加强学校的心理健康教育工作

心理教师认知到的亟待加强的心理健康教育工作可归纳为以下五个方面：第一，加强组织机构建设，不仅要有领导牵头、各部门配合的心理健康教育组织机构，更要切实发挥作用；第二，加强相关的制度建设，不仅要有责任明确的心理健康教育制度，更要根据实际需要不断完善；第三，加强队伍建设，既要加强专职心理教师队伍建设，又要加强兼职心理教师队伍建设，坚决杜绝滥竽充数的情况发生；第四，提供保障心理教师工作顺利进行的条件，主要是保障心理课课时，加强心理辅导室等相关软硬件建设，提供培训等专业发展的机会；第五，保障心理教师的职称和工资待遇等。

### （五）优先且强力推进小学和乡镇学校的心理健康教育工作

调查发现，小初高不同学段之间和城乡学校之间有明显差异，总体上高中心理健康教育工作情况较好，初中心理健康教育工作情况居中，小学心理健康教育工作情况较差；城区学校心理健康教育工作情况较好，乡镇学校心理健康教育工作情况较差。《纲要》提出了"全面推进、突出重点、分类指导、协调发展"的心理健康教育工作方针，因而在一定时期内不同区域不同类型学校的实施情况存在一定程度的差异也属正常。但是，各级教育部门要采取有力措施实现中小学心理健康教育全面、协调、均衡发展。根据心理健康教育工作现状，优先且强力推进小学和乡镇学校的心理健康教育工作。在具体推进策略上，应该通过对标先进学校，分析影响小学和乡镇学校发展的因素和条件，尽快实现多途径、多形式开展心理健康教育的工作格局。

# B.12
# 发展中等职业教育加强未成年人保护的调研报告
## ——以广东省茂名市为例

广东省关心下一代工作委员会调研组[*]

**摘　要：** 根据广东省关工委的调研结果和教育部门的相关数据，广东省九年义务教育结束后未能考上普通高中就读的初中毕业生，占总人数的50%左右。如何充分保障这部分未成年人受教育权利的实现，是各级政府亟待解决的重要课题。本报告以茂名市发展中等职业教育保障未成年人受教育权利为案例，分析了该市中等职业教育基本情况、发展现状及其社会效果，总结特色做法和经验，针对中等职业教育发展中存在的问题提出以下建议：党委、政府在社会层面上，应当继续加大对职业教育的宣传力度；办好职业教育，必须坚持政府主导、社会力量积极参与；加强师资配备和培训；科学设置职业学校专业和课程，提升就业质量；创造条件，改善实训条件，提高职业学校技能教学水平；深化中等职业教育产教融合、校企合作。

**关键词：** 未成年人保护　中等职业教育　受教育权利

《中华人民共和国未成年人保护法》（以下简称《未保法》）规定，国

---

[*] 执笔人：梁树声，广东省关心下一代工作委员会副主任；杨绍森，广东省关心下一代工作委员会副主任；李刚，广东省关心下一代工作委员会办公室副主任；余晓乐，广东省老干部大学（广东省省属离休干部服务管理中心）四级主任科员。

家保障未成年人的生存权、发展权、受保护权、参与权等权利。根据广东省关工委2021年的调研结果和教育部门的相关数据，广东省九年义务教育结束后未能考上普通高中就读的初中毕业生，占总人数的50%左右。这部分初中毕业生，如果不能继续学业，过早步入社会，其中一些小孩会产生许多的不适应问题。一方面，受学习能力、自控能力、家庭环境、中考落榜等因素影响，他们对自己的现状不满意，自卑感强，对未来的发展很迷茫，会出现严重的心理问题；另一方面，由于心智发育尚不成熟，他们容易受到社会上各种不良风气和错误思潮的影响，从而出现叛逆甚至违法乱纪的行为。因此，对于未满18周岁的未成年人，如何充分保障他们受教育权利的实现，让每个孩子都有人生出彩的机会，成为能够堪当民族复兴大任的时代新人，是各级政府亟待解决的重要课题。

早在20世纪90年代，广东省在各级政府及其教育、人事部门的主导下，公、民办并举，大力发展中等职业教育，逐步建立起中高等现代职业教育体系，为完成九年义务教育后考不上普通高中的孩子开辟了一条接受职业教育的成功之路。同时，为广东改革开放和现代化建设提供了有力的技能人才保障。

茂名作为国家石油化工企业重点城市，创办中等职业教育（含职业学校、技工学校）起步早、投入大、学校数量多、教育质量好，在保障未成年人受教育权利方面具有代表性。调研组先后与茂名市市直相关部门和高州市、信宜市的教育局人社局进行座谈交流。随后到茂名市南方职业技术学校、茂名市东南高级技工学校、高州市第一职业技术学校、信宜市职业技术学校进行实地调研考察。通过召开座谈会、听取情况汇报、实地考察、交流研讨、查阅资料等方式，深入地了解茂名市30多年来在保障未成年人接受职业教育和职业技能培训方面取得的成绩、发展现状和存在的问题，加深了对中等职业教育对未成年人保护的重要性的认识，为今后怎样结合关心下一代工作的实际、做好未成年人保护工作厘清了基本思路，提供了理论支撑。

# 一 茂名市中等职业教育基本情况、发展现状和社会效果

## （一）基本情况

2022年，茂名市户籍人口825.97万人，常住人口623.82万人，其中城镇人口392.26万人。全市有普通大学6所，在校生8.99万人；普通中学272所，在校生48.52万人；中等职业学校18所（其中技工学校6所），在校生共计11.11万人（其中技工学校在校生4.06万人）。2022年，茂名初中毕业生9.8377万人，高中阶段毛入学率96.2%，其中普通高中录取率50%左右，有4.3176万名未考上高中的学生分流到中等职业学校。另有2.13%左右的初中毕业生因种种原因流入社会或回归家庭。

## （二）发展现状

目前，茂名市18所中等职业学校普遍建校历史比较长，校园面积大，环境幽雅，校舍漂亮，硬件条件良好。师资配置较为充实，专业设置门类多，教学设备也相对充足，能够较好满足教学与实训需求。例如，茂名市南方职业技术学校，创办于1991年，是广东省重点中等职业技术学校，校园占地526亩，开设有药学、中药学、中餐烹饪、汽车检测与维修、电子商务、幼儿保育等13个专业，其中电子商务专业为省双精准示范专业。现有教职工533人，在校生11342人。多年来，该校均能完成市教育局下达的招生指标任务，各学年度学生100%获准毕业、100%直接安排就业，学生意外伤害等安全责任事故为零。茂名市东南高级技工学校，占地300多亩，建筑面积20多万平方米。该校设有基础教育、信息工程、机械工程、食品工程、电气工程5个系，开设20多个专业，实行中技、高技、五年一贯制（大专）和预备技师（本科）学历教育，同时开设职教高考班。现有教职工500多人，在校生12000多人。学生就业率100%，用人单位满意率在95%以上。

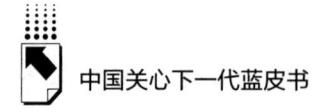

高州市第一职业技术学校，创办于1988年，校园占地25万多平方米，校舍建筑面积达15万平方米，实训场室总面积3万多平方米，开设数控技术应用、电子技术应用等24个专业。其中广东省双精准示范建设专业3个，广东省重点建设专业3个，"1+2"联合办学专业1个（与广州市城市建设职业学校、广州通力电梯公司合办）。同时，该校与茂名职业技术学院等高等院校开展联合办学，实施三二分段培养模式，涵盖数控技术应用等7个专业。现有教职工550人，中职全日制学生9847人。2023年春季职教高考，该校1744人参加，上专科线1738人，上线率99.66%；上本科线288人，上线率16.51%。信宜市职业技术学校，占地面积562亩。开设电子商务、会计事务等19个专业。同时，该校与广东茂名幼儿师范专科学校等高等院校开展联合办学，实施三二分段培养模式，涵盖电子商务等10个专业。现有教职工616人，在校生14071人，其中中职生11461人，未成年人数7308人，办学规模在广东省中职学校中名列前茅。

### （三）社会效果

茂名市坚持发展职业教育的实践充分证明，与普通高中、大学教育一样，中等职业教育是整个教育体系中不可或缺的重要组成部分，是维系着约50%未成年人未来的希望工程。他们用30多年的时间，走出了一条职业教育的成功之路，为未成年人的健康成长撑起了一片天地。

#### 1.落实对困难学生和问题学生的帮扶政策

大力发展职业教育，为城市、农村中那些学习基础相对较弱、思想有偏差和家庭有实际困难的学生提供了更多的发展机会，让他们能够继续接受优质的教育，实现更好地成长和职业发展。该市南方职业技术学校针对贫困学生的思想、心理行为、学习等偏离常态的情况，按照"一生一策"的原则，具体制定每一位学生的帮扶方案，实行"一对一"帮扶。近三年来，该校跟踪帮扶困难学生或问题学生共247名，其中帮扶困难学生74名，帮扶问题学生173名，帮扶工作全部落实到位。该市技工学校对所有来自农村的学生，都实行免学费政策，其中领取生活费补助的建档立卡贫困学生约占

5%。学生通过技工学校学习毕业即可就业。

2. 助力于稳就业、惠民生

职业教育坚持以就业为导向,不仅关注学生的就业技能培养,更关注其未来的职业规划,这对于缓解就业压力、调整劳动者的结构性失业、提高学生的就业技能、拓宽劳动者的就业渠道,对于构建和谐社会、加快推进现代化具有重要意义。该市有3所技工院校(即茂名市高级技工学校、茂名技师学院、茂名市交通高级技工学校)招收的都是学习成绩相对较差的学生,通过3年技工教育,让他们成为技能型人才,发挥了就业、扶贫两大功能。办校多年来,各技工院校积极推荐和鼓励毕业生到本地企业以及珠三角企业就业,就业率在98%以上。

3. 为建成工业强市提供有力的人才支撑

茂名市是地处沿海港口的城市,是石油化工等重工业基地和集散地,坚持把加快发展职业教育作为实施工业强市战略的需要,根据产业结构升级调整,结合社会实际情况决定培养哪些技能、开设哪些学科,培养社会需要的高技能劳动者,从而深挖经济发展潜力,助力茂名市企业在新型工业化道路上的发展。

4. 为维护社会稳定作出贡献

虽然上述所提到的3所技工院校招收的学生相对普通高中生的中考成绩有差距,但通过3年的技工教育,特别是在企业劳动岗位上的实训锻炼,他们成为在德智体美劳方面合格的技能人才,在稳定就业和促进社会和谐方面发挥了积极的作用。2022年全市技工院校招生16287人,创历史新高,在很大程度上承担了普职分流学位需求的压力,为茂名市完成普及高中阶段教育任务和建设和谐社会贡献了力量。

## 二 茂名市发展中等职业教育的主要做法和特点

茂名市的市、县两级政府高度重视职业教育发展,把职业教育发展纳入经济社会发展总体规划,紧跟时代步伐,坚持不懈、大胆创新,不断转变办学理念和方式方法,打造了具有茂名特色的中等职业教育品牌。

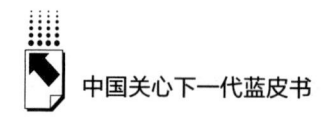

## （一）坚持政府主导、统筹规划、政治引领、公办民办并举的办学方针

### 1. 整合优化中等职业教育资源

茂名市坚持把整合优化资源、建立健全中等职业教育体系作为重点来抓。2022年《中华人民共和国职业教育法》（以下简称《职业教育法》）重新修订颁布之后，中共中央办公厅、国务院办公厅印发《关于深化现代职业教育体系建设改革的意见》。茂名市抓住机遇，大力推进中等职业教育资源整合，在全省率先制定实施方案，出台相关配套政策措施，将10年前的30多所分散、小型的中等职业学校整合为18所中等职业学校，并不断加大投入，改善办学条件，提高师资质量，扩大办学规模，力争每个县（市、区）集中力量办好1~2所中等职业学校，实现中等职业教育资源利用的最优化。

### 2. 坚持和加强党对职业教育的领导

茂名市发展中等职业教育，以立德树人为根本任务，加强党对职业教育工作的领导。全市中等职业学校实行校长全面负责、党组织保障监督、教职工民主参与的管理体制。学校党组织机构完善，充分发挥监督、保障和参与重大决策的作用，确保社会主义办学方向。学校党组织书记每个学期都为学生上思政第一课。茂名市第二职业技术学校2022年率先试行党组织领导的校长负责制，进一步加强了党组织在职业学校的领导核心和政治核心作用。党的十八大以来，茂名市委、市政府还专门制定奖励表彰办法，对成绩显著的县（区）和职业学校定期进行表彰。

### 3. 大力鼓励、支持民营企业投资兴教办学

以"两条腿走路"的办法，充分调动社会力量办学的积极性，推动民办中等职业学校高质量发展，让"公办"教育和"民办"教育相得益彰，为绝大多数未成年的初中毕业生能够在校园里继续读书、学有所长提供了机会。目前，茂名市民办中等职业学校有4所，从调研组实地考察的两所民办职业学校的情况来看，其硬件、软件的配套及办学效果均令人满意。

**4. 推动落实教师编制，加强"双师型"队伍建设，强化教师培养培训**

2022年，茂名市重新核定、落实中等职业学校编制，不断加大职业学校教师引进力度，并在招聘的形式上扩大各中等职业学校的自主权。加强专业教师和"双师型"（同时具备理论教学和实践教学能力）教师的培养。学校每年都制订校长、教师培训计划，开展校长、教师全员培训。注重骨干教师和专业带头人培养。支持以赛促教，在2021~2022年全省中职青年教师教学能力大赛中茂名市共获得3个一等奖。茂名市成立名师工作室助力孵化优秀教师，定期选派专业教师前往企业实践深造。

**5. 建立完善职业教育和培训体系**

一是深化校企合作。以茂名高新技术产业开发区、滨海新区、茂名石化公司和辖区内省级工业园区、专业镇等为依托，整合集聚发展平台，支持茂名当地行业龙头、高成长企业与学校全面开展研发合作。目前，全市职业学校已与本地的茂名石化、茂名天源石化、广东电白建设集团、茂名市茂南三高渔业发展有限公司、大参林药业公司等200多家企业建立了紧密的合作关系。二是建立健全产教融合的教学体制，按照"围绕产业办专业，办好专业促产业"的思路，专业开设与产业吻合度达75%以上，为企业培养输送了一大批合格的急需人才。三是深入推进"粤菜师傅""广东技工""南粤家政"三项工程，实施农村电商、乡村工匠等培训工程。茂名市中等职业教育质量的提高，为市、县、镇区域经济转型升级和高质量发展提供了人才保障，社会服务能力不断增强。

## （二）强化中等职业学校教书育人的功能，工学结合，助力未成年人成长成才

**1. 坚持立德树人，抓好学生的德育工作**

茂名市中等职业学校高度重视德育课教学工作，以传统文化为基石，抓品行教育、劳动教育、科技教育，力促德技兼修。学校举办运动会、艺术节、科技节、成人礼、健康周等，开展丰富多彩的传统文化进校园活动。学校社团联合会组织学生积极参加志愿者活动和社区服务等各类活动。学生对

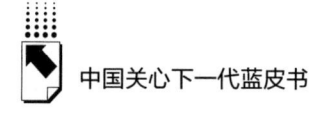

校园活动与社团活动的满意度达99%。如高州市第一职业技术学校坚持以劳动教育为主题开展富有成效的各种活动，被评为广东省劳动教育特色学校。茂名市南方职业技术学校将文化景观建设作为以文育人的重要手段，着力加快文化景观建设，发挥以文育人功能，先后建设了特色党建文化长廊、党建文化园、传统文化长廊、禁毒主题公园等文化设施，打造了众多特色文化育人景观，使学生受到潜移默化的教育。

2. 坚持在学生中开展职业生涯教育

茂名市中等职业学校系统开展职业生涯教育，引导学生确立职业类型和发展目标，增强职业教育工作的实效性。如茂名市第一职业技术学校，职业生涯教育课程由专职教师授课，并在班主任、家长、教师中招募生涯规划志愿者，共同针对不同专业不同年级学生进行职业生涯规划指导。该市中等职业学校注重把社会实践活动纳入教学计划，定期组织师生参观爱国主义教育基地、科普基地、青少年法治教育基地，参观新农村、现代企业，参加社会调查、志愿服务、勤工助学等社会实践活动，使学生了解国情、了解社会，进一步加强职业道德规范和职业能力建设，提高学生的自我教育能力和实践能力。同时，学校每年组织学生到对口企业实习，让学生亲身体验企业管理文化，了解企业对人才的要求，增强学生学习知识、掌握技能的动力，促进学生完善自我、增长才干、全面发展。

3. 贯通职业教育上升体系，为中等职业学校的学子成长成才铺平道路

根据《职业教育法》《现代职业教育体系建设规划（2014—2020年）》等，职业学校学生在升学、就业、职业发展等方面与同层次普通学校学生享有平等机会。茂名市深入推进办学模式、管理体制、保障机制和育人方式等改革，推动职普融通、校企合作，促进教育链、人才链与产业链有效衔接，畅通职业发展通道，努力建设技术技能人才培养体系。2022年，茂名市中等职业学校毕业生就业（含升学）率达到95%以上。通过三二分段、高职高考等途径升入高等院校的学生占毕业生总数的33%以上，升学率逐年上升。

#### 4. 搭建技能大赛风采展示舞台，以赛促教

近年来，茂名市贯彻落实国家和省关于开展职业院校技能大赛的要求，坚持以赛促教、以赛促训、以赛促建，组织学生积极参加全国和省的各类技能大赛，大力弘扬工匠精神。2022年，由省教育厅启动的2021~2022年度广东省职业院校学生专业技能大赛共有147个赛项，全省中职组开展61个赛项比赛，共有203所中等职业学校参赛。茂名市中等职业学校共获得一等奖8项、二等奖33项、三等奖102项。茂名市第一职业技术学校的沙盘模拟企业经营项目、茂名市第二职业技术学校的化工生产技术项目，代表广东省参加全国职业院校技能大赛，分别获得全国赛二等奖、三等奖。与此同时，茂名市积极举办市、校级技能大赛，充分发挥技能大赛对职业教育的"树旗、导航、定标、催化"作用，提高职业院校人才培养质量，产生了良好的社会影响。

#### 5. 强化学校环境建设，提高社会认可度和吸引力

优化育人环境是现代教育发展的新要求。对此，茂名市各中等职业学校根据未成年孩子的特点和职业教育需要，持续加大投入，建设美丽校园，以优雅的学习环境助力孩子们成长成才。如茂名市南方职业技术学校近10年投资超10亿元，对校本部和南校区严格按行政、教学、实训、运动、生活等五大功能区进行规划建设，创建花园式学校，形成了两个恢宏、秀美、和谐、开放、健康、向上的校区，让校园环境对学生起到潜移默化的作用，达到了"润物细无声"的效果。许多学生家长看到校园育人环境发生的变化，也消除了对职业教育的偏见，乐意把自己的小孩送到职业学校就读。

## 三 关于发展中等职业教育的意见和建议

2021年4月13日，习近平总书记对职业教育工作作出重要指示，强调在全面建设社会主义现代化国家新征途中，职业教育前途广阔、大有可为。要加快构建现代化职业教育体系，培养更多更高素质技术技能人才、能工巧匠、大国工匠。

这次广东省关工委组织对茂名市中等职业教育开展专题调研，主要目的是推广茂名市落实《未保法》和《职业教育法》的经验，探求职业教育对未成年人保护的积极意义。概括地说，茂名市经过30多年的实践探索，走出了一条职业教育的成功之路，积累了保护未成年人成长成才的经验，值得学习借鉴。在调研中，我们也清醒地意识到，中等职业教育由于是20世纪90年代建立的教育体系，相对于普通高中教育，其社会的认知度和政府的投入均存在客观上的差距，特别是在发展过程中，不可避免地出现了一些困难和问题。如何解决这些困难和问题，对于推进发展中等职业教育、培养大批高素质技能人才、加快中国式现代化建设具有重要意义。

（一）党委、政府在社会层面上，应当继续加大对职业教育的宣传力度

目前，社会上对职业教育的意义和作用等的宣传不够、鼓励不足，尤其是职业教育对未成年人的保护作用尚未形成社会共识。究其原因，一方面是长期以来受中考、高考"指挥棒"的引导，选择职业教育似乎变成低分段、低层次、差学生的无奈之举；另一方面是原来职业教育上升通道并不清晰畅通，职业教育没有升学前景的刻板印象深入人心，即便现在可以从中等职业学校升学至高等职业学校和参加普通高考，但实际情况是，与普通教育相比，职业教育能够选择的专业范围还不够宽，通过中等职业教育升学至大学或高等职业学校的人还太少。因此，政府应大力宣传职业教育在国民教育中的重要作用，并通过相关教育政策的调整，进一步落实《未保法》《职业教育法》，使在校学生在升学、就业等方面与普通学校学生享有平等机会，逐步改变人们对职业教育的刻板认知，形成对职业教育的正确认识。

（二）办好职业教育，必须坚持政府主导，社会力量积极参与

从广东目前的情况看，与普通高中教育相比，政府对中等职业教育的投入仍然不足。对民办中等职业学校，在土地使用、资金投入上，未能在政策上给予合理的倾斜和鼓励，也未能从根本上解决职业教育发展中的问题。国

内外经验表明，办好职业教育不能靠政府唱"独角戏"，还需要社会力量支持。政府应积极鼓励民企投资办学，坚持公办、民办"两条腿"兴教办学的方针，让民办学校享受公立学校同样的政策待遇，并适当予以倾斜，最大限度地满足区域内未成年学生的入学需要。

（三）加强师资配备和培训

茂名市教育局2023年发布的中等职业教育质量年度报告显示，"教师结构性紧缺，师资不足，尤其是文化课教师以及个别专业课教师缺编较多，随着学校高考学生数量的增多，语文、数学、外语等文化课教师不足问题日益凸显，现有教师工作负担过重，师资队伍结构有待优化"。对此，各个职业学校普遍认为，应当合理拓宽人才通道，允许职业学校到各高等学校招聘高素质的专业教师。除了通过加强经费保障来招录教师外，还可以借鉴国外职业教育教师配备模式，要求专职教师保持与产业界的密切联系，保证他们每年要有一段时间离开学校到行业或企业内专业岗位实训，以补齐部分教师实操经验严重不足的短板。

根据茂名市的经验，解决职业中学文化课老师不足、水平不高等问题，可让普通高中与职业中学实行校校联合，结对子进行帮扶，建立师资共享制度，推广名师网课等。也可以探索建立教师公开招聘制度，可以面向全国范围内招聘专职教师和兼职教师。聘任兼职教师是应对专业门类多、更新快同时降低办学成本的有效举措。德国对教师的培训，具有鲜明的"双元制"特点，将培养目标定位于"双师型"，即把职业综合能力的培养渗透到专业技能知识和教学技能知识传授的全过程，值得借鉴。

（四）科学设置职业学校专业和课程，提升就业质量

调研了解到，专业建设与市场实际人才需求之间存在脱节现象，普遍反映职业学校专业建设与市场实际人才需求之间存在"时间差"，主要是专业建设的长周期和当今社会技术更新的周期缩短、专业建设往往滞后于技术更新换代的矛盾突出。建设一个专业，需要在师资、课程体系、实训

条件等方面进行投入，需要一定时间，而等到专业发展成熟了，相应的技术可能已经落后了。但有些学校为了充分利用教学资源还在继续招生，导致学生一入学就可能面临"失业"。特别是有些学校跟风建设热门专业，导致供大于求、人才过剩。此外，学历教育和从业资格证书取得在时间上"错位"情况普遍，这也会影响到相当一部分毕业生不能及时从事相应岗位的工作。

如何解决上述问题，关系到今后中等职业教育的高质量发展。一是要增强专业建设的前瞻性。专业建设要适应新技术、新模式、新业态发展趋势，学历证书与资格证书同步获取，使专业发展速度、规模、质量与人才需求的峰期、数量、规格相一致。就目前条件看，达到这个要求难度还很大，需要各级政府部门、职业学校和企业、研究机构共同努力。二是提高专业能力的适应性。职业学校专业建设不仅要立足当前技术培养学生技能，还要着眼未来技术发展趋势，培养学生技能拓展力，使其具备多方位职业转换能力，由单一操作型人才转向复合型人才。三是增强专业建设的开放性。职业学校应深化校企合作，积极推行现代学徒制办学模式，构建企业、技术研发机构共同参与专业建设的新机制，创设信息共享新平台，引导新技术研发企业、机构提前介入学校专业建设和学生培养等环节。职业学校专业建设要兼顾开放理念和国际视野，既要立足当地，又要放眼全国乃至全球，切实处理好服务地方经济社会发展需求和人才市场开放性的关系，增强专业建设的开放性。四是保证专业建设的可靠性。职业学校应加强软硬件条件建设，满足专业运行需求，确保完成专业教学任务，全面实现专业培养目标，真正实现人才培养的高规格、高水准，"不追风、不勉强、不忽悠"，切实追求有保障、有质量、有特色、有市场的专业建设。此外，为提高就业质量，反映真实就业情况，建议政府相关部门改变对学校的考核方式。

**（五）创造条件，解决实训条件落后或数量不足等问题，提高职业学校技能教学水平**

调研组发现，对于汽车维修专业，学校同时设有针对燃油汽车和新能源汽车的维修专业，且招生比例相当，但实际学校的实训设备仍以燃油汽车为主，新能源汽车相关的实训设备较少；数控、模具等专业使用的实训设备落后于企业实际在用的设备，主要原因是设备更新换代快，设备采购价格高，中等职业学校的教学设备投入不足。如何尽快改变这种状况，是当前职业教育面临的又一实际问题。尤其是当前以人工智能为核心的新一轮科技、产业革命推动社会生产方式发生颠覆性变革，企业大量引进机器人，很多情形下机器人可以更快速、更精准、更节约地完成工作，很多领域大量使用机器人已是大势所趋。而中等职业教育还停留在以培养生产一线操作型技术技能人才为目标。怎样才能更好地适应科技和产业革命的发展趋势，培养高素质技能型、国际化人才，是职业教育实现高质量发展中必须下大力气予以解决的问题。

（六）深化中等职业教育产教融合、校企合作

产教融合、校企合作，是习近平总书记关于职业教育发展规律的重要论断。贯彻落实好这一办学理念，是新时代职业学校的发展方向和生命线。2017年国务院办公厅印发《关于深化产教融合的若干意见》，党和国家领导人多次在重要场合强调要深化产教融合、校企合作，与之相关的文件也陆续出台。从职业教育来看，要深化产教融合，关键是校企合作、工学结合，但由于长期以来产业与教育各自的独立发展，产教融合"融而不合"、校企合作"校热企冷"的现象普遍存在。校企合作层次比较低、规模小是今后必须解决的问题。因此，建议在省、市、县层面加强政策的顶层设计，出台相关的规定和对企业的鼓励措施，进一步促进校企合作，提高产教融合的针对性和实效性，为培养高素质的专业技术人才奠定基础。

未成年人保护工作涉及社会各个领域、各个层面，发展职业教育是加强现阶段对未成年人保护的有效手段和制胜"法宝"，是新时代赋予我们的重要使命。茂名市发展中等职业教育的做法和经验，给予了我们深刻的启迪。今后做好关心下一代工作，应当抓住这个切入点和结合点，建立和

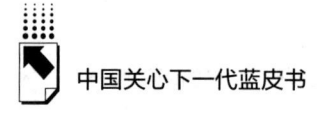

加强同政府的教育、人社部门以及职业学校的联系，深入跟踪调研，在力所能及的范围内，向政府建言献策，帮助中等职业教育解决一些实际问题。尤其要关注未成年孩子的入学情况，尽可能地帮助那些从普通教育中分流出来过早进入社会的孩子，让他们能够重返中等职业学校，继续学业、成长成才。

# B.13
# 新时代陕西省高校关工委工作创新研究

郑璐**

**摘　要：** 课题组调研发现，陕西省内高校关工委组织的日常工作具有以下特点：一是坚持党建带关建，注重思想引导；二是紧密围绕思想政治教育工作核心，充分发挥"五老"作用；三是重视理论研究，与省关工委共建多个理论研究中心；四是以校地联合方式开展关工委工作，发挥高校服务社会职能；五是建立"五老"数据库，以"菜单式"选项满足在校大学生不同阶段的诉求；六是注重品牌建设，形成品牌效应。陕西高校关工委工作还存在以下问题：一是青少年法治教育和权益保护工作存在不足；二是"五老"关爱下一代工程工作有待深化；三是开展青少年身心健康服务工作有待加强；四是高校关工委宣传工作亟待改进。陕西高校关工委工作可以从七个方面进行创新：一是以中省文件精神为抓手，强化关工委组织体系建设；二是完善工作机制，融入高校"大思政"建设格局；三是加强同省区市各级关工委的联系，充分发挥高校关工委独特优势；四是充分认识高校关工委是高校履行社会责任的重要载体，积极开展校地联动；五是推动高校关工委品牌建设和推广；六是以公办带民办的方式推动民办高校关工委建设；七是整合资源，构建高校关工委宣传工作新格局。

**关键词：** 校地联动　高校关工委　陕西省

我国关心下一代工作委员会（以下简称"关工委"）是一个党和政府

---

* 本报告为陕西省哲学社会科学重点研究基地——陕西省关心下一代研究中心 2023 年重大课题研究成果（项目编号：GYZD202301）。
** 郑璐，博士，西安翻译学院马克思主义学院副院长，副教授。

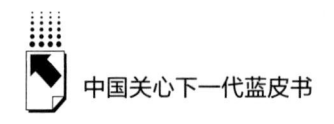

设置的，以离退休老同志为主体，有党政有关部门和群团组织负责人参加的，以教育、引导、关爱、保护青少年健康成长为目的的全国性、群众性工作组织。关工委是党和政府联系青少年的桥梁和纽带。

陕西作为教育大省，省内高校数量达 111 所。目前对于陕西省关工委工作特别是陕西省高校关工委工作的理论研究为数不多，缺少系统性、前瞻性的理论成果，这对于全省关工委工作开展形成了制约。

本课题在对高校关工委理论研究的基础上，通过文献研究、实地调查等方法，立足陕西省情，系统梳理陕西高校关工委工作现有运行机制，总结归纳工作中的成功经验、分析存在的问题，通过对国内其他兄弟省份高校关工委工作经验的学习借鉴，为解决陕西高校关工委工作面临的困难提出建议，从而为新时代陕西省高校关工委工作创新提供理论支撑。

## 一 陕西省高校关工委工作概况

经陕西省关工委和教育系统关工委推荐，课题组先后赴西北工业大学、陕西师范大学等 7 所关工委工作开展得较好的省内高校进行了实地调研，对高校关工委的组织架构、人员配备、经费保障和日常活动开展情况进行了摸底统计。从调研情况看，陕西省内高校关工委工作概况如下。

### （一）高校关工委组织工作体系基本建立，"双主任制"得到落实

目前，陕西省内公办高校已全部建立了校级关工委，省内民办高校关工委组织通过 2023 年召开组织推进会，已实现全覆盖，全省教育系统各级关工委组织达百余家。高校关工委日常工作已被纳入学校党委整体工作部署，"双主任制"得到落实，部分学校二级学院关工委组织已建立并发挥作用。

### （二）高校关工委组织保障基本确立

各高校关工委办公室基本设置在学校离退休处，关工委工作人员基本为兼职人员，专职工作人员较少；关工委日常经费来源多为离退休处工作经

费，部分学校设有专项经费，专项经费额度差异较大。大部分高校关工委日常经费支出有保障。

### （三）高校关工委"五老"队伍已具备相应规模，"五老"在日常工作中的作用得到发挥

各高校关工委能够高质量完成教育部部署的相关工作任务（如"读懂中国"活动），同时结合自身学校特点开展活动，形成工作品牌；部分学校关工委能够与所在社区合作举办活动，发挥高校资源优势，履行社会责任。

### （四）重视工作研究和理论学习

由省教育关工委和陕铁职院联合申报的"'工匠精神在校园'工作品牌的实践研究"课题，被评为教育部关工委优秀课题。在2021年全国教育系统关工委创新案例评选工作中，长安大学、陕西师范大学、陕西科技大学申报作品均获得全国教育系统关工委"优秀创新案例"。

### （五）积极开展各类品牌活动

一是"读懂中国"活动在高校落地扎根。全省高校发动学生18000余人，采访身边"五老"800余人，收集征文570余篇、微视频160余个，视频在中央教育电视台播出后，反响良好。二是全面开展职业院校"大国工匠进校园"活动。自2017年以来，通过三个阶段的动员和组织安排，"大国工匠进校园"活动在全省30所高职院校实现了全覆盖，并将活动引入中等职业院校。三是组建各类宣讲团，进行党史国史、校史校情宣讲。如西北工业大学组建的"银发宣讲团"，长期为不同学习阶段的在校大学生宣讲中国航天史、西工大建校史等内容。

## 二 陕西省高校关工委工作的特色与经验

根据课题组实地调研结果，陕西省内高校关工委组织日常工作具有以下特点。

## （一）坚持党建带关建，注重思想引导

一是坚持"党建带关建"。如西北工业大学、陕西师范大学等高校关工委将关心下一代工作纳入党建工作规划和党建责任制督查考核内容，做到同研究、同部署、同考核。及时召开关工委会议，传达、学习、通报有关重要文件、会议精神和工作要求，发动"五老"积极参与关心下一代教育工作，在学校"三全育人"格局和"十育人"体系建设工作中发挥积极作用。

二是注重思想引领，探索党建带团建新模式。如陕西师范大学关工委于2022年联合校团委，以小红烛工作室为桥梁，以中国共产主义青年团成立100周年为契机，紧扣立德树人根本任务，组织离退休党支部与青年学生团支部结对共建、开展座谈交流，开展"百年青春心向党 引航青年共奋进"老党员与青年团员系列座谈。

三是加强培训研讨。西北工业大学、陕西师范大学等高校关工委定期组织二级关工委深入交流，对接基层需求，及时发现存在的问题；西北工业大学关工委定期组织"银讲员"专题培训，邀请校内外专家，开展学习党的二十大精神、中华优秀传统文化、校史校情、心理健康教育等培训。

## （二）紧密围绕思想政治教育工作核心，充分发挥"五老"作用

一是紧密围绕思政工作核心，落实立德树人根本任务。立德树人是高等学校的根本任务，是高校思想政治教育工作的核心。根据调研了解，陕西省内各高校关工委工作都是紧密围绕这一根本任务进行的。如西安建筑科技大学关工委深入贯彻中省高校思想政治工作会议精神，自觉落实到"三全育人"工作之中。每年新生进校后，校关工委会同学生工作部门组织老领导、老专家深入各学院举办理想信念教育报告，为刚进校的大学生上好开学第一课。

二是在人才培养方面坚持对青年教师"传帮带"。如西北工业大学关工委开展"百名师生党员共话百年党史""老少手牵手"老青党支部共建活动，将党史学习教育内容有机融入思政理论课和社会实践课程；组织60多位老专家、老教授开展"传帮带"工作，提升青年教师教书育人水平。

三是助力学校学风校风建设。如西北工业大学、西安建筑科技大学等高校关工委组织"五老"参加学校教学督导组，积极配合教务处和各二级学院，围绕提高教育教学质量这一核心做了大量工作。比较典型的是西安建筑科技大学年逾八十的王志盈老师仍然坚守在研究生督导组一线，发挥余热，为培养学生不遗余力。

### （三）重视理论研究，与省关工委建立多个理论研究中心

2021年3月，陕西师范大学与陕西省关工委共同成立了陕西省关心下一代研究中心，开设青少年道德教育、青少年心理健康教育、青少年思想政治教育、学龄前儿童发展、家庭社会协同教育、青少年政策与法规研究等6个研究方向。该研究中心于2023年被陕西省委宣传部评选为第四批陕西省哲学社会科学重点研究基地。西北工业大学与陕西省关工委经多次商议，于2023年12月联合成立了"陕西省关心下一代儿童青少年心理健康研究中心"，并为首批22名"特聘研究员"和8名"银发育心员"颁发聘书。

### （四）以校地联合方式开展关工委工作，发挥高校服务社会职能

课题组调研发现，部分高校关工委在开展日常活动中，积极参加所在属地的社区文化建设工作，发挥高校服务社会的职能。如陕西国防工业职业技术学院关工委与所在地社区办公室合署办公，关工委工作人员既有学校工作人员，也包括社区专职工作人员。该校关工委于2015年开始与社区联合举办少年书法培训班，组织离退休教师免费为社区和学校的青少年儿童培训书法，广受好评；同时学校内建有国防科技展览馆，面向社会免费开放，对青少年进行爱国主义和国防知识教育，成为西安市鄠邑区中小学学生进行爱国主义教育的首选之地。

### （五）建立"五老"数据库，以"菜单式"选项满足在校大学生不同阶段诉求

课题组调研发现，部分高校关工委采用建立"五老"数据库的方式，

通过为学生提供"菜单式"选项来满足在校大学生在不同学习阶段的心理诉求。如针对本科阶段和研究生阶段的学生，西北工业大学和西安建筑科技大学关工委建立"五老"数据库，将"五老"队伍的基本情况、宣讲内容以菜单形式列出，发给各二级学院关工委，由各二级学院关工委组织学生进行自主选择并反馈给校关工委，学校关工委根据各二级学院关工委反馈的情况组织开展相关活动。这样既充分满足了大学生在不同学习阶段的心理诉求，也保证了关工委工作的效果。

### （六）注重品牌建设，形成品牌效应

通过调研了解到省内部分高校关工委在工作中坚持好的做法常抓不懈，打造出了独特的工作品牌，并形成品牌效应。如陕西师范大学创建的"小红烛工作室"大学生助老志愿服务团队、西北工业大学的"银发宣讲团"、陕西科技大学的"口述历史活动"等是学校关工委独特的工作品牌，深受在校大学生的肯定与喜爱，在思想政治教育工作中产生了品牌效应。

## 三 陕西省高校关工委工作存在的问题及原因分析

### （一）陕西省高校关工委工作存在的问题

课题组调研发现，陕西省内高校关工委组织在日常活动开展中距中共中央、国务院和省委、省政府对关心下一代工作的要求还存在一定的差距，有以下四个方面的问题。

一是青少年法治教育和权益保护工作存在不足。省内高校关工委组织在日常工作中开展的青少年法治教育活动不多，除西北政法大学等设有法学专业的高校外，多数高校关工委极少开展青少年法治教育活动，对青少年特别是在校大学生的法治宣传教育未落到实处，不能满足当代大学生运用法律保护自身合法权益的实际需求。

二是"五老"关爱下一代工程工作有待深化。课题组调研发现，只有

陕西科技大学关工委在日常工作中将实施"五老"关爱下一代工程予以落实，组织学校"五老"帮助存在生活困难、学习困难和心理健康需要疏导的大学生群体，为他们解决实际困难。其他高校关工委组织在此项工作上存在明显不足，未能发挥"五老"对困境青少年在思想上关心、情感上关怀、心理上疏导的积极作用。

三是青少年身心健康服务工作有待加强。当前在校大学生心理健康问题已成为高等教育工作中不容忽视的重要问题。调研发现，只有陕西师范大学、西北工业大学和陕西科技大学的关工委组织在日常工作中将开展青少年身心健康服务行动作为重点，通过成立青少年心理健康研究机构、普及心理健康知识、开展心理健康教育，为青少年及家长提供心理健康援助。其他学校关工委组织对此项工作的重视程度不高，工作落实力度有待加大。

四是高校关工委宣传工作亟待改进。随着传媒技术的发展，在校大学生习惯于通过网络和智能手机来学习新知识、新事物，日常生活中热衷于浏览短视频。因此高校关工委宣传工作要收获良好效果，必须紧密结合这一特点。

调研发现，陕西省内高校关工委宣传工作存在的问题包括：①宣传途径单一。多数停留在网站宣传报道，部分使用微信公众号，尚没有使用在校大学生喜闻乐见的宣传平台。②宣传方式单一。除西北工业大学系统组织短视频拍摄制作外，其他高校关工委宣传工作基本为事后报道，方式局限于文字或图片新闻，未采取直播的方式进行宣传。③宣传力量薄弱。除陕西国防工业职业技术学院关工委与社区合作配备专业宣传人员外，其他高校关工委缺少专业宣传人员。

上述问题使得各高校关工委的活动报道覆盖人群少、浏览量低，不能有效面向在校大学生进行宣传传播，关工委活动的传播范围和影响力有限。

### （二）省内高校关工委工作开展中存在的问题的原因剖析

针对调研发现的陕西高校关工委工作存在的问题，结合对不同高校关工委工作人员的访谈情况，课题组对存在问题的原因进行了剖析。

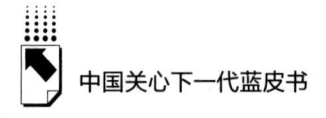

一是对上级文件精神理解不到位，对关工委工作认知有偏差。部分高校简单认为关工委组织只是离退休老同志发挥余热的地方，对"五老"队伍对在校大学生和青年教师的思想引领作用认识不足，没有将其纳入"大思政"建设一体化布局。

二是组织体系建设需要进一步加强，二级关工委组织的作用发挥不充分。部分高校关工委的组织体系建设多停留在落实"双主任制"和建立联席会议制度层面上，二级关工委建设较为滞后。学校关工委活动开展仅以离退休处工作人员为主，活动的策划、宣传推广、具体执行都在不同程度上受到制约，活动的效果不能得到保障。

三是组织保障亟须加强，关工委工作缺少专项经费支持。只有西北工业大学、西北大学和西安财经大学三所学校为关工委提供了专项经费支持，其他高校都是依靠离退休处工作经费为关工委工作提供费用支持。

四是关工委组织缺少专业型人才，宣传工作缺乏技术支持。省内高校关工委组织中普遍缺少具备新媒体技能的专业人员，无法及时制作青少年喜闻乐见的媒体产品来进行宣传推广，从而直接导致工作的宣传范围窄、覆盖人群有限、宣传效果不佳。

五是高校关工委组织互动交流少，彼此学习借鉴不足。各高校关工委相互之间主动实地调研、走访学习的情况较少。部分高校关工委工作存在"闭门造车"现象，对其他高校关工委工作的先进做法和经验缺少学习借鉴精神。

## 四 国内其他高校关工委工作的先进经验

课题组通过查阅相关文献等，收集了国内其他高校关工委工作的相关资料，梳理总结了较为先进的经验和做法，以期为省内高校关工委工作提供借鉴。

### （一）建章立制工作不断深入

高校关工委日常工作开展的关键在于规章制度的制定和执行，特别是二级关工委组织的建章立制尤为重要。例如,东北农林大学关工委在制定《东北林业大学关心下一代工作委员会工作细则》的基础上,进一步延伸,制定出台了《东北林业大学二级学院关工委青年教工委员工作条例(试行)》《东北林业大学二级学院关工委学生委员工作条例(试行)》等,[①] 为基层关工委组织充分吸纳各方力量,调动青年教师和学生参与关工委工作的积极性提供了依据。

## (二)组织保障坚强有力

高校关工委工作的组织保障主要体现在日常人员配备和经费保障两方面。如重庆大学、西南大学、华南理工大学等高校关工委工作得到学校党委的高度重视,学校关工委在校党委领导下独立开展工作,设有秘书处和办公室等工作机构,配有专人负责关工委日常行政工作,工作经费单独划拨。重庆大学关工委通过劳务派遣方式聘用关工委日常工作人员。华南理工大学关工委制定了《华南理工大学二级关工委经费管理实施办法》,[②] 保障关工委经费专款专用、落到实处。

## (三)品牌活动效果显著

西南大学关工委2004年创建了全国首个关工委志愿者服务团,打造女大学生心理健康咨询平台、创办学生生活园区读书会等,2005年坚持开展"中华魂"主题教育,形成了完善的活动机制,活动的影响力显著提高;2013年5月为探索高校关工委发展新思路,在全国率先开启全方位校地关工委合作,为高校"五老"服务社会青少年、教育扶贫、科技扶贫开辟了新的途径。[③] 华南理工大学关工委长期参与学校"青蓝工程",发挥老教师

---

① 《学校关心下一代工作委员会举行2023年度培训(工作)会议》,https://xxb.nefu.edu.cn/info/1003/2910.htm。
② 《华南理工大学二级关工委经费管理实施办法》,http://www2.scut.edu.cn/ggw/2012/1018/c761a9236/page.htm。
③ 《西南大学关心下一代工作委员会工作概况》,http://ggw.swu.edu.cn/zzjg/xggw.htm。

对青年教师的"传帮带"作用，帮助青年教师切实提高师德师风水平和教育教学能力。该校关工委与学校党委教师工作部、教务处、教学督导委员会紧密合作，在实施"青蓝工程"的基础上进一步探讨提升课程思政教学水平。2023年，该校以"青蓝工程"助力课程思政教学水平提升为基础申报的"高校关工委助力课程思政督导工作的探索和实践"项目获批教育部关工委"新时代教育系统关工委工作理论与实践研究"专项课题"重点二类"立项。

## 五 陕西省高校关工委工作创新研究

按照中省文件的要求，根据本次调研情况，借鉴国内其他高校关工委工作的先进经验，陕西高校关工委工作可以从以下七个方面进行创新。

### （一）以中省文件精神为抓手，加快关工委组织体系建设，加强组织保障

一是以习近平新时代中国特色社会主义思想为指导，深入贯彻落实习近平总书记关于关心下一代工作的重要指示批示精神，认真学习中央"两办"46号文件和省委、省政府文件精神，以党建带关建为抓手，坚持"急党政所急、想青少年所需、尽关工委所能"的工作方针，以培育和践行社会主义核心价值观为主线，以理想信念、思想道德、传统文化、科技素养和法治教育为重点，充分发挥"五老"在教育引导和关爱保护青少年方面的作用，促进青少年成长成才。二是加快二级关工委组织建设，完善关工委组织体系。以西北工业大学、陕西师范大学关工委在二级关工委组织建设的经验为参考，通过制度建设、组织保障等途径健全各高校二级关工委组织，使二级关工委工作"有章可循、有人可用、有钱可花"，充分发挥其作为基层关工委组织的作用，从而加快高校关工委组织体系建设。三是强化组织保障。可以借鉴重庆大学关工委的经验，采用劳务派遣的形式为高校关工委招聘配备专职工作人员；可以参考陕西国防工业职业技术学院的做法，与所属

地街道办、社区办合作，借用政府资源解决高校关工委资金保障和人员来源问题。四是为关工委工作提供专项经费保障，保证关工委日常工作和重大活动能够顺利开展。五是建立考核评估机制。高校党委要以考核评估为抓手，一方面对学校离退休处等职能部门进行考核与监督，保证关工委工作能够按照年度计划有效落实；另一方面对关工委工作考核应注重工作特点，创新考核方式，科学制定关工委工作的考核指标体系，合理量化相关考核指标，客观公正评价关工委工作，对考核优秀的予以奖励，对考核不合格的予以批评并要求整改，从而激发关工委的工作活力。

## （二）完善工作机制，充分发挥高校关工委在思想政治教育工作中的育人作用，融入高校"大思政"建设格局

一是加强协同合作，将关工委工作融入学校思政教育整体部署。高校关工委工作需要在学校各职能部门的统筹协调下开展，必须在学校党委领导下同学校组织部、宣传部、学工部、团委、各二级学院等部门建立协同工作机制，齐抓共管，形成组织合力，将关工委工作纳入学校思政教育整体部署。二是强化思想引领，培育和践行社会主义核心价值观。充分发挥"五老"的精神引导作用，通过多种方式向在校大学生宣讲社会主义核心价值观。注重红色基因传承教育，使红色主题教育更有效、更富感染力。促使学生自觉接受社会主义核心价值观理念，在学习生活中主动践行。三是发挥"五老"的优质教育资源作用，对需要帮助的大学生群体进行多元帮扶。对于存在学习困难、家庭经济困难及心理健康需要疏导等大学生困难群体，长期从事教育工作的老同志们可以从学业辅导、职业生涯规划、就业指导、心理帮扶、榜样教育等多方面进行帮助，极大地拓宽帮扶领域，丰富帮扶内容，提高帮扶成效，形成一个针对性强的帮扶互助体系，从而致力于实现学生的全面发展。四是发挥"五老"的专业优势，构建高校关工委对大学生社团教育、指导、扶持的联动模式。发挥"五老"队伍在政治引导、理论扶持、专业指导、寓教于学、寓教于乐、培养骨干等方面的作用，开展"青马工程""天之骄子"等活动，充分发挥其对当代大学生的心灵关爱作用。关工委的

老同志通过指导大学生社团开展各类活动，积极与学生沟通交流，了解学生的思想现状，在课堂或课余交流中帮助学生树信仰、立理想，鼓励学生为实现中国梦奉献才智、奉献青春。

**（三）加强同省区市各级关工委的联系，充分发挥高校关工委在思想道德、理论研究、传统文化和法治教育方面的独特优势**

一是高校关工委通过陕西教育系统关工委加强与省关工委工作方面的联系，了解掌握省市县关工委工作重点和需求，结合自身实际，发挥高校"五老"队伍在思想道德、传统文化教育方面的资源优势。二是结合省关工委理论研究工作的需要，主动承担问题的理论与实践研究，聚合力量，通过综合化的理论供给与规范的科学研究，为关工委提供智力支持。有条件的高校关工委还可以借鉴陕西师范大学、西北工业大学的经验，与省关工委合作成立专项问题研究中心。同时省教育系统关工委可与省社科联合作，在全省年度哲学社会科学重大现实问题研究项目中设立专项课题，鼓励高校学者积极申报，推动关工委理论研究工作进一步深入。三是利用高校专业资源优势，发挥"五老"在法治教育方面的重要作用。目前，陕西省内多所高校都长期开设法学专业，师资力量雄厚，人才培养成果斐然。高校关工委应当结合这一资源优势，主动作为，采用"请进来、走出去"的方式，持续开展"关爱明天、普法先行"青少年法治教育宣传活动，推动法治教育进校园、进农村、进社区、进家庭、进企业，教育引导青少年增强尊法、学法、守法、用法意识。开展法律知识竞赛、模拟法庭和青少年维权岗等活动，提高青少年运用法律维护自身合法权益的能力。

**（四）充分认识高校关工委是高校履行社会责任的重要载体，积极开展校地联动，为构建和谐社会助力**

一是高校关工委是高校与社区、家庭、企业等社会组织和群体联系的桥梁，是高校履行社会责任的重要载体，也是高校服务社会、融入社会的重要途径之一。高校关工委通过开展志愿服务、教育支持、文化传承等形式，搭建高校与社会和谐互动的平台，促进校园与社会的紧密联系，实现社会资源与高校资源的互补共享，推进高校与社会的互学互鉴、互利共赢。二是高校关工委在和谐社会构建中能够发挥多种作用。首先，高校关工委可以促进高校与社会之间的联系与融合，拓宽高校的社会服务范畴，涵盖更广的社会领域。其次，高校关工委可以培养学生的社会责任感和公民意识，增强学生的社会参与意识和学术实践能力，促进学校人才培养目标的实现。三是高校关工委的实践方式丰富多样，包括开展社会实践、志愿服务、文化沙龙、校园文化节等系列活动。其中，开展志愿服务是高校关工委的常态化工作，涵盖多个服务领域，如文化教育、公共服务等。省内高校关工委可以借鉴华南理工大学、陕西国防工业职业技术学院关工委的经验，积极开展校地联动，通过与所属地社区办的紧密合作，各显所长、优势互补，积极开展公益书法班培训、国防知识讲解等各类活动，既发挥高校"五老"队伍在思想道德、传统文化教育方面的独特优势，也是高等院校践行服务地方、服务社会的责任体现。

### （五）加强工作学习交流，推动高校关工委品牌建设和推广

一是加强培训交流。由省教育系统关工委牵头，每年定期组织举办高校关工委工作经验交流会、座谈会，开展高校关工委工作业务培训，让各高校关工委能够有效交流工作经验，相互学习借鉴好的工作方法，切实提高工作成效。二是鼓励高校关工委加大工作品牌建设力度。通过省教育系统关工委统筹协调各高校关工委进行工作品牌打造，对已在全国、全省范围内形成影响的工作品牌，如西北工业大学的"银发宣讲团"、"大国工匠精神进校园"和陕西师范大学的"小红烛工作室"等进行宣传推广，鼓励其他高校关工委通过学习借鉴并结合自身实际打造工作品牌。三是对省内高校关工委优秀工作品牌进行全面推广。向中国关工委、教育部关工委积极推荐品牌建设中的优秀案例和成功经验；通过中省媒体平台，以丰富多彩的媒体报道形式，多角度、全方位地宣传展示陕西高校关工委工作中的优秀品牌，在社会上形成关心爱护下一代工作的浓厚氛围。

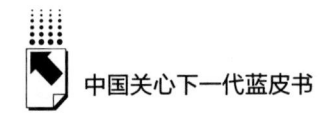

### （六）以公办带民办的方式推动民办高校关工委建设

按照教育部关工委的相关要求，2023年11月3日，省教育系统关工委组织召开陕西省民办高校、独立学院关工委组织建设推进会，[①] 要求各民办高校要按照中央和教育部的要求，切实增强推进关工委组织建设的紧迫感和责任感，积极推动民办高校关工委组织建立，实现全省教育系统关工委组织建设全覆盖。

目前，陕西省内部分民办高校关工委已积极开展日常活动，如西安翻译学院关工委自成立后，通过打造"亲子书袋"项目、译苑环保体验馆等品牌工程，为关心下一代工作进行思想上引导、学习上督导、心理上疏导、网络上宣导、文化上教导，较好地发挥了作用。学校邀请陕西省总工会副主席、大国工匠、全国劳模徐立平走进西译，为学校师生作"弘扬工匠精神，奋斗成就梦想"专题讲座，讲座中"特别能吃苦，特别能战斗，特别能攻关，特别能奉献"的载人航天精神给西译师生留下深刻印象。2024年4月，该校党委副书记、关工委主任王小惠参加了2024年全国基层教育系统关工委干部培训班（第三期），就学校关工委相关工作经验及做法作了交流。

课题组认为，民办高校关工委组织开展日常工作面临的最大挑战在于学校师资队伍不稳定，离退休人员少、"五老"队伍基础薄弱。对此，建议由省教育系统关工委牵头，采用公办高校与民办高校"一对一结对子"的方式，由公办高校关工委帮助民办高校推进关工委组织建设，持续开展日常活动。公办院校关工委可以通过发挥自身经验优势，帮助民办高校结合实际，充分利用校内外"五老"资源，按照"就近就便、形式多样、优势互补、共同提高"的"公民共建"模式，探索出一条既符合民办高校实际，又能正常发挥作用的"五老"队伍新路径，充分发挥"五老"报告团、宣讲团

---

① 《陕西省民办高校、独立学院关工委组织建设推进会召开》，http://jyt.shaanxi.gov.cn/jynews/jyyw/202311/07/136117.html。

的作用，助力立德树人根本任务完成，讲好红色故事，传承红色基因，引导青少年健康成长。

### （七）整合资源，构建高校关工委宣传工作新格局

一是整合校内资源，提升高校关工委宣传水平。高校关工委要积极联系学校宣传部、团委、新闻学院等部门，依托于掌握媒体传播技术的师生群体开展宣传工作，制作一批当代大学生形式上喜闻乐见、内容上符合关工委工作特点的媒体产品，切实提升高校关工委宣传水平。二是完善高校关工委宣传体系。在既有宣传网站和微信公众号的基础上，招募大学生志愿者开设高校关工委微博、抖音、B站等新媒体平台账号，逐步形成高校关工委媒体宣传矩阵。三是增强高校关工委活动宣传意识。对关工委开展的各项活动分层次、有重点地进行宣传，通过学校宣传部门主动联系中省媒体和校内宣传机构进行报道，以有声有色的活动宣传提升关工委工作的实际效果和影响力。四是鼓励大学生积极参与关工委宣传活动。支持他们向关工委各类媒体账号提交优秀作品，将大学生参与相关活动纳入"第二课堂"计划，通过对学生予以学分认定给予激励。五是通过互联网实现师生互动，强化"五老"与在校大学生的有机联系。建设媒体矩阵，打造网络宣教阵地，及时推送教育资源，宣传报道关工委工作、展示"五老"风采，通过网上留言等方式收集青年教师和在校大学生的意见和建议，及时掌握工作对象的思想动态，建立老专家、老教授与在校大学生的有机联系。

## 六 结论

党的十八大以来，以习近平同志为核心的党中央高度重视关心下一代工作，习近平总书记对关工委工作多次作出重要指示批示。习近平总书记强调，广大"五老"是党和国家的宝贵财富，是加强青少年思想政治工作的重要力量。各级党委和政府要加强对关心下一代工作的领导，支持更多的老同志参加关心下一代工作，使广大"五老"在关心下一代的广阔舞台上老

有所为、发光发热，为培养社会主义建设者和接班人作出新的贡献。①

陕西作为教育大省，陕西教育系统关工委和省内各高校关工委已成为陕西关工委系统的重要组成部分，在促进青少年健康成长方面发挥了重要作用。以西北工业大学、陕西师范大学为代表的陕西高校关工委，在思想引导、思政教育、理论研究、服务社会和品牌建设方面都取得了一定的成绩，受到中国关工委和教育部关工委的肯定与表彰。

课题组通过实地调研和理论研究后认为，今后一段时间陕西高校关工委应当在省教育系统关工委指导下积极做好以下四个方面的工作。一是在充分发挥红色资源优势、传承红色基因上下功夫、作表率。陕西是教育大省，特别是延安等地红色资源丰厚，要充分发掘好红色"富矿"，发挥其铸魂育人价值，结合"五老"特点，创造性地运用到关心下一代工作中，在传承红色基因、赓续红色血脉上发挥更多优势、创出更多亮点。二是在动员更多"五老"资源、深入青少年学生开展主题教育上下功夫、作表率。广大"五老"是党和国家的宝贵财富，他们胸怀家国、政治坚定、阅历深厚、经验丰富，是加强青少年思想政治工作的重要力量。要充分认识"五老"队伍的独特价值，挖掘各行各业"五老"资源，为他们在助力青少年成长成才中发挥作用积极搭建平台、创造条件。三是在打造特色品牌、加大宣传力度上下功夫、作表率。要持续深入推进品牌建设，在深化拓展、做精做细"院士回母校""大国工匠进校园""读懂中国"等品牌活动的基础上，结合陕西特点和教育主战线需要，创设更多更好工作品牌，特别是在"五老"关爱青少年身心健康、利用新媒体开展工作等方面要有新思考、新举措。四是在创新工作机制、完善制度保障、增强组织力战斗力上下功夫、作表率。"两个文件"对新时代关心下一代工作提出新要求，要抓住这一难得契机，进一步强化组织建设，完善工作制度和机制，不断增强关工委队伍的吸引力和保障力。

---

① 《习近平就做好关心下一代工作作出重要指示》，https://www.gov.cn/xinwen/2020-11/18/content_5562238.htm，2020年11月18日。

# 案例篇

## B.14
## 传承红色基因，赓续红色血脉

——全国关工委"青少年党史学习月"活动调研报告

周兆海 张敏杰 宋慧敏 付一诺 陈静静*

**摘　要：** 为深化传承红色基因工程，推动青少年党史学习教育常态化，中国关工委在2022年将每年7月定为全国关工委系统的"青少年党史学习月"。2022~2023年，各地关工委联合其他部门、基地、学校、社区等组织了系列活动，促成"青少年党史学习月"宣讲活动多层级、精品化，阵地建设夯基础、活态化，文化育人渗透式、主题化，线上活动多样态、专题化，形成有效的"青少年党史学习月"工作机制，包括创新方法，打造特色品牌；发挥资源优势，把党史学习教育融入社区工作和生活；通过红色基地建设，将思政一体化理念融进党史学习教育。同时，"青少年党史学习月"活动也面临多重社会思潮相互叠加和数字化时代泛娱乐化的挑战，以

---

\* 周兆海，博士，陕西师范大学教育学部副教授、硕士生导师，主要研究方向为教育学；张敏杰，陕西师范大学教育学部，主要研究方向为教育学；宋慧敏，陕西师范大学教育学部，主要研究方向为教育学；付一诺，陕西师范大学教育学部，主要研究方向为教育学；陈静静，陕西师范大学教育学部，主要研究方向为教育学。

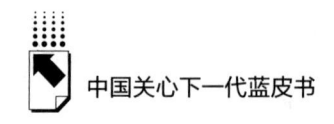

及教育主体存在矛盾、党史教育体系尚未完善、党史学习教育实施过程有待优化等问题。为夯实"青少年党史学习月"活动基础,应坚持用习近平新时代中国特色社会主义思想统领关工委工作;结合青少年学习特点,创新党史学习教育形式;完善党史教育体系,提升党史学习教育的效果;建立关工委系统"青少年党史学习月"资源数据库。

**关键词:** 青少年党史学习月　关工委　红色基因

2015年,习近平总书记在纪念中国关工委成立25周年暨全国关心下一代工作表彰大会召开之际,对关心下一代工作作出重要指示,着力加强青少年思想道德建设,引导青少年树立和践行社会主义核心价值观,支持和帮助青少年成长成才,团结教育广大青少年听党话、跟党走。2020年,习近平总书记在纪念中国关工委成立30周年暨全国关心下一代工作表彰大会召开之际,对关心下一代工作作出重要指示,广大"五老"是党和国家的宝贵财富,是加强青少年思想政治工作的重要力量。各级关工委也以引导青少年坚定理想信念作为政治责任,深入学习宣传贯彻习近平新时代中国特色社会主义思想。

党的十八大以来,习近平总书记多次就加强党史学习教育作出重要指示,强调要抓好青少年党史学习教育,让红色基因、革命薪火代代传承。2013年6月,习近平总书记在主持中央政治局第七次集体学习时指出,学习党史、国史,是坚持和发展中国特色社会主义、把党和国家各项事业继续推向前进的必修课。这门功课不仅必修,而且必须修好。基于此,2015~2020年,中国关工委先后开展"传承红色基因,争做时代新人""党史国史教育""老少共筑中国梦"等主题教育实践活动,发动101万名老同志参加"五老"报告团,建设四点半学校、校外辅导站、五爱教育基地等关工委阵地36.7万个,常态化开展爱国主义教育,辐射青少年2.8亿人次。[1]

2021年2月，习近平总书记在《在党史学习教育动员大会上的讲话》中指出，要抓好青少年学习教育，着力讲好党的故事、革命的故事、英雄的故事，厚植爱党、爱国、爱社会主义的情感，让红色基因、革命薪火代代传承。2021年12月，中共中央办公厅、国务院办公厅印发《关于加强新时代关心下一代工作委员会工作的意见》，明确了关工委在新时代应坚持用习近平新时代中国特色社会主义思想铸魂育人，讲好红色故事、传承红色基因，积极引导青少年培育和践行社会主义核心价值观等六大重点任务。2022年3月，中共中央办公厅印发《关于推动党史学习教育常态化长效化的意见》，要求巩固拓展党史学习教育成果，建立常态化长效化制度机制。为进一步深化传承红色基因工程，推动青少年党史学习教育常态化，中国关工委在2022年将每年7月确定为全国关工委系统的"青少年党史学习月"，充分发挥广大"五老"的优势作用，讲好红色故事，传承红色基因，教育引导青少年听党话跟党走。

## 一 实施情况与经验优势

### （一）总体情况

2022~2023年，全国各地关工委以"老少同声颂党恩、携手喜迎二十大""老少同声颂党恩、携手奋进新征程"等为主题，联合其他部门、基地、学校、社区、媒体等组织了系列活动。一是依托教育基地，举行启动仪式。各地关工委因地制宜，在当地党史国史教育基地，集中组织发起活动，形成声势，营造氛围。2022年7月，各地关工委组织当地青少年前往南湖革命纪念馆、南昌八一起义纪念馆、郑州二七纪念堂、海南中共琼崖一大旧址、武汉中共五大会址、广西革命纪念馆、于都县中央红军长征出发地纪念园、云南

---

[1] 顾秀莲：《三十载坚守初心担使命 新时代托起朝阳育新人——在纪念中国关工委成立30周年暨全国关心下一代工作表彰大会上的讲话》，2020年11月17日。

三元宫、会宁红军会师旧址、青海原子城纪念馆和河北塔元庄村村史馆等参加党史学习月启动仪式和活动，增强青少年的责任感、使命感。二是充分发挥"五老"作用，突出学生主体，开展各类线下活动。首先，各地结合当地红色资源，组织老少分层次宣讲，推动宣讲走进基层，扩大宣讲范围。其次，依托当地红色教育基地，结合校外实践，组织夏令营、志愿服务等主题活动，提升学生的参与实效。2023年的全国"中华魂"主题教育夏令营共有17个省（区、市）的500余名师生代表参加，参观了故宫、中国科技馆、八达岭长城等，接受了爱国主义教育。最后，充分发挥文艺润心的作用，将党史学习教育和书、画、诵、演等形式相结合，增强活动的感染力。三是数字赋能党史学习教育。以教育基地网络小程序为载体，通过直播、线上展览、云端夏令营、视频录制等形式提高系列活动的社会影响力，增强学习的渗透性。浙江关工委在2023年7月组织"五老"以图文、解说、视频、互动问答等青少年喜闻乐见的方式开展主题党课。拍摄宣传片，结合电视台、纸媒等渠道，营造学习氛围，加大宣传力度。据不完全统计，首届关工委系统"青少年党史学习月"活动期间，全国有2000多万名青少年参加了党史月学习活动，共同表达喜迎二十大、守望红色信仰的心声。[①] 通过多种形式和方法，让全国青少年乐学党史、善学党史、学懂党史，更加坚定听党话跟党走的信念。

表1　2022~2023年各地关工委开展"青少年党史学习月"活动概览

| 区域 | 活动 | 年份 | 内容 |
| --- | --- | --- | --- |
| 北京 | 宣讲活动 | 2022 | "五老"编读本；办讲座 |
|  |  | 2023 | 老少开展针对性宣讲 |
|  | 主题实践活动 | 2022 | 成立实践教学基地 |
|  |  | 2023 | 走访基地；打卡红色地标 |
|  | 文化育人活动 | 2022 | 演讲、朗诵、征文等 |
|  |  | 2023 | 书画笔会、邮票故事、航天精神、京剧、电影欣赏等主题 |
|  | 线上活动 | 2023 | 平台推送系列主题；线上宣讲 |

---

① 《发挥党史立德树人的重要作用，用实际行动喜迎党的二十大胜利召开》。

续表

| 区域 | 活动 | 年份 | 内容 |
| --- | --- | --- | --- |
| 天津 | 宣讲活动 | 2022 | 发挥"五老"宣讲团作用,进行"四史"教育 |
| | | 2023 | "五老"宣讲;宣讲体会形成论文 |
| | 主题实践活动 | 2022 | 五爱阵地夏令营 |
| | | 2023 | 建研基地;整合资源 |
| | 文化育人活动 | 2022 | 举办"第二十九届阳光夏令营"和"第二十九届少儿艺术大赛" |
| | | 2023 | 读书、观影、讲故事等 |
| | 线上活动 | 2022 | 弘扬"劳动精神""工匠精神",开展老劳模为小学生"争做劳动小模范"加油 |
| | | 2023 | 宣传 |
| 河北 | 宣讲活动 | 2022 | "五老"宣讲 |
| | | 2023 | "五老"宣讲 |
| | 主题实践活动 | 2022 | 基地研学;志愿活动 |
| | | 2023 | 公益研学;走访基地 |
| | 文化育人活动 | 2022 | 唱红歌;献爱心;写红文 |
| | | 2023 | 党史学习进校园;文艺展演 |
| | 线上活动 | 2022 | 党史百题知识竞赛 |
| 山西 | 宣讲活动 | 2022 | "五老"宣讲 |
| | | 2023 | "五老"宣讲 |
| | 主题实践活动 | 2022 | 命名挂牌全省关心下一代党史国史教育基地;举办"中华魂"读书演讲展示夏令营活动 |
| | | 2023 | 举办"中华魂"读书演讲展示夏令营活动;利用红色资源助力乡村振兴 |
| | 文化育人活动 | 2022 | 举办"中华魂"读书、党史学习教育征文活动;举办"红心向党,不负韶华,喜迎二十大,颂歌献给党"劝学杯百县千馆万名人中小学生正书展 |
| | | 2023 | 举办"中华魂"读书、党史学习教育征文活动;举办"仰望经典"中国古代优秀绘画书法雕塑作品临摹展 |
| | 线上活动 | 2022 | 家庭教育、普法教育大讲堂 |
| | | 2023 | 家庭教育、普法教育大讲堂 |

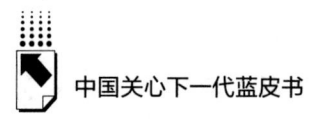

续表

| 区域 | 活动 | 年份 | 内容 |
| --- | --- | --- | --- |
| 内蒙古 | 宣讲活动 | 2022 | 老少宣讲 |
| | | 2023 | "五老"宣讲 |
| | 主题实践活动 | 2022 | 实地研学 |
| | 文化育人活动 | 2023 | "中华魂"主题读书 |
| | 线上活动 | 2023 | "五老"宣讲课程 |
| 辽宁 | 宣讲活动 | 2022 | 老少宣讲 |
| | 主题实践活动 | 2022 | 打卡红色教育基地；建教育基地 |
| | 文化育人活动 | 2022 | 开展"流动红色纪念馆"下基层活动 |
| | 线上活动 | 2022 | "五老"与青少年制作同框朗诵音频 |
| 吉林 | 宣讲活动 | 2022 | 老少宣讲 |
| | | 2023 | 老少宣讲 |
| | 主题实践活动 | 2022 | 基地研学；组织展演 |
| | | 2023 | 主题参观 |
| | 文化育人活动 | 2022 | 编红书；故事会 |
| | | 2023 | 读书演讲；文艺展演 |
| | 线上活动 | 2023 | 线上打卡 |
| 黑龙江 | 宣讲活动 | 2022 | "五老"宣讲 |
| | | 2023 | "五老"宣讲 |
| | 主题实践活动 | 2022 | 基地研学 |
| | | 2023 | 基地建设；研学实践 |
| | 文化育人活动 | 2022 | 读书演讲、故事会；看红色电影、唱红歌 |
| | | 2023 | 校园文化创设、课程建设 |
| | 线上活动 | 2022 | 线上游红色基地；党史知识竞答 |
| | | 2023 | 基地展播 |

续表

| 区域 | 活动 | 年份 | 内容 |
| --- | --- | --- | --- |
| 上海 | 宣讲活动 | 2022 | "五老"宣讲 |
| | | 2023 | "五老"宣讲 |
| | 主题实践活动 | 2022 | 联合发文推进主题活动,开展"读书、宣讲、寻访、观影、实践、征文"系列活动 |
| | | 2023 | "读书、宣讲、寻访、观影、实践、征文"系列活动;暑期实践;青少年讲解员 |
| | 文化育人活动 | 2022 | 编印红色书籍;开展中学生共产主义学校 |
| | | 2023 | 编印纸质书籍和视频史料;大中小学党史学习教育与专题报告;中华经典诵读 |
| | 线上活动 | 2022 | 百视通IPTV"暑期观影" |
| | | 2023 | 录制党史学习系列视频;视频党课;新媒体传播红色故事 |
| 江苏 | 宣讲活动 | 2022 | 省委老干部局、省关工委联合开展"千场党史报告进校园"活动,2.4万多名"五老"宣讲员进村入校宣讲党史和党的二十大精神 |
| | | 2023 | 省委老干部局、省关工委联合开展"'五老'宣讲党的二十大精神"活动,全年宣讲3.2万多场次,近400万人次青少年听讲 |
| | 主题实践活动 | 2022 | 开展"老少心向党、喜迎二十大"主题教育实践活动,通过演讲征文、知识竞赛、寻访体验等形式,为喜迎二十大营造浓厚氛围 |
| | | 2023 | 开展"老少心向党、奋斗新征程"主题教育实践活动,各地运用红色资源,开展各具特色的教育实践活动 |
| | 文化育人活动 | 2022 | 省文明办、省委老干部局、省关工委、省文明办联合举办"喜迎二十大、筑梦向未来"老少同台节目展演活动 |
| | | 2023 | 省文明办、省委老干部局、省关工委、省文明办联合举办"老少心向党、奋斗新征程"老少同台演讲比赛活动,53万多人在线观看活动视频 |
| | 线上活动 | 2022 | 省关工委主管主办的关心下一代周报联合省教育系统关工委,依托江苏少年网,开展"党的光辉照我心、童心喜迎二十大"主题征稿活动,收到各类作品43万多件 |
| | | 2023年 | 关心下一代周报社联合省教育系统关工委,依托江苏少年网开展"我是强国小主人"主题征稿活动,收到各类作品71万多件 |

293

续表

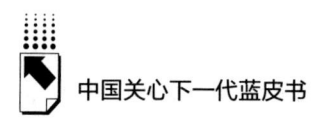

| 区域 | 活动 | 年份 | 内容 |
| --- | --- | --- | --- |
| 浙江 | 宣讲活动 | 2022 | "红船领航成长　强国复兴有我"万场红色报告;举办全省关工委"青少年党史学习月"启动仪式暨"五老"宣讲工作推进会 |
| | | 2023 | 开展"'八八战略'五老说"宣讲活动;推动培育"红领巾+'五老'宣讲团""'五老'带'五小'""银芽共学体"等老少宣讲品牌 |
| | 主题实践活动 | 2022 | "喜迎二十大　永远跟党走　奋进新征程"大中学生暑期社会实践;"我在浙里筑梦未来"老少共话党的二十大精神活动 |
| | | 2023 | 开展"红船向未来　奋进新时代"青少年教育实践活动;选树百名"浙江省青少年英才·红船好少年";"百个基地红色行"基地研学活动 |
| | 文化育人活动 | 2022 | "我是亚运小主人"老少文明实践活动;"我的家乡在浙里"主题读书征文 |
| | | 2023 | 打造课外"大思政课"体系,开展"千里江山万里海"主题征文、大学生社会实践等活动;开展千名"关心下一代·潮闻小记者"培训营和采风活动;"我是亚运小主人"系列教育实践活动 |
| | 线上活动 | 2022 | 承办全国关工委"青少年党史学习月"暨青少年游基地、学党史活动启动仪式;在新星网站和"之江汇""青云端"等 App 推出"红色百年行'云游'地图",被纳入省教育厅"五育七彩"暑假线上活动名单 |
| | | 2023 | 打造"浙里关心下一代"应用,采集 8289 名"五老"骨干、7538 名困难青少年信息,点对点帮扶 1415 人,发放近 300 万元公益金 |
| 安徽 | 宣讲活动 | 2022 | 老少宣讲 |
| | | 2023 | 组建"江淮五老报告团" |
| | 主题实践活动 | 2022 | 开展红色传承、先锋模范、思政名师"三个走进"活动 |
| | | 2023 | 基地研学;基地提升 |
| | 文化育人活动 | 2022 | 举办"阅读伴随我成长"征文演讲活动 |
| | | 2023 | 举办"党是阳光我是苗"书画大赛 |

续表

| 区域 | 活动 | 年份 | 内容 |
| --- | --- | --- | --- |
| 福建 | 宣讲活动 | 2022 | "五老"宣讲 |
| | | 2023 | "五老"宣讲 |
| | 主题实践活动 | 2022 | 参观教育基地；开展"七红"系列活动，即讲红色故事、看红色影视、听红色报告、颂红色经典、读红色书刊、观红色遗迹、访红色英模 |
| | | 2023 | 基地研学；部门联动；开展"七红"系列活动，即讲红色故事、看红色影视、听红色报告、颂红色经典、读红色书刊、观红色遗迹、访红色英模 |
| | 文化育人活动 | 2022 | 推广"福建教育五老说"；开展"五老"思政理论优质课程评选 |
| | | 2023 | 读、讲、看、咏、赛等形式 |
| | 线上活动 | 2022 | 在线参加首届"全国青少年游基地、学党史"和第三届全国青少年学习党史线上答题活动 |
| | | 2023 | 云游打卡、推送转发、知识竞赛 |
| 江西 | 宣讲活动 | 2022 | 老少携手讲党史 |
| | | 2023 | 老少携手讲党史 |
| | 主题实践活动 | 2022 | 开展以聆听一次红色故事、阅读一本红色书籍、参观一次红色教育基地、重走一次红色之路、开展一次志愿服务为主要内容的"五个一"活动 |
| | | 2023 | 老少共游基地；以"学'四史'讲故事"为主题的"红色故事我来讲"活动 |
| | 文化育人活动 | 2022 | 举办"老少同声颂党恩、携手喜迎二十大"主题征文比赛 |
| | | 2023 | 开展中国共产党关心下一代工作在江西的早期探索实践理论研究并举办主题展览 |
| | 线上活动 | 2022 | 线上游学活动；线上推送"五老"讲党史故事视频 |
| | | 2023 | 线上线下宣讲；线上推送"红色故事我来讲"活动获奖视频 |
| 山东 | 宣讲活动 | 2022 | 老少宣讲 |
| | | 2023 | 老少宣讲；系列丛书 |
| | 主题实践活动 | 2022 | 基地研学 |
| | | 2023 | 志愿服务；夏令营 |
| | 文化育人活动 | 2023 | 红歌、征文、朗诵、观影等 |

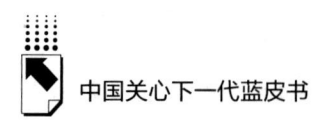

续表

| 区域 | 活动 | 年份 | 内容 |
| --- | --- | --- | --- |
| 河南 | 宣讲活动 | 2022 | 德育宣讲团开展宣讲活动 |
| | | 2023 | 德育宣讲团开展宣讲活动 |
| | 主题实践活动 | 2022 | 开展"老少同声颂党恩、携手喜迎二十大"主题教育;举办"青少年党史学习月"暨游基地、学党史活动启动仪式;命名一批党史国史和关心下一代教育基地 |
| | | 2023 | "游基地、学党史、颂党恩"青少年党史学习月暨"红星照耀我成长"夏令营;命名一批党史国史和关心下一代教育基地 |
| | 文化育人活动 | 2022 | 血脉传承——我的家风家教故事 |
| | | 2023 | "红领巾讲解员"大赛;血脉传承——我的家风家教故事 |
| | 线上活动 | 2022 | 英雄在我身边——青少年学"四史" |
| 湖北 | 宣讲活动 | 2022 | 老少宣讲 |
| | | 2023 | "五老"宣讲 |
| | 主题实践活动 | 2022 | 基地研学 |
| | | 2023 | 研学实践;课外社会实践 |
| | 文化育人活动 | 2022 | 主题文艺演出 |
| | | 2023 | 本地红色书籍、观影等;校园文化 |
| | 线上活动 | 2022 | 《潮起红巷》宣传片 |
| | | 2023 | 动漫快闪;党史竞答;线上展览 |
| 湖南 | 宣讲活动 | 2022 | 老少宣讲 |
| | | 2023 | "五老"五进宣讲 |
| | 主题实践活动 | 2022 | 举办开展"红心颂党恩、喜迎二十大"主题教育实践活动;基地研学 |
| | | 2023 | 开展"缅怀伟大领袖,深化党史学习教育"主题教育实践活动;深化"雷锋家乡学雷锋"主题教育;大力推进关心下一代教育基地建设 |
| | 文化育人活动 | 2022 | 举办主题教育汇报展演;举办"喜迎二十大,一起向未来"主题征文 |
| | | 2023 | 组织文艺展演、音乐党史学习教育、朗诵比赛等 |
| | 线上活动 | 2022 | 组织党史学习网上答题 |
| | | 2023 | 线上线下宣讲;利用微信公众号开展网上信息宣传 |

续表

| 区域 | 活动 | 年份 | 内容 |
| --- | --- | --- | --- |
| 广东 | 宣讲活动 | 2022 | 老少宣讲 |
| | | 2023 | 建立"五老红色讲堂";"小小讲解员"展示活动 |
| | 主题实践活动 | 2022 | 通过寻根联谊、志愿服务、夏(冬)令营等深化粤港澳交流;打造红色研学线路 |
| | | 2023 | "老少同声颂党恩　携手奋进新征程"教育实践活动;"在青春赛道上奋力奔跑"主题教育 |
| | 文化育人活动 | 2022 | "少年书香节"活动;书法、国画、武术、中医、民乐、戏曲 |
| | | 2023 | 开展岭南文化体验活动;"绿美广东　老少同行"粤港澳青少年生态文明实践活动 |
| | 线上活动 | 2022 | 红色电影季;利用网站、微信公众号进行各地党史学习教育信息展播 |
| | | 2023 | 组织撰写文章、拍摄微视频、录制舞台剧开展"读懂中国"活动,通过电视台、网站、视频号、微博等平台,对优秀作品进行展播、推送、刊发 |
| 广西 | 宣讲活动 | 2023 | 老少宣讲 |
| | 主题实践活动 | 2022 | 建立品牌:青少年校外学习站;跨省联动主题研学 |
| | | 2023 | 基地研学 |
| | 文化育人活动 | 2022 | 主题活动 |
| | | 2023 | 文艺展演;演讲、征文、朗诵等各类比赛 |
| | 线上活动 | 2022 | 线上打卡,足不出户学党史 |
| | | 2023 | 线上讲堂;联合短视频平台,暑期观影 |
| 海南 | 宣讲活动 | 2023 | "五老"和红二代宣讲 |
| | 主题实践活动 | 2022 | 基地研学;创建基地 |
| | | 2023 | 老少共游基地 |
| | 文化育人活动 | 2022 | 诗朗诵、演讲 |
| | 线上活动 | 2022 | 《琼崖"红船"从这里驶出》宣传片 |

续表

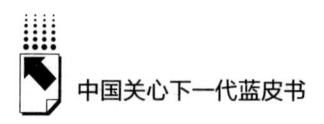

| 区域 | 活动 | 年份 | 内容 |
| --- | --- | --- | --- |
| 重庆 | 宣讲活动 | 2022 | 入校园、企业、社区讲党史国史 |
| | | 2023 | "五老"宣讲 |
| | 主题实践活动 | 2022 | 参观革命教育基地 |
| | | 2023 | 夏令营研学 |
| | 文化育人活动 | 2022 | 放映红色经典电影;创建校园红色文化;读书、征文、情景朗诵 |
| | | 2023 | 配音大赛;老少同诵 |
| | 线上活动 | 2022 | 网络党史学习竞答 |
| | | 2023 | 云游基地;党史讲解微视频 |
| 四川 | 宣讲活动 | 2022 | "五老"宣讲团宣讲、老少宣讲 |
| | | 2023 | "五老"宣讲团宣讲、老少宣讲 |
| | 主题实践活动 | 2022 | 组织万名青少年夏令营活动 |
| | | 2023 | 组织万名青少年夏令营活动 |
| | 文化育人活动 | 2022 | 讲历史讲传统主题活动;参观博物馆、纪念馆、陈列馆等;开设"非遗课堂";开展书画作品征集活动 |
| | | 2023 | 开设党史课堂;举行缅怀革命先烈活动;加强基地建设,命名四川省青少年社会教育实践基地 |
| | 线上活动 | 2022 | 云端夏令营:制作"五老讲党史故事"系列专题片,"五老"宣讲员和"小小讲解员"讲党史故事;网络直播:开展"游基地,讲党史"活动 |
| | | 2023 | 云端夏令营:制作"五老讲党史故事"系列专题片,"五老"宣讲员和"小小讲解员"讲党史故事;网络直播:举行缅怀革命先烈活动;开展"游基地,讲党史"活动;举行文艺演出 |
| 贵州 | 宣讲活动 | 2022 | "五老"宣讲;知识问答;党史故事会 |
| | | 2023 | "五老"宣讲;出版红色故事读本;撰写党史宣讲材料;评选优秀宣讲员,开展示范宣讲 |
| | 主题实践活动 | 2022 | 基地研学和夏令营活动 |
| | | 2023 | 基地评选、基地走访;夏令营、研学 |
| | 文化育人活动 | 2022 | "中华魂"主题读书活动 |
| | | 2023 | 征文演讲、书画大赛、文艺展演 |
| | 线上活动 | 2022 | 网上游览基地 |
| | | 2023 | 网上游览基地;专题辅导报告 |

续表

| 区域 | 活动 | 年份 | 内容 |
| --- | --- | --- | --- |
| 云南 | 宣讲活动 | 2022 | 各级"五老"宣讲 |
| | | 2023 | "五老"宣讲;联合其他部门宣讲;志愿者宣讲 |
| | 主题实践活动 | 2022 | 基地研学;现场实践教育 |
| | | 2023 | 基地研学;红色旅游 |
| | 文化育人活动 | 2022 | 合唱、"红土地之歌"朗诵比赛 |
| | | 2023 | 文艺表演;"好书相伴　快乐成长"读书活动 |
| | 线上活动 | 2022 | "家校社共育"平台展示"五老"经典宣讲 |
| | | 2023 | 网上游基地 |
| 西藏 | 宣讲活动 | 2022 | "五老"宣讲 |
| | | 2023 | "请党放心、强国有我"系列主题宣讲;"五老"讲述红色故事、上党课 |
| | 主题实践活动 | 2023 | 基地研学 |
| 陕西 | 宣讲活动 | 2022 | 宣讲 |
| | | 2023 | 老少宣讲 |
| | 主题实践活动 | 2022 | 基地研学;红色夏令营主题教育 |
| | | 2023 | 红色夏令营;依托研学实践的课题研究 |
| | 文化育人活动 | 2022 | 老少共学党史、演讲、朗诵、合唱等 |
| | | 2023 | 经典阅读 |
| | 线上活动 | 2022 | 线上直播 |
| 甘肃 | 宣讲活动 | 2022 | 老少宣讲 |
| | 主题实践活动 | 2022 | 基地研学 |
| | | 2023 | 基地研学;基地建设 |
| | 文化育人活动 | 2022 | 红色文化专题演出 |
| | 线上活动 | 2022 | 宣讲短片 |
| | | 2023 | 云游打卡、留影纪念 |
| 青海 | 宣讲活动 | 2023 | 老少宣讲 |
| | 主题实践活动 | 2022 | 基地实践 |
| | | 2023 | 基地研学 |
| | 文化育人活动 | 2022 | 文艺演出 |

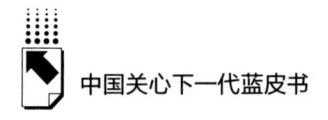

续表

| 区域 | 活动 | 年份 | 内容 |
| --- | --- | --- | --- |
| 宁夏 | 宣讲活动 | 2022 | "五老"宣讲 |
| | | 2023 | "五老"宣讲 |
| | 主题实践活动 | 2022 | 主题教育 |
| | | 2023 | 基地建设 |
| | 文化育人活动 | 2022 | 红色社会实践 |
| | | 2023 | 主题征文 |
| 新疆 | 宣讲活动 | 2022 | 老少宣讲 |
| | | 2023 | 老少宣讲 |
| | 主题实践活动 | 2022 | 主题参观;寻访故地 |
| | | 2023 | 家乡研学;跨省学习;基地建设 |
| | 文化育人活动 | 2022 | 文艺展演;主题演讲 |
| | | 2023 | 诗歌朗诵;文艺演出 |
| 兵团 | 宣讲活动 | 2022 | "五老"宣讲 |
| | | 2023 | "五老"宣讲 |
| | 主题实践活动 | 2022 | 基地建设;基地研学;基地挂牌 |
| | | 2023 | 研学实践;老少互动实地参观 |
| | 文化育人活动 | 2022 | 老少合唱;青少年朗诵;捐赠红色书籍 |
| | | 2023 | 专题展演;读书征文;观影 |

## （二）经验总结

### 1. 宣讲活动多层级、精品化

在宣讲活动多层级方面，为创新党史学习途径，"使重点主题有针对性的落实举措，形成广泛开展、协同推进的工作局面"，[①] 各地坚持以思想引领为主线，广泛动员多层主体、全面设计多层内容、力行深入多层场所，着力推进党史学习教育走深走实。一是主体多层。宣讲团队主体既有"五老"志愿者，又包括"小小红领巾讲解员"和青年宣讲志愿者，"老"带动

---

① 李勇：《巩固拓展党史学习教育成果应着力把握好三种关系》，《学校党建与思想教育》2023年第2期。

"小",促进宣讲活动全面展开。受众主体涵盖大、中、小学生以及教师、家长、社会人士,其中特别关注留守儿童、特殊困难儿童等群体。二是内容多层。各地围绕一个主题,针对不同受众设计不同的宣讲内容,同时设置宣讲"菜单",供受众自主选择。三是场所多层。宣讲走进社区、学校、企业、农村、部队、红色基地、博物馆等,拓展了宣讲覆盖面。在宣讲活动精品化方面,各地在全面推进、有序展开党史学习教育的过程中,结合当地红色要素,自觉把党在历史实践中树立的精神和形成的文化转化为教育今人和后人的实体性资源。[1] 一方面,体现区域特色的宣讲品牌逐渐成熟,如浙江的"'八八战略''五老'说"、上海的"从石库门再出发"以及重庆的"红岩先锋·酉心向党"等宣讲活动。另一方面,挖掘当地红色资源,编写党史学习材料,促进党史学习浸润人心。陕西省关工委依托关心下一代研究中心组织高校党史教育专家和"五老",针对不同学段青少年编写《陕西省关工委青少年党史教育指南》,为指导"五老"规范有效地向青少年开展党史宣讲提供了支撑。

2. 阵地建设夯基础、活态化

为进一步推进党史学习教育常态化长效化落实,各级关工委利用博物馆、陈列馆、纪念馆、档案馆、文化馆、图书馆、美术馆、家风馆、科技馆等资源优势,[2] 建设了一大批传承红色基因、锻造时代新人的红色基地,作为开展党史国史宣传教育的主阵地和活教材。中国关工委命名了六批共348个全国关心下一代党史国史教育基地。各地也建立了一批开展党史学习教育、爱国主义教育、国防教育、法治教育的实践基地。陕西省关工委制定印发了《陕西省关心下一代工作委员会青少年教育实践基地建设规范》,挂牌了第一批60个省级青少年教育实践基地。广东省关工委协同其他部门,调查走访红色革命遗址,拜访英模专家,挖掘整理编辑本地红色书籍,命名关心下一代党史国史教育基地。[3] 天津市关工委结合高校优势,在天津职业技

---

[1] 齐卫平:《开展党史学习教育的几个着力点》,《党的文献》2021年第1期。
[2] 班永杰:《建立党史学习教育常态化长效化制度机制》,《红旗文稿》2022年第2期。
[3] 广东省关工委:《突出广东特色 推动青少年作为党史学习教育走深走实》。

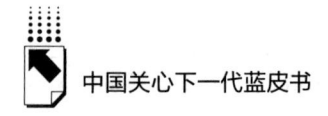

术师范大学建立弘扬"劳模精神、劳动精神、工匠精神"研学基地。① 特别是自 2022 年中国关工委部署全国"青少年党史学习月"活动以来，各地抓住 7 月学生暑假契机，积极组织青少年开展"游基地、学党史"活动，通过可观、可感、可参与的互动形式，增强了党史学习的体验感、吸引力和实效性。同时，党史学习主题实践还在县域之间、省域之间顺利开展跨域活动，如新疆维吾尔自治区关工委、自治区党委宣传部联合举办的 2023 年"新疆新时代好少年祖国行"交流活动，带领孩子们前往山东曲阜、浙江嘉兴、上海等地，开展了为期 10 日的交流活动。②

### 3. 文化育人渗透式、主题化

各地关工委采取青少年易于接受的形式，重视发挥文艺作品在党史学习教育中的正向作用，深挖红色资源，将党的百年历史融入优秀文艺作品之中，借助于多样化的文艺表现形式，③ 积极探索青少年党史学习教育的新路径，联合当地宣传、文化、广播电视等部门，举办了一系列主题文艺活动。陕西省关工委在 2023 年组织了覆盖全省的全家总动员《唱支山歌给党听》大型文艺展演活动，通过青少年与家庭同唱、同颂、同舞、同演等形式，在活动中宣传党史，弘扬优良家风，吸引了 1000 多个家庭参加，现场观摩达 20 多万人次，同步网络播放点击量达 10 亿人次。注重发挥文学的力量，用新颖独特、生动活泼的童谣形式对青少年进行党史学习教育。陕西省关工委开展了"童诗心语歌百年""唱响红色新童谣"等主题活动，共征集全国各地作家和青少年童诗童谣作品 12.8 万余首，通过网络传播，浏览量超过 9 亿人次。借助于多样化的文艺表现形式，党的历史飞入了寻常百姓家，扩大了党史学习教育的辐射面，切实提升了党史学习教育的实效性。④

### 4. 线上活动多样态、专题化

各地关工委发挥新媒体的宣传优势，借助全国关心下一代党史国史教育

---

① 《天津党史学习月活动情况》。
② 《新疆青少年党史学习月总结》。
③ 古宇飞：《中国共产党党史学习教育的百年历程与基本经验》，《思想战线》2022 年第 3 期。
④ 古宇飞：《中国共产党党史学习教育的百年历程与基本经验》，《思想战线》2022 年第 3 期。

基地小程序,筑牢党史学习教育新媒体阵地,鼓励优质网络文化作品创作,为青少年提供更多沉浸式、体验式、互动式的党史学习教育,[1] 开展云游基地、线上打卡、线上留影、党史答题等活动。湖北省关工委结合学生兴趣,采用动漫、手机短片、快闪等形式,增强党史学习教育吸引力。[2] 为扩大党史国史学习覆盖面,满足不同区域学生的学习需求,各地关工委协同宣传部门,利用线上平台推出系列专题片、宣讲片。四川省关工委开展云端夏令营活动,联合四川广播电视台制作"五老讲党史故事"系列专题片,走进四川省青少年社会教育实践基地——黄继光纪念馆、赵一曼纪念馆和旷继勋纪念馆,"五老"宣讲员和"小小讲解员"现场讲解革命故事。[3] 多样态的线上学习活动不仅提升了党史学习教育的吸引力,而且有助于把党领导人民在百年历程中创造的辉煌成就、作出的历史贡献、铸就的伟大精神、形成的宝贵经验进行正面宣传,把党的历史学习好、总结好,把党的成功经验传承好、发扬好。[4]

5. 形成"青少年党史学习月"的工作机制

经过两年的活动开展和具体实践,在"党政推动、关工委主动、党建带动、各方联动"的工作框架下,全国关工委系统逐步形成了"青少年党史学习月"的工作机制,即各地关工委组织领导和统筹协调红色教育场馆和大中小学校、地方社区,整合资源、区分层次和各有侧重地共同开展"青少年党史学习月"活动(见图1)。

## (三)典型经验

### 1 创新形式方法,打造特色品牌

陕西省关工委精心统筹谋划,创新形式方法,打造多样党史学习"课

---

[1] 朱丹:《论青少年党史学习教育的逻辑理路和路径向度》,《学校党建与思想教育》2021年第16期。
[2] 《湖北省青少年党史学习月活动工作总结》。
[3] 《党史学习月情况(四川省关工委)》。
[4] 李成:《从四个视角深刻把握党史学习教育的目标要求》,《党的文献》2021年第2期。

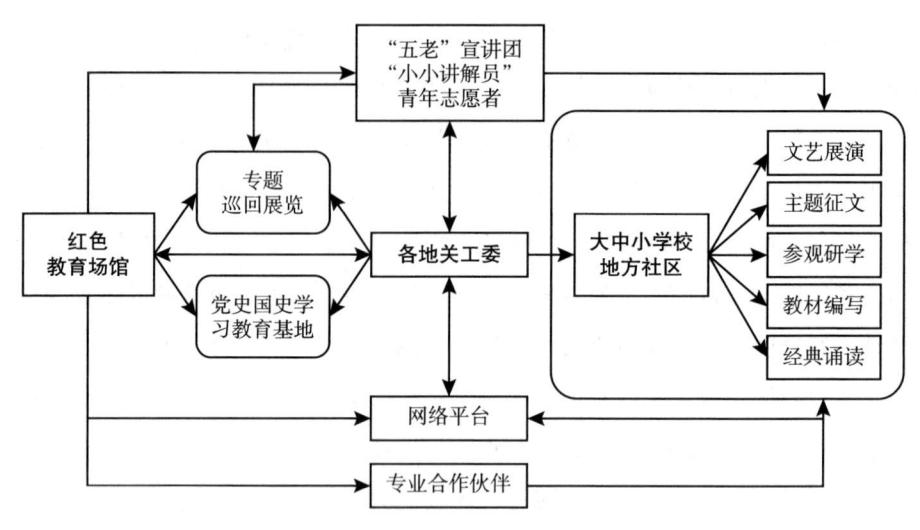

**图1 全国关工委系统开展"青少年党史学习月"的工作机制**

堂",不断推动青少年党史学习教育走深走实。如开展"唱支山歌给党听"全家总动员主题展演,在搭建线上党史学习教育平台的基础上,引进信息化数字化资源,在陕西卫视、广电融媒体网络、腾讯、西瓜、抖音等平台播出,以合唱、朗诵、舞蹈等文艺形式,面向青少年讲好红色故事、传承革命精神。通过广泛开展系列主题活动,让党史学习教育持续掀起传承红色基因高潮,有效地教育引导青少年乐学党史、善学党史、学懂党史、用好党史。陕西省关工委将仪式感、参与感和现代感融于党史学习教育,使党史学习更具吸引力和感染力,极大地调动了青少年参与学习的积极性。

2. 发挥资源优势,把党史学习教育融入社区工作和生活

江西省关工委充分发挥省内红色资源厚重优势,依托红色基因教育基地,通过线上线下联动、关工委和教育基地联动、"五老"与青少年联动等方式,广泛开展老少携手游基地等浸入式、体验式党史学习教育。省内各级关工委选取传承红色基因、弘扬革命传统、弘扬英雄模范精神、逆行出征、战"疫"制胜等主题来设计文化活动,通过合唱、舞蹈、朗诵和摄影、绘画、书法展演等老少共话、共唱、共颂等多种文艺形式,把党史学习教育融入社区工作和生活、纳入文明家庭创建和新时代文明建设。抚州市关工委联

合市妇联、江西新华发行集团有限公司抚州分公司开展"阅读阅江西 书香飘才乡"亲子阅读、老少共读活动，引导广大家庭在相伴阅读中传承红色基因、凝聚奋进力量；九江市关工委与市文明办等单位联合开展以"传承红色基因 共创文明城市"为主题的电影节活动，通过红色电影展播，引导广大市民争当红色基因的传承者、实践者，做文明城市创建的亲历者、推动者。

3. 建设红色基地，将思政一体化理念融入党史学习教育

北京市关工委通过建设红色基地，将思政一体化的理念融入党史学习教育，为旗帜鲜明地培育社会主义建设者和接班人构建完备的思想政治教育体系。在北大红楼建立教育基地，旨在深入贯彻习近平总书记关于党史学习教育和学校思政课建设的重要讲话精神。与北京大学、中国人民大学、北京师范大学等高校开展合作共建，充分发挥首批"红色场馆特色思政课堂"的独特资源优势，打造"北大红楼"品牌新亮点。此外，积极探索馆校合作新模式，结合北大红楼实际接待和场地情况，制定具有北大红楼特色的"七个一"教育活动方案，设计符合青少年认知的特色活动和具有红楼特色的教育课程。与共青团北京市委员会协商建立北京市少先队校外培训基地，大力推动首都少先队课后服务和校外实践工作。

## 二 工作中的难点和问题

### （一）工作中面临的挑战

#### 1. 西方文化渗透，多种社会思潮相互叠加

随着全球化的发展，西方文化逐渐渗透到各个角落，韩流、日漫等外来文化也影响着青少年的成长和发展。历史虚无主义、个体主义、享乐主义等也深入且持久地影响着青少年的价值观念和行为习惯。青少年信息辨别能力较弱，容易受到社会上的消极和错误观念的影响。近年来，文化虚无主义借助互联网平台大肆传播，冲击主流意识形态，侵蚀青少年的理想信念，引发

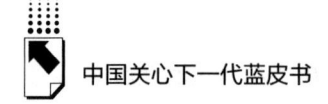

青少年理想信念失范化、功利化、冷漠化、庸俗化等不良倾向。[1]"Z世代"青少年红色文化认同面临着记忆消解、情感淡化、价值式微、传播乏力等现实困境。[2] 全球化时代，青少年容易被西方政治思潮中的自由主义、人权思想、个人利益至上等观念影响，表现出遵循个人利益至上的原则、追求个人享乐、过度强调自我价值和个人自由。[3]

**2.数字化时代下泛娱乐化现象严重**

互联网时代下信息快速传播与普及，观看短视频成为人们娱乐、学习等的重要方式，同时也带来对人们思维能力的冲击。互联网使用不当甚至会成为人们的"认知退化剂"。青少年沉迷于短视频带来的即刻满足，无形之中渐渐对问题和事件的思考变得浅尝辄止。党史学习教育面临着娱乐化思维方式的侵蚀，被解构、曲解和断章取义，导致红色话语缺失。[4] 而泛娱乐化倾向不仅会消解大学生对社会主义主流道德价值的认同，还会使大学生的价值追求走向泛娱乐化和功利化的歧途，[5] 以至于英雄文化被娱乐化狂欢的虚假景象所遮蔽，严重侵蚀了英雄文化的网络教育环境，消解了英雄文化对青年的凝聚力和引领力。[6]

### （二）工作中遇到的难点

**1."互联网+"与青少年党史学习教育的有效结合**

数字化时代下为了让学生真正感悟党史教育内容的教育性、思想性和政

---

[1] 王凯全、陈一收：《文化虚无主义对青年理想信念的影响及应对》，《思想教育研究》2021年第11期。

[2] 滕永琛：《红色文化视域下"Z世代"青年马克思主义信仰教育探析》，《思想教育研究》2023年第6期。

[3] 李春梅：《新时代青年有序政治参与能力的发展困境及提升研究——基于多源流理论视角》，《中国青年研究》2019年第8期。

[4] 黄永斌、姚妤婕：《新时代青少年学生党史学习教育的实践理路》，《中国德育》2023年第20期。

[5] 李丽、童静静：《数字时代的网络公共空间：泛娱乐化危机及其教育治理》，《教育学术月刊》2023年第8期。

[6] 付安玲、秦少卿：《网络"泛娱乐化"视域下青年英雄文化教育的遮蔽与解蔽》，《思想教育研究》2023年第4期。

治性，互联网+党史学习教育方式显得尤为重要。但是"五老"普遍年龄较大，对网络技术特别是智能化、数字化的操作技能掌握不足，不能很好地将新媒体的特点与青少年的性格特征、学习生活相结合，因此，"五老"利用现代信息化手段为青少年提供网上优质服务的能力有待提升。相对固定的话语体系使网络社交圈层成为一个较为封闭的、专属的信息传播渠道，如B站的弹幕语言等新符号的组合，使圈外人难以参与"二次元圈"。鉴于此，党史学习教育者若不能及时转变教育理念、转化教育话语、改变教育方式，在面对青年的网络圈层文化时容易缺乏梳理、引导能力，缺失理解和包容的心态。①

2.红色教育资源的充分挖掘与利用

首先，各地党史学习教育与红色资源缺乏整合，地方性红色资源的优势尚未充分发挥。除了熟知的井冈山革命根据地、延安革命纪念地等红色革命教育基地外，地方性红色教育资源的挖掘还有待深入。其次，对部分红色资源的保护力度不够，或者对于已经挖掘到的党史资料研究不严谨等，导致资源碎片化。最后，红色资源未能得到高效利用，宣传互动路径单一。部分党史学习者在认知层面停留于被动听讲解，在行动层面处于走过场式参观阶段，并未主动进行深入思考与实践。调查显示，76.66%的青少年通过电视新闻了解档案馆的相关活动，在微博、微信等社交媒体上了解红色档案资源相关活动的比例不足50%。② 这说明通过网络开展青少年党史学习教育的工作仍需加强。

## （三）工作中的问题处境

### 1.教育主体存在矛盾

一方面，学生的思想观念尚未完全成熟，加之应试教育的压力，部分学生对党史学习的重要性认识不足。一些青少年认为当前的党史学习并不能带

---

① 刘望秀、王歆玫：《党史学习教育如何"破壁"青年圈层文化》，《思想教育研究》2021年第9期。
② 王艳：《面向青少年教育的红色档案资源开发路径研究》，《情报科学》2023年第5期。

来实用的知识与技能,因而在思想上对党史学习的积极性不高,缺乏长期坚持和刻苦钻研的精神;在行动上表现出一定的被动性,停留在表面学、任务学,不够系统深入,对党史基础知识的掌握不足。要让党史学习教育成为"彻底的理论",就要"防止肤浅化和碎片化",学党史讲党史不能停留在讲故事、听故事层面。另一方面,"五老"与青少年之间有代沟。当今青年成长环境不同于前几代,对老一辈经历的艰辛苦难缺乏直观感受和深刻体会。"五老"虽有着丰富的经验与智慧,但是由于年龄差的存在,其所开展的一些活动与青少年的兴趣点不相匹配,传授的一些价值观也可能难以为青少年所理解。"五老"和青少年均要有意识地化解党史学习教育中的主体矛盾,从而提升党史"教"和"学"的水平。

2. 党史教育体系尚未完善

首先,党史学习内容精选难。党的百年历史内容丰富、领域广阔,典籍资料浩如烟海,但是专门面向青少年的党史书籍或内容较少。其次,党史教育缺乏系统、规范的标准以及相应的宣讲大纲,也没有专门的主题。党史学到什么程度、以什么样的形式开展、达到什么标准,这些全靠"五老"个人的理解。再次,党史学习教育缺乏一定的针对性和实效性。关于党史教育的研究对不同年龄、群体、行业和接受能力的青少年群体的分析不足,对热点、难点问题关注不够。最后,党史学习教育基层工作尚未实现全员全程全方位覆盖。党史学习教育主要面向在校青少年,未能完全覆盖到企业青年员工和农村青年,在社区、农村以及家庭等维度的扩展延伸不够,对偏远地区以及留守儿童、困境儿童等特殊群体的关注度还有待提高。

3. 党史学习教育实施过程有待优化

第一,当前的党史学习教育主要包括开展党日团日活动、参观红色基地、举办知识竞赛等,形式创新不足。党史学习教育者仍以"单向"讲述党史为主,在技术运用、大数据提炼与分析方面的专业能力较弱。[①] 第二,

---

① 胡庆宇、李猛镇:《全媒体时代大学生党史教育具象化传播路径研究》,《学校党建与思想教育》2023年第22期。

活动开展的时间和群体覆盖面等存在不足。活动的参与者一般是学生干部、党员等少数群体，未能覆盖到全体学生；活动时间一般为清明节、"五一"、"七一"等节点，未建立常态化、长效化机制，导致学生的学习成果难以得到持续巩固。第三，学习成效不明显，难以达到"为党育人，为国育才"的教育目标。受当前考核评价机制影响，学生学习党史要么是为了应付考试，要么是为了完成组织任务。为了应付考试而"死记硬背"掌握的理论知识缺乏系统性深入理解，容易遗忘；"打卡式"的实践活动也是为了应付组织要求，考核的标准是"人头率"或"出勤率"，容易流于形式。例如，尽管大学生党史教育方式、渠道日益多样化，但不少宣传单位仅借助新媒体"东风"片面追求点击量等表面化繁荣。① 正确的党史观教育要注重社会实践，在实践中升华认识、加深理解和认同。

## 三 对策建议

### （一）坚持用习近平新时代中国特色社会主义思想统领关工委工作

要始终坚持把学习贯彻习近平新时代中国特色社会主义思想作为关心下一代工作最根本的政治任务和政治责任，深入学习贯彻党的二十大精神和习近平总书记关于关心下一代工作的重要指示和批示精神，深入理解关心下一代工作的重大意义、时代特点、职责使命，准确把握关心下一代工作的历史逻辑、理论逻辑、实践逻辑，在新的历史发展阶段推动关心下一代工作行稳致远。用好红色资源，加强革命传统教育、爱国主义教育、青少年思想道德教育，引导青少年增强对习近平新时代中国特色社会主义思想的政治认同、思想认同、理论认同、情感认同，积极投身全面建设社会主义现代化国家的伟大事业。

---

① 王源：《媒介融合视域下中华优秀传统文化具象化传播创新研究》，《东岳论丛》2020年第2期。

## （二）结合青少年学习特点，创新党史学习活动形式

第一，把党史学习同实践活动相结合。通过引导青少年到革命纪念地、党史纪念地等教育基地，瞻仰革命遗址遗物，开展重走红军路、红色之旅、寻访红色足迹等体验式学习。结合党史国史教育，在相关革命遗址举办青少年主题夏令营，举办党史知识竞赛、现场主题讨论等，激发青少年学习热情，以期解决青年学生思想意识发展程度不高、缺乏党史实践体验机会、学习积极性不强等问题。第二，促使党史学习成为代际沟通话题。发挥"五老"优势，使其结合亲身经历，将革命党史以故事形式讲述给下一代。组织"五老"采取一对一、多对一等方式，深化党史故事讲述，挖掘党史事迹内涵、探讨党史精神传递，与青年一代达成话题共识。组织老同志讲好党史国史、讲好革命前辈的红色家风故事，积极培育社会主义家庭文明新风尚，推动党史国史教育融入学校教育、家庭教育、社会教育。第三，加强双向沟通，营造党史学习氛围。激发青少年党史学习的主动性，减少活动的单向灌输，增强学习的互动性，避免讲述的说教性，突出党史理解的深刻性，为"五老"和下一代提供平等对话的机会，使得互动成为可能。第四，探索契合青少年身心发展规律的党史学习活动与形式。应主动适应"互联网+"时代青少年的学习与成长特点，重视发挥网络新媒体的作用，加大网络引导和网络学习平台建设力度，依托青少年喜闻乐见的视频课、文艺作品，以及微信、微博等平台，通过制作短视频、小程序打卡等多维度、全方位开展宣传活动，推动党史学习教育与互联网和自媒体传播有效融合，更加突出青少年的主体作用。

## （三）完善党史教育体系，提升党史学习教育的效果

第一，组织专家编写党史学习教材。针对青少年特点编写党史学习材料，注意在语言上通俗易懂、生动活泼，兼具故事性、可读性，以吸引青少年；在内容上与学校思政课不重复，同时充分挖掘和利用当地红色资源，用身边发生的故事影响青少年，引起他们的情感共鸣。"五老"也应以编写的

教材作为参照，规范、准确地向青少年宣讲党史，从而提升宣讲质量。第二，分教育层级推进党史学习。针对不同学段青少年认知特点、知识结构、理解能力等，差异化地开展活动。针对大学生以党的最新理论、重要会议、党的中心工作等为宣讲内容，并邀请院士和工匠大师们进院校与青年学生面对面交流，鼓励他们志存高远、矢志报国；针对中小学生，以情景再现的方式，用通俗易懂的小故事进行宣传教育。第三，发挥党史国史教育基地的作用。中国关工委命名的全国青少年党史国史教育基地，突出反映了我们党在革命、建设、改革实践中的伟大成就和宝贵经验，具有很强的示范标杆作用。各地关工委通过深入挖掘地方党史学习教育资源、历史事件、重要人物和重要革命纪念遗址等建立了众多教育基地，要充分发挥教育基地的作用，结合教育基地特点，创新性开展活动，做好基地宣传，组织引导青少年走进基地参观学习。

### （四）建立关工委系统"青少年党史学习月"资源数据库

适应教育数字化发展趋势，结合当代青少年学习偏好，建立关工委系统"青少年党史学习月"资源数据库，旨在以"共享共建、共同推动"的理念，整合各地党史学习资源。数据库的具体内容包括：第一，"五老"宣讲视频数据库，精选和收录全国"五老"宣讲的视频素材；第二，党史国史教育基地数据库，充分挖掘基地现有数字化资源，丰富线上基地可视化、沉浸式体验的内容；第三，红色电影、书籍和歌曲的数据库，挑选和收录贴合青少年学习和生活的红色电影、书籍和歌曲。基于此，让"青少年党史学习月"活动突破时间、空间、资源、青少年群体差异的制约，进而实现活动的数字化、立体化和常态化。开有步骤地把"青少年党史学习月"资源数据库打造成线上党史学习教育大平台。

# B.15
# 关于山东省"五老"工作室建设情况调研报告

吕德义　公强　曹晶晶[*]

**摘　要：** "五老"工作室是适应新时代关工委工作高质量发展需要，由基层创造的服务青少年健康成长的教育阵地，开创了关工委和"五老"服务青少年发展的新模式。山东省关工委按照中国关工委的部署要求，对全省"五老"工作室建设工作情况进行了摸底调研，召开座谈会总结提炼成功经验，与基层同志共同探讨进一步深化"五老"工作室建设面临的认识不足、建用脱节、保障不够等问题，针对性地提出了加强宣传、保障资金、强化激励等建议。

**关键词：** "五老"工作室　关工委　山东省

按照党中央和中国关工委关于大兴调查研究的部署要求，山东省关工委围绕加强"五老"工作室建设这一工作主题，先后深入全省16市和部分县（区）、街道、城乡社区，通过实地调研、座谈交流、个别访谈等方式开展专项调研，并形成调研报告。

## 一　山东省"五老"工作室建设的背景、进展与作用

"五老"工作室，是各级关工委牵头建设或认可的、以教育关爱青少年

---

[*] 吕德义，山东省委老干部局副局长，山东老年大学校长；公强，山东省委老干部局关工办主任；曹晶晶，山东省委老干部局关工办副主任。

全面健康成长成才为主要目的，由数名志趣相同、有专业特长"五老"志愿者领衔主持的、公益性研究和开展关心下一代工作的场所或平台。截至目前，全省已建成各级各类"五老"工作室2945个，其中2023年新建777个。实践证明，"五老"工作室是基层关工委拓展延伸组织覆盖面、更好组织动员和服务保障教育一线"五老"发挥作用的实践创新。

（一）建设背景

随着城镇化进程的不断加快，易地居住、流动频繁等情况更加普遍，城乡社区已成为越来越多青少年和"五老"工作、学习、生活的主要场所，也成为"五老"发挥作用、开展关心下一代工作的主阵地。在城乡社区等青少年和老同志聚集的基层单位，组织动员更多有专业特长的老同志参与关心下一代工作，更好地服务保障老同志开展关心下一代工作，是各级关工委的重要职责，也是适应新时代关心下一代工作创新发展的现实需要。一些地方坚持党建引领，由关工委牵头协调，综合利用城乡社区、离退休干部党支部和协会、社团组织以及教育基地等资源，建设了一批专职服务"五老"开展特色关爱活动的"五老"工作室。

"五老"工作室搭建了专属平台，有助于解决基层一线"五老"开展活动的场所问题，在"五老"工作室，"五老"可以相互沟通交流、互鉴工作经验，提高业务水平和工作能力。"五老"工作室形成了集聚效应，有助于吸引、聚集一批志趣相同、专长相近的老同志，共同专门化、专业化地面向青少年开展理想信念教育、党史学习教育、优秀传统文化教育、心理健康辅导和法治教育等教育服务活动，提高了服务的精准化水平，也容易形成关工委的特色工作品牌。"五老"工作室提供了关爱港湾，"五老"工作室建在青少年身边、青少年家旁，有利于青少年及时方便地接受教育，青少年在课后有了令家长和学校放心安心的新去处，也消除了一些人身安全隐患。

（二）建设进展

"五老"工作室建设工作是新生事物，山东省的"五老"工作室建设

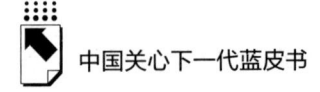

尚处于起步阶段，潍坊、聊城、德州、济宁等地在推进"五老"工作室建设方面探索出了一些好的做法。总结推广现有经验，深化"五老"工作室建设，是山东省关工委在基层组织和"五老"队伍建设方面的又一创新成果。

总结山东省部分市在推动"五老"工作室建设方面的经验和做法，主要是围绕关心下一代工作的所需所能所急，从场地、人员、管理、保障等方面下功夫。一是抓好场地落实。由关工委和老干部局出面，同组织、宣传、妇联、团委、教育、民政等部门以及各类协会、社团组织进行对接沟通，最大限度地挖掘、整合、盘活现有的各类闲置公共用房，在"五老"居住相对集中、工作基础较好的社区或青少年学习生活的场所周边，为"五老"设立独立工作室。同时，鼓励"五老"或其他组织单位自愿供给。对建成的"五老"工作室，关工委联合老干部局、文明办等单位予以授牌认证，悬挂专属标识，配置必要的办公设备、学习资料、教学设备等基础设施。二是加强队伍建设。采取定岗、定员、定责的方式，从已建成的各级"五老"宣讲团、关爱团、帮扶团等基层组织中选派1~3名有威望、有特长、有影响力的"五老"骨干担任工作室的负责人，就近就便吸纳3~5名有专业特长、熟悉热心青少年教育工作的"五老"成员，实现工作室有领导、有组织、有队伍。同时，按照"自觉自愿、乐于奉献、专兼结合"的原则，鼓励和支持有相关专长的老同志、社区工作者和志愿者参与工作室建设。潍坊市通过"五老"工作室建设，凝聚起2400多名"五老"骨干，辐射带动了2万多名"五老"和志愿者参与关心下一代工作。三是强化工作指导。加强对"五老"工作室的管理，指导"五老"工作室主动适应青少年成长特点，遵循青少年成长规律，有针对性地开展特色教育引导和关爱帮扶活动，努力做到"一室一特色一品牌"。要求各工作室对照关工委的年度工作部署，制订工作计划和活动安排报关工委备案，实现工作室关爱服务活动常态化。建立以"评优"为主的正向激励机制，通过实地调研和查阅资料等考评方式，授予不同等级的荣誉称号。四是提供有力保障。"五老"工作室实行主任负责制，完善志愿服务、活动开展、教育培训、安全管理等规章制度，对在工作室开展工作的登记在册"五老",在看望慰问、表扬激励方面予以倾斜,协调社会有关方面为"五老"工作室长效运行提供支持。

(三)建设效果

每个"五老"工作室都是一个"五老"关爱青少年的服务站,在基层树起了关工委工作的一面"旗帜"。"五老"工作室的建立和运营,有利于进一步宣传关工委,扩大关工委的社会影响力,推动关心下一代工作创新发展。一是关爱服务提质提效。"五老"工作室建成以后,通过"引进来"和"走出去"两种方式发挥作用。"引进来",就是把青少年请进工作室开展教育关爱活动。对照各级关工委工作部署的加强青少年思想道德建设、法治教育、科普教育、卫生健康、才艺培养、矫正帮扶等重点工作,工作室的"五老"结合个人特长,开展了独具特色、丰富多彩的教育活动。有的"五老"工作室在青少年假期和周末等课外时间转化成"四点半学校",为青少年在课后提供安全知识、心理健康、课业辅导等服务;有的工作室在寒暑假期间开办假期学校,解决了孩子们无人看管的问题,解除了家长的后顾之忧;有的工作室改建为红色文化展馆,面向青少年开展党史国史教育。比如,聊城东昌府区"李曙光工作室",把工作室建成"长征精神"主题宣讲馆,讲述重走长征路的见闻,弘扬长征精神,传承红色基因,2023年以来教育青少年达6000余名。"走出去",就是作为一个工作团队,受邀深入中小学校和农村社区、机关事业单位等基层单位开展关爱教育活动。聊城市东昌府区侯营镇侯营村"五老"工作室的全国最美"五老"王忠祥,个人出资数万元,制作党史国史知识展板108块,自驾电动三轮车,创办流动大课堂,走遍全镇64个村和所有中小学,向青少年宣讲红色故事,被孩子们亲切地称为"故事爷爷"。有的退休老专家成立工作室,抱团发挥专业特长,为帮助青年人才创新创业积极贡献力量。比如,青岛市一些专业领域的老专家成立老专家创新创业工作室,深入科创企业和工业园区开展"双带"活动(老专家带动青年人才创新创业、青年人才带动农民创业致富),举办科技类培训98期,培训学员11507人次,助力企业687人次攻关难题。往平县耿店村"五老"工作室走进田间地头开展返乡创业青年、青年农民种植栽培技术培训,助力乡村振兴等。二是文化传承有形有感。"五老"工作室的规范运营,吸引了越来越多的非遗文化传承项目入驻或单独设立"五老"工作室,开展教育教学和师承传授活动。比如,高密市姜庄镇"五老"工作室,组织"五老"开展扑灰年画、剪纸、泥塑等非遗文化传承,培养新一代非遗传承人80余名。潍坊市奎文区陈玉林工作室,配备网络直播设备,开展线下线上风筝课堂,面向海内外传播风筝文化。聊城市临清的"大众公园'五老'工作室"、冠县的"四股弦剧团工作室"、茌平区的"老年大学五老工作室"等在传播戏曲、音乐、书法、绘画、太极拳等传统文化方面做了大量工作。三是平台拓展向实向优。随着"五老"工作室开展的关爱帮扶活动的深入,越来越多的社会力量主动对接工作室寻求合作,工作室成为汇聚社会力量、协调社会资源、为青少年成长成才办实事解难题的"策源地"。比如,寿光市成立"五老"婚姻调解工作室,面向社会招募老干部和各界志愿者300多名,在市婚姻登记处设立专门的工作室,对前来办理协议离婚的每对夫妻开展调解劝和服务,6年时间让7440多个即将破碎的家庭重归于好,劝和率43.2%,让1万多名儿童保有完整的家庭。安丘市"李学海工作室"发起成立安丘学海教育基金会,筹集资金402万元资助困难学生完成学业、帮扶困难老师、帮助学校改善办学条件。青州市老战士"五老"工作室,积极捐款筹措社会资金开设"年度公益金",为困境学生购买图书、文具等学习用品,每年还为2~3名大学新生发放助学金等。

### (四)积极意义

随着"五老"工作室建设工作的不断深入,其社会效应逐渐显现。一是彰显了新作为。建设"五老"工作室是老干部工作部门和关工委深入贯彻落实习近平总书记对老干部工作和关心下一代工作重要指示批示精神,引导老同志践行"为党和人民事业增添正能量"价值取向的生动实践创新,进一步丰富了老干部发挥作用的时代内涵。二是拓展了新空间。"五老"工作室眼睛向下、脚步向下、资源向下,建在城乡社区等基层单位,把关心下一代工作直接推送到青少年和群众身边,打通了老同志服务青少年的"最后一公里",进一步丰富了关心下一代工作的载体和路径。三是激发了新活力。"五老"工作室适老知老助老用老,为"五老"就近就便发挥作用提供了固定场所,为"五老"开展关心下一代工作提供了有力的支持和保障,进一步提高了"五老"的归属感、荣誉感、责任感,工作室的老同志普遍呈现出良好的工作状态和高涨的工作热情。四是提供了新途径。"五老"工作室建设是关工委和有关部门、社会各界大力支持和共同努力的结果,建成的"五老"工作室为统筹社会各方资源、动员组织更多社会力量参与和支持关心下一代工作提供了新途径和新契机。

## 二 "五老"工作室建设存在的问题

调研发现,"五老"工作室在实际的工作中,也面临一些困难和问题。一是认识有误区。一些市、县关工委在开展关心下一代工作的理念和方式上仍过分倚重于发挥关工委的组织力和影响力开展工作,对组织动员"五老"、发展壮大"五老"队伍、更好发挥"五老"主力军作用的重视程度不高,对"五老"工作室在助力"五老"发挥作用、直接服务青少年方面的重要作用认识不充分,推动和加强"五老"工作室建设的积极性不高,研究偏少、方法不多,工作推进力度不大,山东的"五老"工作室建设呈现自发、零星分布等特点。二是建用有脱节。一些地方花大气力建成一批"五老"工作室,但是对工作室的"后半篇文章"即管理和使用的重视程度不够,工作室高质量开展教育活动得不到保障。一些"五老"工作室的活动内容和方式与青少年的兴趣爱好和需求未能实现有效衔接。部分"五老"对青少年成长规律的研究不深、把握不准,教育方式方法不够灵活、教育形式不够丰富,特别是在使用新媒体方面不够熟练,活动的针对性和有效性需要进一步提升。三是保障有困难。目前"五老"工作室的建设场地主要是有关部门、社团组织特别是社区现有的公共用房,部分由"五老"个人自

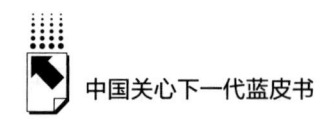

愿提供，工作室的使用权上不能得到保障。"五老"工作室的日常运转开支，主要依赖于房屋产权单位（多是社区居委会或村委会）或开展活动的"五老"个人承担，在工作室工作的"五老"因活动产生的通信、交通等费用没有落实依据，也多是个人自筹，"五老"工作室的长期运转面临的不可控因素较多。四是青少年参与度不够高。工作室多建在社区或教育基地内，主要覆盖工作室周边社区的青少年，因宣传力度不大、影响力不足等，青少年难以经常参与活动，工作效果难以保障。一些学生家长对工作室不够了解，担心影响孩子学业，不愿意让孩子长期到工作室活动。

## 三 推进"五老"工作室建设的对策建议

"五老"工作室建设是贯彻落实习近平总书记对关心下一代工作重要指示批示精神，组织动员更多老同志参与关心下一代工作的重要方式，是重视和保障好"五老"发挥主力军作用、实现新时代关工委工作高质量发展的有力措施，推进"五老"工作室建设很有必要。

### （一）示范推动

以省关工委、省委老干部局名义，联合评选和命名一批省级"五老"工作室示范点，以评促建、以评促改，发挥示范引领作用。

### （二）宣传推广

依托省级主流媒体和省委老干部局、省关工委的自有媒体，集中宣传报道一批"五老"工作室建设的先进典型和优秀事迹。总结潍坊、聊城等市在推进"五老"工作室建设方面的经验和做法，在省关工委工作通讯和关爱杂志上予以刊发，并向中国关工委媒体推报，提高社会知晓度。

### （三）指导推进

加大调研力度，更加全面地掌握全省"五老"工作室建设情况，在潍坊市安丘市和聊城市东昌府区召开全省"五老"工作室建设经验交流会，进一步培树典型、总结经验。

### （四）资金支持

鼓励引导各类资金支持各级关工委加强"五老"工作室建设。

### （五）教育培训

把工作室"五老"骨干列入关工委培训范畴，指导各地定期组织开展交流研讨、现场观摩等活动，不断提升工作室"五老"服务青少年能力。

### （六）关爱激励

把"五老"工作室的负责同志和积极参与者列为关工委组织看望慰问对象，进一步提高工作室"五老"的荣誉感、归属感、幸福感，吸引更多老同志参与"五老"工作室建设。

### （七）政策保障

把"五老"工作室建设作为全省关工委加强基层组织和"五老"队伍建设的重要内容。在条件成熟后，印发加强"五老"工作室建设专项指导意见，明确"五老"工作室建设的重要意义、建设方式、管理考核、服务保障、组织领导等，在全省范围内高标准推进"五老"工作室建设。

# B.16
# 中国关心下一代教育基地项目调研报告

中国关心下一代教育基地项目课题组*

**摘　要：** 中国关心下一代教育基地项目始于2013年,在中国关心下一代工作委员会的领导下,以建设"学生向往、老师幸福、社会敬重"的典范学校为目标,坚持改善学校硬件条件和提升教师素质并重,通过发挥关工委和"五老"的优势、中国社会福利基金会关心下一代基金的公益平台优势、财团法人中国信托慈善基金会的资金优势,积极争取当地政府支持,改善基地学校的学习生活环境,激发教师教学和学生学习的热情。项目使两岸携手助力教育均衡发展,有效推动了两岸文化交流合作,给予老少边穷地区教育事业关注和支持,是对欠发达地区儿童的人文关怀,体现了爱心、温暖了人心、凝聚了信心。

**关键词：** 教育基地　教育公平　教育均衡　民族团结

　　早在2013年,为贯彻落实国务院关于深入推进义务教育均衡发展的部署要求,中国关心下一代工作委员会(以下简称"中国关工委")与中国社会福利基金会关心下一代基金(以下简称"关心下一代基金")、财团法人中国信托慈善基金会(以下简称"中信慈善")联合启动中国关心下一代教育基地项目,为我国老少边穷地区提供更多的优质教育资源,助推全国教育事业均衡发展。为客观、及时地了解教育基地项目发展状况,把握基地学校的动态变化,进一步提升项目的针对性与实效性,中国关工委组织关心

---

\* 执笔人：王明辉,《中国火炬》杂志记者。课题组成员：黄长庆、徐磊、任力、顾宁宁、王明辉。

下一代基金向全国58所中国关心下一代教育基地学校发放调研问卷，内容涵盖项目实施情况、项目成效、项目面临的问题和挑战、对策建议等方面，对项目当前运行状况进行较为深入的考察分析后形成本调研报告。

# 一　项目背景

党的十八大以来，习近平总书记多次对关心下一代工作作出重要指示批示，"十年树木，百年树人。祖国的未来属于下一代。做好关心下一代工作，关系中华民族伟大复兴""青少年是祖国的未来和民族的希望""让贫困地区的孩子们接受良好的教育，是教育扶贫的重要任务，也是阻断贫困代际传递的重要途径"。

为深入贯彻落实习近平总书记对关心下一代工作的系列重要指示批示精神，中国关心下一代教育基地项目以建设"学生向往、老师幸福、社会敬重"的典范学校为目标，坚持改善学校硬件条件和提升教师素质并重，通过发挥关工委的"五老"（老干部、老战士、老教师、老专家、老模范）优势、关心下一代基金的公益平台优势、中信慈善的资金优势，推动基地学校发展。项目旨在援建老少边穷地区中小学校，以基地学校辐射带动本地区教育质量提高，积极推进教育公平，符合国家推进教育均衡发展的要求，得到了各地党委、政府和社会各界爱心人士的支持。截至2023年底，项目已惠及58所基地学校，覆盖了27个省区市、19个少数民族地区和8个革命老区，受益学生73774名，受益教师5473名。

在新形势下，党和国家对开展好中国关心下一代教育基地项目提出了新要求。2021年，中国关工委印发《中国关工委"十四五"发展规划和二〇三五年远景目标》，就深入实施"五老"关爱下一代工程、助力青少年成长成才提出要求，巩固拓展中国关心下一代教育基地、流动课堂教育项目成果，加强对老少边穷地区中小学和学前教育师资的培训，让更多青少年享受更加优质的教育资源。2022年，中办、国办印发《关于加强新时代关心下一代工作委员会工作的意见》，将中国关心下一代教育基地项目列入其中，

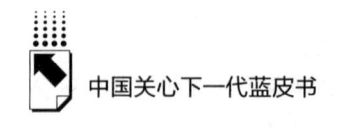

并专门作了论述：坚持因地制宜，创新形式，建好全国关心下一代党史国史教育基地、中国关心下一代教育基地、"五老"工作室等教育阵地。

## 二 项目实施情况

中国关心下一代教育基地项目在实施过程中，通过精准择校、现场挂牌、投资建设、强化师资、育人活动、追踪回访、扩大宣传等环节，助推了基地学校的飞速发展。

### （一）精准择校

教育基地项目所选的学校，多数是位于办学条件有限的落后、欠发达、边远及少数民族地区，当地政府对学校的发展高度重视，有长远目标及规划，且学校所处区域人口资源丰富，距离中心城镇相对较近，学校教师队伍忠于教育事业，有强烈的责任感和事业心。

在选择学校方面，首先，由两名负责项目的老专家提出方案，由中国关工委从战略布局的角度，指导项目组划定择校区域；其次，划定区域的关工委通过调查推荐两所备选学校；最后，项目组会同中信慈善深入备选学校考察，综合分析对比后确定挂牌学校。

选择学校是项目正式启动的第一步，不是简单地走个流程，而是带着中国关工委的关怀，带着地方关工委的期待，带着地方学校、老师、家长改变当地教育状况的愿望，带着孩子们对知识的渴望进行的，这是教育基地项目的初心和使命。在某种意义上说，选择到一所合适的学校，项目就已经成功了一半。

### （二）现场挂牌

现场挂牌是教育基地项目运行中的关键一环，由省、市、区县三级关工委认真研究后确定议程。议程包括中国关工委领导讲话，当地市委、市政府主要领导致辞，中信慈善高层领导寄语，学校校长发言，少先队员代表感言等。其间,中国关工委领导和中信慈善领导共同为"中国关心下一代教育基地"揭牌,并向基地学校现场捐赠50万元用于建设。省、市、区县三级关工委主任,以及当地组织部门、教育部门、宣传部门等领导出席挂牌仪式。

挂牌仪式体现了中国关工委对教育基地项目的深入布局。第十届全国人大常委会副委员长、中国关工委主任顾秀莲全程参与项目洽谈,专程参加学校挂牌仪式;中国关工委原常务副主任武韬亲力亲为参与项目实施,对项目各环节给予指导和把关,把对基地学校广大师生的关爱,融入项目全过程。每所学校举办的挂牌仪式都非常庄重,全校师生备受鼓舞。

为教育基地项目提供资金支持的中信慈善,长年专注于对弱势孩童的帮扶,是由辜振甫先生的侄孙辜仲谅先生发起成立的。中信慈善向项目捐赠了4000万元的资金,并且参与了每一所基地学校的挂牌仪式。

## (三)投资建设

基于50万元的建设资金,教育基地积极改善基础设施,更新教学设备,推动学校现代化教学、办学进程,提升硬件实力,助力教育均衡发展。有的建了塑胶跑道,有的建了计算机房,有的改造了厕所。不少学校新建了学生和教师公寓、标准化食堂、供热锅炉房、浴室等,解决了师生住宿环境不佳、吃饭难、洗澡难等问题。特别是福建省宁德市蕉城区民族实验小学(2016年12月前称"金涵中心小学")借助于项目的影响力,选址重建了面积约2.4万平方米的新校区。大部分学校还创建了自己的少年宫,如宁夏回族自治区中卫市海原县史店乡中心小学创建了乡村少年宫、四川省雅安市宝兴县灵关中学创建了"春泥"青少年宫,使学生有了自己发挥特长的平台和展示才能的空间。内蒙古自治区通辽市经济技术开发区新城实验小学则是创建了一间AR足球室,孩子们在这里可以沉浸式参与西班牙皇家马德里足球学校训练课程。

## (四)强化师资

从2013年8月开始,教育基地项目定期组织基地学校校长和骨干教师

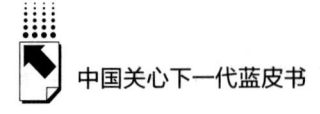

到北京参加7天的"园丁计划"系统培训,并到北京中小学名校进行学习交流。

"园丁计划"培训班起初在北京教育学院举办,后来转至北京师范大学。地点的变化反映了随着双方对项目意义的认知深化,不断探索方法模式创新。武韬在谈及开办"园丁计划"培训班的初衷时指出,"农村学校老师能到省城培训都很难,能来北京培训更是想都不敢想的事。而北京师范大学是培养师资的最高学府,教育基地的老师能来这里培训,必将为学校师资力量带来质的飞跃"。"园丁计划"开班仪式当天,顾秀莲主任会亲临现场,看望教师代表并讲话鼓劲,中信慈善执行长高仁杰也会参加开班仪式并讲话,"你们就是北师大的校友了",北京师范大学校长的这一句话温暖了参训老师。"园丁计划"培训班不仅为老师们送上了教学理论培训,还组织北京的名校如史家小学、北京二中等与基地学校结对子。参加培训期间,基地学校的老师走进这些名校听课、座谈,努力提升教学实践能力。

"退休后,加入关工委队伍,我很开心。因为借助教育基地项目可做些实事,为国家培养多层次人才。"中国前驻葡萄牙、俄罗斯、澳大利亚大使武韬用外交家的眼光,站在国际视野布局国内教育事业,使得教育基地项目站位很高。他用行动把"五老"精神诠释得淋漓尽致,永远把对党的忠诚放在第一位。基地学校的教师来京参加"园丁计划"培训时,他从衣食住行各方面,为坚守基层一线的教师送去温暖和鼓舞,被基地学校的教师们誉为"大先生"。

### (五)育人活动

众所周知,多彩的活动不仅能丰富孩子们的课外生活,还能激发他们的学习兴趣,提高他们的综合素质,从而实现德智体美劳全面发展。教育基地挂牌后,中国关工委携手中信慈善通过举办丰富多彩的活动,有效拓展了项目的外延。如举办民族展演活动强化孩子们爱国主义教育,举办篮球、足球、棒球等赛事探索教育多样化发展道路等。"发展棒球是一个好的契机,可以把孩子们带上更大的平台,现在唯分数论现象还普遍存在,真正意义的素质教育还有很长的一段路要走。有些孩子学习不好，但在体育方面有很浓的兴趣，通过发展体育，可以挖掘他们的潜能，帮助这些孩子成长成才。"武韬对教育均衡发展有深刻地理解，并将这个理念融入项目。秉持这个理念，基地学校已成功引入台湾地区的棒球项目、西班牙皇家马德里足球学校创建项目等。

2012年，教育基地项目组邀请前美国职业篮球联赛球员马布里到云南省西双版纳傣族自治州勐海镇曼贺小学与孩子们现场进行篮球互动。2014年四川省雅安市芦山县发生地震后，中信慈善邀请顾秀莲主任率灾区孩子赴台交流，并与辜振甫先生遗孀辜严倬云女士会晤，与国民党荣誉主席连战先生会见，就两岸关心下一代工作达成共识，有力地推动了项目深入开展。2017年，在福建厦门举办的海峡两岸关爱下一代成长论坛上，顾秀莲主任用基地项目案例呼吁两岸同胞携手同心，把两岸的下一代守护好、培养好。2019年，为更好地助力教育精准扶贫，中国关工委在山东省日照市莒县举办了中国关心下一代教育基地片区现场交流会；同年12月，在广东省关工委和中山市关工委的推动下，顾秀莲主任到中山市东升镇熊猫棒垒球基地调研，东升初级中学挂牌"中国关心下一代教育基地"。2023年12月，中山市关工委组织东升初级中学的孩子们参加了第十届中山"熊猫杯"青少年棒球邀请赛，与台湾地区的小学棒球队切磋球技，加深了两岸青少年的友谊。

此外，教育基地项目还开展了不同民族间的"手拉手"活动，邀请少数民族师生代表到北京、深圳等地交流。活动期间，他们走进人民大会堂，登上天安门城楼，领略祖国的发展变化，感受党和国家对各民族的重视。活动强化了少数民族青少年的中华民族共同体意识，使民族团结之花常开长盛。

（六）追踪回访

为及时了解基地学校面临的问题和困难，项目组每年初报计划、做预算，对挂牌五年以上的学校进行回访。

顾秀莲主任带头回访了基地学校内蒙古自治区乌兰察布市察右前旗奋进

小学，捐赠了价值33万元的鞋服、平板电脑、文具包等爱心物资。武韬每次回访基地学校时，都认真倾听师生的心声，竭力满足他们的心愿。中国关工委常务副主任吴德刚还对项目组提出"把基地学校的建设做得更扎实、更有成效，多做实事、要留有痕迹，真正造福地方"的具体要求。湖南省关工委主任杨泰波、内蒙古自治区关工委常务副主任王维山、重庆市关工委主任何事忠、陕西省关工委主任郑小明等省区市关工委领导，时刻关心基地学校发展，主动了解学校教职工和孩子们的工作、学习和生活情况，帮助解决其发展中的难题。基地学校所在的市区县关工委领导深入基地学校调研，把基地学校作为开展青少年各类教育活动的场所，倾注资源推动基地学校发展。

回访中，项目组协调北京分司厅小学教师到内蒙古自治区乌兰察布市察右前旗奋进小学进行"送课下乡"活动，把先进的理念带给奋进小学的老师。回访广西壮族自治区百色市汪甸民族初级中学、福建省宁德市蕉城区民族实验小学时，项目组再次向两校各资助20万元，用于购置体育器材、教师办公设备，改善学生住宿条件。

### （七）加强宣传

自2013年教育基地项目启动以来，从中央到地方，各级主流媒体线上线下相结合，全方位讲好教育基地精准扶贫的故事，传播好教育基地助力乡村振兴的好声音。

中央电视台报道：教育基地项目助力发展乡村教育，致力于让每个孩子都能接受公平、有质量的教育，是拔掉穷根、阻断贫困代际传递的重要途径。人民网报道："园丁计划"关注中西部教师专业成长，力挺中国教育腾飞。中国关工委主管主办的《中国火炬》杂志专派记者对教育基地项目进行了一系列追踪报道。报道通过记者的视角，看到了基地学校云南省勐海镇曼贺小学揭牌前后的巨大变化；以基地学校内蒙古自治区乌兰察布市察右前旗奋进小学特殊的"六一"节日为主线，讲述了留守儿童对基地学校揭牌前后的真实感受；记录了基地学校青海省尖扎县第一民族寄宿制学校的藏族老师参加"园丁计划"的切身体会。与此同时，基地学校所在省、市、区县的宣传部门和各级融媒体中心，利用电视台、报纸、广播、网站、微博、微信公众号等，全方位宣传项目建设各阶段的感人事迹，有效扩大了项目和基地学校的影响力。

台湾地区同样对教育基地项目进行了广泛宣传，为两岸携手帮助困境地区教育发展营造良好氛围，媒体把教育基地项目誉为"跨海关爱的种子""两岸携手共建中国关心下一代教育基地""以教育脱贫构架两岸公益交流平台"。

## 三　项目成效

十多年来，教育基地项目契合了教育现代化、教育优质均衡发展的时代要求，助推了两岸友好交流，多次获得党和国家领导人的重要批示。2017年3月24日，时任中共中央政治局委员、国务院副总理刘延东同志对项目作出重要批示：中国关心下一代教育基地项目，是两岸共建、传递关爱、助力教育扶贫和民族团结的有益探索。2019年4月3日，时任中共中央政治局常委、十三届全国政协主席汪洋同志对项目作出圈阅。同年4月4日，时任中共中央政治局委员、国务院副总理孙春兰同志对项目作出重要批示：中国关心下一代教育基地项目，在两岸携手教育扶贫、助力民族团结、推动交流合作等方面发挥了很好的作用。台湾合作方中信慈善高度评价项目成果，并赞赏两岸手挽手、肩并肩，共同关爱下一代的工作模式，决定于2019年6月开始，继续捐资3000万元用于开展为期6年的二期项目。

### （一）获得各级党委、政府的政策与资金扶持

基地学校挂牌后，迅速引起地方党委、政府和教育部门的高度重视。他们加大了对基地学校的政策支持与投资建设力度，为基地学校赢得更多的关注和好政策，使学校的发展被纳入地方政府教育发展规划。经过各级关工委老同志们走访协调，各地在基地学校改造和义务教育基本发展均衡等重点工

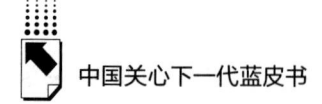

作上普遍给予优先保障。还有的学校被列入民生建设项目，当地教育部门制定了项目建设优先考虑、设施配备优先满足、年轻教师优先补充、培训学习优先安排的"四优先"发展策略。

截至2023年底，项目辐射带动各方为58所学校投入资金6.34亿元，带动物资投入9090.33万元。如福建省宁德市向基地学校蕉城区民族实验小学投入了1亿多元，贵州省贵阳市花溪区高坡乡中心完小获投资8200万元，辽宁省抚顺市新宾满族自治县南杂木镇中心小学获注资3800万元，安徽省六安市金寨县汤家汇实验学校先后引入资金近3500万元，山东省日照市向基地学校莒县峤山镇中心小学投入了3000多万元。

### （二）促使基地学校面貌发生巨变

通过项目援建，基地学校焕然一新。过去的低矮平房、泥巴地操场，变成明亮的教学楼、整洁的塑胶操场。内蒙古自治区乌兰察布市察右前旗奋进小学校舍铺设了地暖，做了外墙保温，硬化了校园路面，并将每间教室都更换了门窗，教室内铺设了地板砖；安徽省六安市金寨县汤家汇实验学校已发展成集综合大楼、教师宿舍楼、学生宿舍楼和教学区、绿化区、运动区于一体的县级重点乡镇实验学校；四川省西昌市民族中学有了太阳能浴室和宽敞的食堂，孩子们可以在学校免费洗浴，再也不用蹲在露天地里吃饭了；甘肃省定西市漳县武阳西街小学修建了新的教学楼和学生宿舍，教室通了暖气。

截至2023年底，58所基地学校占地总面积增加了11.74万平方米，教学教室增加429间，音体美等功能教室增加304间，室内运动场所增加48处，室外运动场所增加233处，操场跑道增加4060米；计算机增加了2650台，教学白板增加了419套，"班班通设备"增加了596套；新建校内花园3.83万平方米、校园草坪1.2万平方米、劳动实践园地3.04万平方米。

### （三）提升了基地学校教师整体综合素质

截至2023年底，教育基地项目举办"园丁计划"培训班11期，培训了3634人次，基地学校教师资源匮乏现象得到一定程度地缓解。

参训教师大多数是第一次来北京，他们认真聆听知名教育专家讲座，参观北京优质学校，学习前沿的教育教学理念，在开阔了视野的同时，更坚定了扎根基层教育的信心。如基地学校云南省西双版纳傣族自治州勐海镇曼贺小学的老师刘雪（哈尼族）说："作为一名祖国西南边陲的少数民族乡村音乐教师，能有机会到国家大剧院看音乐剧，这在以前是想都不敢想的事情。"内蒙古自治区乌兰察布市察右前旗奋进小学的语文老师卢晓丽说："我原以为教学就是老师讲、学生听，但参加了'园丁计划'培训班后，我认识到教学氛围和师生间的互动甚至比教学活动本身更重要。"青海省黄南藏族自治州尖扎县第一民族寄宿制学校的老师青羊卓玛（藏族）说："作为一名高原上的农村教育工作者，我做梦都没想到会来到祖国首都北京，更没想到能听到北京名师的精彩授课，这转变了我的育人态度。"

参加"园丁计划"培训的老师带着荣耀和责任回到基地学校，又以讲座、座谈的形式，将学到的先进教育理念、教学方法传授给其他教师，在促进了当地教师队伍整体水平提升的同时，也吸引了更多老师加入基地学校。截至 2023 年底，58 所教育基地学校教师总数增加 1142 人。从学历结构上看，专科增加 201 人，本科增加 873 人，硕士研究生增加 43 人；从职称结构上看，高级职称增加 434 人，一级职称增加 623 人，二级职称增加 574 人；从教师成长情况上看，提为校级干部的有 199 人，提为教学骨干的有 505 人，调任外校任校级干部的有 92 人；从获奖情况上看，基地学校的教师在全国举办的各项活动中获奖 2900 余次，被评为十佳德育工作者、优秀教育工作者等的有 421 人次。

### （四）激发了基地学校孩子们的学习内生动力

校园环境的改变，教职工教学水平的提高，也使得学生的精神面貌发生了巨大改变，促进他们在德智体美劳方面实现"五育并举"。校园里尊敬师长、团结友爱、勤奋刻苦的学生多了。基地学校青海省黄南藏族自治州尖扎县第一民族寄宿制学校的学生东措卓玛（藏族）说："是关工委为我们创造了这么好的学习环境，在这里，老师就是我的父母，同学就是我的兄弟姐

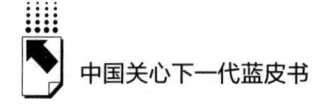

妹，而学校就是我的家，我非常爱这所学校。"

通过项目援建，基地学校的孩子们有了梦想。有的想成为杨丽萍那样的舞蹈家，有的想成为中国的"凡·高"，有的想长大后当老师把知识传下去。"我们一定不辜负关工委和'五老'的希望，要努力学习科学文化知识来改变命运、改变家乡的贫穷落后的面貌。"孩子们的声音略显稚嫩，但也印证了武韬所说的"为贫困地区的孩子做点实事可以改变他们的一生"。截至2023年底，58所基地学校学生获省级奖项的有611人，获市级奖项的有1145人，获区县级奖项的有3426人。

### （五）搭建起海峡两岸友好交流的桥梁

关工委和中信慈善双方借助教育基地项目，架起了两岸友好交流的桥梁，播撒了"台湾、大陆两岸一家亲"的种子，受到两岸各界的广泛好评。在项目推进过程中，双方深感两岸民众加强交流、共同发展的愿望从未改变，两岸同胞血浓于水的骨肉亲情从未改变，两岸爱心人士为青少年谋福祉的初心从未改变。顾秀莲主任多次参加学校挂牌仪式，出席历届"园丁计划"开班仪式，被台湾同胞誉为"亲力亲为、一生奉献"的典范。武韬亲自指导实施项目，亲赴每一所基地学校挂牌仪式，为贫困地区的孩子们和坚守基层一线的教师送去温暖和鼓舞，被台湾同人视为"敬重、信赖、亲密的长者、先辈兼伙伴"。

每一次基地学校挂牌，每一期"园丁计划"开班仪式，中信慈善高层都亲自从台湾赶来。他们亲身感受了大陆的社情、民情，看到了党委、政府和社会力量增进基层福祉的实际行动，感受到了祖国和人民对基层的重视，对边远、贫困地区孩子们的关爱，以及对台湾同胞的友善和亲切。中信慈善执行长高人杰先生感慨地说："这一路走来，给我们留下印象最为深刻的，正是关工委这'五老'精神的精髓和可贵。"中信慈善对两岸携手同心、交流合作更有信心，表示要将这种感情反馈到台湾地区，呼吁更多的同胞参与两岸交流，不断为两岸关系发展增添动力。两岸携手教育扶贫，有效推动了两岸教育文化交流合作，在两岸尤其是基层民众中产生广泛影响。

### （六）引发了基地学校品牌效应

经过十多年的发展，教育基地项目逐渐被打造成中国关工委的一项工作品牌，产生了巨大的品牌效应。基地学校要得到越来越多的来自社会各界的关注和认可，受到当地家长和学生的欢迎。如福建省宁德市蕉城区民族实验小学生源从2016年挂牌前的不到700名，增长到现在的2148名，增幅2.11倍。新疆维吾尔自治区乌鲁木齐县永丰中学2011年挂牌时，学生人数为498人，其中少数民族学生160人；到2023年，共有学生957人，增幅近1倍，其中少数民族学生791人，增幅3.94倍。

截至2023年底，58所基地学校学生增加13888人，包含幼儿园724人、小学生8847人、中学生4317人。其中，少数民族学生有3433人，占比24.7%。

### （七）助力了留守儿童健康成长

顾秀莲主任在农村关心下一代工作座谈会上强调，坚持把农村留守、流动儿童和困境儿童作为重点关爱服务对象，积极探索结对关爱和阵地关爱等陪伴成长模式，实现关爱模式的新发展。教育基地项目在服务留守儿童、流动儿童方面也起到了重要作用。截至2023年底，58所基地学校的留守儿童有1888人，占比13.6%。基地学校对他们进行了有针对性的关爱，助力其健康成长。

安徽省六安市金寨县汤家汇实验学校共有843名学生，其中留守儿童240人，较挂牌前增加140人，占全校学生的28%。他们的家长有的在教育观念和教育方法上存在误区，学校把提高这些家长的素质和家教水平作为重点工作来抓。宁夏回族自治区吴忠市同心县预旺镇中心学校严格落实电子学籍管理制度，积极对留守儿童和残疾儿童建档立卡，确保进城务工随迁子女、留守儿童、残疾儿童100%就学。本着"不让一个学生掉队"的原则，江苏省徐州市睢宁县王集镇中心小学要求每位教师走下讲台、走到身边、弯下腰来，亲切地关心、帮助留守学生等弱势群体，给他们信心

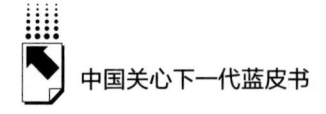

与力量。四川省雅安市宝兴县灵关中学对留守儿童做到"三优先"：学习上优先辅导、生活上优先照顾、活动上优先参加。福建省宁德市蕉城区民族实验小学每年开展"关爱微心愿"活动，帮助留守儿童、流动儿童实现愿望。陕西省咸阳市泾阳县口镇中学对留守儿童实施建档立卡、师生结对等措施，让他们感受到集体的温暖和关爱。云南省文山壮族苗族自治州麻栗坡县杨万中学的留守儿童数量呈上升趋势，为此，学校通过家访对他们进行结对帮扶。

### （八）增强了中华民族共同体意识

截至2023年底，全国有19个少数民族地区建立了中国关心下一代教育基地学校，学生涵盖了蒙古族、哈尼族、维吾尔族等28个少数民族。其中，海南省白沙黎族自治县七坊镇中心学校，共有1787名学生，含黎族、苗族学生1410人，占全校学生的79%。

在项目推进过程中，广大师生的中华民族共同体意识得到加强。宁夏回族自治区中卫市海原县史店乡中心小学、新疆维吾尔自治区喀什市第四中学、四川省西昌市民族中学等一大批学校被评为民族团结进步示范学校。湖南省郴州市宜章县莽山民族学校等，在促进民族地区教育发展中发挥了重要作用，少数民族群众切实享受到义务教育均衡发展带来的红利。在新疆维吾尔自治区乌鲁木齐市乌鲁木齐县永丰中学、内蒙古自治区通辽市蒙古族学校、广西壮族自治区河池市大化瑶族自治县六也乡中心小学等学校，广大师生唱响了"中华民族一家亲"主旋律。

## 四 项目面临的问题和挑战

十多年来，教育基地项目取得了一定成效，但距离党委和政府的要求和人民群众的期盼还有差距。如基地学校面临着基础建设比较滞后、师资力量比较薄弱、教师结构不合理、生源不足等问题；项目组面临着对基地学校缺少有效的监管、开展工作缺乏创新、对教师的培训力度有限、后续帮扶乏力等问题。

调研数据显示，58所基地学校中师资力量薄弱、专业教师严重缺失的有19所，教育理念落后、科研能力弱的有18所，校舍面积紧张、活动区域不足的有18所，教学设施落后、存在安全隐患的有17所，留守儿童亲情缺失的有14所，教师结构不合理、教师老龄化问题严重的有10所，生源流失严重的有9所，办学资金短缺、发展后劲不足的有7所。

此外，从客观环境来看，出生率持续走低甚至负增长的人口结构变化，对做好教育基地项目也提出了新挑战。受此影响，吉林省延边朝鲜族自治州敦化市官地镇中心小学在校生由原来的1800人减少至近几年的800人。

## 五 对策建议

调研发现，大部分基地学校普遍存在基础差、底子薄、生源堪忧的问题，短期内很难与当地优质学校发展水平相当。为解决这些问题，迎接新挑战，项目组提出以下对策建议。

### （一）持续争取党委和政府的政策引导

教育基地项目将持续争取党委和政府的政策支持，促进城乡教育资源合理配置。希望党委和政府明确相关部门的教育职责，做好监督、问责工作，为教育均衡发展提供有力的保障；把教育基地项目列入对台交流重点项目，吸引更多台胞参与两岸携手的关爱公益活动，促进双方增进情感、深化共识；把基地学校建设列入地方重点工作计划和教育事业发展规划，在项目安排、师资配备、资金投入等方面予以支持；加入对基地学校的投入，改善学校基础设施条件，保障学校教育教学有效运转；对投入的经费需要做好专项管理工作，切实做到专款专用，对于不达标的教育基地要采取重建措施；以教育公平为出发点，关注项目学校特殊群体的教育，针对留守、流动儿童等弱势群体建立完善的关爱帮扶体系，共同促进教育均衡发展。

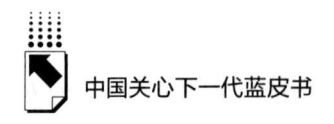

## （二）不断优化基地学校师资结构

城乡师资差距是导致教育发展不均衡的首要因素。教育基地项目可以通过建立完善的教师补充机制，为乡村地区补充优质的教师；通过"园丁计划"教师培训，逐步建立健全乡村教师培训机制，加大对乡村教师的培训力度，不断提升乡村教师教学能力和水平，进一步缓解师资结构失衡带来的各种问题；可以建立基地学校教师交流机制，协调优质学校的专业教师帮扶基地学校的发展；呼吁教育系统关工委在基地学校广泛开展活动，如北京市教育系统关工委举办的"老校长下乡"活动等，弥补音、体、美等专业教师不足的问题。

## （三）着力创建跨地区教育资源共享机制

教育基地项目将继续努力促进城镇优质教育资源向乡村地区流动，实现城乡教育一体化发展。如贵州省贵阳市花溪区关工委已通过人大、政协以提案的形式，为基地学校花溪区高坡乡中心完小的学生搭建起进入城区优质学校学习的平台。此外，项目还可以建立城乡教师帮扶机制，加强教师之间的交流和沟通，让优秀的教育思想和教学理念得以传承和发展；鼓励城市优秀教师到基地学校举办讲座，推动乡村教师继续教育工作的开展，增强他们的工作积极性，提升其教学能力和水平，为教育均衡发展贡献力量。

## （四）努力构建基地学校多元化教育体系

在探索合适的乡村教育发展模式的过程中，教育基地项目鼓励有条件的学校构建多元化教育体系，着力研发特色课程，走特色教育和职业教育发展道路，力争在教育公平上实现弯道超车。教育基地以学生为中心，可以开展艺术教育、体育教育、实践教育等，不断丰富教育内容和方法，让学生爱上学习，实现全面发展。从调研结果来看，一些基地学校已经开始朝这个方向发展。如内蒙古自治区通辽市经济技术开发区新城实验小学抓住挂牌"西班牙皇家马德里足球学校"的契机,大力开展体育教学,推动学校各项工作有序开展;甘肃省天水市麦积区甘泉中学被确定为首批"全国学校体育工作示范学校",学校组建了自行车队,培养了1名国际运动健将、2名国家运动健将、44名国家一级运动员;广东省中山市小榄镇东升初级中学制定了棒球队发展规划,推动棒球运动发展;江苏省徐州市睢宁县王集镇王集小学紧抓儿童画特色办学,广东省韶关市乳源瑶族自治县民族实验学校以"谦和文化"创建全国少数民族文化育人特色学校。

面对人口出生率持续走低的现实,在有条件的地区,教育基地项目要及时调整布局,积极探索与优质学校、爱心企业合作办学模式,走集团化办学之路,助推本地区义务教育均衡发展。如新疆维吾尔自治区乌鲁木齐县永丰中学与乌鲁木齐市第十二中学开展集团化办学,甘肃省定西市漳县武阳西街小学研发了集团办学模式,新疆和田地区第一中学持续发挥北京援疆教师和结对共建学校等优质资源的作用,辽宁省新宾满族自治县南杂木镇中心小学与抚顺市实验小学、顺城区大自然小学共建教学联盟。

### (五)用心用情做好回访及宣传工作

项目组将密切关注基地学校的运行状况,用心用情做好回访工作,并通过不断加强宣传,随时展现基地学校发生的可喜变化,讲好两岸携手助力义务教育均衡发展的故事,从而使海峡两岸统一思想、凝聚力量。让台湾同胞的善意和爱心,有机会传播到大陆,也鼓励大陆更多的爱心人士参与两岸携手关心下一代公益活动,在促进两岸交流、融合的过程中,推动教育均衡发展。

党的二十大擘画了以中国式现代化全面推进中华民族伟大复兴宏伟蓝图,并强调指出,教育是国之大计、党之大计。党中央、国务院高度重视并大力促进教育公平。下一步,中国关心下一代教育基地项目要始终坚持以习近平新时代中国特色社会主义思想为指导,站在中国式现代化全局的角度思考自身的地位和作用,共同为全面贯彻党的教育方针,落实立德树人根本任务,助力教育公平,培养德智体美劳全面发展的社会主义建设者和接班人作出新的贡献,以实际行动助推教育事业高质量发展。

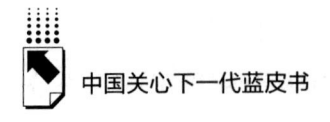

# 参考文献

《习近平：坚持服务青少年的正确方向　推动关心下一代事业更好发展》，新华网，2015年8月25日。

《习近平就做好关心下一代工作作出重要指示》，新华社，2020年11月18日。

陈江旗主编《中国关心下一代研究报告（2022~2023）》，社会科学文献出版社，2023。

王明辉：《教育扶贫　托起山里娃的希望——"中国关心下一代教育基地"云南曼贺小学回访记》，《中国火炬》2019年第4期。

柏立山：《义务教育均衡发展与城乡一体化的标准化路径研究》，《中国标准化》2024年第10期。

# B.17 关于推动"健全学校家庭社会协同育人机制"的调研报告

宋建军 萧斌臣*

**摘　要：** 党的十八大以来，以习近平同志为核心的党中央高度重视家庭教育，《中华人民共和国家庭教育促进法》的颁布，标志着家庭教育进入法治化阶段。自2015年起，在中国关心下一代工作委员会的指导下，中国关工委事业发展中心携手专业团队，通过实施"家校社共育"实践区建设项目，针对不同区域的家长、教师、少年儿童等不同群体，开展家校社共育的策略研究和实践，在助力完善家庭教育指导服务体系、推动健全学校家庭社会协同育人机制方面做出了卓有成效的工作。本文旨在探讨关工委指导下的促进家校社协同育人机制体制建设实践中的政府调控功能、先进理念导入、组织机构设立、多部门职能分工、专家团队设计引领、课程研发与传播、种子教师团队建设、活动设置、过程管理、有效评价和区域模型建立等。

**关键词：** 家庭教育　协同育人　家校社共育　政府主导

## 一　"协同育人"政策背景

2018年9月10日，习近平总书记在全国教育大会上指出，办好教育事业，家庭、学校、政府、社会都有责任。教育开启由政府主导、社会协同的

---

\* 宋建军，中国关工委事业发展中心办公室副主任；萧斌臣，北京三宽教育科学研究院院长。

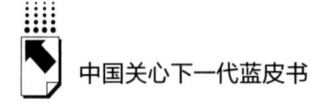

高质量发展时代。党的十八大以来，习近平总书记多次在不同场合提出要注重家庭、注重家教、注重家风，强调家庭的前途命运同国家和民族的前途命运紧密相连，同时发表了一系列重要论述，指引家庭文明建设取得历史性成就。

政府主导家庭教育工作的法律规定。2022年1月1日实施的《中华人民共和国家庭教育促进法》，标志着家庭教育开启法治化进程，家庭教育从"家事"上升到"国事"。党的二十大在对社会主义文化建设做出重大部署时，将"加强家庭家教家风建设"作为"推进文化自信自强，铸就社会主义文化新辉煌"的重要内容，凸显了加强家庭家教家风建设对于全面建设社会主义现代化国家、增强实现中华民族伟大复兴的精神力量、巩固全党全国人民团结奋斗的共同思想基础的重要作用。为进一步加强家庭家教家风建设，指明了前进方向，提供了根本遵循。

中共中央、国务院作出"健全学校家庭社会协同育人机制"的重要决策。2022年10月，党的二十大报告明确指出，高质量发展是全面建设社会主义现代化国家的首要任务，教育领域的核心任务则是加快建设高质量教育体系，健全学校家庭社会育人机制。全面构建协同育人新格局，是重构教育生态的战略选择和重要任务。2023年5月29日，习近平总书记主持以"教育强国"为主题的中共中央政治局第五次集体学习，强调建设教育强国是全党全社会的共同任务。各级党委和政府要始终坚持教育优先发展，在组织领导、发展规划、资源保障、经费投入上加大力度。学校、家庭、社会要紧密合作、同向发力，积极投身教育强国实践，共同办好教育强国事业。全党全国人民要坚定信心、久久为功，为早日实现教育强国目标而共同努力。

教育部作出健全学校家庭社会协同育人机制工作部署并主动作为承担协同育人的主导作用。2023年1月，教育部联合中央宣传部、中央网信办、中央文明办、公安部、民政部、文化和旅游部、国家文物局、国务院妇儿工委办公室、共青团中央、全国妇联、中国关工委、中国科协十三部门颁发《关于健全学校家庭社会协同育人机制的意见》（教基〔2022〕7号），明确学校、家庭、社会协同育人要坚持政府统筹的工作原则，充分发挥政府统筹协调作用、加强系统谋划、推动部门联动、强化条件保障、促进资源共享和协同育人有效实施。

## 二 "协同育人"现状分析

学校是人才培养的主阵地,应发挥主导作用;家庭是孩子的第一课堂,家长应以身示范;社会是青少年成长发展的大环境,应提供学校和家庭以外的各种资源。学校、家庭和社会在青少年成长的不同阶段承担着相应的角色和使命,三者应基于青少年成长发展的共同愿景平等协作、协同共生、发挥各自优势。在校、家、社三方协同育人的背景和需求中,随着校家社共育工作实践的深入,协同育人模式在培养全面发展的个体和解决教育问题方面呈现出巨大潜力,同时,也面临着各种挑战,需要家庭、学校和社会的共同努力。通过克服这些挑战,协同育人模式有望为未来的教育体系带来积极的变革。

一是家庭教育理念方面,城乡差异很大,部分农村地区家长的教育观念相对比较滞后;部分城市家长在孩子成人成才的次序上误区仍较多,关心分数、考试、排名胜于关心孩子的健康成长;家长参与家长学校课程学习的自觉性和持续性还有待提高。

二是家庭教育内容方面,参与家长学校课程学习的家长数量仍需大幅提升;家长指导孩子的实际能力,处理亲子、家校关系的能力依然很弱。迫切需要得到就近的、个性化的、行之有效的指导和帮助;在城乡、社区和学校建立家庭教育指导站点的工作迫在眉睫。

三是校家社协同育人方面,建立校家社协同育人体制机制任重而道远。家长与学校的关系大多还处于被动状态,缺乏正确、科学、常态化参与学校教育的能力;比较多的校长、园长对建立新型校家社共育关系的认识不到位。大多还停留在建设传统家委会、举办学校开放日等层面上;社会各界对校家社协同育人的认知虽然较以前有所提高,但在如何建设校家社协同育人体制机制上还存在很多误区。

## 三 "家校社共育"实践区项目概况

近年来，中国关心下一代工作委员会贯彻落实习近平总书记关于"注重家庭、注重家教、注重家风"系列重要论述和关于关心下一代工作的重要指示批示精神，积极履行《中华人民共和国家庭教育促进法》《关于健全学校家庭社会协同育人机制的意见》等赋予关工委的工作职责，始终把立德树人作为根本任务，积极开展校家社协同育人工作，为家庭教育提供了重要的支持，在加强青少年理想信念教育和思想道德建设、帮助青少年成长成才、为青少年健康成长营造良好环境等方面发挥了积极作用，取得了显著成效。

2015年，"家校社共育"实践区建设项目诞生于滨州经济技术开发区。在中国关心下一代工作委员会的指导下，历时三年在滨州经济技术开发区开展家校社共育的策略研究和实践，探索出党委和政府主导、教育部门统筹、多家部门联动、专业团队引领、学校校长主抓、教师先行示范、家长全员参与、线上线下结合的"家校社共育"工作模式，"家校社共育"的积极实践让开发区教育呈现出重生之美，家长素质整体提升，家长对学校办学和教育工作的认同感、满意度更是达到98%，真正实现了教育零投诉，促进了社会文明进位攀升、教育生态的改变，对社会文明进程的推进、城市品质的提升产生了积极影响。

2018年3月起，在中国关工委事业发展中心的主导下，"家校社共育"实践区建设的"滨州模式"开始在全国复制推广，经过9年的倾力推进，已经在全国建成40个"家校社共育"实践区，覆盖135个县市、15000多所中小学幼儿园，并且成为关工委系统的重要工作品牌。"家校社共育"实践区建设根据国家关于建立覆盖城乡的家庭教育指导服务体系的总体布局，结合各实践区家庭教育的实际，深入开展理论建设和实践探索，在助力完善家庭教育指导服务体系、推动健全学校家庭社会协同育人机制方面做了大量卓有成效的工作。

## 四 "家校社共育"实践区项目运行机制

"办好教育事业,家庭、学校、政府、社会都有责任""健全学校、家庭、社会协同育人机制"是"十四五"时期对建设高质量教育体系提出的新的更高的要求。"家校社共育"实践区是教育界、政府、家庭、社会与专业团队有效结合。

### (一)"家校社共育"实践区建设体系

一个核心项目方面,即三宽家长学校专业化建设。

两支队伍建设方面,即种子教师与家长委员会队伍建设。

三项公益活动方面,即爱泽万家主题教育公益活动、家长学校开学周主题教育公益活动、赋能成长主题教育公益活动。

五项主题活动方面,即"一封家书"主题教育、家校社共育与家庭教育情景剧展演活动、家校社共育与家长教育讲师"金麦奖"推选活动、家校社共育"家长成长报告团"推荐活动、《中国家长之歌》MV征集活动。

### (二)"家校社共育"实践区建设的核心内容

三宽家长学校是中国关工委事业发展中心"家校社共育"实践区建设项目的核心内容,自2017年9月15日正式启动以来,一直紧跟时代的步伐和发展需要,每年都在升级换代。

**1. 家长学校课程专业化、系统化、学段化**

2017~2023年课程从"1-3.0版"迭代升级到"2-7.0版"。课程设计从面向幼儿园、小学、初中、高中四个学段的家长,延伸到社区的公民文明素质教育,这些规范、专业、系统、平台化的课程,全面支持了家长学校的专业化建设。课程的"B+C学习模式",不仅能满足学校和社区组织家长通过电脑端集体学习的需要,还可以满足家长用手机在家自主学习的需要。家长教育课程具有师资队伍专业化、课程论证规范化、集体备课常态化、课程内容系统化、课程服务立体化、课程制作现代化、课程播出人性化、家长学校平台化的八大特点。

2. 家长学校管理平台化

为了帮助学校优化家长教育管理体系，借助研发的课程学习和管理考核云平台，家长学校的学习、管理、考核、测评等实现网络化。家长、教师可以通过多种路径学习，为各地家校社共育与家长学校专业化建设提供智能化的管理手段，为中小学、幼儿园家长学校专业化建设提供系统的支持，为各地教育局和学校及时掌握家长学校建设情况等提供路径，为家长便捷地参与家长学校课程学习和相关教育教学活动提供了网络化的平台和技术支持。

3. 互联网+家长学校模式，破解留守儿童家庭教育难题

先进的互联网技术为家长学校破解留守儿童家庭教育难题奠定了坚实的基础，推动了探索和实践，取得了显著成效。例如，湖北五峰实践区加强"教育精准扶贫与家校社共育"建设，举办"爱相随·教育精准扶贫与留守儿童家庭教育"主题活动，直面教育热点、难点问题，突破传统思维模式，从唤醒外出务工家长的责任意识和培养亲子沟通能力入手，使全县留守儿童的家长可以通过手机移动端及时学习家长教育课程，并指导家长通过网络给予孩子心灵的陪伴。此外，学校也能通过家长学校的云平台与留守儿童家长进行沟通，改善留守儿童的家庭成长环境，践行扶贫先扶智，努力从根源上切断贫穷代际传递的链条。

4. 家长学校城乡全覆盖，促进教育均衡发展

目前，家长学校课程已覆盖1.5万多所中小学、幼儿园和城乡社区，惠及3000多万户家庭，每周都有数以百万计的家长和教师同时在线参加学习，实现了城乡全覆盖，极大地缩小了城乡之间、地区之间、学校之间家长教育的差距。各地家长都能够听到优秀的专家讲课，获得高品质的课程资源。这有利于促进教育公平，形成家长教育和学校教育同步发展、良性循环的生态。

## （三）公益活动赋能家庭教育

### 1. 疫情期间，"非常课堂"公益活动惠及千万家庭

在疫情防控时期，在中国关工委事业发展中心的指导下，各实践区快速行动，开展了"非常课堂"公益活动，社会效果明显。2020年2月3日至3月31日，58天66节高质量专业家长教育课程，通过新媒体迅速传播到全国31个省区市。全国许多地方教育局等政府部门发出学习通知或倡议；许多地方平面媒体、数字电视、云平台等引进"非常课堂"；很多公众号转载"非常课堂"的课程；累计覆盖全国5000多万户家庭，收听收看"非常课堂"家长教育课程近1亿人次。学习强国、今日头条、中国教育报新闻网、中国关心下一代工作委员会《火炬》杂志、北京晚报新视觉、山东省党报"大众网"等众多媒体对"非常课堂"进行报道。其中，四川省教育厅资源云平台每天都有10万户以上的家庭在学习。

"家校社共育"工作实现了突围式的质的提升，进入了一个新的历史发展时期。

### 2. 自2022年起，连续两年在学习强国启动"家长学校开学周"活动

为了推动《中华人民共和国家庭教育促进法》的宣传普及与贯彻实施，落实《关于指导推进家庭教育的五年规划（2021—2025年）》的要求，促进家校社共育与家长学校专业化建设，为未成年人身心健康营造良好的成长氛围，自2022年起，每年9月开学季，在"学习强国"平台启动"家长学校开学周"主题教育公益活动。

活动得到各地教育局、关工委、妇联等部门的积极响应和大力支持，产生了良好的社会效果。据统计，两届开学周活动来自全国21个省区市的教育局、关工委、妇联等99个单位以不同形式组织倡导家长参加学习，累计学习人次达到2352.9万。

### 3.《中华人民共和国家庭教育促进法》宣传教育活动——"爱泽万家"家庭教育公益大讲堂

为了深入学习习近平总书记关于家庭教育的重要论述，贯彻落实2021

年12月《教育部办公厅关于学习宣传贯彻〈中华人民共和国家庭教育促进法〉的通知》，以赋能家长千百万、激活教育新动能为切入点，共同推动教育高质量发展。2022年5月15日国际家庭日，开启了面向"家校社共育"实践区的《中华人民共和国家庭教育促进法》宣传教育活动——"爱泽万家"家庭教育公益大讲堂工作。

中国关工委"五老情"栏目全程转播了"爱泽万家"的直播课程，并号召全国"五老"成员参与课程学习。活动通过新媒体平台传播后，参加学习的家长来自31个省区市的227个地级市，以及香港、澳门两个特别行政区，有159万人持续参加学习，学习人次达993万。

4."赋能成长——学生生命安全与心理健康教育"主题公益活动

党的二十大报告提出，"推进健康中国建设"，"把保障人民健康放在优先发展的战略位置"。党中央、国务院十分重视中小学生的生命安全与健康成长，要求加强学校健康教育，把维护青少年的身心健康作为工作重点。

疫情防控期间，教育部发出紧急告家长书，提出关注孩子身心健康的具体要求。为了将教育部《防疫安全告家长书》的要求传达到广大家长，助力学生身心健康成长，2022年12月1日启动了"赋能成长——学生生命安全与心理健康教育"主题公益活动。连续28天每晚一节安全与健康教育公益课程。活动得到了各界新闻媒体的关注。参加学习的家长来自31个省区市及香港、澳门、台湾等特别行政区的491个县市区，学习人次达269万，互动总数为313万条。

## 五 项目实施情况及成效

在中国关工委指导下实践区经过多年的探索，携手"家校社共育"实践区项目专家团队和各地项目单位，制定了科学、规范的实践区建设制度体系和教育评价体系。根据各地实际和教育需求，为每个区域设计针对不同受众群体的建设方案、各实践区根据实际情况进行了各具特色的个性化模式创建并结合当地教育发展实际形成各具特色的建设经验、样本或模型，让各地的"家校社共育"实践区建设内容更丰富、活动更鲜活、视角更多元、形式更出彩，让人民群众参与的积极性更高、获得感更强。为"健全学校、家庭、社会协同育人机制"、区域教育生态改善、构建大教育格局探索出了一条科学而务实的发展之路。

（一）滨州"家校社共育与家长教育新高地"

滨州是全国"家校社共育"实践区建设的倡导者、探索者、先行者。滨州在"家校社共育"实践中，提出"家校社共育，家国梦共圆""唤醒家长千百万，激活教育新动能""关注一家三代共同成长"等教育理念。在区域教育改革中成功地将"家校社共育"理念付诸实践，取得重要成果和可复制的经验模式，在"家校社共育"实践中创新性地构建起"家长教育"与"公民教育"密切的逻辑关系，率先开展以"家长教育"为抓手、促进公民素养提升、促进文明城市（区）建设的试验，且取得了显著成效，总结提炼了"党委政府主导，教育部门主抓，专家团队引领，教师示范先行，家长全员参与"的家校社共育的"滨州模式"。家校社共育的"滨州现象"引起中国关工委、教育部关工委、共青团中央、北京大学、联合国教科文组织CISV中国区总部、中国下一代基金会的关注，以及新华社、人民日报、中央电视台、中国教育报等媒体部门的报道。四川、河北、山东、安徽、湖北、江苏、河南等地教育局、关工委领导纷纷到滨州参访学习，或邀请滨州经济技术开发区教育局负责人、校长园长外出"传经送宝"。

（二）重庆市"家校社共育暨家庭教育实践校建设"

2019年，重庆市成为"家校社共育实践区"后积极开展了"家长学校"试点和推广工作，全市39个区县通过推进会、专项工作会等各种形式，动员申报了392所中小学为家校社共育实践校，注册加入实践校的家长数量达到62万人。

2020年，重庆市关工委和市文明办、市教委、市卫生健康委、市妇联联合发布《关于开展重庆市"家校社共育暨家庭教育实践校建设"活动的通知》，并成立活动组委会，形成关工委牵头、五部门联动机制。三年来，重庆市实践区充分发挥专业团队的优势，依托家长学校云平台，组织18万多名家长和教师自主参加家庭教育网上课程学习达3000多万人次，撰写学习笔记4.5万多篇。

### （三）徐州市实践区"家校社共育与'彭城好爸妈'成长工程"

2019年11月徐州加入家校社共育实践区，建设家校社共育试点校209所，确立"家校（园）共育"数字化课程实验区6个、试点校（园）160所。为家长提供科学系统的家庭教育课程，实现30万名家长在线学习家长学校课程。

2020年9月，徐州市教育局创新开展"彭城好爸妈"成长工程，揭开了建设学习型家庭的篇章。建立了教育、妇联主抓，多部门分工协作，专家、学校、家长、社区共同参与的家庭教育推进机制。《徐州市"彭城好爸妈"成长工程实施意见》明确了八项任务，为全市家校社共育工作规划了路径。通过创新实施"家长持证上岗"制度，每学年为完成学习的家长颁发课程结业证书，授予"学习型家长"称号。目前，徐州全市已有40余万名家长率先"持证上岗"，《新华日报》《中国妇女报》《江苏教育报》等10余家主流媒体进行了报道。通过实施"彭城好爸妈"成长工程，"家长好好学习、孩子天天向上"的理念深入人心，家庭教育主体意识和责任意识也显著增强。

### （四）范县"家校社共育与家书教育暨家风建设"实践区

2018年12月，濮阳市范县成为河南省首个"家校社共育"实践区，范县县委、县政府高度重视"家校社共育"实践区建设工作，并将其确定为范县全面提升教育教学质量、打造教育强县的重要举措。范县教育局将"家校社共育"作为局长工程，"家校社共育与家书教育暨家风建设"的工作模式成为范县新时代的教育品牌。

范县教育局相继开展了"一封家书""读家书、评家书、展家书、演家书"等系列活动。五年来，全县已有40余万人次参与其中。2022年4月，范水家书家风展览馆正式向社会开放，被省妇联、省文明办确立为河南省家风家教示范基地和河南省关心下一代工作示范基地，馆内先后征集16类主题家书15万余封，来自全县10万户家庭。截至目前，前往参观学习的领导、专家等6000余人次，省委政法委、省政协以及各地市的领导也来考察指导。"一封家书"活动擦亮了范县教育的新名片，范县通过"家校社共育与家书教育暨家风建设"，不仅破解了家校社共育工作难题，更在促进家风、民风、党风、政风和社会风气等改善方面发挥了重要的作用。

### （五）郧阳实践区"家校社共育与文明城市建设"

2019年5月，恰逢十堰市正在争创全国第六届全国文明城市，郧阳区委、区政府高度重视，创造性地提出了建设"家校社共育与文明城市创建"实践区，从37个试点先行，到全区244所学校、7个社区、349个村全覆盖。2019年10月13日，郧阳区"家校社共育与文明城市建设"实践区建设正式启动。

"家校社共育"与市民文明素养提升的目标高度契合，郧阳区委、区政府站在推进城市文明创建、提高公民素质、建设高品质精神文明的高度，大力抓好"家校社共育"工作，由区委副书记挂帅，区委宣传部牵头成立工作专班，整合区教育局、区城创中心、区妇联等多方力量，形成"区委政府主导，专家团队引领，教育系统主力，城创中心主抓，社区（村）主动参与，妇联积极配合"的工作格局，建立家校社共育联席会议制度，单列财政经费支持，做到五个结合，即让"家校社共育"同郧阳教育生态改善相结合、同郧阳"三家建设"相结合、同郧阳"文明城市建设"相结合、同郧阳社会基层治理相结合、同郧阳意识形态工作相结合，进而推动郧阳经济社会高质量发展。2019~2023年，郧阳"家校社共育与文明城市建设"实践区已初显成效。文明城市创建工作以家庭教育为切入点，推动家风家规培育，提高全民文明素养，促进郧阳良好社会风气形成。

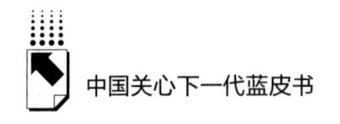

## （六）自贡市"家校社共育与家长教育服务工程"实践区

2018年4月，自贡市创建家校社共育实践区，着重在教师成长、家长成长和学生成长等方面做出积极的探索，为改善教育生态做出积极贡献。从根本上补齐由家庭教育的缺位、错位、不到位所导致的家校矛盾、家校合力不足等短板。在学前和小学段重点开展家庭教育的科学指导，从领导与支持、阵地与资源、培训与评价三个方面持续加大"家校社政"机制完善和体系建设力度，在市委教育工作领导小组的直接领导下，确保家庭教育正确方向，整合政府力量，给予政策支持和经费保障；依托学校和社区两大传统阵地，积极发挥专业机构的作用，组建了一支家校社共育专家团队，培育了一支家庭教育专兼职队伍，选聘了一支家长志愿者服务队伍，对不同队伍分类培训、分类指导，使三支队伍成为指导家长开展家庭教育的骨干力量。

同时，在全市教育系统将深入开展家庭教育作为建设社会主义核心价值观的突破点，通过为家长提供系统、科学的家庭教育知识和服务，把价值观教育融入家庭教育，实行家庭、学校、社会联手共育，全面提升自贡市家庭教育水平，让家庭教育成为改善自贡教育生态的助推器。

## （七）湖南攸县"家校社共育与家长学校专业化建设"实践区

攸县是湖南省劳务输出大县，留守儿童问题较为突出。2021年，攸县在湖南省率先成立教育系统家校社"三位一体"协同育人工作领导小组和家庭教育指导服务中心。自2021年10月创建"家校社共育实践区"以来，出台了《攸县关于指导推进家校社协同育人工作的规划（2022—2026年）》等，按照"协同共治、资源共享、队伍共育、氛围共营、机制共建"的思路，以补齐家庭教育短板为核心，全链条推进"家校社"共育工作，逐步构建覆盖城乡的家庭教育指导服务体系，形成"政府主导、学校主体、社区参与"的共管共育格局。2022年，攸县家校社协同育人工作被列为株洲市十大基层治理重点改革探索项目，入选株洲市2022年度"十大改革创新案例"。

随着家校社共育工作的深入开展，攸县94.82%的家长家庭教育理念得到更新，94.2%的儿童表示更喜欢学校，学校利用社区资源服务教育的比重达67%，群众对该项工作的满意度达95.1%，攸县的教育品质和教育生态得到全面提升。2024年1月，中国教育电视台魅力中国栏目播出《魅力中国之发挥共育新优势　开创成长新天地——打造家校社共育的"攸县样板"》，宣传湖南攸县"家校社共育"实践区的工作经验。

## 六　项目实施过程中的问题

健全学校家庭社会协同育人机制是党中央、国务院作出的重要决策部署，事关学生全面发展健康成长，事关国家发展和民族未来。近年来，"家校社共育"实践区建设工作已初步实现了家庭、学校、社会的有机融合，并具备了进一步建立健全家校社协同育人机制的良好基础和条件，各地积极探索推进学校家庭社会协同育人，取得了明显成效，但还存在职责定位不够清晰、协同机制不够健全、条件保障不够到位等突出问题。

协同育人相关机制不够健全。国家或地方层面加快制定指导家校社协同育人的法律法规、政策体系。当下仍缺乏与《中华人民共和国家庭教育促进法》等法律相关的配套政策法规及实施细则，以及指导地方开展相关工作的实施方案及规范标准。

育人主体的职责定位不够明晰。当前我国学校、家庭、社会协同育人工作仍存在定位不明确、职责不清晰等问题，导致主体间相互推脱责任、缺位、错位、越位、偏位等，表现为家长对教育的参与度不够、教师转嫁责任或任务导致家长负担过重、社会机构课外培训无序发展从而弱化学校教育，家校社各方无法有效整合自身资源、发挥各自优势。

协同育人评价体系不够完善。部分地区关于学校、家庭、协同育人的理论研究滞后于实践探索，在协同机制的内涵、协同模式、合作原则等方面的研究仍较薄弱；另外，分工明确的工作体系、主体间的民主议事和决策机制、各类资源的共享机制、定期沟通机制、干预补偿机制，以及督导、评估

与激励机制等也仍待完善。

社会未能有效支持服务协同育人工作。社会教育在我国当下教育体系中没有得到应有的重视，未能发挥应尽的功能职责。缺乏明确的对接机制以及有效的沟通渠道和平台，使得优质的社会资源与学校、家庭、社区对接不畅，社会公共服务机构难以进入学校家庭社会协同育人领域。

协同育人的条件保障不到位。当前我国学校家庭社会协同育人工作开展所需的条件资源保障尚不足，存在缺乏统一的信息化资源平台、经费保障不足、专业人才配备不足、专业支持不够等一系列问题，尚无法为协同育人工作的开展提供良好的内外部条件，制约了协同育人工作的开展。

## 七 项目实施建议

完善协同育人相关机制。通过制定或优化相关政策进一步明确政府职责，以及家庭、学校、社会各主体的权利和义务。将家校社协同育人工作列入总体工作部署并提上重要工作日程，制定具体的实施办法，提供充足的经费保障，定期开展督导考核；地方政府要积极协调建立"地方党委和政府牵头、相关部门配合、教育局主导、街道部门共同参与、社区服务中心具体实施"的整体推进机制；学校要结合党委、政府和教育行政部门等的总体工作部署，将协同育人工作纳入学校日常管理和工作体系、纳入干部和教师专业发展计划，指导教师提高专业技能和家庭教育指导能力。

积极发挥学校的主导作用及专业优势。搭建以学校教育为中心的协同育人平台。统筹用好各类社会资源，积极拓展校外教育空间和育人途径，丰富学校课堂和课后服务内容；围绕学生成长，主动联系沟通家长，回应家长和社会关切的问题，有效开展家庭教育指导服务，以学校之力带动家风和民风建设；引导家长切实履行家庭教育主体责任，增强"家庭是第一个课堂、家长是第一任老师"的责任意识，注重家庭建设，坚持以身作则、言传身教，树立科学家庭教育观念，家长要积极参加学校建设，充分理解学校正常教育教学工作，积极配合学校管理和日常教学工作，形成良性双向互动。

建立协同育人评价、跟踪、反馈机制。探索家校社协同育人引导机制、过程监管机制、多方反馈机制、督导评估机制，将家校社协同育人实施效果纳入政府履行教育职责评价和教育质量评价，纳入文明创建活动、未成年人思想道德建设和未成年人保护工作考核体系；建立健全跨部门行政执法联动机制，将公民参与、专家论证、风险评估、合法性审查和集体讨论决定五大环节纳入家校社协同育人决策过程，做到科学、民主决策，健全跨部门行政执法联动机制，对家校社协同育人全过程进行有效监督。积极应用考核评价结果，在资源支持和利用、经费保障、氛围营造等方面加大支持力度，努力营造家校社协同育人的家风、校风、民风。

完善家庭教育社会服务体系。将家庭教育指导作为城乡社区公共服务的重要内容，积极构建普惠型家庭教育公共服务体系。支持城乡社区建设覆盖城乡社区的家长学校等家庭教育指导服务站点，积极配备专兼结合的专业指导人员，配合家庭教育指导机构有针对性地做好指导服务。

完善经费条件保障机制。按照《中华人民共和国家庭教育促进法》，县级以上地方人民政府要确定本地家庭教育指导机构，组织建立家庭教育指导服务专业队伍；推动有关高等院校、科研机构、专业团体开展学校家庭社会协同育人理论与实践研究，加强理论建设与专业人才培养，积极推进家庭教育指导专家队伍建设。完善师范生培养课程体系，将家庭教育指导作为师范生培养和教师业务培训的重要内容，加强城乡社区家庭教育指导服务站点工作人员培训，切实提高教师和社区家庭教育指导服务水平。

各地要积极探索、不断总结、大力推广学校家庭社会协同育人的有效模式、创新做法和先进经验，积极推进协同育人试验区建设，使其切实发挥示范引领作用。充分发挥主流媒体的作用，积极借助各类传播平台，深入宣传学校家庭社会协同育人的政策举措、实际成效和典型案例，广泛传播科学的教育理念和正确的家庭教育方法，强化正面宣传和舆论引导，大力营造全社会各方面关心、支持良好的协同育人氛围。

# B.18
# 新时代关工委工作品牌建设的福建探索

刘群英 马照南*

**摘　要：** 工作品牌是关工委的宝贵财富,是关工委形象的象征和"名片",展现着关工委工作的水平和能力,体现着关工委工作的成绩和效果,是关工委高质量发展的基石,也是关工委开展下一步工作的动力。近年来,福建省各级关工委坚持与时俱进、守正创新,在实践中探索、总结、推广了一批叫得响、推得开的典型,创建了一批影响力较大、具有福建特色的品牌,如"党建带关建"、"种子工程"、"大手牵小手"、"'五老'帮'五失'"、"关爱成长微心愿"、关爱进城务工人员子女"三进"、"两岸交流"等。本文通过对全省各级关工委打造的138个工作品牌进行综合分析、总结经验、查找问题、提出对策,旨在通过发挥品牌的引领示范作用,以点带面,助推关工委工作高质量发展。

**关键词：** 品牌建设　关工委　福建省

工作品牌是关工委形象的象征和"名片",是关工委高质量发展的基石。近年来,福建省关工委认真学习贯彻习近平新时代中国特色社会主义思想,贯彻落实习近平总书记关于关心下一代工作的重要指示精神,充分认识关工委品牌建设的重要性和必要性,在实践中把品牌建设和中心工作一起谋划、一起部署、一起落实,发挥品牌在教育、引导、关爱、保护青少年方面的示范引领作用,推动关心下一代工作健康发展。

---

\* 刘群英,福建省关工委主任;马照南,福建省关工委副主任、报告团团长、理论委主任。

## 一 福建关工委工作品牌建设的发展演变

福建省关工委工作品牌建设共经历了以下四个阶段。

### （一）先行先试的自发探索阶段（2008年以前）：品牌的萌芽期

在2008年之前，福建各级关工委已经着手打造工作品牌。这个阶段的工作品牌建设主要是自发进行的，是福建关工委工作品牌建设的萌芽阶段。比较典型的案例有省关工委"种子工程"和厦门市关工委"关爱联盟"的品牌打造。"种子工程"是福建省关工委在党中央、国务院部署推进社会主义新农村建设的重要时期，对原有在全省广大农村持续开展的"讲政治、育新人、学科技、奔小康"（以下简称"讲、育、学、奔"）活动的经验总结基础上，提升深化而形成的常态化农村青年致富种子培育项目。"种子工程"萌芽于1998年，根据时任省委副书记习近平同志的重要讲话精神，省关工委把在农村开展"讲、育、学、奔"活动、培育社会主义新型农民升格为农村关心下一代工作的主线，探索推广南平市"百千万"、建宁县"五个一百"、永泰县"夕阳红"科技服务组和龙海市"一村一品一业"等经验做法。2007年底，省关工委结合福建省农村工作实际，成立了由省关工委常务副主任任组长、团省委和省妇联一把手任副组长、省关工委农村委老同志参加的"种子工程"领导小组，由此，"种子工程"萌发并实施。厦门"关爱联盟"品牌发端于2006年，由厦门市关工委牵头，联合市委文明办、市教育局、市总工会、团市委、市妇联、厦门日报社、厦门广电集团、市老龄办、市科协、市红十字会、市残联等12家单位共同发起，先后吸纳了台中市海峡两岸交流协会等台湾十余个单位（组织）参与组建，由此形成一种新型社会关爱机制，开启了厦门"关爱联盟"品牌的打造之路。

### （二）精心培育的多元发展阶段（2008~2011年）：品牌的发展期

2008年，福建省关工委提出"抓典型、创品牌，设基地、建机制"，以此为标志，正式吹响了工作品牌建设的冲锋号。在省关工委的部署指导下，全省各级关工委结合自身实际，精心培养和打造了一大批贴近实际、基础扎实、富有成效、社会公认的工作品牌，积累了丰富的品牌创建经验，一些好的做法被中国关工委采纳。如2008年"福建省农村青年致富种子工程"品牌创建正式启动，标志性事件是5月12日在省团校开班召开为期7天的第一期茶叶培训班。其后几年，"种子工程"的内涵不断丰富，开展技术培训、技术咨询、资金申报、产品开发、技术创新、内部生产经营管理、营销策划等多元服务，满足种子学员的多样化需求。又如厦门市"抓基层、创'五好'"品牌也是在这一时期创建的。2000年3月，厦门市关工委启动创"五好"活动，即领导班子建设好、骨干队伍作用好、制度健全执行好、活动经常效果好、积极探索创新好，并出台"五好"达标考核评估标准20条。省关工委于2004年总结推广厦门市的经验和做法，在全省部署开展创"五好"活动。中国关工委于2010年在全国部署开展的创"五好"活动，沿用了厦门的"五好"标准。至此，厦门"抓基层、创'五好'"品牌在全国打响了名气。

### （三）日趋完善的提质增效阶段（2011~2022年）：品牌的成熟期

2011年，针对基层存在的突出问题，省关工委按照中国关工委的要求，开展"基层工作年"活动，明确坚持抓基层、打基础的工作思路，每三年一个台阶，分阶段突出重点目标、任务，集中力量解决突出问题，长流水、不断线地为基层注入生机活力，确保基层建设持续创新。按照这个思路，十余年来，省关工委先后开展了"基层工作年""基层工作深化年""基层工作创新年""基层建设提升年""基层建设奋进年"等五轮"基层工作年"活动。在活动期间，福建关工系统的工作品牌建设日趋加快，进入了整体提质增效阶段，品牌建设的成熟度大大提升。

在开展五轮"基层工作年"活动的过程中，福建省关工系统强化各级党委、政府对关工委工作的领导，部署开展"党建带关建"试点工作，不断探索工作机制和运作路径，在实践中不断提升"党建带关建"工作品牌的质量和品质，积累了可复制、可推广的经验和做法。同时，"关爱'五失'青少年"这个提法被全国认同，也是这一时期品牌创建成熟的标志之一。"五失"青少年是福建关工委在深入调研并剖析了22个基层组织和31个典型样本后，针对留守儿童、流动儿童、辍学儿童、网瘾儿童、失业青年这样一个庞大的弱势青少年，而概括提炼出来的"失足、失管、失学、失业、失亲"青少年，并于2013年1月全国关工委工作会议上由时任福建省关工委主任王建双首次在全国性会议上提出。"五失"青少年的提法被全国认可，是福建长期坚持探索和打造关爱品牌的一个突破和飞跃，意味着福建关爱品牌向着一个更高的阶段发展。

（四）与时俱进的深化拓展阶段（2022年至今）：品牌的拓展期

在与时俱进的深化拓展阶段，福建省关工委的工作品牌创建工作积极应对社会和数字技术变革，创新工作手段和工作方法，进一步推动关爱工作从线下走向线上，培育网上关爱工作品牌，拉近关爱工作品牌与网络时代青少年的心理距离。这一时期，为积极应对青少年主体已是"网络一代"的客观形势，借助"数字福建"东风，探索创新"互联网+关工"服务模式，培育了一批富有时代气息、便于"五老"发挥作用、契合青少年特点的工作品牌。比如，创建网上关爱平台，开展"关爱成长微心愿"活动，2022年5月起全省近万名"五老"和志愿者通过省关工委开发的关爱小程序，线上帮助全省留守儿童、流动儿童和困境儿童实现了微心愿；再如，福州市网络家长学校推广网上家庭教育，围绕"双减"、青少年心理等热点问题每周举办网上家教讲座，仅2023年就吸引了192万人次家长线上听讲。

## 二 福建关工委工作品牌建设的典型特色

福建省各级关工委现有工作品牌138个，这些品牌来源于基层、来源于实践，是典型经验不断地凝聚和升华。品牌从一个点到几个点，逐

渐形成覆盖面。省、市、县都有自己的工作品牌，形成了多层次创新、多领域覆盖、品牌引领工作的态势。品牌的打造过程从几年到十几年的时间，有的多达二十几年，具有强大的生命力。品牌的主题鲜明、基础扎实、富有实效、社会影响大，深受广大青少年喜爱，深得各级领导的认可和支持，为关工委围绕中心、服务大局提供了广阔的舞台，营造了良好的社会氛围。总体而言，福建省关工委工作品牌建设具有如下特色。

### （一）来源地方，来源实践

福建省各级关工委现有工作品牌来源于地方、来源于实践，是对地方工作经验的凝聚和升华，具有鲜明的基层实践特征。一是有效利用地方资源。如漳州市关工委开展的红色主题教育，按照"把红色资源利用好、把红色传统发扬好、把红色基因传承好"的要求，利用当地革命遗址、革命故事等红色资源，在毛主席率领红军攻克漳州纪念馆、福建临时省委旧址、谷文昌纪念馆等红色遗址设立了青少年教育基地484个，每年举办红色主题教育1000多场次，引导青少年当好红色基因的传承者、实践者，争做时代新人，担当时代重任。二是着力解决地方需求。如"厦门市外来员工子弟学校"的创建。1999年，厦门市关工委在对社区青少年情况的调研中发现，不少外来务工人员子女就学存在较大困难，为解决这一需求，市关工委于同年9月创办厦门市外来员工子弟学校，首期报名600余人，深受社会好评。学校创办后，省市和中央新闻媒体先后作了报道，顾秀莲指出，市外来员工子弟学校是厦门市解决城市流动人口子女就学难的一个典型。三是扎实推进地方创新。三明市关工委从2010年开始连续开展"关爱明天、普法先行"青少年普法教育活动，以创建"未成年人零犯罪学校、村（社区）"为抓手，组织关工委报告团成员、公安、检察院等部门法治辅导员，深入学校、社区、村、企业开展法治宣传教育，呵护青少年健康成长，被中国关工委、司法部、中央综治办授予全国"青少年普法教育示范区"荣誉称号。

## （二）由点到线，有序推进

一是坚持试点先行。漳州市关工委在"创建'五老'工作室"品牌过程中，结合各县（市、区）实际，确定龙海区、南靖县为试点，先后设立了"五老"普法工作室、龙江风格展示馆"五老"工作室、和贵社区综合化"五老"工作室等一批工作室，形成了依托红色教育基地组建特色化工作室、联合共建社区组建综合工作室、发挥专业人才优势组建专业化工作室等实用可行的组建模式。二是坚持典型带动。先进典型既具有标杆的导向力，又具有头雁的引领力，还具有旗帜的激励力。莆田仙游县关工委原副主任曾德梅，公益助学长达17年，为贫困学生寻找资助者牵线搭桥，足迹遍布仙游县18个乡镇街道、300多个村居、300多所学校，行程近10万公里，先后募集爱心助学款3900多万元，使23000多人次的贫困生圆了上学梦，先后被评为"优秀共产党员""关心下一代先进个人"等荣誉。在他的典型引领下，仙游县助学活动从群众自发行为，发展成为政府大力倡导的常态化助学活动，成立了"曾德梅爱心助学活动联合会"和"曾德梅爱心基金会"，铸就了仙游县"曾德梅爱心助学品牌"。三是坚持广泛辐射。2009年，省关工委、省司法厅联手在全省监所35岁以下服刑在教人员中开展"中华魂"读书活动，随后向监所周边的社区、学校延伸，接着又拓展到三明、莆田、龙岩、厦门、漳州、平潭等地。"中华魂"读书活动先后被光明日报、红旗画刊、中国火炬、福建日报等媒体报道，顾秀莲主任作出两次重要批示，给予充分肯定。这项活动由三明辐射到全省成为福建省关心下一代工作的一个亮丽品牌。

## （三）主题鲜明，内容丰富

福建省关工委牢牢把握历史方位，坚持服务青少年的正确方向，围绕主责主业，主动服务和融入新时代新福建建设，在思政教育、素质教育、乡村振兴、两岸交流等领域形成了主题鲜明的工作品牌。一是坚持立德树人，铸魂育人。围绕立德树人的根本任务，以教育、引导、关爱、保护青少年健康成长为目的,确保正确的政治方向。在坚定理想信念上下功夫,教育引导青年学生扣好人生的"第一粒扣子",增强青年学生的中国特色社会主义道路自信、理论自信、制度自信、文化自信,立志肩负起民族复兴的时代重任;在厚植爱国主义情怀上下功夫,开展好"传承红色基因、争做时代新人""两史三爱"等适合青少年特点的主题教育和工作品牌创建,让爱国主义精神在青年学生心中牢牢扎根,教育引导青年学生听党话、跟党走,立志扎根人民、奉献国家。二是聚焦脱贫攻坚,服务乡村振兴。全省各级关工委积极响应党中央实施乡村振兴战略号召,推出"种子工程"升级版,培育新型青年农民和致富带头人。如联合共青团、妇联举办省、市、县三级"种子工程"培训班;组织实地考察,指导项目申报,推广示范典型,鼓励参展参赛,全力打造"种子工程"升级版。经过10年的不懈努力,"种子工程"开花结果,全省共培训种子学员22.3万人次,种子学员所办企业为省级龙头企业的有129个、市级龙头企业的有376个,实现26.5亿元产值,带动了7.12万户农民脱贫致富。三是心系特殊群体,突出重点帮教。全省关工系统扎实开展关爱帮扶工作,倾心关爱"五失"青少年。5年来,省关工委基金委设立的兴业奖学金与禾和、河仁、福光、富闽等助学金发放1480万元,资助了23个省级扶贫开发工作重点县和5个山区县的1.1万名贫困学生。全省共有关心下一代基金2184个,资金8.41亿元,帮助20.3万名贫困孩子圆了读书梦。四是搭建互动平台,促进两岸融合。中国关工委主办,省关工委、厦门市关工委联合承办了连续十五届海峡两岸关爱下一代成长论坛,促进两岸青少年加强交流。各地积极开展优秀传统文化交流活动,推进两岸青少年教育交流向基层延伸,如泉州和平潭等地通过"关爱大联盟"等渠道,联合金马台澎两岸交流协会和台东书画交流协会等组织,积极开展以"朱子文化""客家文化"为主题的两岸文化交流活动。

## (四)持之以恒,久久为功

一是坚持持续投入。如厦门"关爱联盟"工作品牌,在二十余年的持续运转过程中，创建了近20个以单位（个人）冠名的关爱基金，并建立基金保留基数滚动机制，保障资金支持，近两年筹集的资金达1.7亿多元，共资助学生14万多人，年度资助贫困生增加4.8万人。二是坚持持续升级。省关工委持续12年开展"基层建设年"活动，相关活动分阶段持续升级，每一个阶段都是对前一阶段的突破，并在这个过程中发展"党建带关建"工作品牌。三是坚持持续探索。如省关工委先后与福建人民广播电台、福建省广播影视集团联合举办的"关心下一代家庭教育"广播专题节目，1996年9月至今已制作逾1380期节目，播出2700多次，在节目形式上持续探索、推陈出新，连续推出系列、专栏和特别节目，突出重大主题、重要议题的连续拓展。如2019年紧扣新中国成立70周年主题宣传，围绕介绍英模奋斗事迹、弘扬长征精神、新中国70年教育事业发展成就、开国将军家风故事、个人与祖国共同成长等内容，录制了9期系列特别节目。2020年，紧扣抗疫主题，连续制作播出8期"抗疫历程中的家庭教育"系列特别节目。2021年，紧扣中国共产党成立100周年，制作系列专栏节目12期。从2月开始播出"学习百年党史 汲取奋进力量"，一直到10月播出"让奋斗之美照亮我们的生活"，节目策划启动早，延续时间长，内容多样化。2022年1月1日起，《中华人民共和国家庭教育促进法》开始施行，为此，连续播出3期专题节目，阐释解读《家庭教育促进法》。

## 三 福建关工委工作品牌建设的经验做法

总体而言，福建省关工委工作品牌建设的经验和做法如下。

（一）始终坚持党的领导，把党领导一切贯穿于工作品牌建设的全过程

党的领导是做好工作品牌创建的根本保证。各级关工委在工作品牌创建过程中，牢牢秉持关工委"在党委领导下，以离退休老同志为主体、党政有关部门和群团组织负责人参加的，以关心、教育、培养全省青少年健

康成长为目的群众性工作组织"的定位，始终坚持党的领导，以党的建设为引领，增强关工委工作品牌建设的政治性、先进性、群众性。一是落实党建带关建。以党的建设带动关工委工作品牌建设是加强党对关工委工作领导的一项重要工作机制。各级关工委认真落实党建带关建要求，把关工委品牌建设工作纳入党建总体部署，以党的建设带动关工委政治建设、组织建设、班子建设、队伍建设和阵地建设，不断增强关工委的政治功能和组织功能，不断突出关工委品牌建设的政治意义。二是用党的创新理论引领工作品牌创建。在品牌创建过程中，全省关工系统注重用党的创新理论引领创建工作，对照习近平总书记对关心下一代工作的重要指示和提出的一系列新思想、新观点和新论断，抓住学习贯彻习近平新时代中国特色社会主义思想这条主线，举办学习习近平新时代中国特色社会主义思想和党的十九大、二十大精神培训班，集中轮训省、市、县（区）关工委干部410人次，各地举办2638场学习活动，参加老同志和青少年达41.1万人次。三是切实夯实基层基础。全省关工委牢固树立抓基层打基础的鲜明导向，稳步探索实践基层关工委建设的"福建路径"，以创建基层"五好"关工委为抓手，突出问题导向，一步一个脚印推进5轮基层建设年活动，树立323个省级"五好"关工委示范点和838个市级"五好"关工委典型，成立560多个"五老"工作室，创新培育了一大批富有时代气息的基层工作品牌，带动基层组织活起来、实起来，在服务基层青少年、服务基层党建中发挥积极作用。

（二）始终坚持机制创新，不断推动品牌建设工作的制度化、常态化

强化关工委工作品牌创建，需要一套系统完善、有机联系、有效运转和贯穿始终的工作机制作保障。多年来，全省关工系统高度重视品牌工作机制建设，不断健全和完善品牌创建工作机制，确保品牌创建的制度化、常态化。一是健全党政主导，强化组织保障机制。各级党委和政府对关工委工作的正确领导和关心关怀、关工系统领导对关工委品牌创建的高度重视和大力

支持,是关工委系统做好工作品牌创建的组织保障。三明市委、市政府对"中华魂"主题教育读书活动高度重视,市财政拨给市关工委"中华魂"主题教育读书活动专项经费28万元,三明各地成立活动领导小组,做到有计划、有布置、有检查、有交流、有研讨、有提升、有宣传、有总结、有表扬,建立了读书活动的长效机制。二是健全部门协同、强化联动配合机制。各地党政系统部门间联动配合,形成工作合力,确保了关工委品牌创建工作的有效运转。如三明市关工委在创建"二龙合一"关爱帮教青少年工作品牌过程中,联合市委政法委等单位联合下发了《三明市建立完善"二龙合一"关爱帮教青少年工作机制的意见》,召开了全市"二龙合一"关爱帮教青少年工作机制推进会,形成各部门齐抓共管、共同做好关爱帮教失足青少年工作、共同预防失足青少年再次违法犯罪的良好局面。三是加强动员引领,强化社会参与机制。如宁德市关工委在创建"关爱微心愿"工作品牌过程中,探索精准关爱青少年新路径,注重发动社会力量参与共同搭建"关爱微心愿"平台,通过为孩子们实现小心愿的"小切口"来实现动员全社会力量参与关心下一代的"大主题"活动,4年累计帮助青少年超5500名。

### (三)始终强化队伍建设,汇聚工作品牌建设的磅礴动力

一是坚持依靠"五老"发挥主体作用。"五老"是关工委工作的主要依靠力量。全省关工系统充分发挥广大"五老"的政治、经验、威望优势,大力弘扬"忠诚敬业、关爱后代、务实创新、无私奉献"的"五老"精神,畅通"五老"参加关工委工作的渠道,努力打造素质优良、人数众多、覆盖面广、结构合理的"五老"队伍,激发"五老"的工作积极性、主动性、创造性,就地就近、自愿量力地关心下一代。二是凝聚技术骨干的专业力量。如福州市关工委在创办福州市网络家长学校工作品牌过程中,专门聘请87位素质高、经验足、讲课能力强的专家学者和优秀教师组建网校讲师团,不断提高师资队伍专业水平。漳州市关工委与漳州怀众心理咨询服务有限公司以共建的形式,成立"漳州市青少年心理健康关爱中心",由怀众心理咨

询有限公司11名专业心理咨询师组成心理关爱团队开展咨询服务具体事宜，为心理问题突出的青少年开展心理咨询服务。三是凝聚舆论力量，营造关爱青少年健康成长浓厚氛围。注重发挥舆论宣传作用，营造全社会共同关心下一代工作浓厚氛围。如石狮市在开展品牌创建过程中，在《石狮日报》开设"关心下一代"专栏，专题报道各级关工委贯彻落实上级文件指示精神和开展工作情况，同时发挥微信群、微信公众号、网站等渠道的作用，及时发布、传播关心下一代工作活动信息，近三年通过各类媒体刊发关心下一代工作信息报道1760余篇（条），着力扩大和提升宣传覆盖面、社会影响力。

### （四）始终立足区域实际，打造具有福建特色的工作品牌

依托福建独特的地理位置和丰富的资源优势开展活动是打造关工委品牌的路径之一。一是讲好福建故事。福建党史事件多、红色资源多、革命先辈多，各级关工委充分挖掘地方红色资源培育红色教育品牌，如省关工委"百佳'五老'故事员"、"大手牵小手、永远跟党走"、宁德市"习爷爷在宁德的故事"、龙岩市上杭县"著名苏区好学生"、漳州"红色基因代代传"、厦门市集美区"嘉庚精神照千秋"等，这些品牌广泛动员"五老"进社区、进学校、进基地、进网络，用亲身经历和切身感受讲述党的故事、革命的故事、根据地的故事、英雄和烈士的故事，得到了学校、青少年的热烈欢迎和广泛好评。二是参与社会治理。泉州市关工委积极探索关爱转化失足未成年人的"帮教基地"新模式，针对外来务工人员子女犯罪问题，在企业创建"未成年人非羁押诉讼帮教基地"和"未成年人帮教基地"，关检法共同制定基地管理制度，将那些暂不羁押或被判缓刑的外地户籍未成年人分送两个基地，组织企业员工与他们同工同酬同劳动，寓教于劳、以劳促矫，发动"五老"通过结对方式，为他们提供释疑解惑、法治教育等帮教服务。三是加强闽台交流。聚焦两岸青少年成长成才，省关工委和厦门市关工委合力打造两岸品牌，连续15年承办海峡两岸关爱下一代成长论坛，开展交流研讨，弘扬中华优秀传统文化，探索两岸融合发展新路。省关工委举办9期

海峡两岸青少年朱子文化研习营，引导两岸青少年增进对中华优秀传统文化的认知和理解，促进思想认同、文化认同。泉州、漳州、莆田等地举办两岸青少年足球赛、非遗研习营和公益夏令营等，有力推进海峡两岸青少年交流与融合。

## 四 福建关工委工作品牌建设的不足

### （一）品牌创建意识不强

做好品牌创建工作，需要有强烈的品牌意识，对品牌创建的目的意义、方式方法和推广拓展都需要有正确、科学的认识。但是，个别关工委组织在品牌创建过程中，品牌意识不清晰，品牌创建意识不强。如个别关工委组织对什么是关工委的工作品牌、为什么要进行工作品牌创建、如何进行关工委工作品牌创建等，没有清晰的概念认识，或者认识不到位，导致对品牌建设的重视程度不足，没有把工作品牌创建活动摆到关工委工作的重要位置，实现与关工委中心工作同步谋划、同步部署、同步落实；一些工作品牌在建设过程中缺乏明确的定位和长远规划，品牌形象模糊，无法有效地吸引青少年的关注。

### （二）品牌固化意识较弱

关工委工作品牌是关工委的工作平台之一，必须加以适当地固化，使之能够长期坚持下来，保障创建的连续性和连贯性。个别关工委把工作品牌创建搞成临时性、一次性的，未能把已经付诸实践的品牌创建工作甚至是已经打造成熟的品牌很好地固化下来，导致品牌创建或半途而废或最终流失。个别关工委的工作品牌创建缺乏系统性和连贯性，对老同志从业经历和个人资源依赖过高，团队合力发挥不明显，如遇老同志退出关工委工作岗位，易发生其经手的品牌断档或消失的情况，无法形成品牌整体效应。

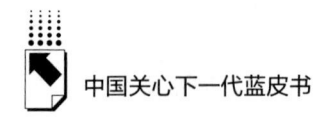

### （三）品牌创新特色缺乏

个别关工委在工作品牌创建过程中，自主创新意识不强，仅仅满足于完成上级关工委部署的一些活动，没有很好地挖掘和利用本地特色资源，缺乏针对性、有创造性，既缺乏与基层、青少年的互动和沟通，也缺乏个性化的特点和服务创新，把品牌创建活动搞成形式主义，不仅没有达到品牌创建的高质量要求，也无法满足当代青少年的多元化需求。

### （四）品牌推广力度不够

工作品牌创建，不仅要不断地提高品牌创建的质量，而且要在此基础上不断地提高品牌的知名度、美誉度和普及度，使关工委的品牌为更多的社会力量知晓，吸引更多的社会人士参与关心下一代工作，使品牌不断发展、完善，从而惠及更多的青少年。目前，个别关工委品牌传播渠道单一，传播内容缺乏吸引力，品牌传播资源不足、手段不足、经验不足、力度不足，导致已经创建起来的品牌不能得到很好的延伸和拓展，传播效果不佳，无法有效地提升品牌的知名度和影响力。

## 五 新时代福建关工委工作品牌建设的对策

品牌建设源于实现新时代关工委工作高质量发展的目标要求、源于关工委工作让青少年有获得感和满意度的根本目的，它不是一时之兴，更不是赶时髦之举，务必从青少年健康成长成才的客观需求出发，让品牌建设有根、有魂、有实效。

### （一）进一步明确品牌创建定位

关工委是伴随福建省改革开放和新福建建设的伟大实践不断成长和前行的。从协会组织到党领导下的群众性工作组织，围绕中心，服务大局，主动作为，成为党委和政府关爱青少年的参谋和助手，关工委组织定位不断地清晰明确。今天的中国正处于实现中华民族伟大复兴的关键时期，为党培养担当民族复兴大任的时代新人，就是关心下一代工作的时代主题和历史担当。要站在谋划关心下一代事业长远发展的高度，将品牌建设作为一项一以贯之、常抓不懈的工作。要准确把握关工委培养时代新人这一工作定位，全方位开展教育关爱服务，不断拓展延伸关心下一代工作品牌的创建内容，从开展革命传统教育到关心青少年的思想政治、法治纪律、科技文化、生活就业和心理健康各方面成长；要不断丰富关心下一代工作品牌创建的手段和形式，维护青少年的合法权益开展关工委工作品牌建设，持续打造一大批有影响力的工作品牌。

### （二）进一步完善品牌创建机制

广大"五老"是党和国家的宝贵财富，是加强青少年思想政治工作的重要力量。只有紧紧依靠"五老"、尊重爱护"五老"，把"五老"精神传承好、把"五老"作用发挥好，才能有效激发关心下一代工作品牌创建的生机活力。要不断探索"五老"、志愿者、社会工作者相结合的工作模式，加大"五老"培训力度，提升关心下一代队伍的整体素质和能力。重视"五老"新老交替，采取"提前预定、主动参与"的方法，实现关工委工作的正常过渡和顺利交接。落实工作品牌分级、分类、分片负责制度，进一步建立完善发现、培育、评估、跟踪、强化、激活、管理的长效机制。

### （三）进一步丰富品牌内容

突出品牌的政治性、实效性、时代性、示范性，从内涵和外延两个方面下功夫，将中华优秀传统文化与工作品牌相结合，确立鲜明的文化定位，以文化人、以文育人；将新时代新要求新任务与工作品牌相结合，在品牌中融入传承红色基因、大思政课建设、乡村振兴战略、家庭教育等内容，与时代同步同频同发展；将青少年所思所想所盼与工作品牌相结合，帮助青少年解决急难愁盼问题；将地方特色与工作品牌相结合，用家乡人、家乡事、身边事教育引导广大青少年,让品牌接地气、聚人气。要重点突出对青少年爱国主义的教育和引导,从可行性、可操作性、针对性入手,研究制定品牌创建实施方案、活动主题、有力措施等,精心策划,有序推进,结合实际开展形式多样的主题教育,用社会主义核心价值观引领青少年教育活动。要深入研究新时代青少年的思维方式、思想脉络,用他们喜闻乐见、易于接受的方法,把品牌创建工作融入青少年教育全过程。

### (四)进一步强化品牌创新

要树立强烈的创新意识,深入基层,调查研究不同群体青少年思想变化特点和行为特征,在实践中对品牌工作理念、思路、方法、载体和机制方面不断探索,发挥地方资源特色,结合自身实际,满足青少年的多元化需求,努力实现品牌数量和质量的"双提升"。要运用好"互联网+",探索建立网上关工委,依托离退休干部信息平台,植入关工委工作模块,推动关工委传统媒体和新兴媒体融合发展,不断创新工作载体,打造网上微课堂、微影院、微展厅等,做大做强关工委宣传阵地,凝聚正能量,引导青少年形成和践行社会主义核心价值观。

### (五)进一步加强品牌推广

要认真回顾品牌创建之路,全面总结基层工作经验,总结实践成果、理论成果、制度成果,在此基础上不断创新工作思路和工作方法,提升老品牌,培育新品牌,树立一批富有时代特点、可操作性强、可复制、有普遍指导意义的工作典型和品牌。要大力推广关工委工作品牌,在省关工委门户网站及《成长》刊物上开设典型品牌案例分析专栏,建立网上品牌博物馆,营造氛围;要积极宣传品牌创建的经验典型,加强交流沟通,主动与电视、报刊、电台等主流媒体的合作,运用网站、微博、微信等新兴媒介平台,加强宣传,扩大影响。要加强品牌建设研究,定期组织交流研讨、实地践学,从理论层面探讨和总结品牌的时代特点和教育效果,形成打造工作品牌的氛围和土壤。

品牌建设有助于提高关工委工作的质量和效果，也有利于提高关工委的影响力。福建省关工委将进一步加大品牌创建工作力度，充分挖掘品牌创建中的好做法、好经验，在发挥品牌效应上下功夫，讲好品牌故事，大力宣传品牌，持续点亮品牌，让关工品牌建设成为关心下一代工作高质量发展的助推器、新引擎。

# 附 录
# 2023年各省区市关工委工作概况

1. 北京市关工委

2023年,北京市关工委认真贯彻落实中办、国办《关于加强新时代关心下一代工作委员会工作的意见》和北京市《关于加强新时代关心下一代工作委员会工作的实施意见》,各级关工委和广大"五老"牢记为党育人、为国育才的光荣使命,紧紧围绕首都工作大局,聚焦立德树人根本任务,推动全市关心下一代工作高质量发展。一是强化政治引领,用习近平新时代中国特色社会主义思想铸魂育人走深走实。依托"首都关心下一代大讲堂""一起长大"融媒体宣传平台开设专题讲座、专栏,面向青少年开展党的创新理论宣传教育。组织"五老"宣讲团进学校、进社区、进农村,举办线上线下讲座2000余场次,覆盖青少年26万人次。深入开展"老少共学二十大 携手奋进新征程"主题宣讲活动,用青少年熟悉的语言和喜闻乐见的形式讲好中国故事,教育引导青少年听党话、跟党走。二是聚焦立德树人,主题教育取得新成效。在"全国关心下一代党史国史教育基地"香山双清别墅启动北京市"青少年党史学习月"活动,组织党史学习活动700余场,参与青少年15万人。开展"中华魂——毛泽东伟大精神品格"主题教育、"新时代好少年"读书活动及"'五老'四走进 唱响红色主旋律"等活动,持续推进传承红色基因工程,青少年思想道德建设进一步加强。举办"我们爱诗词"第二届北京市小学生诗词大会,组织102所学校2300多名学生参与,17支代表队参加决赛,网络直播浏览量60万人次。围绕中轴线保护、"三条文化带"传承利用,组织"五老"志愿者推动面塑、糖画、舞龙、剪纸等非遗项目进校园，广泛开展优秀传统文化教育。三是动员社会力量，助力青少年成长成才有了新进展。在全市建立38所基地校，聘请十多家资源支持单位开展"送课进校园"。联合中国宋庆龄青少年科技文化交流中心、国家地理杂志社等机构，邀请院士刘嘉麒、老专家单霁翔等作报告。联合主办第三届全国青少年科技教育成果大赛北京区域赛，532所学校2133位小选手同台竞技。与市委政法委等8部门部署开展"关爱明天、普法先行"青少年法治宣传教育活动，推广创建未成年人"零犯罪"街镇试点和"五个一"工作经验，全市共开展各类法治宣传教育活动280余场次。开展"洪水无情　人间有爱"灾后帮扶慰问，为房山、门头沟等灾区青少年送书送课，各区关工委为5000余名困境青少年送去关爱，230余名"五老"与困境青少年结对帮扶。四是弘扬"五老"精神，"五老"服务青少年展现新作为。在67所学校开展"'五老'助双减"试点，组织300余名"五老"参与学校教研教学指导。全市家校社共育咨询室由40个发展到120个，开展各类服务5000余次，家校社协同育人机制进一步健全。"老校长下乡"工作在现有42名老校长助教河北阜平、承德、北京密云、延庆基础上，新选派24名老校长对口助教云南、贵州、甘肃等五省28所学校。五是强基础树品牌，关工委自身建设取得新突破。深入15个区60余个基层单位开展"强基础　树品牌"调查研究，了解关工委组织、队伍、制度建设情况，针对问题研提措施办法。全市已实现街道乡镇关工组织全覆盖，8个区实现了社区（村）关工组织全覆盖，全市高校二级院系和中小学也实现了关工组织全覆盖。分三期对区关工委班子成员、"五老"代表和关工办工作人员进行系统培训。全市新建"五老"工作室119个，实名注册的"五老"队伍规模发展到近5万人，15个区印发加强关工委工作的文件，12个区落实了"五老"工作补助政策。

2.天津市关工委

天津市关工委始终坚持以习近平总书记对关心下一代工作的重要指示批示精神为根本遵循，不偏离、不动摇，不断推进工作实践走深走实。一是加强关工委组织党的建设，坚持把党的领导贯穿到关工委工作的全过程各方面。按市委组织部、市关工委党委《关于推动各级关工委建立党组织的通知》要求，2023年底全市已建成各级关工委党组织4800多个，基本实现各级关工委党组织全覆盖。二是厚植"五爱"阵地民心基础，努力将总书记要求在津沽大地落地生根。经市委、市政府同意，自2016年起，每年安排1000万元专项经费，在全市社区推进"五爱"教育阵地建设，市政府连续八年将其列入全市二十项民心工程。全市1859个社区已累计建成"五爱"阵地1774个，打造示范阵地200个。三是助力"五育"并举全面发展，谱写关工事业立德育人天津新篇。在德育方面，加强青少年思想道德教育，积极开展"两史"教育。在毛主席来津视察居住的地方"润园"举办"毛主席和天津人民在一起"红色主题教育展。在智育方面，连续举办青少年无人机竞赛、青少年机器人竞赛、"小小科学家"主题科学营等活动。在体育方面，会同市体育局、市教委、团市委连续举办两届全市少儿夏季、冬季体育节，吸引20多万名少年儿童参加。会同市公安局、市教委、团市委，依托警察协会在全市开办了17所少年警校。在美育方面，依托华夏未来基金会，开展形式多样的文艺、美术展演活动。在劳动教育方面，开展小学生争做劳动小模范活动，开展劳动技能比赛和视频展示，筹办少儿农场等。四是深化困境青少年救助工作，助力健康成长逐梦强国。加强青少年心理咨询服务热线、法律援助服务平台等阵地建设，编写青少年心理疏导科普知识手册，举办青少年心理健康"五老"培训班。充分发挥关心下一代基金作用，联合市教育基金、华夏器官移植救助基金等为困难家庭青少年大病治疗公益资助。持续推进"创建未成年人零犯罪社区"活动，开展"关爱明天、普法先行"青少年法治宣传教育活动。五是聚焦发挥"五老"优势，凝聚关工事业强大力量。发挥关工委和"五老"在教育、引导、关爱、保护青少年方面的独特优势和重要作用，打造"五老"发挥作用的阵地和平台。目前，全市参加关工委工作的"五老"5万余人，涌现出王辅成、杜志荣、张励军、高衡等一批荣获全国"最美'五老'"称号的先进典型和北辰区"五老"宣讲团等先进集体及蓟州区"音乐党课"等工作品牌。六是深化传统宣传与新媒体融合，巩固壮大推进舆论氛围。加强与新闻媒体联系，在微信公众号的基础上开办了"老人与孩"视频号，丰富宣传手段。召开重大活动新闻发布会，在用好传统媒体的同时增强运用网络新媒体的本领，大力营造关心爱护青少年成长，重视支持关心下一代工作，尊重"五老"、学习"五老"、爱护"五老"，充分发挥"五老"作用的浓厚氛围。

3. 河北省关工委

2023年，省关工委在中国关工委和省委、省政府的正确领导下，坚持以习近平新时代中国特色社会主义思想为指导，努力为青少年健康成长营造良好环境，推动全省关心下一代工作创新发展。一是深入学习宣传贯彻党的二十大精神。坚持把学习宣传贯彻党的二十大精神作为首要政治任务，通过学习班、培训班等形式，深入学习贯彻党的二十大精神。6月，在李保国教育基地举办学习贯彻习近平新时代中国特色社会主义思想主题教育和党的二十大精神培训班，对学习贯彻主题教育和党的二十大精神进行动员部署。全省各级关工委开展"学习宣传二十大，争做新时代好少年""老少同声颂党恩，携手共庆二十大"等宣讲活动5230场次，参与学生达240万人次。二是引导青少年自觉践行社会主义核心价值观。开展"中华魂"（毛泽东伟大精神品格）读书活动，22所省属高校和部分市属高校13.3万名学生参加了读书活动，共收到征文44794篇。组织开展了第二届"青少年党史学习月"活动，石家庄市关工委通过线上和线下形式组织青少年"游基地·学党史"，全市80余万名青少年打卡西柏坡和塔元庄村史馆。马木斋纪念馆等3个基地被中国关工委命名为"全国关心下一代党史国史教育基地"，省关工委挂牌命名了15个全省关心下一代爱党爱国教育基地。三是积极开展青少年普法宣传活动。扎实开展"关爱明天、普法先行"青少年普法教育活动。以《宪法》《未成年人保护法》《预防未成年人犯罪法》为重点，开展了"三法进校园""法育雏鹰"等教育活动，组织2600名"五老"参加普法宣讲团、8000多名"五老"担任法治副校长和法治辅导员，开展法律知识竞赛、征文比赛、主题演讲等普法活动4600余场次，受教育青少年达175万人次。该活动入选河北省2023年度省级"人民群众最满意的法治为民办实事"项目。四是持续推进"五老"关爱下一代工程。第一，继续加强基层

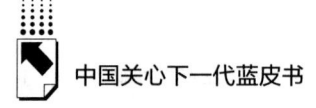

活动阵地建设。省、市、县三级关工委共同挂牌建设"五老"工作站、青少年活动室等基层活动阵地202个。第二，探索依托村史志编纂创建农村关工委工作新模式，进一步推广鹿泉区依托村史志编修推动农村关心下一代工作的经验。第三，不断加大关爱帮扶力度。2022年夏天，全省遭遇特大流域性洪灾，省、市、县关工委协作，实地走访，确定了60名困境青少年进行救助。全省关工委系统共救助困境青少年37165人，发放救助资金900余万元。五是贯彻落实《家庭教育促进法》。联合有关单位印发《关于健全学校家庭社会协同育人机制的若干措施》，扎实推进学校家庭社会协同育人机制。开展"'双争'有我　家风传承"2023年河北省善美家风故事征集宣传展示活动。总结推广邢台市家庭教育经验，得到中国关工委主任顾秀莲以及省有关领导的肯定性批示。河北广播家长学校播出51期，河北电视家长学校播出133期，其中，思政课微视频《坚守》，全网收看、点赞、转发500多万人次，6次获省委网信办全网推送，并被学习强国总平台视野频道播放。六是以党建为引领，加强自身建设。联合省委老干部局共同推动在离退休干部党组织建立关工委组织试点工作。全省13个试点232个离退休干部党组织都成立了关工委，试点工作壮大了"五老"力量，共享了老党员驿站优势资源，丰富了青少年活动平台，初步实现了离退休干部党建工作和关心下一代工作的互促双赢。

**4. 山西省关工委**

2023年各级关工委以开展传承红色基因、青少年党史学习教育为引领，推动各项工作取得新进展新成绩。一是全面贯彻落实习近平新时代中国特色社会主义思想和党的二十大精神与习近平总书记考察山西工作重要讲话重要指示及对关心下一代工作的重要指示批示精神，提出青少年主题教育向传承中华优秀传统文化延伸，在做好挖掘利用红色文化资源的同时，深入挖掘尧舜德孝文化、关公忠义文化、能吏廉政文化、晋商诚信文化等优秀传统文化工作。落实好顾秀莲主任、省委领导同志重要批示精神，9月，在省委党校成功举办了省、市、县三级关工委干部培训班，特别邀请顾秀莲主任、尹卓将军来给学员授课。各级举办培训班88期，培训"五老"骨干5000人。

二是省关工委制定了全省关工委学习贯彻习近平新时代中国特色社会主义思想主题教育的实施方案。与中国关工委同步在晋绥边区革命纪念馆召开了全省关工委青少年党史教育经验交流会暨启动第二届全省关工委"青少年党史学习月"活动。顾秀莲主任对李政文主任的讲话作出"政文同志在全省关工委青少年党史教育经验交流会上讲话有新意、接地气。请在中关工委'参阅件'刊登（2023年第7期刊登）"的重要批示。"七一"前后各地关工委启动党史学习月活动，组织青少年开展"游基地、学党史""进三馆、学四史""传红双访"夏令营，组建784个"五老"宣讲团深入基层开展巡回宣讲近6000场，1.8万余名"五老"参与宣讲，130万余名青少年受教育。三是组织面向全国公开征稿的"'仰望经典'中国古代优秀绘画书法雕塑作品临摹展"活动，共收到作品1209件（其中绘画469件、书法668件、雕塑71件），除港澳台、青海、宁夏、西藏外覆盖全国28个省区市，受到书画界专家和书画爱好者的一致好评，在社会上引起强烈反响。顾秀莲主任、胡振民常务副主任亲临现场指导，并给予高度评价。四是深化"五老"关爱工程，募集扶贫助学资金1.3亿元，救助帮扶20万余名困难青少年；关爱流动留守和困境儿童5万余名，5000余名"五老"参与结对帮扶；创办创业人才培训班2300多所，受教育的青年农民达300余万人，培养带领农村青年致富能手1000多名，助力农村青年脱贫致富和乡村青年人才振兴。创建关爱帮扶品牌200多个，协助安置数万名下岗失业青年。举办了"贯彻落实《家庭教育促进法》关工委在行动"活动，启动家庭教育指导服务体系建设课题研究，成立山西省关心下一代家庭教育专家指导组。建立"家长学校"1.7万多所，参与"五老"2500多名，编写教材（讲稿）800余种（类），开展讲座5035场次，110多万家长受到教育培训。"孝老敬贤月"活动筹集200多万元资金，走访慰问11132名"五老"骨干，宣传6790名"五老"典型，大大增强了一线"五老"的归属感和荣耀感。配合社区（村镇）建立"阳光驿站""少儿托管班""心理咨询室"等1392个"五老"工作室，为少年儿童提供关爱服务，积极参与"未成年人零犯罪社区（村）"创建、"五老"义务监督网吧和"护苗"专项整治活动，开展

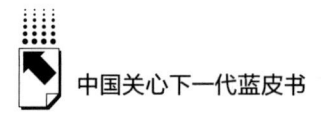

"关爱明天，普法先行"法治宣传教育活动3981场次，5075名"五老"结对帮教问题青少年，120多万名青少年受教育，4500多名老政法工作者担任法制副校长。

### 5. 内蒙古自治区关工委

一是深入学习贯彻党的二十大精神，在学懂弄通做实上下功夫。认真组织领导班子和广大"五老"深学细悟党的二十大提出的一系列重大理论成果和重大决策部署。把学习贯彻党的二十大精神同贯彻落实习近平总书记对关心下一代工作的重要指示、对内蒙古工作的重要讲话精神结合起来，落实到推动新时代关工委工作高质量发展全过程。二是制定出台内蒙古《关于加强新时代关心下一代工作委员会工作的实施意见》。自治区关工委把学习宣传贯彻落实意见作为一项重大政治任务来抓，5月11日，内蒙古印发《关于加强新时代关心下一代工作委员会工作的实施意见的通知》，自治区关工委及时向中国关心下一代工作委员会报送了实施意见，并向全区各级关工委印发了学习贯彻实施意见的通知。全区各级关工委和广大"五老"深入学习宣传贯彻实施意见，认真研究把实施意见精神落实到具体工作中。三是开展创建"五好"旗县（市、区）关工委工作。自治区关工委把创建"五好"旗县（市、区）关工委作为自治区关工委当前和今后的一项重点工作。目前，创建"五好"旗县（市、区）关工委工作得到各级党委、政府高度重视，全区各级关工委都召开了创建"五好"旗县区关工委现场经验交流会，形成了自治区、盟市抓旗县（市、区）"五好"创建，旗县（市、区）抓基层"五好"创建一体联动的新局面。四是铸牢中华民族共同体意识，持续推进民族团结进步教育。自治区关工委推荐了赤峰市柴胡栏子烈士陵园、锡林郭勒盟苏尼特右旗乌兰牧骑展厅和兴安盟兴安农村第一党支部纪念馆为第六批全国关心下一代党史国史教育基地。目前，全区共有中国关工委命名的全国关心下一代党史国史教育基地12个，各级关工委充分利用内蒙古丰厚的红色资源，紧紧围绕铸牢中华民族共同体意识这条主线，教育引导青少年珍惜"模范自治区"的崇高荣誉，促进各民族青少年像石榴籽一样紧紧抱在一起。五是持续开展"关爱明天、普法先行"青少年普法教育活动，加强青少年法治教育和权益保护。自治区关工委召开了全区青少年法治宣传教育专项行动总结表彰暨法治教育培训会，全区各盟市旗县、市区相关部门的代表260多人参加了会议。全区各级关工委开展多种形式的青少年普法教育活动，提高青少年运用法律知识保护自身合法权益的意识和能力，促进学校家庭社会协同育人，帮助青少年健康成长。六是"中华魂"主题读书活动持续开展，成效显著。自治区关工委召开了全区首届"中华魂"主题教育读书活动成果和经验交流会，表彰了全区关工委和教育系统开展"中华魂"主题教育读书活动中涌现出来的22个先进集体和209名先进个人。主题读书教育活动共开展读书及演讲活动180余场，参加读书活动的人数达260万人次，形成了"爱读书，读好书，善读书"的良好氛围，全区订阅"中华魂"读本居全国前列。七是深入实施"五老"关爱下一代工程，对贫困、留守、流动儿童，给予更多的关心、支持和帮扶。全区各级关工委通过发动"五老"募捐、动员社会力量和爱心人士捐助建立关爱基金，开展"金秋助学"活动，使辍学失学儿童重返校园完成学业。通过开展一帮一结对子、爱心妈妈等活动，使留守儿童得到心灵抚育，感受家庭温暖。各盟市关工委积极动员社会力量捐资助学，为农村留守儿童和困难儿童提供关爱保护，为困难青少年提供学习和生活上的帮助，使"五老"关爱工程成为促进青少年健康成长的品牌工程，赢得了社会各界和青少年的广泛赞誉。

6. 辽宁省关工委

一是围绕辽宁振兴大局，深入开展"老帮青、助发展、促振兴"三年行动。组建"五老"帮青创业就业团队，深入基层，集中开展摸排工作，找准符合帮扶条件的薄弱企业和有创业就业意愿的青年，联系相关部门及优势企业、专家能人提供精准帮扶；集中开展指导服务，把政策解读、业务培训、技术指导等具体帮扶行动送到创业青年身边；集中开展结对帮扶，帮助农村青年解决好在创业中遇到的土地流转、资金短缺、技术不足等现实困难。活动开展以来，近万名"五老"为青年农民办好事、实事3000余件，举办培训班1500余次，培训农村青年10万人次；仅朝阳市"五老"就结对帮扶返乡青年1200多名，落实帮青创业项目260多个。二是推动青少年爱党爱国爱家乡教育常态化长效化。创新开展"老少牵手游'六地'学'五史'深化党史国史教育"活动，老少同游红色基地1万多次，受教育青少年200万人次；实施"雏雁领飞"计划，数千名红领巾讲解员带动身边同学向老师和家长讲述红色故事、振兴故事；举行"青少年党史学习月"活动，6.3万名"五老"和285万青少年同堂学党史，同声颂党恩；实施"老少携手学雷锋，同心协力促振兴"学雷锋年活动，全省青少年撰写学习体会800多万篇，助人为乐做好事100多万件。三是推进第五届"关爱明天、普法先行"青少年法治宣传教育活动。健全关工委、政法委"双牵头"领导体系，完善省法院、检察院、教育厅、司法厅等部门联动机制，推行在政法系统建立关工委，在社区建立"五老"普法工作室，在中小学校落实"五老"任法治辅导员制度等举措，引导数万名"五老"通过现身说法、以案释法、互动学法等形式，抓好青少年法治宣传教育。目前，全省有"五老"普法报告团500多个、"五老"法治报告员4500多名；全年开展各类普法活动近千场次，作法治报告1.5万场次，受教育青少年350万人次。四是开展抓基层强基础系列工作。围绕优化基层关工委，推动4个市和部分县（市、区）关工委调整班子。围绕提高"五老"队伍素质，举办各类"五老"培训班3000多场次，培训"五老"10万多人次。围绕关怀关爱"五老"，省、市两级关工委慰问优秀"五老"5085人，发放慰问金216万元。围绕激发内生动力，省关工委命名表彰10名"雷锋式五老标兵"和10个"雷锋式五老团队"，各市共选树典型近5000人。中国关工委主任顾秀莲在2023年8月18日到辽宁省调研时多次指出，"辽宁关工委的工作在全国位于第一方阵"。我们将深入贯彻落实顾主任在调研时的重要讲话精神，充分发挥关工委组织和"五老"的优势，扎实推进"老帮青、助发展、促振兴"三年行动、传承红色基因工程、"老少携手学雷锋"和"关爱明天、普法先行"等重点工作，在服务辽宁全面振兴新突破的火热实践中作出新贡献。

7. 吉林省关工委

一是持续掀起学习宣传贯彻党的二十大精神热潮。各级关工委主要领导同志带头加入宣讲团，与"五老"宣讲团、报告团成员共同深入基层，把党的二十大精神讲清楚、讲明白、讲透彻。用习近平新时代中国特色社会主义思想培根铸魂，在《春风》开办首页专栏，期期刊登习近平总书记最新讲话和指示，全年共刊登52篇。二是大力贯彻落实中办、国办《关于加强新时代关心下一代工作委员会工作的意见》。中共吉林省委办公厅、吉林省人民政府办公厅印发《关于加强新时代关心下一代工作委员会工作的若干措施》，全省各级党委和政府印发贯彻落实文件55份。三是深入实施传承红色基因工程。开展第二届"青少年党史学习月"活动，开通"吉林省关心下一代党史国史教育基地网络地图小程序"，公布第一批吉林省关心下一代党史国史教育基地名单。有省市县级关心下一代党史国史教育基地453个，其中2023年新命名109个。6.8万名"五老"活跃在传承红色基因第一线。四是扎实开展"五老"关爱下一代工程。开展"关爱明天、普法先行"青少年法治宣传教育活动6266场（次），155万余名青少年受到教育。聚焦关爱助学工作，32291名青少年得到关爱。筹集助学金总额2759万元，帮助青少年97402人。深化"'五老'弘扬好家教好家风"主题活动，延边州、通化市关工委实现"全国规范化家长学校实践活动实验区"全覆盖。开展第二届"孝老敬贤月"活动，宣传"五老"典型2400人，慰问"五老"6443人，选树"关工先锋"20名。五是强化党建带关建机制建设。各级党委和政府重视加强对关工委工作的领导，把关心下一代工作纳入党委重要议事日程，推动关工委组织融入基层组织网络建设。张超凡被中宣部评为2022年度"基层理论宣讲先进个人"，在2023年全国残疾人职业技能大赛上被授予"全国技术能手"称号，被团中央聘为"青年讲师团"成员。汪清县关工委常务副主任崔锦哲被评为2023年第二季度"中国好人"、第十届吉林省道德模范。落实全国基层关工委建设工作座谈会和全国企业关心下一代工作座谈会精神，深化"五好"基层关工委建设。全省新建"五老"工作室445个，累计创建3641个。六是实施品牌发展战略。打造有全国影响力的大学生马克思主义自学组织、"四自"小组、绿色家园、老少同植希望林、靖宇中队、青马工程、圆梦桥等品牌。完善品牌标准，明确品牌长责任，建立品牌博物馆，全省有工作品牌130个。创建"微信群点评"工作品牌受到顾秀莲主任称赞。七是加强新时代网上关工委建设。开展"微信群点评"、网络"大讨论"、开通"家园群""学习专刊"、改版升级微信公众号。创办省关工委老少携手家园群，有300多人入群。八是提高为基层和青少年服务水平。开展"大调研"活动，开展"转作风、写短文"大讨论。为基层关工委购置《中国火炬》、传承红色基因等书籍；编印《春风》，编发《金春燮画册》《张超凡画册》《脚印》，创作十三集《张超凡》报告文学配乐朗诵作品；编辑《健康文摘》1~20期精选本。

### 8. 黑龙江省关工委

2023年黑龙江省关心下一代工作在省委的坚强领导下，按照中国关工委的部署，认真贯彻党的二十大精神，坚持以习近平新时代中国特色社会主义思想和对关心下一代工作的重要指示批示为统领，继续以深入学习贯彻落实《关于加强新时代关心下一代工作委员会工作的意见》（以下简称《意见》）《黑龙江省关心下一代工作细则》（以下简称《细则》）精神为主题主线，坚持以服务和助力广大青少年成长成才为根本目标，围绕中心服务大局，不断创新发展，各项工作任务得到有效落实。第一，青少年教育工作进一步深化。一是"传承红色基因工程"持续推进。印发《青少年党史学习活动方案》，充分利用全省红色资源，命名"全省关心下一代教育基地"63个，征集各基地视频资料在关心下一代网站播发。二是社会主义核心价值观教育更具吸引力。依托主流媒体、学校讲堂等阵地，开展"学四史、感党恩"演讲、征文、摄影、绘画等活动，坚定了青少年爱党爱国爱社会主义的信念。三是"中华魂"主题教育读书活动更具活力。四是"三法"教育对象和途径进一步拓展。在加强青少年"三法"教育的同时，广泛开展家庭社会宣讲"三法"活动。第二，助力青少年成长成才工作取得新的进展。一是"十小明星"活动深入开展。全省有135万多名中小学生参加争做"十小明星"活动，5.78万名中小学生被评为"十小明星"。二是"乡村振兴五老行动"扎实推进。全省农村参与培训的"五老"28232人，举办农村青年培训班2432次，培训青年35万多人，培训致富带头人5095人。三是新产业新业态和企业关心下一代工作亮点频现。全省13个市（地）组建了邮政管理局关工委，开展邮政系统关心下一代工作，履行关爱"快递小哥"行动的主体责任。第三，关心关爱青少年健康成长工作成果进一步扩大。一是困境青少年群体关爱工作成效显著。全省参与关爱活动"五老"40507人，受益青少年84839人，救助资金3520万元。二是"明亮眼睛"关爱行动取得可喜成果。三是协助相关部门共同做好未成年人保护工作。开展"未成年人零犯罪"社区、村屯、学校创建活动；强化防范校园欺凌，建立学生欺凌报告制度。全省共配齐配强中小学法治副校长和辅导员7336名，参加普法"五老"3.4万人，受教育青少年419万人。四是积极为优化青少年成长环境出力。省关工委起草制定了《关于开展优化成长环境依法保护青少年五老行动的活动方案》，召开省直有关部门优化青少年成长环境、依法保护未成年人联席会议，时任省委副书记王志军到会讲话。第四，坚持思想政治引领，把习近平新时代中国特色社会主义思想贯彻到关心下一代工作全过程、各方面。一是用习近平新时代中国特色社会主义思想统领关心下一代工作全局。主动参与了在全党深入开展的学习贯彻习近平新时代中国特色社会主义思想主题教育。二是用习近平新时代中国特色社会主义思想铸魂育人。引导青少年担当起新时代党和人民赋予的历史重任，将个人的奋斗融入国家和民族的奋斗大潮中，以奋斗诠释青春，以实干践行使命。三是坚持以贯彻落实《意见》和《细则》为总抓手，统筹推进各项任务落实。结合主题教育全面系统学习贯彻《意见》《细则》精神。省关工委组成6个督查组深入全省13个市（地）、6个省直部门、31个县（市、区）、96个基层单位，对贯彻落实《意见》和《细则》情况进行督促检查。

9.上海市关工委

2023年，上海各级关工委深入贯彻落实习近平总书记关于做好关心下一代工作的重要指示批示精神和中办、国办《关于加强新时代关心下一代工作委员会工作的意见》，充分发挥"五老"优势作用，聚焦立德树人根本任务，深入实施传承红色基因工程和"五老"关爱下一代工程，全市关心下一代工作取得了新成绩、新进展。一是理论武装深入扎实。全市各级关工委以党的创新理论为引领，把深入学习宣传贯彻党的二十大精神，同深入开展学习贯彻习近平新时代中国特色社会主义思想主题教育结合起来，同全面贯彻落实习近平总书记关于关心下一代工作的重要指示批示精神、《意见》精神结合起来，采取专题培训、辅导报告、寻访践学以及支部学习会等形式，认真组织关工委领导班子成员和广大"五老"全面、系统、深入学习习近平新时代中国特色社会主义思想，坚定拥护"两个确立"、坚决做到"两个维护"，不断将焕发出的政治热情转化为投身关心关爱事业的智慧和力量。通过举办全市关心下一代工作专题培训和关工委系统党史学习教育经验交流会，进一步提升了做好新时代关工委工作的能力。全年区级以上关工委共举办各类学习培训65次，参训约4500人次。二是主题活动有声有色。坚持同相关部门联合印发主题活动通知、共同举办启动仪式、携手开展相关活动，持续打造"从石库门再出发"主题活动品牌。通过精心编印《初心之旅·上海印迹》辅导读本，集中开展"学习二十大 奋进新征程"线上和线下寻访红色印迹定向赛、"青言青语·话传承"双人演讲比赛、"我爱我的祖国"主题征文和"红色观影"等活动，持续深耕"众鑫有话""快乐百岁""科技助力梦想"等送课项目，有效推动了主题活动走深走实。一年来，全市各级关工委共开展线上线下活动约1.38万场，参加青少年约216万人次。三是"五老"关爱下一代工程稳步推进。坚持依托"五老"普法工作室、关爱团、法治教育基地等教育平台，深入开展"关爱明天、普法先行"青少年法治宣传教育活动，积极营造有利于青少年健康成长的法治环境。持续开展"乐龄申城·E行动"志愿服务活动，支持"清朗""净网""护苗"等专项行动。编印《"沪"老有法——老年人维权法律宝典》，为广大"五老"更好老有所为、发光发热提供法律保障。开展第二届"孝老敬贤月"活动，积极组织青少年采访"五老"典型、聆听"五老"故事、帮助"五老"整理口述史，让青少年在潜移默化中受到了教育和启发。全年各级关工委精准开展助学助困助成长等活动，全年累计关爱帮扶青少年2.3万余人次。四是基层建设创新发展。坚持党建引领，持续推进关工委组织向互联网企业、商务楼宇、行业商会等"两新"组织延伸，持续推进特色鲜明、作用突出、富有影响力和引领力的"五老"工作室和"五老"团队建设，不断推进关工委组织有形有效覆盖。坚持以建立"荣退"机制为契机，积极吸纳新退休人员加入"五老"队伍，进一步壮大"关工力量"。坚持创新"关工+志愿服务"工作机制，把关工委工作全面纳入"乐龄申城"离退休干部志愿服务体系，进一步提升关心下一代工作规范化专业化常态化水平。

10. 江苏省关工委

2023年，江苏省关工委以习近平新时代中国特色社会主义思想为指导，全面贯彻党的二十大精神，深入贯彻习近平总书记对江苏工作的重要讲话和对关心下一代工作的重要指示精神，围绕中心，服务大局，积极作为，各项工作取得新成效。一是学习贯彻习近平新时代中国特色社会主义思想不断深化。全省各级关工委始终将政治建设放在首位，坚定拥护"两个确立"，坚决做到"两个维护"。一年来，举办培训班或召开学习会4000多场次，将关工委驻会老同志、"五老"骨干基本轮训一遍。二是贯彻落实中办、国办《关于加强新时代关心下一代工作委员会工作的意见》及省《关于加强新时代关心下一代工作委员会工作的实施意见》取得实效。2023年2月，省委书记信长星在省委常委会会议上殷切希望关工委把江苏建设的后备力量教育好、培养好。在省委重视关心下，省关工委领导班子得到充实，办公地点喜迁新址。开展"五有五好"基层关工委建设"三年巩固深化年"活动，深化调查研究。省委组织部、省关工委联合召开全省加强基层关工委建设推进会，省委副书记、省委组织部部长沈莹出席会议并讲话。全省关工委组织近6万个，参加关心下一代工作的"五老"达66万多人。三是"老少心向党、奋斗新征程"教育实践活动有声有色。省文明办、省委老干部局、省关工委、省广电总台联合举办老少同台演讲展示活动，省委常委、省委宣传部部长张爱军，省关工委联席会议成员单位负责同志等参加活动，53万多人线上观看活动视频。3万多名"五老"宣讲员宣讲3.2万多场次，近400万人次青少年听讲。《关心下一代周报》迎来创刊30周年，办报质量不断提高，发行量达245万多份。四是校外教育辅导站建设水平稳步提升。全省共建辅导站点3万多个，10万多名"五老"和十多万名在职教师等志愿者参与其中。探索设立辅导站心理咨询室，命名首批15个省关工委校外劳动教育基地。辅导站坚持安全、公益原则，全年吸引800多万人次青少年到站参加活动。五是预防和减少青少年违法犯罪工作扎实推进。省关工委主任张连珍带队，先后到省委政法委、省法院、省检察院、省公安厅、省司法厅走访调研。2023年中秋节，会同省妇联、省司法厅、省政协社法和民宗委在省未成年犯管教所举办"树立自信 走向明天"中秋主题帮教活动。在省委、省政府、省政协领导的关心下，这项活动已连续25年开展25次。协同公安部门实施公安派出所关爱工作站"三年提升年"活动，全省92%的户籍派出所建立关爱工作站，数千名退休民警和一批在职民警、辅警参加关爱工作站工作。省委常委、省委政法委书记刘建洋对全省关工委预防和减少青少年违法犯罪工作成效作出批示肯定。六是"五老"关爱工程深入实施。全省1.2万多名老农业科技工作者活跃在田间地头，帮扶"新农人"就业创业。企业关工委工作稳步推进，全省规模以上民企关工委、中小民企组建的联合关工委总数达3万多个，南京、无锡等地探索在国有企业组建关工委。协同省教育厅、省文旅厅、省旅游协会做好学生暑期防溺水等安全工作。实施省关心下一代基金会"年度助学计划"和关心下一代周报社"冰凌花"助学活动。一年来，全省各级关工委助学助困十多万人次。

11.浙江省关工委

浙江省各级关工委深入开展学习贯彻习近平新时代中国特色社会主义思想主题教育，组织培训班、读书会、专题研讨等1100多场，参与"五老"4.8万余人次。健全关心下一代议事制度和工作协调机制，召开首次省关工委成员单位联席会议全体会议，审议通过《省关工委工作规则》《省关工委成员单位联席会议议事规则》《省关工委成员单位职责分工》。开展"红船向未来 奋进新时代"青少年教育实践活动，动员1800多个"五老"报告团（宣讲团），开展"'八八战略'五老说""五老说共富"等1.6万多场次宣讲，向267余万人次青少年讲述伟大思想在浙江萌发的生动故事。发挥老记者、老作家等的作用，联合媒体平台，在全省百校培育千名"关心下一代·潮闻小记者"，引导青少年用小脚掌丈量之江大地，用图像文字记录浙江蝶变、感悟共富图景。96家"浙江省关心下一代教育基地"联动开展

1.3万多场次研学活动，联合开展爱国主义读书征文、全国青少年"两山"文学征文、大学生暑期社会实践等活动，引领青少年跟随习爷爷的足迹，380多万名青少年用笔抒写自己眼中的绿水青山。联合开展"我是亚运小主人"文明实践活动，通过拉歌会、亚运知识竞答等活动，引领50多万人次老少践行"浙江有礼"。选树百名"浙江省青少年英才·红船好少年"，形成学习好少年、争做好少年的昂扬氛围。承办全国关心下一代基金会工作座谈会，召开全省基金会工作座谈会，推动全省建立50家关心下一代基金会、184个关心下一代专项基金，参与155个政府购买服务和公益创投项目，募集2.3亿多元公益金，帮助9万多名困难学生。1.8万名"五老"扎根基层，参与2800多家基层教育阵地的建设管理，创办800多个心理健康工作站、1.3万多所"假日学校"，结对关爱2.5万名农村留守儿童、困境青少年，送去成长帮护、亲情呵护、安全防护。深入开展"关爱明天 普法先行"青少年法治宣传教育活动，1900多名"五老"担任法治副校长，5800多名"五老"担任合适成年人、矛盾调解员、社会观护员，开展5100多场次普法讲座。850多个"五老"家风报告团创设"悦享万家"教育工坊等家教宣传平台，参与建设6300多家"家长学校"，传播科学家教知识。490多个"五老"科技团投身"农村'双带'青年共育基地""百名科技专家联百村"等"传帮带"项目，参与开办850多场次技能培训班，扶持带动"新农人"创新创业。面向26个山区县，联动开展"追光计划·公益大师课""相见美好·美育进乡村""山海共建高质量教育现代化共同体"等活动，推动优秀教学资源进乡村、先进教育理念进校园。以"五老"能用、青少年实用、服务好用为目标，迭代升级"浙里关心下一代"应用、新星网站，打造线上线下统筹协调的关心下一代服务平台，首批已采集8289名"五老"骨干、1538名困难青少年信息，点对点帮扶1415人，发放近300万元公益金。

12. 安徽省关工委

一是推进思想理论武装。各级关工委把学习宣传贯彻习近平新时代中国特色社会主义思想和全面落实党的二十大精神作为首要政治任务，深刻领悟"两个确立"的决定性意义，增强"四个意识"，坚定"四个自信"，做到

"两个维护"。班子带头集中学,省关工委全年组织14次集体学习,结合工作实际,开展专题学习,丰富学习形式,促进学用转化。举办培训深入学,以"学习新思想、贯彻党的二十大、奋进新征程"为主题,采取专家讲座、党史报告、教学研讨和现场教学等多种形式,对省辖市和三大系统关工委主要负责同志进行培训。围绕主题全面学,按照全国和全省主题教育工作会议部署,广大"五老"自觉、积极、双岗参加主题教育,推动"学思想、强党性、重实践、建新功"总体要求在关工委系统落地见效。组织轮训系统学,会同省委老干部局,在省委组织干部学院举办第三期轮训班,县以上关工委负责同志54人参加。一年来,县级以上关工委组织学习交流537场次,举办理论培训142期,参加"五老"近4.5万人次。二是开展教育关爱活动。思想道德教育方面,组织关工"五老"、先进典型、思政名师走进青少年、走进关工委,宣讲创新理论,讲述红色故事,开展思政报告。省关工委分别在亳州市谯城区、天长市、铜陵市举办"放飞中国梦·传承红基因"主题教育重点活动。法治教育方面,在滁州市来安县举办"关爱明天·普法先行"法治宣讲报告活动,弘扬宪法精神,普及法律知识,讲述"五老"护航成长故事。科技教育方面,召开全省关工委科技教育工作经验交流会,会同省科协开展第五届"科技点亮未来"青少年科普教育走近太湖活动,吸引6000多名中小学生和周围群众参加。家庭教育方面,会同省妇联、省教育厅,在蚌埠市高新区举办"弘扬好家风·五老育新人——红星家教大讲堂"活动,彰显隔代家庭教育和关爱服务阵地建设新成效。助力乡村振兴方面,在阜阳市颍泉区召开"乡村振兴·关工助力"工作经验交流会,举办全省关工委创业创新青年座谈会,树立20名"双创"青年典型。一年来,"五参五助四行动"扎实开展,累计宣讲报告8512场次、科技培训4763场次、捐资助学2.1亿元,惠及12万名困难学生,共有18万名"五老"结对关爱43万名留守儿童或困境儿童。三是深化党史学习教育。6月12日,省关工委会同省委老干部局,在渡江战役纪念馆举办启动仪式暨首场报告会,拉开了第二个党史学习月活动序幕。落实百场专题学习,省关工委组织集体学习,开展现场教学,省、市、县三级关工委共组织党史学习

236次。落实百场重点报告，省关工委组织2场党史报告，全省关工委共有438名"五老"讲述党史139场次，受教育青少年近3.7万人次。落实百场重点活动，省关工委举办3场重点活动，带动各地各系统开展主题教育316场次。落实百所基地建设，开展第三批关心下一代爱国主义教育基地命名授牌活动，33个场馆成功入选。四是举办少儿书画大赛。会同省教育厅、省文联、省出版集团，举办第十二届"党是阳光我是苗"少幼儿书画大赛。大赛历时6个多月，共有69.58万名少幼儿参加。评选出少儿组作品特等奖24个、一等奖121个；幼儿组作品特等奖14个、一等奖101个。对成绩突出、推荐参赛作品较多的143个单位授予组织奖。大赛组委会从各市推荐报送的3926幅优秀作品中，评选出103幅作品在全省展览。中国关工委主任顾秀莲专门为书画大赛作出批示，亲临芜湖总结颁奖展览现场，会见获奖青少年，为活动点赞喝彩。

13. 福建省关工委

2023年，福建省关工委按照全国关工委工作会议部署要求，深入贯彻落实中办、国办《关于加强新时代关心下一代工作委员会工作的意见》和省两办《关于加强新时代关心下一代工作委员会工作的若干措施》，积极融入大局、主动担当作为，各项工作迈上新台阶。一是深入开展主题教育。紧扣"学思想、强党性、重实践、建新功"总要求，在全省关工委系统开展学习贯彻习近平新时代中国特色社会主义思想主题教育，共举办609期关工委干部培训班，培训"五老"骨干1.9万人。成立8个专题调研组赴31个基层单位展开工作调研，有关"双减"政策落实和两岸青少年棒球运动交流的调研报告得到省委领导批示肯定，部分建议转化为相关部门的具体举措和规划。二是持续深化红色基因教育。围绕"老少同声颂党恩，携手奋进新征程"主题，组织"五老"深入基层宣讲党的二十大精神，宣讲党的故事、革命的故事，协助拍摄《破密》红色影视剧，开展"'大手牵小手、永远跟党走'青少年演讲比赛""老劳模宣讲""中华魂""党史学习月"等活动，在青少年心中播撒红色基因的种子。全省共开展红色宣讲2.4万场，参加青少年80多万人次。三是开展省关工委成立35周年系列活动。系统梳理35年来关爱实践经验，制作35周年专题片，依托主流媒体鲜活展示各级关工委的丰硕成果和典型事迹；举办关心下一代工作理论研讨班，汇编《福建省关心下一代工作理论合集》；自下而上、层层推荐评选出全省关心下一代工作"突出成效奖"144个、"突出贡献奖"348人、"特别贡献奖"149人；召开成立35周年座谈会，中国关工委主任顾秀莲莅会指导讲话，省委书记周祖翼作出批示，省委副书记罗东川出席会议并讲话。四是扎实为青少年办实事解难事。省关心下一代基金6个助学项目向920名困难学生发放助学金189万元，全省共发放助学金6273.4万元，资助学生3.7万人次；成立省关工委医疗专家服务团开展青少年健康义诊，举办6期进城务工人员子女暑期托管班；开展"关爱成长微心愿"活动，帮助全省24所学校1298名学生实现微心愿；承办第十五届海峡两岸关爱下一代成长论坛，举办第九期海峡两岸青少年朱子文化研习营，增进两岸青少年心灵契合。五是用心培育优质"种子工程"。发动老农业科技专家指导帮助青年农民创新创业，推广第二批21个省级优质"种子工程"基地，举办13期580人次"种子工程"培训班和研习班，指导77名学员取得国家制茶师职业资格。福建省农村青年致富优质"种子工程"经验在中国关工委农村关心下一代工作座谈会上作典型发言。六是开展"基层建设奋进年"活动。落实党建带关建，推动各设区市、省委教育工委以及73个县（市、区）印发关于加强关工委工作的实施意见。健全省关工委成员单位联席会议制度，制定议事规则和职责分工，26家成员单位加强工作衔接，为关工委工作注入新动能。以323个基层"五好"关工委示范点为标杆，整体带动"五好"基层关工委量质齐升。"五老"工作室积极开展文化传承、法治教育、关爱帮扶等服务，成为关爱保护青少年的重要阵地。

14. 江西省关工委

一是学习宣传贯彻党的二十大精神，开展学习贯彻习近平新时代中国特色社会主义思想主题教育。举办学习党的二十大精神培训班，推出"学习贯彻党的二十大精神——'五老'谈体会"系列报道。各地以"学思想、谈体会、话未来"为主题形成学习的浓厚氛围，组织2.9万余名"五老"

宣传党的二十大精神，开展"老少同声颂党恩、携手奋进新征程"主题实践活动近2万场次，辐射青少年达286万人次。二是贯彻落实中办、国办《关于加强新时代关心下一代工作委员会工作的意见》及江西省实施意见落地见效。省委、省政府主要领导分别对关工委工作作出批示、提出要求，分管领导多次听取省关工委工作汇报，帮助解决问题。省委办公厅、省政府办公厅督查两个文件落实情况。召开省关工委成员单位全体会议，增加4个成员单位，制定成员单位全体会议议事规则和明确职责分工。三是推进传承红色基因工程。推出"'五老'讲党史""青少年游基地、学党史""井冈山革命斗争史学习大课堂"等特色宣讲品牌，与省委宣传部等单位联合举办"红色故事我来讲"活动，"五老"与100余万名青少年通过线上+线下的方式参加。命名25个全省关心下一代党史国史教育基地，5个获评全国关心下一代党史国史教育基地。开展"红色文化进校园""红色走读""红领巾讲解员"等活动。开展"中国共产党关心下一代工作在江西的早期探索实践"专题研究并形成理论成果，中国关工委顾秀莲主任和省委尹弘书记等省领导作出批示，中国关工委《参阅件》向全国关工委推介，《新华文摘》《江西日报》《江西社会科学》等相继刊发研究文章，在萍乡市举办主题展览。四是推进"五老"关爱工程。推进"一对一"结对帮扶帮教活动，全省"五老"对超80%的事实无人抚养儿童、70%的重点留守儿童结对帮扶帮教；"99公益日"募集资金1200万元；各级基金组织累计发放助学资金近1.7亿元，受助青少年14.4万人。开展"珍爱生命，防止溺水"活动，举办"珍爱生命、严防溺水，同上一堂防溺水课"直播，观看人数达440万，点赞数达8846.3万人次；组织3.1万名"五老"对山塘水库、重点河段巡查。开展"树家风、育新人"主题活动，推广"宣传、商讨、认领、悬挂、回访"五步工作法，帮助结对家庭树立新时代家风家训，举办家风宣讲报告和演讲比赛等活动1.4万余场次，辐射人群达120万人次。优化青少年成长成才环境，动员6876名从事过政法工作的老同志担任法治副校长或法治辅导员；建立"五老"工作室1614个，整合6439个青少年校外活动阵地；组织老专家、老科技工作者参与农业技术培训等服务，带动农村青年创业就业；开展心理健康、安全自护等宣传教育。五是加强关工委自身建设。坚持以党建带关建，优化关工委班子，延伸关工委组织，落实激励表彰机制。召开全省基层关工委组织规范化建设经验交流会，提出以"五好"为标准、以"六有"（有班子、有队伍、有场所、有制度、有经费、有作为）为目标，部署基层关工委组织规范化建设工作。在江西日报、江西卫视等主流媒体高频次刊播工作稿件，办好《筑梦未来》电视栏目、网站和微信公众号，集中宣传全国关心下一代"最美五老"段华胜、周裔开等基层先进典型。

15.山东省关工委

一年来，在中国关工委有力指导和山东省委、省政府重视支持下，山东省关工委发挥优势，积极作为，推动全省关心下一代工作取得新成绩。第一，坚持以习近平新时代中国特色社会主义思想为统领，着力增强做好关心下一代工作的政治自觉、行动自觉。把学习宣传贯彻习近平新时代中国特色社会主义思想和党的二十大精神作为首要政治任务。一是认真学习领会习近平总书记对关心下一代工作重要指示批示精神，全面贯彻落实中办、国办《关于加强新时代关心下一代工作委员会工作的意见》和省"两办"《关于加强新时代关心下一代工作委员会工作的若干措施》，举办全省关工委主任培训班。二是扎实开展学习贯彻习近平新时代中国特色社会主义思想主题教育。部署"老少同声颂党恩·携手奋进新征程"活动，3.7万名"五老"开展宣讲9208场次。三是深入开展调查研究。省关工委领导班子深入16市和部分省直单位开展调研。四是主动向党委政府汇报学习贯彻习近平总书记重要指示批示情况。顾秀莲主任多次到山东考察，作出指示批示。省委书记林武，省委副书记、省长周乃翔，省委常委、组织部部长王宇燕等领导同志多次作出批示或出席重要活动。39个省直单位结合职能分工，制发中央和省"两办"文件任务分解方案，各市县都出台了配套贯彻措施或实施方案。第二，坚持日常工作抓活动、重点工作抓典型，着力推动各项工作在创新中发展。一是扎实推进党史国史教育。启动第二届青少年党史学习月暨"游基地·学党史"活动，建成教育基地2598个，组建1.4万个报告团、宣讲团，动员20余万名"五老"，教育青少年230万人次。二是扎实推进家庭家教家风教育。在滨州举办第六届中国家长大会，顾秀莲主任出席并讲话，省委常委、组织部部长王宇燕致辞。开展"智慧家长"、家庭教育最美志愿者评选活动，开展"新时代好少年"宣传教育，评选出40名青少年典型。三是扎实推进"五老助青少年健康"活动。制发"五老助青少年健康"活动实施方案，省和16市举行启动仪式。四是扎实推进法治宣传教育。召开调研座谈会，创办山东省首届"普法好少年"选拔暨青少年普法知识竞赛，23.5万名中小学生参与网上答题，评选28名全省"普法好少年"，推选1.2万名"法治课代表"。五是扎实推进农村关心下一代工作。召开全省农村关工委工作调研会，推广临沂市孤困儿童心理辅导志愿服务团的经验做法，连续2年发文开展阻泳和防溺水安全教育。动员1.6万余"五老"、志愿者，结对帮扶1.8万名困境儿童，帮助18.6万名青少年解决实际困难。第三，坚持以"五老"工作室建设为抓手，着力加强班子队伍建设，夯实工作基础。一是更加注重领导班子建设。省关工委、部分省直部门和6个市及部分县区对关工委班子作了充实调整。二是更加注重基层组织建设。新建关工委组织4220个。重点抓好"五老"工作室建设，开展调查研究，召开现场经验交流会，全省建成"五老"工作室2945个，2023年新建777个。三是更加注重队伍建设。全省登记"五老"86万余名，2023年新吸纳2.98万名。省财政还新增专项经费，用于慰问和激励"五老"。举办全省关工委办公室建设培训班。四是更加注重企业关工委建设。分片召开经验交流会，联合有关部门制定《进一步加强全省企业关心下一代工作的意见》。五是更加注重宣传报道。分片召开宣传工作座谈会，在山东电视台和齐鲁晚报开设《关爱未来》《关爱明天　立德树人》等专栏。

16. 河南省关工委

2023年，河南省关工委坚持以习近平新时代中国特色社会主义思想为指导，在中国关工委正确指导和省委的坚强领导下，围绕中心、服务大局，主动作为、锐意创新，为助力现代化河南建设实践、促进青少年健康成长做出了新的贡献。第一，突出"凝心铸魂"，深入学习宣传贯彻党的二十大精神。印发《关于开展学习贯彻习近平新时代中国特色社会主义思想主题教育的通知》,开设学习培训班2856次,培训"五老"30万人。调整省青少年德育宣讲团领导成员,强化指导作用,组织"五老"报告团宣讲7540次,受教育青少年367.8万人。开展"大调研"活动,聚焦服务平安河南建设、关爱农村留守儿童、青少年党史学习教育等重点,形成高质量调研报告161篇,其中《关于贯彻落实我省〈实施意见〉的调研报告》被评为全国关工委系统最佳调研报告。第二,突出"强基固本",启动全省基层关工委建设三年行动计划。坚持"党建带关建",多地党委定期听取工作汇报,调整充实关工委领导班子,以"两办"、党办名义印发《关于加强新时代关心下一代工作委员会工作的实施意见》。加强组织建设,联合省委组织部等部门推进省直单位关工委建设,省纪委监委、省委办公厅、省人大常委会办公厅、省政府办公厅、省政协办公厅等42家率先成立关工委,全省新建组织3360个,组建"五老"工作室7462个。搞好部门联动,修订《省关工委成员单位联席会议制度》,成员单位由21家调整到26家,召开联席会议,巩固齐抓共管工作格局。总结推广经验,分片召开工作座谈会,在微信公众号开设"三年行动看基层"栏目,命名91个省级"五好基层关工委",进一步夯实工作基础。第三,突出"主动作为",全面助力青少年成长成才。一是为落实立德树人根本任务奠定基础。举办纪念"向雷锋同志学习"题词60周年大型图片展,实施"老少牵手云端 雷锋精神永传"专项活动,7.2万人争当追"锋"少年。命名党史国史教育基地673个、关心下一代教育基地856个,出台《教育基地建设管理办法》,对建管用进行规范。印发《关于在全省青少年中进一步加强党史学习教育的意见》,启动青少年党史学习月,举办"红星照耀我成长"红色夏令营,组织"四史"教育7083场次,受教育青少年228.3万人。二是为基层社会治理赋能助力。推进"关爱明天、普法先行"活动,实施"大手牵小手、共护下一代"暑期安全教育,发出《珍爱生命 谨防溺水》倡议书,5万多名"五老"参与预防和化解各类矛盾纠纷。坚持开展"'五老'弘扬好家教好家风"主题活动,吸引23万人参与"血脉传承——我的家风家教故事"征集,1.46万名"五老"

参与家风家教活动，受教育青少年324.4万人。聚焦"一老一小一青壮"民生工程，擦亮"讲政治、育新人，学科技、促振兴"品牌，帮助农村青年19.6万人；实施"乡村振兴　关爱助学"活动，资助家庭困难学生15.2万名。三是为宣传"五老"典型搭建平台。加强与宣传部门沟通联系，在河南日报、顶端新闻、老人春秋开设专栏，把基层典型作为宣传重点，传播弘扬正能量。"五老情"发稿量居全国第六，获评中国火炬宣传标兵单位。

17. 湖北省关工委

2023年，全省各级关工委深入学习贯彻习近平总书记对关心下一代工作的重要指示批示精神，认真贯彻落实中办、国办《关于加强新时代关心下一代工作委员会工作的意见》（以下简称《意见》）和省委办公厅、省政府办公厅《关于加强新时代关心下一代工作委员会工作的若干措施》精神，忠诚履职、主动作为，各项工作取得了新进展。一是主题教育收获新成效。全省各级关工委主动参与学习贯彻习近平新时代中国特色社会主义思想主题教育，落实关工委领导班子成员学习和干部培训制度，全年各级关工委共举办培训班304个，累计培训"五老"2.02万人次。二是贯彻落实《意见》迎来新突破。经过多方努力，省委办公厅、省政府办公厅印发《关于加强新时代关心下一代工作委员会工作的若干措施》。全省已有8个市州党委、政府、"两办"或党委办印发贯彻文件。各地围绕解决日常工作中存在的问题，攻坚克难并取得突破。三是青少年思想道德教育实现新提升。省关工委将"老少同声颂党恩、携手奋进新征程""中华魂"等主题教育列入年度重点工作，开展系列征文演讲、知识竞赛、文艺展演活动。各地组织"五老"宣讲团、报告团，进基地、进课堂、进社区、进阵地、进网络，全年累计开展各类宣讲活动6811场，4.2万名"五老"参与其中，受教育青少年达219万人次。省关工委印发《湖北省关心下一代教育实践基地评选命名管理办法（试行）》，省市县已建立关心下一代党史国史教育基地746个。四是"五老"关爱下一代工程展现新作为。省关工委安排资金20万元，关爱帮扶200名困境青少年。各级关工委共筹集关爱帮扶资金（含物资折合）1.74亿元，受助青少年达24万人次。各地深入开展"关爱明天、普法先行"青少年法治宣传教育活动、"'五老'弘扬好家教好家风"活动，做好农村留守、流动、困境儿童等关爱工作，积极开展假期集中托管服务，巩固"五老"网吧义务监督工作，深化"五老"参与社区矫正转化工作，探索推进青少年心理健康教育工作。五是"产业育人"关爱行动迈出新步伐。2023年7月，省关工委召开"产业育人"工作推进会，推广钟祥市组织实施"回归关爱工程"及开展招才引智、"五老"关爱帮扶、技能培训、打造服务平台四大行动的典型经验。各地围绕"选择一个好产业、组建一支好队伍、搭建一个好平台、培育一批新型农民"目标，结合实际进行积极探索。六是自身建设呈现新面貌。各地坚持"党建带关建"工作机制，深化"五好"关工委创建活动，配强领导班子，建强"五老"队伍，加强办公室工作力量。广泛开展"孝老敬贤月"活动，共推介宣传各级"五老"典型2020人，慰问"五老"骨干及困境"五老"3.1万名。全省已建立"五老"工作室5587个。省关工委举办全省民族地区关心下一代工作座谈会、全省关心下一代工作试点单位工作推进会、全省关工委办公室工作推进会，统筹推进各方面工作。省关工委先后赴12市州所辖26个县（市、区）、23个乡镇（街道）、31个村（社区）、25家企业、19所学校的基层关工委组织及9个教育基地、16个"五老"工作室、21个关工委办公场地开展调研，形成专题调研报告。省关工委网站先后刊发宣传文稿350余篇，入网资料300余万字；微信公众号更新124期496条信息；印发工作简报6期。省关工委主动对接落实省专门教育指导委员会、省未成年人保护工作领导小组相关工作，与各成员单位做到信息互通、资源共享、密切协作。

### 18. 湖南省关工委

第一，主题教育取得扎实成效。各级关工委通过线上线下结合、集中辅导与分散学习结合、教育与实践结合等方式，持续兴起了学习贯彻党的创新理论和党的二十大精神热潮。省、市两级关工委举办各类培训班33个班次，培训各级骨干4000余人次。把调查研究作为深化主题教育的重要举措。省、市、县三级关工委领导分别带队深入基层调查研究，形成了一批有分量的调研成果。省关工委召开调研工作专题座谈会，并联合中国关工委主办的

《中国火炬》杂志评选出一批优秀调研报告。省关工委6个调研组撰写的6篇调研报告和省教育厅关工委撰写的1篇调研报告获评2023年度全国关工委系统优秀调研成果。第二,"铸魂育人"工程继续深入推进。坚持以习近平新时代中国特色社会主义思想铸魂育人。在全省青少年中重点开展了三项活动。一是集中抓好新时代伟大变革的学习宣传,深化习近平新时代中国特色社会主义思想的学习教育。二是以毛泽东主席诞辰130周年为契机,开展"缅怀伟大领袖,深化党史教育"教育实践活动。三是以毛泽东等老一辈革命家为雷锋同志题词60周年为契机,深化"雷锋家乡学雷锋"教育活动。据统计,全省各级关工委开展教育实践活动3.4万多场次,639万人次青少年受教育。大力推进关心下一代教育基地建设。全省新增各级关心下一代党史国史教育基地和教育实践基地209个。抓实抓好第五届全省"关爱明天 普法先行"青少年法治宣传教育。省关工委举办"与法同行 健康成长"主题征文活动,征集作品1.6万余篇,精心评选100篇优秀作品并编印成书。继续抓好家庭教育特别是隔代家庭教育。第三,服务中心大局更加有力有效。在用心用情用力协助党委和政府抓好青少年关爱教育的同时,还主动助力党委和政府的其他中心工作,取得积极成效。围绕乡村振兴工作,在农村开展"三扶两创"活动。围绕促进青年就业,积极开展就业技能培训和就业指导。围绕科技创新,继续深入实施"托起未来科技之星"活动。针对暑假期间青少年溺水事故多发的问题,全省关工委系统组织3万多名"五老"组建巡逻队、监督队、志愿服务队等2200多个,顶着酷暑巡查水库、河流、水塘,及时劝阻青少年下水游泳,有效减少了青少年溺水事故的发生。第四,"五老"关爱下一代工程进一步提质提效。省关工委连续6年开展扶助贫困地区大学新生活动。联合酒鬼酒公司、芒果Ⅴ基金捐资165万元帮扶330名贫困大学新生。据统计,全省关工委系统通过"五老"捐献、关工基金资助、发动爱心企业捐赠等方式,共筹集资金物资4.2亿元,帮扶困境青少年189万多人。全省15.1万名五老"一对一"帮扶留守、流动和困境儿童16.3万名。第五,工作品牌亮点纷呈。在全面推进关心下一代工作中,各级关工委积极创新,打造了一批新亮点、新品牌。比如，长沙市关工委在市场商圈建立关工委组织。岳阳市平江县关工委牵头推出了对有严重不良行为的未成年人的"四帮一"工作机制。益阳市关工委牵头组织有关市直单位和社会公益组织，组建关爱青少年行动大联盟。怀化市关工委大力推进基层"五老工作室"建设。张家界市关工委着力打造市家庭教育师资培训、市家庭教育指导服务、市青少年心理健康教育服务、市红色文化教育培训和市微爱公益服务等五个中心。

19. 广东省关工委

2023年，广东省关工委适应青少年成长成才需要，积极进取、扎实工作，推动了全省关心下一代工作创新发展。一是持续推进习近平新时代中国特色社会主义思想学习宣传教育工作。认真开展学习贯彻习近平新时代中国特色社会主义思想主题教育，推动了党的二十大精神落实到基层。组织开展"童心向党""新时代新征程新青年"等主题教育，推动了党的创新理论走进青少年、引领青少年。二是深入贯彻落实省委办公厅、省政府办公厅印发的《关于加强新时代关心下一代工作委员会工作的实施意见》，推动出台配套措施，各地纷纷以市委办、市府办或党委职能部门的名义印发"实施方案"或"若干措施"。完善体制机制，进一步优化了关心下一代工作的保障条件和发展环境。三是推动青少年思想政治引领往深里走、往实里走。深化"传承红色基因、争做时代新人"主题教育，开展"体验式"红色教育，开展"青少年党史学习月"实践活动，受教育青少年达376万人次。加强社会主义核心价值观主题教育，广泛开展"科技引领我成长"主题征文、"学雷锋""大手牵小手""扣好人生第一粒扣子"等活动，全省90多万名少年儿童参加征文活动，620人获奖。四是深入实施"五老"关爱下一代工程。组织"五老"为孤儿、农村留守儿童、流动儿童、事实无人抚养儿童等群体，提供生活照料、课后托管等服务，帮扶困境儿童14.8万人，帮扶农村留守儿童35.5万人。开展"'五老'弘扬好家教好家风"主题活动，推动好家教好家风走进千家万户。推动规范化家长学校实践活动实验区建设，增加实验区至97个，参与学校达1.1万所。开展"关爱明天、普法先行"青少年法治宣传教育活动，增强了青少年学法守法用法的自觉性。五是提升青少年发展能力培养工作质量。继续推进农村创业青年培训,举办培训班共359期,培训创业青年2.6万人,助力广东"百千万工程"的实施。推动青年发展能力培养向新领域新业态延伸,培养了一批烹饪产业人才、复合型技能人才和家政服务人才。开展"传帮带""双关爱"活动,助力青年职工成长成才。六是努力开创粤港澳青少年交流工作新局面。制定《关于加强粤港澳青少年交流工作的指导意见》。举办粤港澳青少年交流活动2000多场,有力地促进了粤港澳青少年思想文化交融。七是切实加强关工委自身改革和建设。加强学习培训,领导班子成员政治判断力、政治领悟力、政治执行力不断提高。做好关工委领导班子配备和管理工作,市、县两级班子成员普遍进行了调整。推动在学校、机关、企事业单位、社会组织、非公经济组织组建关工委,进一步完善了基层组织结构。增强"五老"运用网络技术、心理健康辅导等方面的能力,探索推进"五老"团队建设专业化,进一步增强了工作的针对性和有效性。新建一批社区家长学校、校外教育辅导站、儿童之家和"五老"工作室,进一步丰富了开展工作的阵地资源。加强宣传工作,主流媒体和自办媒体发布工作信息、图片及视频2.5万篇(条),进一步扩大了关工委的社会影响力。

20. 广西壮族自治区关工委

2023年,中国关工委顾秀莲主任先后3次对广西关工委工作作出肯定批示。自治区关工委在全国关工委工作会议上作青少年普法教育工作经验交流发言,撰写的调研文章《广西关工委开展新时代青少年劳动教育的调研报告》入选《中国关心下一代研究报告》,联合有关单位举办2023年广西、新疆、西藏庆祝"六一"国际儿童节主题队日活动,在中央电视台《央视新闻》和《光明日报》等媒体宣传报道。自治区关工委办公室被自治区党委、政府授予"广西壮族自治区民族团结进步模范集体"荣誉称号。一是思想理论武装走深走实。各级关工委采取青少年聆听、诵读、演讲、主题征文、文艺演出等相结合的方式,组织青少年广泛开展学习宣传贯彻习近平新时代中国特色社会主义思想活动。一年来,共举办各类党的创新理论培训班680多场(次),开展主题教育专题讲座、宣传报告会达5200多场(次),

受教育青少年达67.9万多人（次）。二是贯彻中办、国办《关于加强新时代关心下一代工作委员会工作的意见》（以下简称《意见》）精神深入推进。自治区关工委召开深入贯彻落实中办、国办《意见》经验交流会，各级关工委召开《意见》学习会、汇报会、座谈会312场（次），部分关工委研究制定《贯彻落实中办、国办〈意见〉责任分工方案》，有效推动《意见》进一步落实见效。三是传承红色基因工程扎实开展。以"老少颂党恩奋进新征程"主题教育为载体，着力建设关心下一代党史国史教育基地、红色学校，打造我当红色基因传承人、关工小站、百老进百校、重走红军长征路等工作品牌。一年来，开展清明祭英烈活动362场（次），举办"向国旗、界碑敬礼""红领巾护界碑"活动89场（次）、青少年党史学习夏（冬）令营36场（次），开展党史国史进课堂、红色基地打卡等活动3900余场（次），培训红领巾讲解员1000名，新增国家级关心下一代党史国史教育基地2个、自治区级14个，受教育青少年173万余人（次）。四是青少年法治宣传教育活动扎实推进。自治区关工委召开第五届"关爱明天、普法先行"青少年法治宣传教育活动推进会。各级关工委与有关部门加强合作，先后打造少年法学院、法官妈妈、少年交警学校、浔江灯塔、麒麟小法庭、海防小卫士等法治宣传教育工作品牌，大力宣传与青少年权利义务密切相关的法律法规，共开展各类普法活动6800余场（次），发放资料36万余份，受教育青少年达109万余人（次）。五是"五老"关爱下一代工程成效明显。在六一、开学季、春节等重要时间节点，开展"老少牵手、情暖童心""三元计划·爱心工程"等关爱活动，对山区少数民族儿童、农村留守儿童、进城务工人员子女进行帮扶。"金秋行动 科技兴果""三扶三帮""学科技、助振兴"等乡村振兴活动火热开展。一年来，共组织捐款、捐书、捐赠文体用品等共计3950万元，受益青少年达21万余人；开展农村科技培训班1726场（次），受教育农村青年达5.9万余人（次）。六是关工委自身建设进一步加强。各级关工委积极争取党委、政府支持，在人员配备、制度建设等方面得到大力支持。打造"五老"工作室1548个，基层关工委组织纵向到底、横向到边的良好局面进一步巩固。自治区关工委印发《关于加强"五老"队伍建设的通知》，进一步推动关工委工作规范化、制度化。对各设区市260余名有突出贡献的"五老"颁发纪念奖牌，不断提升广大"五老"做好关心下一代工作的荣誉感、获得感。

21. 海南省关工委

一是思想政治建设进一步加强。根据中国关工委《关于开展学习贯彻习近平新时代中国特色社会主义思想主题教育的通知》，制定工作方案，分8个专题举办辅导讲座，撰写心得体会。举办海南自贸港相关政策和知识专题讲座11场，听众达6300多人。深入开展专题调研，《省未成年人文身状况及建议》被省有关部门采纳；《海南省家庭教育指导服务体系的现状、挑战与对策分析》、《海南省农村流动留守儿童关爱情况的调研报告》与《关于加强关工委办公室建设调研报告》分别被评为2023年度全国关工委系统最佳和良好调研报告。二是爱国主义教育进一步深入。深入学校开展爱国主义教育宣讲活动1345场，受教育学生人数达27.95万人次。开展"传承经典·筑梦未来"教育读书活动，全省140多万名学生参与，上传视频作品18.37万件、上传征文作品4.4万篇，分别排名全国第一、第三名。海南解放公园被授予第六批全国关心下一代党史国史教育基地，命名一批省级关心下一代党史国史教育基地，制作专题宣传片。三是青少年法治意识进一步提升。全省关工委系统开展第五届"关爱明天、普法先行"青少年法治宣传教育活动468场，受教育青少年5万多人次。新建了2家省级法治教育基地。编印未成年人教育宣传丛书"预防犯罪从你我做起"。与有关部门联合开展法律救助进校园、安全教育知识进校园及校园周边网吧大检查活动。四是青少年学科学、爱科学、用科学的热情被进一步激发。开展"中国科学院老科学家科普演讲海南行"活动，22位老科学家深入学校、农村开展科普演讲163场，网络直播7场，现场听众4万余人次，网络观看人数超过37万人次。举办"科技帮扶基地农村乡土人才培训班"，培训青年农民技术员800多人次。五是家庭教育成果进一步凸显。"半月一讲"线上家庭教育全年共播出23期，收看人数达181万多人次。组织全省2276所中学、小学、幼儿园开展线上和线下新生家长第一课。举办37期家长学校骨干教师培训班，受训受益教师 4196 人。召开家教家风现场推进会。举办"关注隔代教育、助力孩子成长"隔代家庭教育讲座。创建一批省关心下一代劳动教育基地。六是关爱工作进一步精准有效。落实"护苗"专项行动"社会防护"责任。省关工委在中国关工委等部门支持下继续开展"共享蓝天·共促成长""健康童乐园""爱起航"等公益活动，共筹措善款 52.14 万元、物资折价 481.9 万元资助困境少年儿童。全省各级关工委发动社会力量捐资助学达 4000 多万元。省关心下一代基金会被省民政厅评为 4A 级社会组织。七是关工委自身建设进一步加强。省关工委及文昌等 7 个市县关工委班子进行调整充实，成员进出有序机制初步形成。召开全省基层组织建设工作座谈会，部署加强基层关工委建设的任务要求，全省基层组织不断壮大，创建"五老工作室"8 家。加强"关心下一代讲师团"队伍建设，现有成员 78 名。各级关工委工作动态得到各大媒体的关注报道，网上关工委建设不断加强。

## 22. 重庆市关工委

全市关心下一代工作坚持以习近平新时代中国特色社会主义思想为指导，全面贯彻落实党的二十大精神和习近平总书记关于关心下一代工作的重要指示批示精神，深入贯彻落实中办、国办《关于加强新时代关心下一代工作委员会工作的意见》和市委办公厅、市政府办公厅《关于加强新时代关心下一代工作委员会工作的实施意见》，坚持立德树人根本任务，积极打造有重庆辨识度、全国影响力的特色工作品牌，关心下一代工作成效显著。中国关工委主任顾秀莲，重庆市委副书记、市长胡衡华等市领导分别对市关工委及 4 个区县关工委工作作出肯定性批示。7 个关工委组织获评《中国火炬》标兵单位，《关于健全学校家庭社会协同育人机制的实践与思考》获评 2023 年度全国关工委系统最佳调研报告。一是落实立德树人根本任务。贯彻落实党的二十大精神，开展"老少同心跟党走、携手奋进新征程"主题教育巡回报告会 12 场次，举办宣讲会 4700 余场次，组织 2.1 万余名"五老"深入开展学习宣传，150 万人次青少年受益。擦亮"红梅花儿永放光彩"工作品牌，开展第二届青少年党史学习月活动，组织 15.7 万余名青少年参与党史知识答题活动，召开全市关心下一代党史国史教育基地建设座谈会，命名第一批"全市关心下一代党史国史教育基地"51个，推出"小小红岩讲解员"微视频5期，举办报告会7400余场次，引导190余万名青少年赓续红色血脉，厚植爱国情怀。二是深化主题活动走深走实。抓好第五届"关爱明天、普法先行"青少年法治宣传教育活动，组织8.7万余人次参加青少年法治教育大讲堂公益活动，深入市未管所、全德专门学校等单位开展帮教活动，开展各类普法宣传教育3700多场次，152万人次青少年受教育。深化"中华魂"主题教育读书活动，编印《一路书香》演讲征文优秀作品集、展播"我与'中华魂'读书活动微视频"、邀请10名优秀青少年做客华龙网、表扬360个先进集体和个人，召开重庆市读书活动20周年总结会，顾秀莲主任出席并讲话。三是实施关爱工程育苗护苗。与市慈善总会共同设立"关心下一代慈善基金"。开展"六一"优秀儿童之家慰问和"助学筑梦"行动，向12个县24个优秀儿童之家捐赠慰问金48万元、向120名贫困大学新生发放助学金60万元。举行心理健康教育巡回报告和讲座20余场次，受益青少年1万余人次。举办重庆市"家校社共育暨家庭教育实践校建设"培训会和家庭教育论坛，授牌"家庭教育实践校"106所，出资89万元建设"三宽"网上课程实践校，组织358所学校（社区）80余万名家长参与网上课程学习，撰写笔记8.8万余篇。四是坚持守正创新提质增效。积极融入成渝地区双城经济圈建设，赴四川省关工委交流学习，签订《关于服务成渝地区双城经济圈建设 推动川渝两地关工委工作高质量发展合作框架协议》，达成"四个一"合作共识，组织20名困境儿童赴四川参加万名青少年夏令营特色营。命名并授牌市级"五好"基层关工委200个、"五老"工作室70个。开展"孝老敬贤月"活动，慰问"五老"1.1万余人。召开全市关工委系统通讯员新闻宣传线上培训会，创作《托起明天的太阳——关工委之歌》，推送《最美基层关工委》系列报道7期，在中国关工委门户网站和市级媒体等发布信息4300条次。

23.四川省关工委

2023年，全省各级关工委深入学习贯彻习近平新时代中国特色社会主

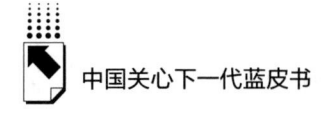

义思想和党的二十大精神，认真贯彻落实习近平总书记关于关心下一代工作的重要指示批示、对四川工作系列重要指示精神，以及中国关工委、省委、省政府部署要求，扎实做好立德树人、助弱帮困、固本强基关爱文章，取得了新的成绩。坚持政治引领，学习贯彻习近平新时代中国特色社会主义思想主题教育扎实有效。省关工委坚定拥护"两个确立"，坚决做到"两个维护"，牢牢把握"学思想、强党性、重实践、建新功"总要求，坚持读原著学原文悟原理，举行2次专题学习会、举办干部培训班，努力在以学铸魂、以学增智、以学正风、以学促干方面取得实实在在的成效。坚持立德树人，传承红色基因工程广泛开展。深入推进"五老"宣讲团"百千万"工程，组织召开"五老"宣讲团工作座谈会、青少年党史教育经验交流会，印发《关于加强新时代关工委"五老"宣讲团工作的意见》，9685名"五老"宣讲员开展党的二十大精神"六进"宣讲1.5万场，听讲青少年309万人次。开展"老少同声颂党恩、携手奋进新征程"第十二届四川省万名青少年夏令营和特色分营，3.3万名青少年免费参加。开展第五届"关爱明天、普法先行"活动，举办法治宣讲8100余场，受益青少年221万人次。开展"弘扬科学精神，播撒科学种子"科普演讲进校园活动。主办第三届全国青少年科技教育成果展示大赛四川省区域赛暨四川省2023年科技教育成果展示赛。命名第六批"四川省青少年社会实践教育基地"27个。深入开展"'五老'弘扬好家教好家风"主题活动，全省1万余名"五老"志愿者常年义务监督网吧。坚持助弱帮困，"五老"关爱下一代工程持续深化。常态化开展"五助一帮"行动，筹集资金2.48亿元，为60余万人次困难青少年办实事解难事。深化"金秋助学·圆梦行动"，筹集资金6245.4万元，资助困境家庭学生6.69万名。开展"老少牵手·温暖童心"暖冬行动，向19.89万名困境青少年送去价值6109万元的暖冬物资。先后召开农村关心下一代工作座谈会、民族地区关心下一代工作座谈会和基金会工作座谈会，有序推进各项工作。联合省卫健委建立四川省儿童青少年心理健康关爱中心，开展"唇腭裂患儿公益救助行动"。坚持固本强基，关心下一代体制机制更加完善。认真贯彻落实中办、国办《关于加强新时代关心下一代工作委员会工作的意见》，关工委的组织网络不断优化、领导班子充实配强、基层活力更加激发。川、渝两省市关工委举行工作座谈会，签署合作框架协议，携手服务成渝地区双城经济圈建设。深入调查研究，积极建言献策，宣汉县创建"留守儿童周末假日寄宿学校"的经验被《光明日报》整版报道。弘扬"五老"精神，关爱宣传氛围更加浓厚。主办第十一届四川关爱明天十佳五老评选活动，评选出"四川关爱明天十佳五老"10名、"提名奖"15名。开展第九届四川宣传关心下一代新闻佳作评选活动，评选出获奖作品122件。与四川日报报业集团共同召开关心下一代宣传工作会。《关爱明天》的办刊质量不断提升，平均期发行量6万余份。

24. 贵州省关工委

2023年，贵州省关工委在中国关工委的重视关心下，在省委、省政府的坚强领导下，在坚持立德树人上聚焦用力，在服务乡村振兴上担当作为，在促进青少年健康成长上守正创新，全省关心下一代工作取得新进展新成效。一是理论武装走深走实。扎实开展主题教育，全省各级关工委班子成员赴基层开展宣传宣讲，组织宣讲报告团深入学校开展宣讲阐释，受教育青少年15万余人次。开展传承红色基因工程、青少年心理健康状况、新时代关工委组织建设等专题调研，强化调研成果转化，进一步加强和改进工作。二是思想教育倾心倾情。坚持用习近平新时代中国特色社会主义思想铸魂育人，深入开展党史学习教育，全省"五老"组成1000余个宣讲团（组）深入学校开展主题宣讲8000余场次，组织"五老"和青少年携手开展党史学习月、读书、演讲、征文、夏令营等主题活动，受教育青少年220余万人次。三是服务大局有力有效。实施农村青年人才培养行动，会同有关部门举办实用技术培训900余期、培训10万余人次，建设科技服务示范基地100余个。深化农村学前教育"双助"行动，举办农村幼儿教师培训班11期、培训1500余人，建设"研培中心""关心下一代幼儿教育基地"55个。四是关爱工程尽心尽力。开展"开学季、关爱行"活动，为2000余名农村青少年发放关爱金。广泛开展"六一"关爱活动，捐赠款物价值2700多万元。组织"五老"与1000名农村困境青少年结对开展精准关爱，帮教"五失"青少年3000余人次，开展法治宣传教育活动6500余场次，受教育青少年130余万人次。五是优化环境用心用情。持续推进家长"尽责优教"讲堂建设，省、市、县三级联动开展家长培训，受益50余万人次。加强"五老工作室"建设，全省1500余名"五老"担任校外辅导员，7000余名"五老"参与环境整治、矛盾化解近1万次，300余名"五老"陪审员参与未成年人案件审理1000多件次。六是自身建设持续加强。出台《关于进一步加强和改进全省关工委组织建设的指导意见》，推进"五好"基层关工委巩固提升，推动省直单位依托离退休党支部创建和完善关工委组织。开展"孝老敬贤月"活动，走访慰问、大力宣传"五老"，影响带动更多老同志加入关心下一代工作中来。

### 25. 云南省关工委

一是调查研究。2023年3月，完成制定《云南省关工委"十四五"发展规划和二〇三五年远景目标》。5月，召开《云南省关工委"十四五"发展规划和二〇三五年远景目标》新闻发布会。完成省级党群系统决策咨询课题《云南省未来五至十年关心下一代工作形势任务和对策研究》，5项调研成果被中国关工委评为优秀调研成果，《云南省留守儿童专题调研报告》被评为最佳调研报告。二是青少年思想道德建设。全省1108个"五老"宣讲团，4204名"五老"宣讲员，深入学校、社区、乡村宣讲共3394场次，受教育青少年达135.15万人次。在全国"中华魂"主题教育活动中，9个集体和133名个人受到表彰，共征订读本24万多册。西南联大旧址及博物馆等4家单位获批为"中国关工委第六批党史国史教育基地"，昆明市五华区长春小学等12家单位被省关工委命名为"云南省关心下一代教育实践基地"。组织第十二批边疆少数民族乡村优秀教师赴京培训，顾秀莲主任亲切接见参训学员。召开全省民族地区关心下一代工作座谈会，60多万各族青少年参加民族地区青少年铸牢中华民族共同体意识活动。三是"五老"关爱。各级关工组织牵头开展青少年法治教育4.87万余场次，受教育青少年804万余人次。扎实开展未成年人司法项目，对办案机关分流出来和有严重不良行为的未成年人组织专人热情耐心细致的帮教矫治。组织"践行党的

二十大　奋进新征程"青少年书画活动等。投入15万元在文山市实验小学新建"无人机操控体验室"。举办乡村振兴技能培训班16期，培训农村青年技能人才5320人次。建立"五老"工作室678个，6672名"五老"参与"一对一"结对关爱，对4.84万余名青少年精准帮扶。多种途径关爱救助青少年70.96万人，其中，筹措资金3019.03万元，帮扶36.79万名学生继续完成学业。四是青少年对外交流交往。2023年5月，省委编办批复同意在省青少年校外教育活动基地加挂"云南省青少年对外交流中心"牌子。省关工委开展全省边境市县关工委开展青少年对外交流交往活动的情况调研，形成《云南省关工委关于开展青少年对外交流交往的调研报告》。与省对外友协、团省委共同制定《颁发参与国际青少年交流活动证书工作流程的规范细则（试行）》。10月，参与省对外友协在昆明举办的云南省与日本岩手县青少年友好交流联谊会，共同颁发《参与国际青少年交流活动证书》。五是关工委基层组织建设。2023年1月，省关工委与省国资委党委联发《关于在全省国有企业建立关心下一代工作委员会的意见》。5月，首批17家省属国有企业关工委挂牌成立，102家州（市）、县（市、区）两级国企成立关工委。17家省属国有企业关工委开展"师徒结对"987对，青年职工职业技能培训4882人次，专题宣讲63次，受众3687人，帮助困难职工子女1300多人，救助经费260余万元。8月，在玉溪召开全省基层关工委建设会议。开展"全省基层关工委示范点"创建活动，对昆明市东川区等78个先进关工委通报表扬。

26. 西藏自治区关工委

第一，聚焦根本任务，着力推进青少年思想道德建设。一是主题教育常抓常新。各级关工委组织"五老"面向青少年开展"传承红色基因，争做时代新人""不忘初心、牢记使命""新旧西藏对比"等主题宣讲活动。组织"五老"宣讲团赴各地（市）中小学、儿童福利机构，开展以铸牢中华民族共同体意识为主题的系列宣讲活动210余场（次），受教育青少年达6.1万余人次。会同区文明办开展第3批"自治区新时代好少年"评选表彰活动。二是校外德育辅导员工作成效明显。自建立校外德育辅导员制度以

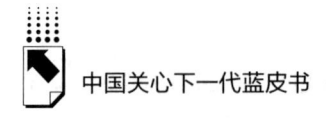

来，各级关工委协同有关部门，先后聘请三批486人担任校外德育辅导员，举办"五观两论""新旧西藏对比"等主旨宣讲活动500余场（次），受教育学生达8万余人（次）。第二，围绕服务大局，着力助推经济社会发展。一是在服务经济发展上展现新作为。各级关工委动员老专家、老科技工作者、老党员，坚持扶贫与扶志、扶智相结合，深入农村社区广泛开展政策宣讲、科技知识普及、业务技能培训，有效发挥了关工委助力乡村振兴的积极作用。二是在参与城乡精神文明建设上展现新作为。全区关工委系统深入开展精神文明宣传教育，组织"五老"和广大青少年携手参与创建全国文明城市，以及文明乡村、文明社区、文明单位、文明校园等群众性精神文明创建活动，自觉践行文明新风尚。第三，牢记服务宗旨，着力为青少年帮困解难。一是关爱帮扶精准务实。各级关工委会同相关部门开展关爱留守儿童和困境儿童工作，深入开展助困、助学、助残、助孤、助医活动。各级民政部门积极推进孤儿集中收养、孤残儿童救助和教育管理，组织实施农村留守儿童"合力监护 相伴成长"关爱保护专项行动，实现全区乡镇儿童督导员和村（居）儿童主任全覆盖。大力加强困难儿童分类保障和事实无人抚养儿童保障，建立与西藏经济社会发展水平相适应的事实无人抚养儿童保障制度。各级医保部门将孤儿、重残儿童列入重点救助对象，对参加基本医疗保险的个人缴费部分实施全额救助。二是加大失业、待业青年就业帮扶力度。各级人社部门建立干部"一对一"帮扶高校毕业生就业机制，参与就业帮扶的干部达到7.3万人（次）。将高校毕业生、"两后生"、农牧区新成长劳动力等青年群体纳入职业技能培训补贴范围，着力提升其就业竞争力。

27.陕西省关工委

第一，在不断创新工作方法中前进。准确把握新时代青少年特点，尊重青少年成长规律，贴近青少年需求，在教育模式上创新，采取青少年易于接受、喜闻乐见的形式，增加教育的"吸引力"。一是注重发挥文学的力量，联合省作协共同开展"唱响红色新童谣"活动，征稿并编辑出版《唱响红色新童谣》，用新颖独特、生动活泼的童谣形式对孩子们进行党史国史教育。二是开展好党史学习月活动，在延安承办了全国关工委系统青少年党史教育经验交流会及第二届全国关工委党史学习月活动启动仪式。三是以《英雄礼赞》画册收录的百余位百岁红军老兵油画肖像为主线，挖掘他们背后的故事，即将出版发行《老红军的故事》一书，并将举办油画展，拍摄55集视频短片。第二，在不断提升影响力上下功夫。用宣传的形式、活动的力量，服务青少年，使社会各界进一步了解关工委、了解"五老"，推动关工委和关心下一代工作的社会影响力不断扩大。一是联合相关单位共同主办"唱支山歌给党听"陕西省青少年"全家总动员"主题展演活动，在全省举行巡回展演和颁奖晚会，通过陕西卫视和多媒体网络面向全社会直播，全网点击量超过10亿人次。二是按照省领导同志批示要求，省关工委牵头，抽调省内骨干力量，历时5个多月，深入37个省级单位，对全省10个样本县区，开展青少年心理健康调研。对26.36万名学生、9.73万名家长、6951名教师进行问卷调查，基本摸清了存在的问题及其深层次原因，并向省委、省政府呈报了调研报告和工作建议，调研报告被中国关工委评为"最佳调研报告"。三是组织省关工委法治宣讲团，开展青少年法治宣传教育，在全省中小学校和社区开展法治宣讲269场，受教育中小学生和听众达20余万人。第三，在不断提升组织建设上求突破。针对全省关工委在组织建设方面的薄弱之处，主动开展工作。一是制定机关和企业关工委创建工作方案，已在24个成员单位成立关工委，填补了组织建设空白。二是积极协调省委编办印发了《关于市县关心下一代工作委员会办公室机构编制有关事项的通知》，对基层关工委办公室的管理体制、人员编制等作出规定，夯实了基层关工委的工作基础。第四，在不断提升自身建设上去加强。以服务青少年、服务"五老"、服务基层为重点加强自身建设，服务水平和工作质效不断提升。一是印发《陕西省关心下一代教育实践基地创建方案》，评选了60个省级关心下一代教育实践基地。二是依托陕西省关心下一代研究中心，2023年组织立项了7个研究课题，部分成果以访谈形式刊发于《中国火炬》。三是依托西北工业大学在青少年心理健康教育实践中的优势，建立了陕西省关心下一代儿童青少年心理健康研究中心，为关工委系统开展青少

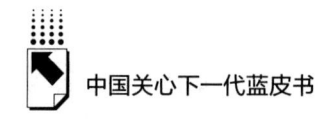

年心理健康工作提供支持。

28. 甘肃省关工委

一是坚持党的领导,关工委工作整体进入新阶段。省委主要领导和分管领导多次对省关工委工作作出批示、出席重要活动、听取工作汇报、解决重大问题。2023年11月2日,省委胡昌升书记在调研关心下一代工作和老干部工作时强调,关心下一代工作组织"五老"发挥作用很好,工作做得很实。各地认真落实《关于加强新时代关心下一代工作委员会工作的意见》和《关于加强新时代关心下一代工作委员会工作的实施意见》,建立体制机制,调整充实班子,配齐工作人员,理顺职责关系,凝聚工作力量。二是强化学习宣传,提升政治理论素养。在学习贯彻习近平新时代中国特色社会主义思想主题教育启动后,全省关工系统及时部署,在会宁干部学院和高台干部学院成功举办全省关工委干部学习贯彻党的二十大精神及习近平新时代中国特色社会主义思想主题教育培训班。2023年,全省举办干部培训班102个班次,培训5728人次;开展思政课、读书班等培训20多场次。三是聚焦凝心铸魂,思想道德教育取得新成效。以"老少同声颂党恩、携手奋进新征程"为主题,围绕社会主义核心价值观教育、爱国主义教育、民族团结一家亲等内容,依托教育基地和红色资源,线上线下开展"传承红色基因、争做时代新人"、"五史"教育和第二个党史学习月活动。在临夏州成功举办了全省民族地区关心下一代工作现场推进会。全省累计开展教育活动2000多场次,举办宣讲报告会1000多场次,5000多名"五老"参与活动,教育青少年60多万人次。四是服务中心大局,"五老"关爱行动又有新举措。省、市、县三级联动深入实施"'五老'万人关爱行动",帮助困境青少年64000多名;筹措100万元,扶助困境青少年1000名;争取投资为6所红军小学捐赠"少年硅谷"资金60万元;开展"关爱留守儿童 助力乡村振兴"实践教育,受益青少年3000多人;争取100套、价值260万元的书法数字化教学软件,建成100个示范基地。争取基金会和爱心企业支持为积石山地震灾区捐赠2000多万元的御寒物资。五是优化育人环境,参与社会治理展现新作为。开展"关爱明天、普法先行"宣传报告会3800多场次，教育青少年130多万人次；选树品学兼优、积极向上、乐于奉献的好少年40名；5300多名"五老"举办家风家训宣讲活动2000多场次，教育家长120多万人次；选树推出"五老"先进典型636名，18名"五老"被评为"全省关心下一代最美'五老'"。六是注重调查研究，基层基础工作实现新突破。对教育基地阵地建设和企业关工委工作进行调研，学习考察外地基金会经验，组织召开全省关心下一代教育基地阵地建设工作推进会和企业工作座谈会，总结推广经验。顾秀莲主任在该调研报告上批示："深入基层调研很好。把握实情，了解不足，提出加强和改进工作举措。必将推动基层关工委工作创新发展。这种好做法，值得赞扬。"省委副书记石谋军批示："调研扎实，针对性强，希望在成果转化运用上下功夫，推动关心下一代工作再上新台阶。"

### 29. 青海省关工委

第一，参与主题教育，学思践悟增信心。各级关工委紧紧围绕"学思想、强党性、重实践、建新功"的总要求，深入学习贯彻习近平新时代中国特色社会主义思想。在学思践悟的基础上，组织"五老"讲师团、宣讲团深入基层、深入学校开展党的创新理论宣讲，引导广大青少年拥护"两个确立"，坚决做到"两个维护"。2023年，全省各级关工委讲师团、宣讲团共开展432场次主题宣讲，受教育青少年11万余人次。第二，争取党委重视，凝心聚力促发展。省委领导多次在省关工委呈报的文件上作出批示，肯定成绩，提出要求。陈刚书记在省委老干部局调研工作时，对关工委工作提出了具体要求。之后，省委以"两办"名义印发《关于加强新时代关心下一代工作委员会工作的若干措施》，各级党委、政府将关心下一代工作融入党政工作，有力地推动了关心下一代工作深入开展。第三，坚持立德树人，培根铸魂育新人。省关工委开展第九届"关工杯"青少年作文大赛、"党史学习月"活动，申报、挂牌两家全国关心下一代党史国史教育基地，拍摄《丰碑——走进原子城》专题教育片。海东、黄南等市州关工委组织开展夏令营、宣讲等活动，大力弘扬爱国主义情怀，推动党史国史教育具体化、长效化。省教育厅、团省委等成员单位以宣讲会、朗诵比赛等为载体，引导青少年唱响时代主旋律，推动社会主义核心价值观走深走实。年内，全省开展各类主题活动110场次，2.5万名青少年接受了教育。第四，聚焦中心大局，履职担当显作为。一是省关工委举办第九届"老少共携手、保护三江源"植树活动，开展生态环保公益活动；海北等市州关工委开展义务植树、生态文明教育进课堂活动，引导青少年牢固树立生态文明意识。二是省关工委关爱宣讲团在6个市州52所学校开展民族团结进步宣讲活动，接受教育学生1.2万人；举办青少年藏语言网络培训班，累计培训4万余人次。各地关工委通过形式多样的活动，积极参与创建民族团结先行区建设，引导青少年铸牢中华民族共同体意识。三是省关工委举办全省农牧区青年技能培训班，海西、海南州关工委举办"双选会""就业援助月"等活动，帮助农牧区青年就业创业。第五，精准关爱帮扶，纾困解难暖人心。省关工委开展第五次"关爱·暖冬"行动，为全省400名困境青少年捐赠价值20万元的过冬衣物；连续4年为619名农牧区大学生捐资489.2万元；争取中国关工委"健康童乐园"项目，为农牧区家庭和幼儿园提供智力开发课程；联合相关部门开展"关爱明天、普法先行""青春与法同行"活动，对青少年开展法律服务。省总工会、省妇联等成员单位开展励志助学、实用技术培训等公益项目，积极关爱帮扶困境青少年。2023年，全省各级关工委对近8万名青少年开展关爱活动。第六，强化自身建设，夯实基础促提升。一是发展壮大关工委队伍，并组织开展学习、调研等活动，提高新时代服务青少年的能力和水平。二是调整充实省关工委领导班子，新增2家单位为成员单位；市州、县区关工委利用换届的有利契机，充实领导班子。三是各级关工委督导贯彻落实中办、国办《关于加强新时代关心下一代工作委员会工作的意见》精神。

30. 宁夏回族自治区关工委

一是抓思想引领，深化主题教育。联合自治区党委宣传部等7部门部署在全区青少年中开展以学习贯彻习近平新时代中国特色社会主义思想为主要内容的主题教育。与宁夏广播电视台携手举办"少儿帮帮堂"节目，组织"五老"讲党史故事60余场。协同开展"书香飘满校园"读书、"传承红色文化好家教好家风书画艺术进万家"、宁夏第二届孝德文化节"孝老敬贤月"等活动。配合开展少先队员寻访"五老"活动,深化"五老"担任少先队校外辅导员工作。广泛开展"千场宣讲进校园"活动,组织"五老"讲红色故事1000余场次,受教育者8万余人次。二是抓普法教育,深入开展法治宣传教育和"法律护航"行动。深入开展第五届"关爱明天、普法先行"青少年法治宣传教育活动。组织集中收听收看全国19位名校专家"关爱明天、普法先行"青少年法治教育公益大讲堂宣讲。与宁夏法治报社联合举办"法伴成长——我身边的法治故事"主题征文活动。会同宁夏健康教育所在全区小学校开展"健康生活 从我做起"健康科普小达人绘画比赛活动。针对重点群体,提供法律援助等全方位的法律服务,认真落实未成年人司法保护。三是抓科普教育,大力推进协同育人。联合邀请国内专家教授来宁夏开展科普知识和国防教育讲座,先后举办高端科普讲座和国际国内形势报告20场次,听众2700余人。联合自治区党委宣传部、文明办等12部门单位,联合印发《关于健全学校家庭社会协同育人机制的实施意见》,不断完善家校社协同育人机制。争取中国下一代教育基金会和中国关工委事业发展中心大力支持,推进吴忠市实现了"全国规范化家长学校实践活动实验区"创建全覆盖。四是抓关爱帮扶,对困境青少年关爱帮扶更加精准。精心设计"山窝窝助学圆梦行动""困境儿童牵手行动""留守儿童帮扶行动"3个项目,支持宁夏关心下一代基金会利用"9·9公益日"腾讯互联网募捐平台共募集资金233.7万元,参与8万余人次。先后为260名高中生发放助学金共44.15万元,把价值286万元物资分发到家庭困难孩子手中。举办"乡村教师春晖行动"培训班5期,146名乡村校长分别在厦门、广州、南京、长春参加培训。配合有关部门,在固原市、中卫市部分县(区)开展农村科技服务近100场,助力乡村振兴。五是抓强基固本,不断加强关工委建设。充实"五老"力量,改善办公条件。成功举办庆祝自治区关工委成立35周年暨全区关心下一代工作表彰会议,中国关工委主任顾秀莲,时任宁夏党委常委、组织部部长石岱分别出席会议并作讲话。在广西桂林理工大学成功举办全区关心下一代工作专题培训班,关工委骨干的政治思想水平和服务能力进一步提升。大兴调查研究、撰写的《动员激励"五老"积极参加关心下一代志愿服务的实践与思考》《关于宁夏流动留守儿童的调研报告》获评优秀、良好调研报告。

### 31. 新疆维吾尔自治区关工委

第一，加强理论学习，党的创新理论更加入脑入心。一是深入学习宣传贯彻党的二十大精神。自治区关工委举办学习贯彻党的二十大精神研讨班，各级关工委层层组织开展培训，累计举办220余场次、培训6500余人。组织开展"我来宣讲二十大 党的光辉照我心"宣讲交流活动，2.5万名"五老"人员开展宣讲7200余场次、受教育青少年74万余人次。二是扎实开展主题教育。各级关工委认真落实"学思想、强党性、重实践、建新功"的要求，组织开展活动4600余场次，动员"五老"参与1.7万人次。三是建立完善"第一议题"制度。与学习贯彻习近平总书记在听取自治区和兵团工作汇报时的重要讲话精神结合起来，进一步坚定服务青少年正确方向，以更务实的举措推动关心下一代工作高质量发展。第二，坚持立德树人，青少年思政教育进一步深化。一是持续推进传承红色基因工程。举办第二届"青少年党史学习月"暨"游基地、学党史"活动，与自治区党委党史和文献研究院联合编印《新疆英模故事》，与自治区党委宣传部、教育厅等7部门联合举办"小小讲解员"大赛，成功申报4家"全国关心下一代党史国史教育基地"，命名12家"自治区关心下一代党史国史教育基地"。二是组织开展"弘扬好家教好家风"活动、第二届"孝老敬贤月"活动。会同自治区妇联、教育厅等单位联合开展《自治区指导推进家庭教育的五年规划（2021—2025）》中期评估工作。指导乌鲁木齐市教育系统开展"良好家风伴我成长"主题活动，网络点击量超过300万次。三是不断深化中华民族共同体意识教育。扎实开展"民族团结一家亲"等活动。与自治区党委宣传部联合举办2023年"新疆新时代好少年祖国行"参观学习交流活动，进一步激发各族青少年爱党爱国情怀。第三，用心用情帮扶，"五老"关爱工程深入开展。一是助力乡村振兴战略实施。动员"五老"广泛开展青年技能培训3.7万人次。动员社会力量开展"37.2°中国艺术公益行"活动，15

省 86 名青年教师赴喀什疏附县开展艺术教育志愿服务，受益师生 3100 余人。二是关爱帮扶特殊青少年群体。组织 8000 多名"五老"帮扶困境青少年 3.6 万余人。开展"金秋助学"活动，动员社会力量，争取援疆项目，募捐资金 1156 万元，帮助困难学生 3.5 万余人。联合自治区科技厅走进乌鲁木齐市 SOS 儿童村开展公益活动，营造了关爱少年儿童健康成长的氛围。三是广泛开展青少年法治宣传教育和权益保护。组织开展"关爱明天 普法先行""'五老'送法万里行"等青少年法治宣传教育活动，1.1 万多名"五老"开展宣讲 6000 余场次、受教育青少年 95.5 万人次。第四，加强组织建设，自身建设工作取得新进展。全区关工组织 13715 个、"五老" 13 万多人、"五老"工作室 430 个。进一步加强调查研究，自治区关工委领导同志带队，分 3 个组深入 11 个地州市，围绕发挥"五老"作用、青少年活动阵地建设等方面开展了深入调研。全区各级关工委深入 74 个县市（区）、383 个乡镇（街道）、551 个村（社区）、482 所学校、163 个教育基地开展调研，在助力当地改革发展稳定各项事业中发挥了积极作用。

**32. 新疆生产建设兵团关工委**

一是深入贯彻落实中办、国办《关于加强新时代关心下一代工作委员会工作的意见》。出台兵团《关于加强新时代关心下一代工作委员会工作的实施意见》，强化顶层设计，得到中国关工委主任顾秀莲的重要批示，7 个师市研究制定了具体方案和措施。召开新闻发布会，对兵团《关于加强新时代关心下一代工作委员会工作的实施意见》进行广泛宣传，营造社会各界共同支持关心下一代工作的良好氛围。印发《关于认真学习贯彻顾秀莲同志重要批示的通知》，组织各级关工委和广大"五老"传达学习，增强了基层做好关心下一代工作的责任感和使命感。二是深入实施传承红色基因工程。各级关工委面向青少年开展党的二十大精神宣讲活动 8400 余场次，举办青少年学习党的二十大精神知识竞赛 20 余场次，激发了广大青少年爱党爱国热情。常态化长效化推动党史学习教育，举办第二届兵团青少年党史学习月活动启动仪式，各师市关工委依托红色资源，开展内容丰富、形式多样的教育活动 2700 余场次，引导 23.9 万余名青少年听党话、跟党走。举办

"寻访红色足迹、传承兵团精神"青少年研学实践活动，各级关工委开展丰富多彩的夏令营活动400余次，2.8万余名青少年在探寻红色足迹中，增强了热爱祖国、扎根新疆、建设兵团的信心和决心。组织"五老"赴师市宣讲伟人故事和法治知识。面向全兵团开展"弘扬兵团精神，赓续红色血脉"主题征文活动。各级关工委深化"传承红色基因、培育兵团事业新人"主题教育活动，广泛开展读写看唱等主题活动，参与青少年24.1万余人次。三是深入推进"五老"关爱下一代工程。印发第五届"关爱明天、普法先行"活动通知，各级关工委开展讲座、宣誓、模拟法庭等活动3300余场次，受教育青少年32.5万余人次。争取中国下一代教育基金会支持，实施"少年硅谷"和"健康童乐园"公益项目，惠及4所红军小学和11所幼儿园。兵团关工委为37名家庭困难学生捐赠学习生活等物品，各级关工委为1.15万名青少年送去关爱帮扶。各级关工委广泛开展"民族团结一家亲·砥砺奋进新征程""中华民族一家亲·同心共筑中国梦"等宣讲和实践活动，推动青少年铸牢中华民族共同体意识。四是加强关工委自身建设。探索企业关工委工作新路径，联合兵团国资委等单位印发通知，部署推动国有企业开展关工委组建试点工作，17家试点国有企业组建关工委组织。举办关心下一代工作学习交流活动，观摩学习找差距、交流互鉴促提升。举办第18期兵团关工委培训班，带动基层举办培训班18场次，累计培训"五老"骨干和关工委工作人员900余人。举办"五老"参与青少年心理健康服务培训班，推动各级"五老"参与青少年心理健康服务工作向专业化、规范化发展。命名13个兵团关心下一代党史国史教育基地，成功申报2个全国关心下一代党史国史教育基地，不断加强青少年党史学习教育阵地建设。开展兵团关心下一代"最美五老"学习宣传活动，通报表扬10名"最美五老"，举行发布仪式，激励更多"五老"老有所为、发光发热。

33. 教育部关工委

2023年，教育部关工委认真贯彻落实党的二十大精神和习近平总书记对关心下一代工作的重要指示精神，持续推进中办、国办46号文件以及教育部党组34号文件（以下简称"两个文件"）精神落地落实，各项工作取得积极成效。第一，持续深入抓基层强基础。一是加强基层调研。召开省级教育系统关工委贯彻落实两个文件情况片区座谈会3场、覆盖30个省（区、市），召开市县座谈会6场、49个市县参加，分省建立贯彻落实情况台账并对工作薄弱省份提出工作建议，推进《关于加强新时代关心下一代工作委员会工作的意见》落地落实。二是加强基层培训。举办2023年全国教育系统关工委干部培训班，启动基层教育系统关工委干部5年轮训工作，253个地市、133个省属高校关工委负责同志参加培训，中国关工委主任顾秀莲出席首期培训并讲话，对这项工作给予充分肯定。三是加强基层建设。开展全国中小学校关工委建设优秀案例征集推介活动，调研并推广中小学校关工委独建、联建、共建模式，召开民办高校关工委建设推进会以及高校二级学院关工委设立学生委员座谈研讨会并在10所高校启动试点工作，分层分类全面推进教育系统关工委建设。第二，持续深入抓品牌助育人。一是拓展读书活动育人功能。配合落实全国青少年读书行动，以"传承经典，筑梦未来"为主题开展"新时代好少年"主题教育读书活动，约120万名中小学生线上上传作品，举办线下活动19万场次，近5000万名青少年参与并受益。邀请航天、天文、教育等领域的"五老"专家，带领青少年走进博物馆、研究院等开展阅读实践活动并制作成系列专题片，以中华文明五大突出特性为主线举办活动成果展。二是整合"读懂中国"教育资源。主动融入"时代新人铸魂工程"，以"老少共话二十大，踔厉奋发新征程"为主题开展"读懂中国"活动，全国近千所高校的5.8万余名大学生面对面访谈优秀"五老"3.3万人次，受益学生达775万余人。启动教育系统关工委优质思政教育资源库建设工作。三是以示范活动推动"院士、杰出老校友回母校""大国工匠进校园"活动常态化开展。举办"院士、杰出老校友回母校"示范活动4场、"大国工匠进校园"示范活动2场，召开片区座谈会3场。据不完全统计，2023年各地各校共开展4413场次、受益学生达517.8万人次。第三，持续深入抓协同聚合力。一是主动参与家校社协同育人。落实教育部等部门《关于健全学校家庭社会协同育人机制的意见》，拍摄播出家庭教育公开课11期、逾1290万人次收看。举办全国教育系统关工委家庭教育骨干培训班、近130人参加。完成基础司委托课题"家校社协同育人机制建设的模式探索"结项工作，着力提升教育系统关工委助力家校社协同育人能力。二是主动助力乡村振兴。联合农业农村部探索央企参与"老校长下乡"新模式，启动"石化助力老校长下乡"项目，力争探索出集驻校指导、送培下乡、名校跟岗、校本研修和特色帮扶于一体的"4+X"帮扶新路径。三是主动助力"双减"工作。联合相关部门积极推动试点工作落地见效，北京出台《"五老助双减"工作试点实施方案》，有200余名"五老"参与、覆盖全市各区67所学校，山东拓展为"五老助"系列活动，为青少年健康成长保驾护航。

### 34. 中国石化关工委

2023年，中国石化关工委在中国关工委的指导和中国石化党组的领导下，坚持以立德树人为根本任务，结合中国石化成立40周年，深入实施传承红色基因工程和"五老"关爱下一代工程，持续开展"传帮带"活动，为促进青年员工和青少年成长成才，培养石油石化事业接班人做出了积极贡献。一是深入学习宣传贯彻党的二十大精神，用党的创新理论武装头脑指导工作。将学习宣传贯彻党的二十大精神作为首要政治任务，采取集中学习、培训辅导、自学等多种方式，深入学习贯彻党的二十大精神，认真开展学习贯彻习近平新时代中国特色社会主义思想主题教育，各级关工委和广大"五老"自觉用党的创新理论武装头脑，深刻认识"两个确立"决定性意义，增强"四个意识"、坚定"四个自信"、做到"两个维护"。二是深入实施传承红色基因工程，教育青年员工和青少年听党话跟党走。认真学习贯彻中国关工委青少年党史教育经验交流会精神，围绕"老少同声颂党恩，携手奋进新征程"主题，以党史国史教育和社会主义核心价值观教育为重点，深入实施传承红色基因工程。各单位关工委组织"五老"宣讲团深入企业基层、社区、学校，宣讲党史国史故事，认真开展"青少年党史学习月"活动，共有3万多名"五老"参与活动，受教育青年员工和青少年近10万人次。三是以庆祝中国石化成立40周年为契机深入开展"传帮带"活动，助力培养青年员工成长成才。各单位关工委围绕庆祝中国石化成立40周年，在青年员工入厂教育、重要时间节点、员工培训、榜样宣传等方面发挥"五老"优势，宣讲老一辈石油石化人艰苦创业、开拓进取、无私奉献的亲身经历和感人事迹，教育青年员工继承和发扬石油石化优良传统。积极配合有关部门向青年员工传思想、传技术、传作风，开展"导师带徒""成长导师""一对一结对子"等活动，助力青年员工岗位成才。四是深入实施"五老"关爱下一代工程，为青年员工和青少年健康成长营造良好环境。积极开展"关爱明天、普法先行"青少年普法教育，广大"五老"深入企业、社区、学校，开展常态化普法宣传教育活动。积极开展家庭教育和关爱活动，对青年员工和青少年言传身教，涵养好家风，宣扬好家训，传承好家规。积极配合有关部门开展助力乡村振兴、净化校园周边环境、助学助困等关爱活动，努力为青年员工和青少年办实事解难事，为社区、社会和谐稳定贡献力量。五是不断加强关工委自身建设，进一步夯实关心下一代工作基础。目前，全系统建有83家直属单位关工委、716个关工委分会、1853个关工委小组，10.6万名"五老"参与关心下一代工作。各级关工委坚持党建带关建，及时调整关工委工作班子，充实"五老"队伍，为关工委工作顺利开展提供有力保障。举办集团公司直属单位关工委常务副主任培训班，进一步提升关工委干部的政治理论水平和工作能力。开展片区研讨交流工作，展示工作特色、交流工作经验，相互学习借鉴，促进了工作水平提升。

### 35. 中国石油关工委

中国石油关工委以立德树人为根本任务，充分发挥石油"五老"优势作用，大力弘扬石油精神，积极打造工作品牌，为青少年成长成才和集团公司高质量发展作出积极贡献。一是深入开展纪念铁人王进喜100周年诞辰活动，让石油精神和大庆精神、铁人精神代代相传。集团公司关工委深入挖掘新中国石油工业发展史教育内容，组织拍摄《印迹·石油五老讲历史》系列访谈节目两期，通过集团公司全媒体发布，在老同志和在职职工中引起强烈反响；联合集团公司团委、科协、党校等，通过编印书籍、赴定点帮扶地区现场授课、开展"老石油讲故事"等，打造"育才强企·银发生辉"工作品牌；建立第一批集团公司关心下一代教育基地10个，"辽河油田石油精神教育基地"获评全国关心下一代党史国史教育基地。大庆油田开展"六个一"系列活动，累计宣讲180余场次，表彰作品1200件，受众达10万人次。长庆油田推进"党团关"一体化育人，提升青工思政工作实效的做法被写入甘肃省企业关心下一代工作专题调研报告。玉门油田、大连西太开展导师带徒、技术攻关、经验传授等多场培训交流，参加青工近300人次。吉林石化充分利用教育基地矩阵群，组织新入职大学生、团员青年和高校学子参观学习。兰州石化结合建成投产65周年系列活动，组织"五老"通过多种方式忆传统、寄深情、聚力量。二是大力实施石油"五老"关爱下一代工程，着力为青少年健康成长创造良好社会环境。集团公司关工委组织摸底企业职工困难儿童情况，重点向父母工亡、孤残、生活困难等特殊青少年发放慰问金；向东方物探中心学校捐赠文体用品，与青年员工座谈。大庆油田、吐哈油田开展爱心助残活动，开设"普法小课堂"。辽河油田举办第七届"好爸爸好妈妈"演讲比赛，联合开展校外辅导和假期托管活动，举办"模拟法庭"。长庆油田向驻地中小学捐赠图书音像制品500卷册，组织200多名老党员开展"银龄助少"志愿服务，覆盖青少年千余人次。云南石化、管理干部学院积极援助当地和对口帮扶地区学校，向48名留守儿童送去温暖。宝石机械、济柴动力开展"劳模工匠进校园"活动，400余名师生参加。各级关工委累计助学819.9万元，受助青少年4295人，精心打造"加油筑梦"工作品牌。三是扎实推进关工委和石油"五老"队伍建设，奋力实现集团公司关心下一代工作高质量发展。集团公司关工委召开成员全体会议，审议通过工作规则和工作要点；统计全系统2148名"五老"人员情况；开展主题征文；聘任集团公司"石油五老"100名，表彰关心下一代"最美'石油五老'"23名，评选先进集体和先进个人。大庆油田累计培训百余场，千余名"五老"和300余名工作人员参与；召开"五老"工作室试点启动会。辽河油田培训驻会会员和"五老"骨干40余人，出版《辽油下一代》6期。东方物探出台6项制度，将420名"五老"分成三类，建立"五老"人员库。经研院成立了老专家科研报告团、劳模创新工作室、

"传帮带"教队等,198 名"五老"踊跃参加。

### 36. 全国铁路关工委

2023 年,国铁集团各级关工组织在国铁集团党组领导和中国关工委指导下,聚焦奋力推动铁路高质量发展、率先实现铁路现代化、勇当服务和支撑中国式现代化建设的"火车头",作了大量卓有成效的工作。第一,深入学习贯彻习近平新时代中国特色社会主义思想和党的二十大精神,增强关心下一代工作的政治功能。举办培训班、学习班 200 多期,2 万多名"五老"参加了学习培训;组织开展了学习党的二十大精神万人答卷、老少共话党的二十大等主题活动,促进党的二十大精神走进车间班组、一线青工。第二,开展立德树人活动,传承红色基因;配合有关部门开展技术培训,促进青工岗位成才。一是广泛开展主题活动。举办主题读书活动,全国铁路共计 22 万多名青工参加,撰写读书征文近 2 万篇;举办"游基地,学党史"主题教育,全国铁路共计 10 万多名青工参与活动。二是坚持开展安全教育。通过宣讲教育,讲事故案例、讲规章制度,进一步强化青工的安全意识、责任意识。三是传授技术绝活。积极辅导青工参与知识竞赛、岗位练兵、技术比武,提高业务水平。举办各类技术培训活动 11 万场次,签订包保合同近 1 万件,受益青工 15 万多人。第三,开展关心下一代工作调研座谈活动。全国铁路关工委完成了对 14 个局集团公司的调研慰问工作。通过实地考察、座谈交流、查看工作台账,了解掌握各单位工作开展情况、存在的问题并提出意见建议,宣传推广典型经验。各铁路局关工委也组织开展了调研活动。撰写调研文章 100 余篇。第四,开展深化工作品牌建设活动。推动新品牌不断涌现、老品牌焕发新活力。2023 年 11 月,全国铁路关工委命名表彰了铁路首批 82 个优质关心下一代工作品牌。第五,加强"三史"教育基地建设,充分发挥阵地作用。积极编写路史局史站史段史,捐献铁路老物件、整理历史资料、撰写回忆文章,支持和参与关心下一代党史国史路史教育基地建设。3 家铁路"三史"教育基地入选第六批全国关心下一代党史国史教育基地名单,全国铁路关工委命名了首批 29 个铁路关心下一代党史国史路史教育基地。第六,隆重表彰关心下一代工作先进集体和个人。2023 年 11 月

7日，召开国铁集团关心下一代"双先"表彰暨推进工作品牌建设工作会议，表彰了74家先进集体、143名先进个人。国铁集团党组副书记钱铭同志参加会议并作重要讲话。钱铭代表党组对铁路关心下一代工作予以高度肯定，对下一步工作提出了要求。第七，深化关爱工程，助力青工实现"三个更好"。热心充当沿线小站单身青工的"关工红娘"，助力企业拴心留人；建立心理咨询室、开通咨询热线、开设个人微信号，帮助青工疏导排解各种压力；在节假日看望慰问值班的青工，送去关工委的一片爱心。开展法治教育专项行动，帮助受骗青工维权。第八，持续加强关工委自身建设。全国铁路关工委制定了《全国铁路关心下一代工作委员会工作规则》，进一步加强制度建设。指导推动2个铁路局关工委补充关工委副主任岗位的空缺。扩大组织覆盖面，新增3个局级和6个站段级关工委。

社会科学文献出版社

# 皮 书

## 智库成果出版与传播平台

### ❖ 皮书定义 ❖

皮书是对中国与世界发展状况和热点问题进行年度监测,以专业的角度、专家的视野和实证研究方法,针对某一领域或区域现状与发展态势展开分析和预测,具备前沿性、原创性、实证性、连续性、时效性等特点的公开出版物,由一系列权威研究报告组成。

### ❖ 皮书作者 ❖

皮书系列报告作者以国内外一流研究机构、知名高校等重点智库的研究人员为主,多为相关领域一流专家学者,他们的观点代表了当下学界对中国与世界的现实和未来最高水平的解读与分析。

### ❖ 皮书荣誉 ❖

皮书作为中国社会科学院基础理论研究与应用对策研究融合发展的代表性成果,不仅是哲学社会科学工作者服务中国特色社会主义现代化建设的重要成果,更是助力中国特色新型智库建设、构建中国特色哲学社会科学"三大体系"的重要平台。皮书系列先后被列入"十二五""十三五""十四五"时期国家重点出版物出版专项规划项目;自2013年起,重点皮书被列入中国社会科学院国家哲学社会科学创新工程项目。

# 皮书网

(网址：www.pishu.cn)

发布皮书研创资讯，传播皮书精彩内容
引领皮书出版潮流，打造皮书服务平台

## 栏目设置

**◆ 关于皮书**
何谓皮书、皮书分类、皮书大事记、
皮书荣誉、皮书出版第一人、皮书编辑部

**◆ 最新资讯**
通知公告、新闻动态、媒体聚焦、
网站专题、视频直播、下载专区

**◆ 皮书研创**
皮书规范、皮书出版、
皮书研究、研创团队

**◆ 皮书评奖评价**
指标体系、皮书评价、皮书评奖

## 所获荣誉

◆ 2008年、2011年、2014年，皮书网均在全国新闻出版业网站荣誉评选中获得"最具商业价值网站"称号；

◆ 2012年，获得"出版业网站百强"称号。

## 网库合一

2014年，皮书网与皮书数据库端口合一，实现资源共享，搭建智库成果融合创新平台。

皮书网　　　　　　　"皮书说"微信公众号

**权威报告·连续出版·独家资源**

# 皮书数据库
## ANNUAL REPORT(YEARBOOK) DATABASE

**分析解读当下中国发展变迁的高端智库平台**

### 所获荣誉

- 2022年，入选技术赋能"新闻+"推荐案例
- 2020年，入选全国新闻出版深度融合发展创新案例
- 2019年，入选国家新闻出版署数字出版精品遴选推荐计划
- 2016年，入选"十三五"国家重点电子出版物出版规划骨干工程
- 2013年，荣获"中国出版政府奖·网络出版物奖"提名奖

皮书数据库　　"社科数托邦"微信公众号

### 成为用户

登录网址www.pishu.com.cn访问皮书数据库网站或下载皮书数据库APP，通过手机号码验证或邮箱验证即可成为皮书数据库用户。

### 用户福利

- 已注册用户购书后可免费获赠100元皮书数据库充值卡。刮开充值卡涂层获取充值密码，登录并进入"会员中心"—"在线充值"—"充值卡充值"，充值成功即可购买和查看数据库内容。
- 用户福利最终解释权归社会科学文献出版社所有。

数据库服务热线：010-59367265
数据库服务QQ：2475522410
数据库服务邮箱：database@ssap.cn
图书销售热线：010-59367070/7028
图书服务QQ：1265056568
图书服务邮箱：duzhe@ssap.cn

社会科学文献出版社　皮书系列
卡号：599745391818
密码：

# S 基本子库
# SUB DATABASE

## 中国社会发展数据库（下设12个专题子库）

紧扣人口、政治、外交、法律、教育、医疗卫生、资源环境等12个社会发展领域的前沿和热点，全面整合专业著作、智库报告、学术资讯、调研数据等类型资源，帮助用户追踪中国社会发展动态、研究社会发展战略与政策、了解社会热点问题、分析社会发展趋势。

## 中国经济发展数据库（下设12专题子库）

内容涵盖宏观经济、产业经济、工业经济、农业经济、财政金融、房地产经济、城市经济、商业贸易等12个重点经济领域，为把握经济运行态势、洞察经济发展规律、研判经济发展趋势、进行经济调控决策提供参考和依据。

## 中国行业发展数据库（下设17个专题子库）

以中国国民经济行业分类为依据，覆盖金融业、旅游业、交通运输业、能源矿产业、制造业等100多个行业，跟踪分析国民经济相关行业市场运行状况和政策导向，汇集行业发展前沿资讯，为投资、从业及各种经济决策提供理论支撑和实践指导。

## 中国区域发展数据库（下设4个专题子库）

对中国特定区域内的经济、社会、文化等领域现状与发展情况进行深度分析和预测，涉及省级行政区、城市群、城市、农村等不同维度，研究层级至县及县以下行政区，为学者研究地方经济社会宏观态势、经验模式、发展案例提供支撑，为地方政府决策提供参考。

## 中国文化传媒数据库（下设18个专题子库）

内容覆盖文化产业、新闻传播、电影娱乐、文学艺术、群众文化、图书情报等18个重点研究领域，聚焦文化传媒领域发展前沿、热点话题、行业实践，服务用户的教学科研、文化投资、企业规划等需要。

## 世界经济与国际关系数据库（下设6个专题子库）

整合世界经济、国际政治、世界文化与科技、全球性问题、国际组织与国际法、区域研究6大领域研究成果，对世界经济形势、国际形势进行连续性深度分析，对年度热点问题进行专题解读，为研判全球发展趋势提供事实和数据支持。

# 法律声明

"皮书系列"（含蓝皮书、绿皮书、黄皮书）之品牌由社会科学文献出版社最早使用并持续至今，现已被中国图书行业所熟知。"皮书系列"的相关商标已在国家商标管理部门商标局注册，包括但不限于LOGO（ ）、皮书、Pishu、经济蓝皮书、社会蓝皮书等。"皮书系列"图书的注册商标专用权及封面设计、版式设计的著作权均为社会科学文献出版社所有。未经社会科学文献出版社书面授权许可，任何使用与"皮书系列"图书注册商标、封面设计、版式设计相同或者近似的文字、图形或其组合的行为均系侵权行为。

经作者授权，本书的专有出版权及信息网络传播权等为社会科学文献出版社享有。未经社会科学文献出版社书面授权许可，任何就本书内容的复制、发行或以数字形式进行网络传播的行为均系侵权行为。

社会科学文献出版社将通过法律途径追究上述侵权行为的法律责任，维护自身合法权益。

欢迎社会各界人士对侵犯社会科学文献出版社上述权利的侵权行为进行举报。电话：010-59367121，电子邮箱：fawubu@ssap.cn。

社会科学文献出版社